김정일
이후의
한반도

김정일 이후의 한반도

세계화와 자유통일의 길

서상목 지음

북코리아

김정일 이후의 한반도

초판인쇄 2004년 10월 10일
초판발행 2004년 10월 15일
지 은 이 서상목
펴 낸 이 이찬규
펴 낸 곳 북코리아
등록번호 제03-01240호
주　　소 140-011 서울시 용산구 한강로1가 141-3
전　　화 (02) 792-1007
팩　　스 (02) 795-0210
이 메 일 sunhaksa@korea.com
홈페이지 www.ibookorea.com

값 15,000원

ISBN 89-89316-47-2 93340

■ 머리말

　한국전쟁이라는 동족상잔의 역사를 지닌 한국인에게 대북정책은 객관적 사실과 이성보다는 자신만의 경험과 감정으로 판단하고 행동하는 대상이 되고 있다. 한국전쟁 와중에서 북한의 만행을 경험하였고 그 후 북한의 각종 무력도발을 지켜 본 중장년층 인사들에게 북한은 타협이나 경제지원의 대상이 아니라 오직 타도의 대상이다. 반면, 북한의 만행을 직접 경험해 본 적이 없는 젊은 세대는 북한은 동족이기 때문에 도와주어야 한다는 감상적인 생각을 갖고 있다. 또한, 과거 독재정권에서 국가보안법 등으로 인해 정치적 또는 사회적 활동이 제약되었던 진보성향의 인사들은 과거 정권에서 기득권을 누렸던 남한 내 보수세력을 타도의 대상으로 생각하면서 북한은 큰 안목에서 자신들의 우호세력이 될 수 있다고 생각하는 것 같다.

　진보성향의 김대중 대통령은 임기 내내 북한 김정일 정권에 대해서는 '햇볕정책'을 그리고 국내 보수야당과 보수언론에 대해서는 '강풍정책'을 구사하여 왔다. 서해교전으로 군 장병이 사망하고 금강산 관광객이 억류되는 상황이 벌어져도 북한에 대한 경제지원은 계속돼야 한다는 입장을 고집하였다. 그러나 보수야당에게는 검찰력을 총동원하여 세풍, 총풍 등의 사건을 부각시켰고 보수언론의 사주들을 탈세혐의로 구속시키기도 했다.

나는 김대중 대통령 '강풍정책'의 첫 번째 타겟이 되어 1년간 검찰수사의 대상이 되었고, 4년간 법정에서 재판을 받았으며, 지난 1년간은 감옥생활을 하였다. 한국정부는 남한 내 비전향장기수들은 석방하여 북한으로부터 '영웅' 칭호를 받게 하면서 국군포로나 납북인사들의 송환은 북한측에 요구도 하지 않고 있다. 또한, 한국의 진보진영은 한국전쟁, 아웅산 폭파사건, KAL기 폭파사건 등 과거 북한의 만행에 대해서는 침묵으로 일관하면서 한국 내 보수인사들의 과거에 대해서는 조상들의 친일행적까지 들춰내겠다고 하는 것이 작금의 한국 실정이다.

이렇게 만감이 교차하는 상황에서도 가급적 객관적 사실에 근거하여 남북문제를 분석하고 정부의 대북정책을 평가하여 나 나름대로의 대안을 제시해 보려고 노력하였다. 각종 정보와 자료에 대한 접근이 어려운 감옥생활을 하면서 남북문제에 관한 집필을 한다는 것이 매우 어려운 과업이라는 것을 알게 되었다. 특히, 통일문제는 정치, 경제, 안보, 외교 등 제 분야가 집결된 결정체라고 할 수 있기 때문에 집필에 필요한 자료의 분량도 방대하였다. 결국 입수 가능한 자료를 토대로 집필할 수밖에 없었다. 내가 국회의원직을 물러난 후 2000년부터 2년간 모교인 미국 스탠퍼드 대학에서 남북한 경제협력 문제를 연구하고 국제심포지엄을 개최하여 그 결과를 「To the Brink of Peace」라

는 제목의 책자를 발간한 경험이 이 책을 집필하는 데 많은 도움이
되었다.

어렵게 입수한 참고문헌들을 살펴보면서 느낀 점은 햇볕정책을
지지하는 진보성향 인사들의 연구자료는 넘쳐흐르는 반면, 햇볕정책
을 비판하는 보수성향 인사들의 연구결과는 별로 많지 않다는 것이었
다. 햇볕정책의 오류와 부작용에도 불구하고 국민다수가 햇볕정책을
지지한다고 여론조사에 나타는 이유가 바로 여기에 있지 않은가 하는
생각을 갖지 않을 수 없다.

내가 북한에 관한 자료들을 분석하면서 얻은 결론은 북한의 붕괴
가능성에 대해 대비해야 한다는 것이다. 김일성 사망 직후 대두된 북한
체제의 조기붕괴론이 아직 실현되고 있지는 않지만 북한의 김정일 정
권은 대내외적으로 체제 붕괴요인을 너무 많이 안고 있기 때문이다.

무엇보다도 북한은 세계화시대의 새로운 패러다임으로 자리 잡
은 자유민주주의와 시장자본주의에 정면으로 역행하고 있다. 사회주
의 체제가 전 세계적으로 몰락하고 아프가니스탄, 이라크 등이 미국
에 의해 무력으로 제압되고 리비아는 스스로 백기를 드는 상황에서
북한의 핵무기를 담보로 하는 '벼랑 끝 외교' 전술이 국제사회에서
오래 통용될 수가 없는 것이다.

북한은 현재 '선군정치'(先軍政治)라는 정치구호 아래 군사력으로
사회불만 세력을 제압하고 있다. 이런 상황에서 북한이 개혁·개방의
길을 택하는 것은 매우 어려운 일인 것이다. 그러나 현상유지 전략으
로는 북한이 당면한 경제난을 해결할 수 없으며 그런 상황에서 북한

주민의 불만은 고조될 수밖에 없을 것이다. 또한, 북한이 개혁·개방
에 성공하지 못하는 한 핵미사일 등 대량살상무기의 보유는 북한 김
정일 정권의 유일한 체제 보전수단이 될 것이며 이는 북핵문제의 평
화적 해결을 어렵게 하는 근본적 원인으로 작용할 것이다.

설령 북한이 개혁·개방의 길을 선택한다고 해도 현재의 폐쇄적
이고 강압적인 김정일 체제는 유지되기 어려울 것이다. 개혁·개방은
북한주민들의 자유로운 이동과 외부정보에 대한 손쉬운 접근을 의미
하기 때문에 유일지배체제로 권력세습까지 추진한 김정일 정권에게
는 심각한 체제 붕괴요인이 될 것이기 때문이다.

김일성 사망 후 10년이 지난 지금까지 김정일 정권이 무너지지
않는 것은 김정일 위원장의 '뛰어난' 위기관리 능력의 결과라고도 할
수 있지만 한국정부의 햇볕정책 역시 김정일 정권 유지에 크게 기여
한 것이 사실이다. 그러나 그동안 '퍼붓기 식'으로 진행된 햇볕정책은
북핵 위기로 인해 새로운 시험대에 오르게 되었다. 북한이 핵 폐기
조건을 받아들이지 않는 경우 햇볕정책에 의한 대규모 대북 경제지원
은 지속되기 어려운 것이 작금의 한반도와 관련한 국제여론이다.

이러한 상황을 종합해 볼 때 이제 한국은 김정일 이후의 상황에
대비해야 한다는 생각을 갖지 않을 수 없다. 김정일 정권의 붕괴는
군사적 행동에 의해서만 이루어지는 것이 아니라 그 필요성에 대해
주변국들의 공감대가 형성되면 경제지원 중단, 경제제재 등의 형태로
도 충분히 가능할 것이다.

제1부는 세계화시대를 맞은 한반도 주변 여건을 점검하고 있다.

우선, 세계 냉전체제의 결과물인 한반도 분단 상황이 남북한간 대립과 갈등의 역사를 가져다 준 과정을 살펴본다. 세계화의 의미를 여러 각도에서 조명하면서 세계화 추세에 순응해 온 남한의 입지와 이에 정면으로 역행해 온 북한의 형편을 비교하고 있다. 또한 지난 50년간 북한의 대남정책과 남한의 대북정책을 분석하면서 현재 진행되고 있는 남북교류의 현황과 문제점을 정리하고 있다. 이어 미국, 중국 등 강대국들의 한반도 정책을 분석하고 독일, 베트남, 예멘 등의 통일경험과 중국, 동유럽국가 등의 개혁·개방 경험이 우리에게 주는 시사점을 도출하고 있다.

제2부는 한반도 통일과 관련한 주요 정책현안을 다루고 있다. 우선 햇볕정책의 성과와 문제점을 분석하면서 햇볕정책으로 상징되는 한국정부의 대북정책을 기존의 유화정책에서 포용정책으로 전환할 것을 주장하고 있다. 특히, 최대 당면 현안인 북핵문제의 해결을 위해서는 긴밀한 한·미·일 공조체제를 바탕으로 강·온 병행전략을 추진해야 한다는 점을 강조하고 있다. 이어 남북한 경제통합의 추진과정을 5단계로 나누어 단계별 전략과 경제적 파급효과를 분석하고 있다. 또한, 북한체제가 붕괴되어 남한에 의해 흡수통일 되는 경우 대두되는 정책과제를 점검하고 나름대로의 대책을 제시하고 있다. 끝으로, 한반도 통일이 이루어지면 통일한국은 동북아공동체 형성에 매개자 역할을 능동적으로 수행해야 한다는 점을 강조하고 있다.

나에 대한 1년형이 마무리되는 시점에서 세 번째 책의 집필을 마치게 된 것을 매우 뜻 깊게 생각한다. 먼저 지난 1년간 감옥에 있으면서 경제, 정치, 통일 분야의 당면 현안에 관한 나의 생각을 글로 정리할 수 있게 된 것을 하나님께 감사드린다. 또 이 책의 집필을 허가해 준 여주교도소 당국과 출판을 기꺼이 맡아준 북코리아 이찬규 사장, 자료수집과 편집을 도와준 허정회 보좌관과 원고정리에 수고한 장석영 비서에게도 감사의 뜻을 전한다.

이 책을 한국전쟁 중 인민군에 의해 무참히 학살당하신 아버님, 큰 형님, 동자부 장관 재직 중 아웅산 폭파사건으로 순직하신 둘째 형님과 아웅산 충격이 있은 지 2년 후 돌아가신 어머님 영전에 바친다.

2004. 7
여주교도소에서
저자 서 상 목

■ 차 례

제 1 부

세계화와 한반도 통일

> "
>
> 이 시대, 이 세계에서 한반도의 분단만큼
>
> 그 연원이 놀랍고 충격적인 사례는
>
> 다른 어느 곳에서도 찾아 볼 수 없다.
>
> 분단 당시 당사자들의 의지와 상황은 전혀 고려되지 않았고
>
> 지금까지도 그 과정을 설득력 있게 설명할 수 없다.
>
> 한반도의 분단은 강대국들이 저지른 엄청난 실수의 부산물이다.
>
> "
>
> Gregory Henderson, 「The Politics of the Vortex」

제1장

세계 냉전체제와 남북분단

" "

시위를 주도하거나 조금이라도 반정부적 성향을 보이는 사람,

지도자의 권위를 모독하는 말이나 행동을 하는 사람은

누구를 막론하고 비밀리에 사살된다.

(⋯)

지식인의 입장에서 볼 때

나라 전체가 거대한 감옥이라고 서슴없이 말 할 수 있다.

" "

황장엽, 1996.8.21

1. 강대국과 한반도

1차 세계화와 조선의 멸망

세계화의 첫 번째 움직임은 1차 산업혁명이 시작된 1800년대부터 1920년대 후반까지 활발히 진행되었다. 1782년 제임스 와트(James Watt)의 산업용 엔진 생산으로 불씨가 당겨진 1차 산업혁명은 섬유공업 등 제조업 분야는 물론 철도, 선박 등 운송 분야까지 확산되면서 세계화의 경제적 기반이 구축되었다. 이에 더해, 1776년에 출간된 아담 스미스(Adam Smith)의 「국부론」과 자유주의 경제철학은 세계화의 정신적 기반을 이루었다.

산업혁명과 자유주의 경제학의 주역인 영국은 신흥시장에 엄청난 자본을 투자하였고 이로 인해 영국이 세계 흐름의 주도권을 쥐는 팍스 브리타니카(Pax Britanica)시대가 전개되었다. 산업혁명의 흐름을 탄 다른 유럽 국가들과 미국이 영국의 뒤를 이었고 이들 국가들은 전 세계를 식민지화하면서 세계 경제와 정치를 주도하였다.

아시아에서는 일본이 1차 산업혁명과 세계화의 흐름에 제일 먼저 동참하면서 동아시아의 새로운 강자로 부상하였다. 그러나 한국은 세계 흐름을 제대로 파악하지 못하고 분열과 쇄국정책으로 일관하여 20세기 전반 35년 간을 일제 식민지하에서 고통을 겪어야 하는 신세가 되었다. 해방 후에는 강대국의 이해에 의해 남북이 분단되었으며 같은 민족끼리 전쟁까지 치르는 동족상잔의 비극도 경험하였다.

일본에게 나라를 빼앗긴 것이 한국이 1차 산업혁명을 경제적 기반으로 한 세계화의 흐름에서 방황한 결과라고 한다면 남북 분단은 당시 세계를 지배한 냉전체제의 부산물이었다고 할 수 있다. 이 두 비극적 사건에서의 공통점은 한국이 자신의 운명을 스스로 결정할 능력을 상실한 상태에서 강대국의 이해와 힘의 경쟁에 의해 한국의 국가적 운명이 결정되었다는 사실이다.

20세기 초 일본은 당시 세계 최강자인 영국과 동맹을 맺고 중국에 대한 영국의 이익을 인정해 주는 대가로 조선에 대한 자신들의 권리를 인정받았다. 당시 일본은 러시아에 대해 한반도를 위도 38도선을 기준으로 양분하여 각각 영향력을 행사하자고 제안하였으나 러시아가 거절하였고 양국은 전쟁으로 치닫게 되었다. 러 · 일전쟁에서 일본이 승리하여 조선은 일본의 식민지가 되었다. 또한 일본은 미국의 필리핀 식민지화를 인정하는 대가로 조선에 대한 일본의 지배권을 미국으로부터 인정받았다. 철저히 강대국의 이해와 협상에 의해 일본의 조선 식민지화가 추진되었던 것이다.

한반도 분단 과정

한반도의 분단 역시 2차 세계대전 막바지에 강대국들에 의해 결정되었다. 미국, 영국, 중국은 1943년 카이로에서 "한국은 적당한 시기에 자유 독립국가가 될 것"이라고 선언했다. 그러나 이러한 약속은 지켜지지 않았고 미국의 루스벨트(Roosevelt) 대통령은 1945년 얄타회담에서 미국, 소련, 중국 3국에 의한 한반도 신탁통치안을 제안했다. 2차 세계대전을 승리로 이끌어 세계무대에서 새로운 강자가 된 미국은 한국에 대해 큰 관심이 없었으며 그 결과 미국의 한반도 정책은 일관성이 결여되었다. 상대적으로 한반도에 관심이 많았던 소련은 2차 세계대전 마지막 주 대일(對日) 선전포고를 하면서 한반도 북부에 군대를 진주시켰다.

그때야 비로소 러시아의 한반도 점령의 중요성을 깨달은 미국은 대책을 강구하기 시작하였다. 한반도의 운명은 소련군의 한반도 진주에 대한 백악관 회의에서 결정되었다.[1] 소련이 한반도를 점령하고 일본으로 진출하는 것을 저지하기 위해 한반도에 대해 전혀 몰랐던 딘 러스크 대령과 찰스 본스틸 중령이 한반도 지도를 놓고 38도선을 기준으로 미군이 그 이남을 그리고 소련 군대가 이북을 점령하는 계획을 건의한 것이다. 후일 미 국무장관까지 역임한 딘 러스크는 그의 회고록에서 38도선이 소련이 이전에 일본과 논의한 적이 있었다는 사실을 알았더라면 다른 기준선을 토대로 군사분계선을 결정했을 것이라고 기록하고 있다. 한반도 분단의 기준이 얼마나 즉흥적으로 결정되었는지를 잘 알 수 있다.

1948년 한반도 북측을 점령한 소련은 공산주의 정권을 이끌 인물로 33세의 김일성을 선택하였고 남한에서는 70세의 이승만 박사가 초대 대통령으로 선출되었다. 그 후 지금까지 남북한은 서로 다른 정

---

1) Don Oberdorfer, 「The Two Koreas」(두 개의 한국), 길산, 2002, pp.27~31.

치체제를 유지하면서 대립과 긴장관계를 유지하여 왔다. 오랜 기간 일제 식민지 고통을 감내한 한민족은 동족상잔과 대립의 비극을 또 한 차례 경험하게 된 것이다.

2. 무력충돌과 군사적 긴장

한국전쟁

북한을 장악한 김일성은 무력통일을 기획하였고 소련의 지원과 승인하에 1950년 6월 25일 남침을 시작하였다. 3년이나 지속된 전쟁으로 남북한 모두 심대한 피해를 보게 되었다. 남한에서는 전쟁 중 65만 명이 사망 또는 실종되었고 26만 명의 부상자와 8만 명이 납치되었다. 산업시설의 70%가 파괴되어 남한 경제는 미국 원조에 의존하지 않으면 안 되는 상황이 되었다. 미군 전사자도 3만 6천 명이나 되었다. 북한 역시 큰 피해를 보긴 마찬가지였다. 중공군 90만 명, 북한군 52만 명이 숨졌고 북한 전역에서 8,700여 개의 공장과 70만 호의 가옥이 파괴된 것으로 알려지고 있다.

한국전쟁은 한반도의 분단문제는 해결하지도 못하면서 남북한의 갈등을 더욱 심화시키고 세계 냉전체제를 더욱 고착시키는 결과를 초래하였다. 한국전쟁은 미국으로 하여금 2차 세계대전 직후의 군비축소 정책을 재무장 쪽으로 선회하는 계기가 되었다. 미국은 방위예산을 대폭 증액하였고 유럽 주둔군을 늘려 북대서양조약기구(NATO)를 강화하였다. 한국전쟁으로 미국과 중국은 그 후 20년간 숙적관계를 유지하게 되었다.

한국전쟁은 일부 정치지도자 사이에서만 가졌던 남북간의 적대감을 대다수 국민에게 확대시키는 결과를 초래하였다. 남한의 이승만 정권과 '60년대 이후의 군사정권들은 반공(反共)을 국정운영의 기본 기조로 삼으면서 독재 권력을 정당화하는 수단으로도 활용하였다. 북한의 김정일은 전쟁 중 무정, 허가이, 박헌영 등 잠재적인 경정자들을 숙청하였다. 숙청작업은 그 후에도 계속되어 1956년 8월 중국과 소련의 지원을 받는 반대세력을 몰아냄으로써 명실상부한 김일성 중심의 단일 지도체제가 북한에서 확립되었다.

김일성 유일체제 확립에 성공한 북한은 중공업을 육성하고 국민총생산의 20~30%를 국방비에 지출하면서 군비증강에 힘을 쏟았다. 비록 한국전쟁 실패 이후 북한이 전면전은 시도하지 않았지만 크고 작은 형태의 무력도발을 지속적으로 감행함으로써 한반도에서의 군사적 긴장은 지속되어왔다. 그 첫 번째가 1968년 1월 박정희 대통령을 암살하기 위해 31명의 무장간첩을 남한에 침투시킨 사건이었다. 비록 이들의 시도가 실패하였으나 남북한간의 불신과 긴장상태는 더한층 고조되었다.

땅굴사건과 도끼만행 사건

　그 후에도 북한은 여러 번의 무력도발을 시도하였다. 그 중 대표적인 사례가 '70년대 내내 전 세계적으로 관심을 끌었던 땅굴사건이었다. 1974년 11월 첫 번째 땅굴이 발견되어 남북한 병사들 간 교전까지 벌였다. 1975년 2월 두 번째 땅굴이 확인되었고 그 후에도 몇 개의 땅굴이 추가로 발견되었다. 이 땅굴들은 전시에는 특수부대를 남파해 기습공격을 감행하는 통로이며 평상시에는 남파간첩을 보내는 침투경로로 사용되었다. 필요하면 한 시간에 1만 명의 병력을 남쪽으로 침투시킬 수 있다고 한다. 놀라운 사실은 '크고 작은 것을 막론하고 무장도발을 하지 않기로' 합의한 남북 공동성명이 이루어진 1972년 말경에 북한당국이 대규모 땅굴 구축작업을 지시하였다는 것이다. 북한 정권의 이중적 행동양태를 여실히 보여주는 사례가 아닐 수 없다.

　1976년 8월 판문점 공동경비구역에서 나무 가지치기 작업 도중 미군 2명이 북한군에 의해 도끼 등으로 살해된 사건이 발생하였다. 이 사건은 당시 한·미연합 팀스피리트 훈련이 한창이던 긴장된 상황에서 생긴 북한의 우발적인 도발행동이라고 할 수 있다. 미국은 군사적 보복조치 등을 검토하였으나 강경한 조치가 또 하나의 한국전쟁을 불러올 가능성이 있다는 우려 때문에 문제가 되었던 미루나무를 완전히 제거하는 수준의 소극적인 대응을 하였다. 미국의 이러한 대응은 당시 남한 언론으로부터 비난의 대상이 되기도 하였으나 도끼만행 사

건은 미국인들로 하여금 북한에 대해 매우 부정적인 이미지를 갖게
하는 결정적인 계기가 되었다.

아웅산 폭파사건

북한의 무력도발은 1983년 10월 버마 아웅산 국립묘지 폭파사건
으로 절정에 이르게 된다. 각료 4명을 포함한 17명의 대통령 방문 수
행원이 사망한 아웅산 사건은 한국정부와 국민에게는 한국전쟁 이후
가장 충격적인 일이 아닐 수 없었다. 탈북자 고영환의 말에 의하면
북한은 1982년 가을 아프리카를 순방 중이던 전두환 대통령을 가봉
에서 암살하려는 계획을 세웠으나 UN에서 아프리카 국가 전체의 지
지를 상실하게 될지 모른다는 이유로 암살계획을 취소한 바 있다고
한다. 탈북자 강영도[2]는 오버도르퍼와의 인터뷰에서 북한은 아웅산
에서 전두환 대통령 암살 작전이 성공하면 남한에서 광주항쟁과 유사
한 대규모 민주항쟁이 발생할 것으로 예상했다고 한다. 북한이 아웅
산 사건 발생 수개월 전부터 군인들의 제대를 중지시켰다는 사실로
미루어 암살사건이 성공하고 남한에서 민중시위로 사회가 혼란해지
면 대규모 군사작전에 의한 무력통일을 구상했던 것으로 생각된다.
아웅산 폭파사건 발생 직후 국방부는 전두환 대통령에게 북한에
대한 보복공격을 제안하였으나 전 대통령은 이를 받아들이지 않았다.

---

2) Don Oberdorfer, 앞의 책, pp.222~226.

미국 역시 보복공격은 전면전을 유발할 것이라는 이유로 반대의사를 분명히 하였다. 결국 남한정부는 북한에 대해 아무런 보복조치를 취하지 못하였다. 도끼만행 사건에 이어 아웅산 사건은 북한의 도발행위에 대해 남한과 국제사회가 아무런 응징을 하지 않은 대표적인 사례들로 지적되지 않을 수 없다. 이는 그 후에도 북한으로 하여금 크고 작은 무력 도발을 지속하고 '벼랑 끝 외교' 전술을 전개하게 하는 분위기를 조성해 주었다고도 할 수 있다.

북한은 아웅산 폭탄 테러를 일으키기 바로 전날인 1983년 10월 8일 중국외교관을 통해 당시 미국이 제안한 한반도에서의 평화정착을 위한 남북한과 미국의 '3자 회담'을 받아들인다는 의사를 미국측에 전했다고 한다. 이는 '70년대 땅굴사건에서와 같이 화해정책과 군사도발을 동시에 추진하는 북한당국의 이중적 외교행태를 여실히 보여주는 좋은 사례가 되고 있으며 이러한 관행은 지금까지도 지속되고 있다.

KAL기 폭파사건

'88 서울올림픽은 세계 냉전체제가 붕괴되고 새로운 세계화시대가 전개되기 시작하면서 국제사회에서 남한과 북한의 달라진 위상을 새삼 확인할 수 있는 계기가 되었다. 이에 대한 북한의 충격은 컸으며 북한은 이를 또 하나의 무력도발로 대응하려 했다. 그것이 바로 1987년 11월에 발생한 대한항공(KAL) 858기 폭파사건이었다. 세계 각국의 서울올림픽 참가를 저지할 목적으로 김정일은 7년간 철저히 훈련을 받은 김현희와 노련한 공작원 김승일에게 KAL기를 폭파하라는 지령을 내렸고 이는 그대로 집행되었다. 김현희의 자백에 의해 KAL기 폭파가 북한당국의 지령에 따라 이루어진 것이 밝혀졌으며 이를 직접 확인한 미국은 북한을 테러리스트 국가로 지정하고 정치·경제적 제재 조치를 취하였다. KAL기 폭파사건에도 불구하고 소련, 중국 등 공산국가들은 서울올림픽에 참가하였고 이는 한·소 및 한·중 수교로 발전되어 갔다. 결국, 북한의 KAL기 폭파사건은 많은 무고한 희생자만 만들어 내고 실패하였다.

　1990년대에도 북한의 무력도발은 계속되었고 북한 핵문제가 대두되면서 북한은 한반도에서 긴장을 고조시키는 차원을 넘어 대량살상무기 확산 방지에 걸림돌이 되는 골칫거리 '불량국가'(rogue state)로 세계적 악명을 떨치게 되었다.

잠수정 침투사건과 북한 핵문제

　1996년 9월 발생한 잠수정 침투사건은 1990년대 대표적인 북한의 무력도발 행위였다. 잠수정 사건은 문제의 소형 잠수정이 엔진고장으로 인해 수면위로 노출되었다는 점에서 북한당국이 새로운 도발행위를 하였다기보다는 이러한 형태의 대남 공작활동을 정기적으로 해오고 있었다는 사실이 외부에 알려진 계기가 되었다고 할 수 있다. 당시 김영삼 정부는 잠수정 사건에 대해 남북경협 활동과 KEDO에서 남한이 맡은 활동을 중지하는 등 강경한 대응을 하였으며 결국 이 사건은 북한측의 사과 표명으로 일단락되었다. 이는 북한과 같은 '불량국가'의 도발에 대해서는 분명한 원칙에 입각한 강경대응이 효과적이라는 사실을 확인하는 계기가 되었다.

세계 냉전체제가 붕괴된 이후 북한의 군사적 행동과 대남정책의 두드러진 특징은 1970년대와 '80년대와 같은 직접적 군사적 도발행위는 줄어든 반면, 핵무기와 미사일 개발로 북한 체제의 생존을 모색하면서 '벼랑 끝 외교'전술로 남한과 미국 등 서방 세계로부터 경제적 이득을 챙기려는 전략을 전개하고 있다는 것이다. 이러한 북한의 전략은 특히 9·11 테러 이후 불량국가에 의한 대량살상무기 개발을 적극 저지하려는 미국의 외교 및 군사전략과 정면충돌하게 됨으로써 이제 북한문제는 한반도 차원을 넘어 세계 안보의 위협 차원으로 발전하였고 북·미관계는 최악의 상태로 치닫고 있다.

3. 북한의 인권문제

북한의 무력 도발 못지않게 문제가 심각한 것이 김일성과 김정일의 유일지배체제의 창출과 유지를 위해 자행되고 있는 북한의 심각한 인권침해 사례들이다. 남한에서도 이승만 정권에 이어 박정희 정권 그리고 전두환 정권 기간 중 독재 권력의 유지를 위해 인권이 침해된 사례가 종종 발생하였으나 북한에 비하면 상대적으로 양호한 편이었다고 할 수 있다. 이마저도 6 · 29 선언 이후 민주화가 착실히 진행되면서 남한에서 정치적 이유에 의한 인권침해 사례는 거의 사라졌다고 할 수 있다. 그러나, 북한에서는 김일성 사망 이후에도 김정일에 의해 과거와 같은 형태의 유일지배체제가 지속되고 있기 때문에 인권침해 현실은 개선되지 않고 여전히 심각한 상태를 보이고 있다.

정치범 집단수용소

북한에서 정치적 동기에 의한 인권침해는 정치범을 위한 집단수용소의 형태로 나타나고 있다. 북한은 집단수용소를 1947년부터 지속적으로 운영하여 왔다. 해방 직후에는 지주, 친일파, 종교인 등이 수용되었고 한국전쟁 이후에는 치안대 가담자들이 수용 대상이었다고 한다. 1958년 8월 중국 또는 소련의 지원을 받는 반대세력을 숙청한 종파사건이 발생했을 때는 '종파분자'들이 정치수용소에 보내졌다. 그러나 북한에서 정치범 수용소가 대량으로 확산된 것은 1960년대 후반이었다. "북한은 1966년 주민등록사업을 추진하고 이를 토대로 주민성분을 분석하여 전 주민을 3계층 51분류로 나누면서 적대계층의 일부를 수용소에 수감시켰다. 당시 적대계층으로 분류된 사람 중 종파분자 및 반혁명분자 약 6천 명은 인민재판에 의해 처형되었고 처형에서 제외된 1만 5천여 세대 및 가족 7만여 명은 내각 결정 제149호에 의거하여 산간벽지에 설치된 149호 대상지역에 수용되었다. 그리고 반당 · 반김정일 분자들은 이들과 특별히 분리되어 특별 독재

대상 구역에 수용되었다.”3)

　현재 북한에는 동북부지역에 설치된 다수의 집단수용소에 약 20 만 명의 정치범이 있는 것으로 알려지고 있다. 북한에서는 반국가범 죄에 대해서는 정치적 범죄로 간주하여 정상적인 재판절차를 거부하 기 때문에 정치수용소에 있는 수용자 대다수는 적법한 재판절차를 밟 지 않고 국가안전보위부에 의해 이곳에 보내지고 있다. 정치범 수용 소는 두 가지로 나뉘는데 하나는 종신수용소인 ‘완전통제 구역’이고, 다른 하나는 일정기간 후 심사결과에 따라 출소가 가능한 ‘혁명화 구 역’이다. 이들은 정치범 수용소에서 출소한다고 해도 적대계층으로 분류되기 때문에 지속적으로 감시의 대상이 되고 직업, 여행 등 모든 활동부문에서 제약을 받게 된다.

　수용자들의 생활 실상은 매우 처절한 것으로 탈북자들은 증언하 고 있다. 수용자들은 새벽부터 저녁 늦게까지 강제노동에 동원되고 있고 숙소, 식량, 의복 등 생활여건도 형편없는 것으로 전해지고 있 다. 수용소 내에서 공개처형도 종종 자행되고 있으며 심지어는 새로 운 화학무기 실험을 위한 생체실험도 행해지고 있다고 한다. 2차 세 계대전 중 나치 만행을 상기시키는 인권유린 행위가 지금 이 순간에 도 북한에서 벌어지고 있는 것이다.

---

3) 통일연구원, 「북한 인권백서」, 2004.

국제적 문제로 비화

북한의 심각한 인권침해 상황은 최근 국제적 문제로 확산되고 있다. 2002년 12월 디지털 글로브(Digital Glove)가 촬영한 정치범 수용소 위성사진이 국내외 언론에 보도되었고 2003년 10월 미국 북한인권위원회는 탈북자 증언과 인공위성 사진 등을 근거로 수용소 실상을 알리는 보고서를 발간하기도 하였다.[4] 미국 의회 역시 북한의 인권문제에 대해 강경한 대응전략을 모색하고 있다. 미 의회는 북한 난민지원 법안을 제정한 데 이어 2004년 7월 '북한인권법안'(North Korea Human Rights Act)이 하원에서 만장일치로 채택되었다. 이 법안은 북한의 인권침해 실태에 대한 각종 정보의 의회 제출을 의무화하고, 탈북자에 대한 법적·재정적 지원을 확대하고 있으며 북한주민을 대상으로 하는 각종 홍보사업의 강화를 모색하고 있다. 또한, 이 법안은 중국정부에 중국 내 탈북자에 대한 자유로운 접근을 유엔난민고등판무관(UNHCR)에 허용할 것을 촉구하고 탈북자들에게 한국의 실정법과 관계없이 미국 내에서 난민지위나 망명 자격을 얻을 수 있다고 규정하고 있다. '북한인권법안'은 부시 행정부의 강력한 지원을 받고 있으며 2004년 9월 상원에서 통과되었다.

유엔인권위원회 역시 북한의 인권문제에 관해 많은 관심을 보이고 있다. 유엔인권위원회는 세계 냉전시대에는 동서진영의 대립으로

---

4) David Hawk, 「The Hidden Gulag : Exposing North Korea's Prison Camps」, U.S. Committee for Human Rights in North Korea, 2003.

그 기능을 제대로 수행하지 못했으나 냉전 종식 이후 그 권위와 위상이 증대되었다. 유엔인권소위는 1997년과 1998년 두 차례 대북인권 결의안을 채택하여 북한 인권문제의 심각성을 국제사회에 제기한 바 있다. 이에 대해, 북한당국은 유엔인권이사회 탈퇴를 발표하였으나 UN은 국제인권규약의 탈퇴는 불가능하다는 입장을 북한에 통보하였다.

북한에 대한 국제사회의 인도적 지원이 계속되는 데에도 불구하고 북한 인권문제가 전혀 개선의 기미를 보이지 않으면서 북한 핵문제까지 다시 불거져 나오는 데 분개한 국제사회는 2003년 4월 유엔인권위원회에서 '북한 인권상황 규탄 결의안'을 채택하였다. 한국이 불참한 가운데 53개 회원국 중 28개국이 찬성한 결의안은 식량권, 고문방지, 종교적 불관용, 자의적 구금에 대한 특별보고관을 임명하여 활동하도록 하였고 '비자발적 실종에 관한 실무그룹'이 조사보고서를 제출하도록 하고 있다. 2004년 4월에도 유엔인권위원회는 북한인권 결의안을 채택하면서 북한인권에 대한 특별보고관을 임명하였다. 유엔특별보고관은 북한당국과 접촉한 뒤 차기 유엔인권위원회와 유엔 연차총회에서 북한인권 보고서를 제출할 예정이다. 2004년 회의에서도 한국은 기권을 하는 소극적인 태도를 보임으로써 국내외적으로 북한 인권문제에 소홀하다는 비판의 대상이 되고 있다.

북한의 인권문제는 기본적으로 김일성과 김정일의 유일지배체제를 유지하려는 데에 연유하기 때문에 통치체제의 근본적인 변화 없이는 북한당국이 스스로 인권문제를 개선하리라고 기대하기는 어려울

것이다. 그래서 이 문제의 개선을 위해서는 국제적 차원에서의 북한
당국에 대한 압력이 절대적으로 필요하다고 할 수 있다. 한국정부 역
시 당연히 이러한 국제적 노력에 적극 동참해야 할 것이다. 이런 관
점에서 볼 때 유엔인권위원회에서 한국정부의 소극적 태도와 일부 열
린우리당 의원들의 북한인권법안 통과 저지 노력은 매우 실망스러운
일이 아닐 수 없다.

제2장

세계화와 한반도

"

어떤 주제를 토론하던 상관없이

북한에서 삶의 모든 측면을 지배하는 것은 두 어구다.

하나는 '성분' 혹은 '사회경제적 및 계급 배경'이고,

다른 하나는 '김일성주의자' 혹은 '김일성에 대한 사상'이다.

이 두 개념을 파악하지 않고는

북한이라는 국가와 인민 및 정책을 이해한다는 것은 불가능하다.

그리고 이 두 개념은 모든 북한 인민들과 다른 민족,

그리고 북한과 다른 국가에 대한 북한 사람들의 생각을 규정짓는 특성이다.

북한 사람들의 성분은 좋거나 나쁘거나 둘 중의 하나다.

"

Helen-Louise Hunter, 「Kim Il-Sung's North Korea」

1. 세계화의 의미

19세기를 지배한 세계화가 스팀엔진의 산업화로 시작된 1차 산업혁명과 자유주의 경제사상에 기반 하였던 반면, 현재 진행되고 있고 21세기를 지배할 세계화는 컴퓨터와 인터넷으로 대표되는 디지털 기술혁명과 베를린장벽의 붕괴와 소련의 해체로 상징되는 세계 냉전체제의 종식에서 유래하였다고 할 수 있다.

네트워크화

19세기의 세계화는 철도, 증기선, 자동차 등 수송부문의 혁신이 기술적 바탕이 된 수송비용의 절감에 의해 빠르게 확산되었으나, 21세기의 세계화는 컴퓨터, 광케이블, 인터넷 등 통신부문의 혁신이 기술적 바탕이 되어 통신비용의 절감은 물론 세계적인 네트워크의 구축을 통해 '지구촌'의 형성을 가능하게 해주고 있다. 네트워크의 가치는 사용자의 제곱에 비례한다는 '메트카프의 법칙'(Metcalf's Law)은 네트워크의 중요성과 규모경제 효과를 단적으로 설명해 주고 있다. 따라서 디지털화 된 세계화시대에는 개인이나 기업 더 나아가 국가의 능력은 네트워크를 형성할 수 있는 능력에 비례하고 있는 것이다.

팍스 아메리카나

네트워크에 성공적으로 참여하기 위해서는 공통의 언어와 문화를 공유해야 한다. 디지털 시대의 공통 문화는 민주적 개방형 문화이고, 경제는 자유시장경제이며, 언어는 영어다. 19세기 세계화시대에는 산업혁명과 자유주의 경제사상의 본산지인 영국이 주도적인 역할을 하였으나 디지털 시대의 세계화는 디지털 혁명의 본산지이며 세계 냉전체제에서 공산주의자와의 대결에서 리더 역할을 한 미국이 주도하고 있다. 대영제국(Pax Britanica)시대가 오래전에 막을 내리고 지금은 본격적인 팍스 아메리카나(Pax Americana)시대가 전개되고 있는 것이다.

미국의 달러화, 군사력 그리고 문화가 21세기 디지털 시대의 세계화를 주도하고 있으며 미국의 금융기관과 미국에 근거지를 둔 초국적 기업들이 세계경제를 주름잡고 있다. 또한 미국과 미국의 영향권에 있는 국제통화기금(IMF), 세계무역기구(WTO) 등 국제경제기구들은 세계 각국의 자유무역과 자본시장의 개방을 계속 촉구하고 있고 경제거래 관행의 미국화를 유도하고 있다.

세계 정치적 분쟁의 해결 과정에서도 회원국의 1국 1표 원칙으로 운영되는 UN보다는 미국이 주도적인 역할을 한다. 이러한 사실은 최근 아프가니스탄 사태와 이라크 전쟁 과정에서도 확인되었다. 우리의 관심사인 북한 핵문제에서도 UN은 별 역할을 하지 못하고 있고 미국이 중심이 되어 한반도 주변 강대국들이 '6자회담'에 참여하여 해결방안을 논의하고 있다.

속도의 시대

디지털 시대의 세계화는 빠른 변화를 불가피하게 한다. 디지털 기술의 변화속도가 워낙 빠르기 때문에 이에 적응하지 못하면 치열한 경쟁에서 살아남지 못하기 때문이다. 컴퓨터 칩의 성능은 18개월마다 두 배로 늘어난다는 '무어의 법칙'(Moor's Law)과 광섬유의 성능은 12개월마다 세 배로 증가한다는 '길더의 법칙'(Gilder's Law)이 디지털 기술의 발전 속도를 잘 설명해 주고 있다. 따라서, 기업경영은 물론 국가경영에 있어서 속도는 성공의 열쇠가 되고 있다. 대내외 여건 변화에 적응하여 변신하는 능력과 속도가 디지털 시대 기업은 물론 국가의 경쟁력을 좌우하는 것이다.

세계화는 국경이라는 장벽을 무너뜨려 세계를 거대한 하나의 시장으로 만들고 있다. 그 결과 시장에서의 경쟁은 더욱 치열해지고 시장경쟁에서 승자와 패자간의 격차는 더욱 벌어지고 있다. 결국, 세계화는 기업이나 국가에게 새로운 기회인 동시에 심각한 도전이 되고 있는 셈이다. 세계 시장의 경쟁에서 승리한 기업과 국가에게는 큰 이득이 주어지는 반면 이 경쟁에서 패배하거나 아예 경쟁에도 참여하지 못한 국외자는 큰 손해를 보게 되는 것이다. 그 결과 모든 기업과 국가들은 세계화시대에서 살아남고 승자가 되기 위해 최선을 다하고 있다.

자유민주주의와 시장자본주의

공산주의 체제가 대부분 무너지면서 세계화시대는 정치보다는 경제가 중요시되는 탈(脫) 이데올로기 시대로 특징지어진다. 이데올로기가 없다기보다는 세계화시대를 지배하는 이데올로기는 정치에서는 자유민주주의이고 경제에서는 시장자본주의라고 하는 것이 올바른 지적이다. 따라서 세계화시대를 지배하는 자유민주주의와 시장자본주의와 다른 이데올로기를 지향하는 국가는 세계화시대의 네트워크에 참여할 수 없으며 이들 국가의 발전은 기대하기 어려운 상황이 발생하게 된다. 오늘날 북한의 경우가 바로 여기에 해당하는 것이다.

두 차례 세계화의 비교

1차 산업혁명으로 촉발된 세계화는 1800년경부터 시작되어 1차 세계대전과 러시아 혁명에 의한 공산주의의 등장 그리고 경제 대공황 등으로 1920년대에 제동이 걸릴 때까지 120년간 지속되었다. 그런데 1990년경부터 시작된 디지털 시대의 세계화는 19세기의 세계화 과정보다 더 오래 지속될 가능성이 많다. 그 이유는 세계화의 근간을 이루고 있는 세계 정치·경제 시스템이 더 안정적이기 때문이다.

19세기 세계화의 기반이었던 고전적 자본주의는 많은 결함을 갖고 있었다. 시장이 완전하지 못했기 때문에 독과점 폐해도 많았고 노동자 계층에 대한 자본가들의 착취도 심각하였다. 그리고 실업에 대한 보호는 물론이고 질병과 고령에 대한 사회적 안전장치도 없었다. 자본주의 경제에서 종종 발생하는 경기변동에 따른 불황에 대한 대응도 제대로 하지 못하였다. 결국, 1차 세계화의 물결은 냉전체제의 원인을 제공한 공산주의의 도전을 받게 되었고 서구 국가들도 복지국가 건설을 통해 고전적 자본주의의 틀을 수정하게 된 것이다.

그러나, 고전적 자본주의의 비판적 대안으로 제시된 공산주의의 실험은 대실패로 끝났고 복지국가의 실험도 성공하지 못하였다. 1980년대에 이르러 미국, 영국을 중심으로 복지국가에 대한 대대적인 수술을 가하는 정치적 노력이 진행되었고 이러한 행동은 신자유주의 사상으로 정당화되어졌다. 1980년대 말에 이르러서는 베를린 장벽이 무너지고 공산주의의 종주국 역할을 한 소련이 붕괴됨으로써 인류 역사는 새로운 전환점을 맞이하게 되었다.

공산주의의 몰락과 신자유주의 사상의 득세는 자유민주주의와 시장자본주의 이데올로기에 바탕을 둔 새로운 형태의 세계화를 촉발시키게 된 것이다. 이러한 세계정치의 변화가 컴퓨터의 발달과 인터넷의 등장으로 요약되는 디지털 혁명과 결합되면서 세계화는 과거보다 훨씬 빠른 속도로 진행되고 있다.

현재 세계화의 근간을 이루는 경제시스템은 19세기 세계화시대보다 더 견고하고 안정적이다. 독과점 폐해에 대처하는 공정거래제도가 확립되어 있고, 근로자를 위한 노동 3권도 확실히 보장되어 있음은 물론 노령, 질병, 실직 등 각종 위험으로부터 보호해 주는 사회보장제도도 잘 갖추어져 있다. 또한, 케인스 경제학의 등장으로 경기변동의 폭을 둔화시키는 거시경제적 정책수단들도 마련되어 있다.

이에 더해, 인터넷 등 정보의 혁명은 전 세계를 하나의 거대한 시장으로 만들고 소비자에게 각종 정보를 제공하여 줌으로써 종전의 '생산자 경제'를 '소비자 경제'로 전환시키고 있다. 소비자가 왕이 되는 새로운 시대가 열리고 있는 것이다. 또한, 세계적인 네트워크 구축 가능성은 생산시설을 전 세계로 분산시킬 수 있어 세계화 과정에 참여한 개발도상국들도 경제번영의 파트너가 될 수 있게 되었다. 개도국들이 선진국에 원료나 공급하는 식민지로 전락했던 19세기의 세계화와는 사뭇 다른 형태의 세계경제 발전이 이루어지고 있는 것이다.

심각해지는 격차문제

물론, 현재 진행되고 있는 디지털 시대의 세계화에 대한 비판도 있는 것이 사실이다. 무엇보다도 가장 큰 문제는 날로 심해지는 격차문제다. 세계화는 경쟁의 심화를 의미하기 때문에 승자와 패자 간의 격차는 불가피하다. 또한, 세계화 과정에 참여하지 못하는 개인이나 집단은 세계화에서 발생하는 물질적 이득의 혜택을 볼 수 없고 정치·사회적으로도 소외될 가능성이 높다. 그래서 세계화시대에는 국가 간 격차가 확대되고 개인 간 격차도 벌어지고 있다. 분배 문제가 세계화시대를 맞아 최대의 사회문제로 부각되고 있는 것이다.

세계화를 주도하고 있는 미국에 대한 견제의식 역시 고조되고 있으며 이는 세계 곳곳에서 반미감정의 형태로 나타나고 있다. 아랍 국

가들이 가장 대표적인 사례라고 할 수 있으나 EU 형태의 유럽통합
운동 역시 미국 패권주의에 대한 유럽 국가들의 대응이라고 보아야
할 것이다. 최근 한국사회 일각에서 제기되는 반미감정도 이러한 세
계적 추세의 일면으로 해석될 수 있을 것이다.

렉서스와 올리브 나무

　토머스 프리드먼[5]은 세계화시대의 승자와 패자간의 갈등을 고급
승용차의 상징으로 부상한 렉서스와 팔레스타인에서 전통 유태인과
아랍인간의 분쟁대상인 올리브 나무로 비유하여 설명하고 있다. 세계
화가 급속히 진전되면서 렉서스와 올리브 나무 사이의 갈등은 심해지
고 있으며 이러한 상황은 현재 한국에서도 벌어지고 있다. 한·칠레
FTA 협정 비준 과정에서 극렬한 시위를 한 농민단체와 이를 정치적
으로 지원하는 세력이 한국의 대표적인 올리브 나무라 할 수 있다.
반면, 기업수익 측면에서 세계 전자부문 1위를 달리고 있는 삼성전자
는 한국의 대표적인 렉서스인 셈이다.

　렉서스와 올리브 나무의 특성에 대해 서상목[6]은 "렉서스는 합리
적이고 미래지향적인 가치관을 갖고 있는 반면 올리브 나무는 과거지
향적이며 주관적인 가치관이나 정치논리에 의존하고 있다. 또한, 렉
서스는 국경이 없이 빠르게 세계 어디로나 시장원리에 의해 움직이는

---

5) Thomas Friedman, 「The Lexus and the Olive Tree」, Random House, 2000.
6) 서상목, 「시장을 이길 정부는 없다」, 매일경제신문사, 2003.12.

데 반해 올리브 나무는 지역사회 중심적이고 국가나 민족중심적으로 행동하고 움직이는 속도에는 별 관심이 없다. …… 그렇기 때문에 렉서스와 올리브 나무가 경쟁했을 때 대부분의 경우 렉서스가 승리하게 된다. 한 조직이나 국가의 경우 때로는 올리브 나무가 이기는 경우가 있기도 하다. 그러나 세계화시대에는 올리브 나무가 장악한 조직이나 국가는 다른 조직이나 국가와의 경쟁에서 이길 수 없기 때문에 결국 올리브 나무는 렉서스에게 패배하게 되는 것이다."

매년 2월 스위스 다보스에서 열리는 세계경제포럼(World Economic Forum)은 세계화를 대표하는 국제모임이라고 할 수 있다. 세계화의 진행사항을 점검하고 이 과정에서 문제점과 이의 대응책들이 논의되고 있다. 한편, 세계화에 저항하는 세력들도 세계사회포럼(World Social Forum)을 창설하여 반(反)세계화 운동을 벌이고 있다. 세계 각국의 좌파 정치단체, 노조, 농민단체들이 이 모임을 주도하고 있다. 이들은 WTO, IMF 등이 개최하는 국제행사가 있을 때마다 대규모 시위활동을 벌이기도 한다. 최근 한국에서 개최된 세계경제포럼 아시아회의에서도 이를 저지하려는 '반세계화' 시위가 활발히 진행되었다. 그러나 이들의 활동이 시대적 대세로 흘러가고 있는 거대한 세계화 물결을 저지하지는 못한다. 다만, 세계화 과정에서 발생하는 부작용에 대한 대비를 보다 철저히 해야 한다는 문제의식을 심어주는 것이 반 세계화운동이 기여할 수 있는 최대의 역할이 될 것이다.

2. 세계화시대의 남한

남한은 세계화시대의 주역이 될 수 있는 조건을 두루 갖추고 있다고 할 수 있다. 앞에서 지적한대로 세계화시대의 이데올로기는 자유민주주의와 시장자본주의다. 한반도가 남북으로 분단되면서 북한은 공산주의 독재 체제와 사회주의 기획경제 체제가 자리를 잡았고 남한은 자유민주주의와 시장자본주의를 기본 정치·경제체제로 받아들였다. 이와 동시에 북한은 소련을 중심으로 한 공산권과 강한 연대를 구축하여 발전하여 왔고 남한은 미국을 위시한 자유 서방세계와 교류하면서 국가발전을 모색하였다.

민주주의의 공고화

한국에서의 민주주의는 오랜 기간 많은 시행착오 과정을 거치면서 나름대로 바람직한 결실을 거두었다고 할 수 있다. 제헌 헌법에 자유민주주의 원칙이 분명히 명시되었음에도 불구하고 이승단 대통령은 두 차례의 개헌을 통해 영구집권을 시도하였고 부정선거를 획책하는 등 민주주의 발전을 저해하는 행동을 서슴지 않았다. 4·19 학생운동으로 자유당 정권이 붕괴되었으나 5·16 군사쿠데타로 집권한 박정희 대통령 역시 여러 차례의 개헌으로 장기집권을 도모하였고 국가보안법, 중앙정보부 등의 수단을 동원하여 야당과 반대 세력의 정치적 활동을 억압하였다. 이러한 상황은 '80년대 초 집권한 전두환 정권까지 지속되었으나 1987년 6월의 민주화 항쟁과 6·29 민주화 선언은 한국정치에서 민주화시대가 본격적으로 전개되는 전환점이 되었다.

그 후 한국에서 민주주의의 공고화는 빠른 속도로 진행되었다. 노조 활동이 활성화되었고 야당과 언론에 대한 탄압도 사라졌다. '97년 대선에서는 평화적인 정권 교체도 이루어졌고 한국정치의 지배세력이 영남권에서 호남권으로 이동하는 변화도 있었다. 2002년 대선에서 노무현 대통령이 당선되고 2004년 총선에서 열린우리당이 과반 의석을 확보함으로써 한국정치의 주도권이 보수세력에서 진보세력으로 옮겨지기도 하였다. 민주화 이후 지난 17년 간의 변화가 너무 급격하여 경제·사회적 불안정을 초래했다는 비판이 있을 수도 있겠으나 하나 분명한 것은 한국은 이제 완전히 민주화되었다는 사실이다.

한국에서 민주화가 이루어지기 전에는 한국경제의 눈부신 발전에도 불구하고 한국정부와 정치지도자들은 국제사회로부터 언론 자유, 인권 문제 등의 분야에서 비난의 대상이 되기도 하였다. 그러나 이제 남한은 인권 문제로부터 자유스럽게 됨으로써 세계화시대 국제사회에서 주역이 될 수 있는 첫 번째 조건을 갖추게 된 것이다.

시장경제 체제의 확립

시장자본주의라는 세계화의 두 번째 조건은 건국 초기부터 지켜져 왔다고 할 수 있다. 건국 이후 한국의 헌법은 개인의 재산권과 민간기업의 자유로운 활동을 보장해 왔으며 공기업의 활동영역도 법률에 의해 불가피한 경우에만 제한적으로 허용되어 왔다. 1960년대 이후 정부 경제정책의 우선순위가 수출산업의 육성에 두어짐에 따라 한국기업들은 국제시장에서 치열한 경쟁을 하면서 성장과 발전을 이루어왔다. 그 결과 민간기업활동은 한국경제 발전의 견인차 역할을 해왔으며 세계화시대에서도 우리 사회의 '렉서스' 역할을 할 것으로 기대되고 있다.

개방화와 국제화

세계화의 세 번째 조건은 영어 사용으로 상징되는 우리 경제·사회의 국제화와 개방화다. 한국에서 영어는 중학교부터 본격적으로 가르치고 있어 교육을 받은 계층 다수가 영어 사용이 가능하나 홍콩, 싱가포르, 인도 등 영어를 공식 언어로 사용하는 나라들에 비해서는 경쟁력이 떨어지고 있다. 최근 한국에서도 '영어 열풍'이 일어나 조기 영어 교육이 활발히 이루어지고 있어 세계화의 효과를 실감케 하고 있다. 조기 영어 교육에 많은 사교육비가 지출된다는 점을 감안할 때 영어를 아예 초등학교 정규과목으로 도입하는 것도 바람직할 것으로 생각된다.

한국 경제·사회의 국제화와 개방화 수준은 우리의 영어 사용 수준과 대체로 비슷하다고 할 수 있다. 1980년대 초부터 경제 분야에서의 개방화가 단계적으로 추진되어 왔으나 1990년대 OECD 가입과 외환위기를 거치면서 개방의 속도는 가속화되었다. 그럼에도 불구하고, 한국의 국제화와 개방화 수준은 세계화시대의 기준으로 볼 때는 개선의 여지가 많은 것이 사실이다. 한국은 아직도 외국인들이 생활하고 활동하는 데 불편한 나라로 국제사회에서 인식되고 있으며 시장의 개방 정도 역시 OECD 국가 평균에 크게 뒤지고 있는 것이 사실이다. 국제화와 개방화는 세계적 네트워크를 구축하는데 필요요건이 되기 때문에 경제·사회 각 분야에서 더 많은 노력이 있어야 할 것이다. 이런 차원에서 한·칠레 FTA협정 체결을 계기로 FTA를 통한 일본, 중국, 미국 등 세계화시대 주역들과 네트워크를 형성하는데 국가 정책의 우선순위가 주어져야 한다.

디지털 경쟁력

디지털 시대 세계화의 주요 요건은 IT 분야에서 국제경쟁력을 확보하는 것이다. 이 부문에서 한국의 위상은 매우 확고하다고 할 수 있다. 한국은 1995년 정보화촉진 기본법을 제정하고 1996년에는 '정보화 촉진 기본계획'을 수립하여 추진하는 등 IT 분야에서 정보통신부를 중심으로 강력한 육성정책을 추진하여 왔다. 그 결과 한국은 초고속 인터넷 망 구축, 인터넷 사용률 등의 분야에서 세계 최고 수준에 도달하였고 온라인 주식거래와 뱅킹 그리고 휴대폰 사용 등의 분야에서도 세계 1위를 기록하고 있다. 서울시는 최근 전자정부 구현 부문에서 세계 1위로 평가되었고 한국의 IT 산업은 OECD 국가 중 가장 경쟁력이 높은 것으로 분석되고 있다.

　전자상거래도 폭발적으로 증가하고 있고 IT 산업은 지난 10여 년 간 급성장하여 명실 공히 한국경제 발전의 견인차 역할을 하고 있다. 정부의 꾸준한 노력으로 정보격차 문제도 점차 개선되고 있는 것으로 나타나고 있다. 그러나 대학정원 정책의 경직성으로 IT 분야 인력은 공급부족 상태를 보이고 있으며 부족한 인력을 인도 등 외국으로부터 충원하는 사태가 발생하고 있다. 이에 대한 개선방안이 조속히 마련 되어져야 할 것이다.

　세계 각국은 IT 분야에서의 국가경쟁력 제고를 위해 치열한 경쟁 을 벌이고 있다. 한국이 이 분야에서 확보된 경쟁력을 유지 · 발전시 키기 위해서는 'e-Korea' 구현을 위한 노력을 범국가적 차원에서 지 속하여야 할 것이다. 'e-Korea'는 경제뿐만 아니라 정치 · 사회 등 모 든 분야가 디지털화 된 국가를 의미한다. 이는 기업경영은 물론 정부 조직, 국가운영, 국민생활 등의 분야에서 정보화시대에 걸 맞는 유연 하고 개방된 패러다임을 적용하는 것을 의미하기도 한다.

한 · 미동맹 관계

　앞에서도 지적된 대로 세계화시대의 두드러진 특징은 팍스 아메 리카나로 불리어지는 미국 패권주의다. 세계화시대의 네트워크는 미 국과의 긴밀한 유대 관계에서 시작한다고 할 수 있기 때문에 세계 각 국은 이를 위해 가능한 외교적 노력을 다하고 있다. 러시아, 중국 등 공산권 국가들도 모두 미국과 우호적인 외교관계 유지를 위해 노력하고 있고 미국 자본의 유치를 위해 최선을 다하고 있다. 일본의 고이즈미 내각도 긴밀한 미·일동맹 관계 유지에 외교정책의 최우선 순위를 두고 있으며 전통적으로 미국과 거리를 두어왔던 프랑스의 시라크 대통령도 최근에는 '미국은 프랑스의 영원한 동맹'이라는 사실을 강조하고 있다.

이러한 시대적 상황에서 한국이 한국전쟁 과정을 거치면서 미국과 50여 년간 동맹관계를 유지해 왔다는 사실은 우리에게는 세계화 시대에 매우 큰 이점이 아닐 수 없다. 세계 냉전구도에서 2차 세계대전 후 한반도에서 남북이 분단된 것은 매우 불행한 일이나 남한이 미국의 영향권에 속하게 되었다는 것은 '불행 중 다행'이라 할 수 있다. 앞에서 언급한대로 한국이 자유민주주의와 시장자본주의 체제를 채택하고 지속적으로 발전해 온 것은 미국의 영향에 기인하는바 크다고 생각된다. 2차 세계대전 후 독립된 국가 중 미국의 영향권 밖에 있던 국가 중 다수가 사회주의 경제체제를 채택하였기 때문이다. 인도, 파키스탄, 이집트 등이 그 대표적인 사례이며 이들 국가 모두 경제발전에 실패하였다.

한국은 미국의 영향으로 시장경제 체제를 채택함은 물론 경제발전 과정에서 미국으로부터 각종 원조와 차관의 혜택을 받았고 미국은 한국 수출상품의 가장 중요한 시장이 되어 왔다. 또한, 미국의 한국전쟁 참가와 그 이후 미군의 한국 주둔은 한국을 공산화의 위협으로부터 보호하여 주었다.

앞으로 전개될 세계화시대에도 한·미동맹은 한국의 발전에 결정적인 필수조건이 될 것이다. 경제적인 측면에서 미국은 아직도 우리에게 매우 중요한 수출시장이고 최첨단 기술을 도입할 수 있는 공급원이 되고 있다. 그리고 미국의 금융기관과 다국적 기업들은 한국의 증권시장에 활력을 불어넣고 한국기업들에게 협력과 경쟁을 통해 경쟁력을 높이는 활력소 역할을 하고 있다. 군사적으로도 북한이 핵무기와 미사일을 개발하는 상황에서 주한 미군은 한반도 평화 유지에 절대적으로 필요한 존재이고 외교적으로 한·미동맹 관계는 중국, 일본 등 한반도 주변 강대국으로부터 한국의 이해를 보호하는 균형추 역할을 담당하고 있다.

그럼에도 불구하고, 최근 한국사회 일각에서 반미감정이 부각되고 있는 것은 매우 염려스러운 일이 아닐 수 없다. 지난 대선과 총선에서 진보성향의 정치세력이 행정부와 입법부를 모두 장악함으로써 반미감정은 정부정책 차원으로 비화될 가능성을 배제할 수 없게 되었다. 세계화시대를 맞은 한국에게는 예기치 못한 복병을 만난 셈이다. 지금은 정책 당국과 국민 모두 국가적 실리에 기초한 현명한 판단을 하는 지혜가 필요한 시점이 아닐 수 없다.

3. 세계화시대의 북한

남한이 세계화시대의 대세와 큰 흐름을 같이 하는 것과는 달리 북한은 세계화라는 시대적 추세에 정면으로 역행하고 있는 대표적인 사례가 되고 있다. 현재 북한이 당면한 심각한 경제위기와 북한 핵문제로 대두된 한반도에서의 긴장도 따지고 보면 북한의 김일성과 김정일 정권이 국가운영을 세계화와는 정반대 방향으로 몰고 간 결과라고 할 수 있는 것이다.

유일지배체제와 주체사상

북한이 세계화된 국제경제 체제로 편입되는 데 있어 가장 큰 걸림돌은 북한의 경직적이며 매우 특이한 정치체제다. 북한의 정치체제는 공산주의 국가의 보편적 특성인 공산당 1당 지배체제와 함께 북한 특유의 유일지배체제로 특징지어질 수 있을 것이다.

북한에서 조선노동당은 '근로대중의 모든 조직들 가운데 가장 높은 형태의 혁명조직'으로 정치는 물론 경제, 사회, 문화 등 모든 분야에서 북한을 지배하고 있다. 공산주의 국가의 특성인 1당 지배체제가 민주주의 입장에서는 많은 문제가 있는 것이 사실이지만 경제 부문에서 시장경제로의 개혁과 개방이 이루어진다면 경제발전에는 큰 지장이 없다는 것이 최근 중국, 베트남 등 사회주의 국가들의 경험이기도 하다. 남한에서도 박정희, 전두환 등의 군사독재 정권하에서 놀라운 경제발전이 이루어졌다는 사실이 이를 뒷받침해 준다고 할 수 있다.

그러나, 북한의 정치체제는 다른 공산주의 국가들과는 달리 1당 지배체제 차원을 넘어 김일성이라는 특정지도자의 영구집권과 권력

세습을 위한 유일지배체제가 오래전부터 확립되었다는 특성을 지니고 있다. 유일지배체제는 '수령의 사상을 지조적 지침으로 하여 혁명과 건설을 수행하며 수령의 사상과 명령, 지시에 따라 전당(全黨), 전국(全國), 전민(全民)이 하나와 같이 움직이는 체제'라고 북한은 규정하고 있다. 북한의 유일지배체제 구축작업은 반대파에 대한 숙청작업이 완료된 1960년대에 시작되었으며 김일성의 영구집권 기반을 다지기 위한 수단이었다고 할 수 있다.

유일체제 구축을 위한 정치이념으로 북한은 '주체(主體) 사상'을 개발하였다. 김일성이 '주체'라는 용어를 처음 사용한 것은 1955년이었으며 1950년대에는 중국과 소련의 지원을 받고 있는 반대파를 숙청하는 정치적 무기로 활용되었다. 1960년대에는 중·러분쟁 와중에서 북한이 '등거리 외교' 전략을 통해 대외적 자주성을 고양하고 북한식 발전 모델을 모색하는 차원에서 주체사상이 발전되어 왔다. 초기에는 '마르크스·레닌주의의 북한 혁명에의 창조적 적용'으로 이해되었던 주체사상은 북한체제가 강한 민족주의적 경향을 보인 1960년대 중반부터 김일성의 개인숭배를 바탕으로 유일지배체제를 공고히 하는 사상적 기반이 되었다.

'혁명과 건설의 주인은 인민대중이며 혁명과 건설을 추동하는 힘도 인민대중에게 있다는 사상'으로 김일성에 의해 정의된 주체사상은 경제에서는 자립(自立), 국방에서는 자위(自衛), 그리고 외교에서는 자주(自主)의 형태로 구현되고 있다. 이러한 추상적 차원의 주체사상이 유일지배체제의 기본 사상이 되기 위해서는 '혁명적 수령관'이라는 중요한 전제가 추가된다. 혁명적 수령관은 인민대중이 역사적 주체로서 역할을 다하자면 반드시 수령의 올바른 영도를 받아야 한다는 논리다. 결국, 김일성 수령의 지도가 주체 확립에서 핵심이 되며 주체사상은 김일성주의로 변질되어 정치적으로 이용되었다. 이러한 사실은 '김일성 동지의 사상, 리론, 방법을 주체사상이라고 말한다'라는 김정일의 발언으로도 분명히 확인되고 있다.

1986년에는 '수령, 당, 대중이 수령을 뇌수로 하는 하나의 유기체적 동일체'라는 '사회정치적 생명론'이 추가되면서 주체사상은 북한사회와 대중을 지배하는 사이비 종교이론의 형태로 변질되어 갔다. 이러한 사회·정치적 생명체 이론은 곧 바로 '혈연론'으로 발전되었고 김정일 세습체제를 정당화하는 사상적 근거로 활용되어 왔다.

주체사상이 철저히 김일성에 의한 유일지배체제를 정당화하기 위한 도구라는 사실은 북한에서 일련의 교양·학습 지침으로 활용되는 '유일사상 10대 원칙'을 보면 잘 알 수 있다.[7] ① 김일성 동지의 혁명사상으로 온 사회를 일색화하기 위해 몸 바쳐 투쟁한다. ② 김일성 동지를 충성으로 높이 우러러 모셔야 한다. ③ 김일성 동지의 권위를 절대화하는 것은 우리 혁명의 지상의 요구이며 인민의 혁명적 의지다. ④ 김일성 동지의 혁명사상을 신념으로 삼고 수령의 교시를 신조하여야 한다. ⑤ 김일성 동지의 교시집행에서 무조건성의 원칙을 철저히 지켜야 한다. ⑥ 김일성 동지를 중심으로 하는 전당의 사상의

---

7) 이종석, 「현대 북한의 이해」, 역사비평사, 2000, p.232.

지적 통일과 혁명적 단결을 강화해야 한다. ⑦ 김일성 동지를 따라 배워 공산주의적 풍모와 혁명적 사업 방법, 인민적 사업 작풍을 소유해야 한다. ⑧ 김일성 동지의 크나 큰 정치적 신임과 배려에 높은 정치적 자각과 기술로써 충성으로 보답하여야 한다. ⑨ 김일성 동지의 유일적 지도 밑에 전당(全黨), 전국(全國), 전군(全軍)이 한결같이 움직이는 강한 조직 규율을 세워야 한다. ⑩ 김일성 동지가 개척한 혁명 위업을 대를 이어 끝까지 계승하여 완성해 나가야 한다.

이러한 내용의 유훈사상 10대 원칙은 구약성경의 모세의 10계명보다 훨씬 강력하고 강압적인 것이다. 김일성은 하나님과 같은 존재로 김일성 수령에 대한 절대 충성을 요구하고 김일성 주체사상의 절대화를 추구하고 있다. 유훈사상 10대 원칙은 김일성이 사망한 후 오늘날에도 김일성이라는 이름을 김정일로 바꾸는 것 외에는 아무런 변동 없이 그대로 북한 사회와 민중을 구속하는 원칙으로 적용되고 있다.

이와 같이 경직적이고 폐쇄적인 정치체제와 사상이 근본적으로 바뀌지 않은 상태에서 세계화시대에 북한이 국제사회의 일원으로 활동하고 세계경제 네트워크에 참여하는 것은 거의 불가능한 일이다. 디지털 시대의 세계화는 사고와 체제의 유연화를 요구하며 개인의 창의력을 필요로 하기 때문이다.

선군정치와 강성대국

김정일 통치체제가 출범한 후 북한정치의 특징은 '선군(先軍)정치'로 요약될 수 있다. 북한은 선군정치를 '인민군대 강화에 최대의 힘을 넣고 인민군대의 위력에 의거하여 혁명과 건설의 전반사업을 힘 있게 밀고 나가는 특유의 정치'라고 정의하고 있다. 선군정치라는 용어는 1997년 말 처음 등장하였으나 '군 중심'의 정치방식은 김일성 사후 1995년부터 시작되었다. 선군정치는 김일성 사후의 북한이 김정일에 의해 비상계엄하에 통치되고 있다는 것을 의미한다.

김일성은 한국전쟁의 실패에도 불구하고 한반도 무력통일의 꿈을 끝까지 버리지 못하였다. 그래서 김일성은 국가경제력의 20~30%를 국방비로 지출하면서 국방력 증강에 열을 올렸고 비록 전면전은 아니었지만 1968년 김신조 일당의 청와대 습격사건, 1983년 아웅산 폭파사건 등과 같은 남한 정부를 전복시켜 보려는 시도를 지속적으로 해 왔다. 김일성 사망으로 집권한 김정일은 심화되는 경제위기와 국제적 고립 속에서 자신의 권력기반을 유지하기 위해 군 중심의 정치를 펼치지 않을 수 없었던 것으로 판단된다. 1998년 헌법을 개정하여 과거 권력구조 중심이었던 '국가 주석'을 폐지하고 '국방위원장'을 국가의 최고기관으로 격상시키면서 김정일이 국방위원장으로 추대되었다.

그 결과 북한 권력구조에서 군인들의 서열은 급상승하고 군의 영향력은 사회 전반으로 확대되고 있다. 북한에서 군대는 대내적으로 김정일 유일지배체제를 보위하는 물리적 강제력을 보유한 수단으로 활용되고 있으며 대외적으로 이른바 '벼랑 끝 외교'(brinkmanship diplomacy)의 협상수단으로 이용되고 있다. 경제위기 상황에서도 경제

재원의 배분에 있어 군인 처우와 무기 개발은 최우선적 대우라는 특혜를 받고 있다. 이런 과정에서 경제개발과 의료 등 민생사업은 자원 배분의 우선순위에서 뒷전으로 밀리고 있으며 이는 북한이 당면한 경제위기에서 벗어나지 못하는 근본적인 원인이 되고 있다.

선군정치론은 1998년부터 '강성대국론'으로 발전되고 있다. 강성대국론은 '군사 강국, 정치 강국, 사상 강국, 경제 강국'을 의미한다고 한다. 여기에서 군사 강국이 맨 처음, 그리고 경제 강국이 맨 뒤에 언급된 것은 북한은 이미 군사 부문에서는 강국을 이룩하였으나 경제가 문제라는 북한 나름대로의 현실 인식을 반영한 것이라 할 수 있다. 다시 말해, 강성대국은 군사 강국, 사상 강국 그리고 정치 강국이라는 이제까지의 업적을 바탕으로 남은 과제인 경제 강국을 건설해 보자는 것이다.

북한의 최대 현안인 경제문제를 해결해 보겠다는 의지는 바람직하나 이를 군사주의적 토대 위에서 이루어보겠다는 것이 문제인 것이다. 경제정책은 언제나 선택을 요구받게 되는데 북한과 같이 열악한 경제 상황에서 군사 강국과 정치 강국을 유지하면서 경제발전을 도모하는 것은 불가능한 일이기 때문이다. 북한당국이 개방으로 인한 체제 불안을 걱정하여 소극적이며 점진적인 개방정책에서 탈피하지 못하면서 군사력을 바탕으로 한 '벼랑 끝 외교'에 국력을 기울이는 것도 이러한 강성대국 전략의 필연적인 결과인 셈이다.

북한은 선군정치론과 강성대국론에 더하여 '붉은 기(旗) 사상'을 주창하고 있다. 붉은 기 사상은 북한이 경제난으로 체제 위기를 느꼈던

1995년에 제기되어 황장엽 조선노동당 총비서가 망명한 1997년경에 절정을 이루었다. '어떤 배신도 모르며 사소한 사상적 변질도 없는 일심 단결의 상징이며 혁명적 지조와 절개로 죽어서도 붉은 기폭에 쌓여 영도자의 품속에서 영생하려는 신념의 가치'로 표현되어진 붉은 기 사상은 살아서도 죽어서도 김정일에게 충성하면서 사회주의 순결성을 유지하고 김정일 정권을 지키자는 취지다. 붉은 기 사상은 경제적 위기에도 불구하고 중국과 같은 시장경제로의 개혁과 개방을 하지 않겠다는 북한당국의 강력한 의지 표현이라 할 수 있기 때문에 북한의 개혁과 개방에 대한 미래전망을 어둡게 하는 근거가 되고 있다.

사회주의 기획경제

남북 분단 이후 북한은 남한과의 지속적인 체제 경쟁에 승리하기 위해 경제 부문에서는 사회주의 기획경제 체제를 확립하였다. 1946년 토지개혁과 주요 산업의 국유화를 추진하였고 1947년부터 개인 상공업 부문의 국유화가 단계적으로 시작되어 1955년 중소 상공업자의 국유화에 이어 1956년 농업 집단화가 완성되어 완전한 사회주의 형태의 국유화 사업을 완료하였다.

경제관리는 내각이 중심이 되어 강력한 중앙집권적 기획경제 체제를 구축하였다. 1947년과 1948년 각각 1개년계획이 추진된 데 이어 1949~1950년에는 2개년계획이 실시되었다. 북한은 체계적인 경제계획의 수립 및 추진에 힘입어 해방 직후의 경제적 혼란상태를 조기에 수습하였고 한국전쟁에 대비한 준비를 철저히 하였다.

한국전쟁 후에는 전후 복구를 위한 3개년계획(1954~1956년)을 추진하여 공업생산이 연평균 41%나 신장하고 농업생산량이 연평균 12%의 성장률을 기록하는 등의 성과를 올렸다. 그 다음에 추진된 5 개년계획(1957~1961년) 역시 매우 성공적이어서 계획 목표를 1959 년에 달성함으로써 5개년계획을 조기에 종결짓고 1960년은 완충기로 설정하였다. 이와 같이 1950년대에 추진된 3개년계획과 5개년계획이 성공을 거둔 것은 무엇보다도 소련, 중국 등 사회주의 국가들의 원조에 힘입은 바 큰 것으로 평가되고 있다.[8] 결국, 북한은 두 차례 경제 개발계획의 성공적인 추진으로 북한식 사회주의 경제 체제의 기반을 굳히게 되었다.

이러한 성공을 바탕으로 북한은 1960년대부터 본격적인 공업화 전략을 추진하였다. 그러나 1960년대에는 공산권내에서 중·소분쟁이 지속되었고 북한이 이런 와중에서 자주외교 노선을 추구한 결과 소련, 중국 등 사회주의 국가들의 경제적 지원이 현저히 줄어들게 되었다. 그래서 북한은 '자력갱생의 원칙'을 강조하면서 노력 동원에 박차를 가하였다. 제1차 7개년계획은 원래 1961년에서 1967년까지였으나 목표달성에 실패하여 1970년까지 3년간 더 연장되었다.

제1차 7개년계획은 중공업의 우선 개발을 강조하면서 기술혁명을 통한 공업화에 역점을 두었다. 그 결과 계획 기간 중 공업생산이

---

8) 조동호 외, 「북한경제 발전전략의 모색」, 한국개발연구원, 2002, pp.213~251.

3.3배 증가하였고, 국민소득에서 공업이 차지하는 비중은 1956년의 25%에서 1969년에는 65%로 증가하였다. 경제구조의 공업화가 이루어진 것이다.

사회주의 국가로부터의 원조 감소로· 제1차 7개년계획이 지연된 것을 감안하여 1971년에서 1976년 기간 중 추진된 6개년계획에서는 서방 세계로부터의 자본 도입을 시도하였다. 이러한 6개년계획은 초기에는 상당한 성공을 거두어 공업생산이 목표치인 14%를 상회하는 16.3%를 기록하고 북한의 1인당 국민소득이 남한을 능가하는 등의 성과를 거두었으나 중공업 강조로 인한 생산 부문간의 불균형과 외화 부족 등으로 6개년계획이 마무리되지 못하고 1975년 북한의 외채 상환 불이행 선언과 더불어 사실상 중단상태에 놓이게 되었다.

외채상환 불이행 선언으로 서방세계로부터 외자유치가 더욱 어려워지자 북한은 제2차 7개년계획(1978~1984년) 마지막 해인 1984년 서방세계로부터의 외채부담이 없는 외국인투자 유치를 위해 합영법을 제정하기에 이르렀다. 그러나 초기의 합영사업은 대부분 일본의 조총련계 기업들에 의해 이루어졌다. 1985년부터 1990년까지 이루어진 합영사업 유치 79건 중 67건이 조총련계 기업과의 합영인 것으로 알려지고 있다. 북한이 서방세계로부터의 투자유치에 실패한 것은 사회간접자본의 미비, 금융 등 기업활동 서비스 결함, 북한의 낮은 대외 경제 신용도 등에 기인한 것으로 평가되고 있다.

제2차 7개년계획이 자본의 부족으로 계획목표의 55% 밖에 달성하지 못한 채 실패로 끝나자 북한은 2년간의 조정기간을 거쳐 제3차

7개년계획(1987~1993년)을 추진하게 된다. 제3차 7개년계획의 특징
은 북한이 보다 적극적으로 외자유치에 나섰다는 것이다. 그 대표적
인 사례가 1991년 UNDP의 두만강 개발계획과 관련한 나진·선봉
자유무역지대 사업의 추진이다. 그리고 1992년에는 외국인투자법을
제정하는 등 외자유치를 위한 법적·제도적 정비를 강화하였다.

그러나, 제3차 7개년계획은 주요 계획 목표치 달성률이 10~26%
에 그치는 대실패로 기록되고 있다. 나진·선봉 특구사업 역시 외자
유치에 실패하였다. 1998년 현재 외자유치 실적은 약 8억 달러의 계
약에 실제 투자는 이의 10% 정도에 그치고 있으며 그 이후로는 신
규투자 계약이 거의 이루어지지 않고 있다. 나진·선봉 특구의 실패
는 열악한 투자환경에 기인하는 것으로 분석되고 있다. 북한의 낮은
국가신용도, 열악한 인프라 환경 등으로 인해 수십 차례의 해외투자
설명회 개최 등의 노력에도 불구하고 외국인투자 실적이 저조한 것
이다.

이와 같은 북한의 사회주의 기획경제 경험은 소련, 동구 사회주
의 국가들의 사례와 맥을 같이 하는 것으로 북한의 실패라기보다는
사회주의 기획경제의 실패라고 하여야 할 것이다. 대체로 사회주의
기획경제 체제는 개발 초기에는 중앙집권적 자원동원 방식으로 상당
한 성공을 거두는 것이 사실이나 점차 시간이 흐르면서 시장원리가
아닌 정부 당국의 정책의지에 의한 자원배분에 따른 비효율성으로 인
해 경제 활력이 저하되고 자원배분의 심각한 왜곡이 초래하게 된다.

세계시장에서 상대적 비교우위를 무시한 중공업 육성 위주의 산

업정책은 경제의 외화획득 능력을 저하시켜 경제성장 자체를 어렵게
하는 것이다. 국유화된 공기업은 경영비효율의 온상이 되고 집단농장
체제에서 농민들은 생산의욕을 상실하게 된다. 소련, 중국을 포함한
모든 사회주의 국가들이 바로 이런 이유에서 경제적 어려움을 겪게
되었고 1980년 대 이후 시장경제 체제로의 전환을 앞 다투어 모색하
게 된 직접적인 동기가 되고 있다.

이런 관점에서 중국과 같이 북한 역시 기존의 사회주의 기획경제
체제를 완전히 해체하고 시장경제로의 체제 개혁을 추진하는 것만이
현재 당면한 경제위기에서 벗어나는 유일한 방법이 될 것이다.

4. 북한 경제체제의 붕괴

경제위기와 식량난

1990년대에 접어들면서 북한경제는 소련이 붕괴되고 경제적 지
원이 사실상 중단됨으로써 더욱 심각한 상황에 놓이게 되었다. 북한
은 1993년 말 당 중앙위원회에서 경제계획의 실패를 인정하고 1994
년부터 1996년까지를 완충기로 설정하면서 농업 제일주의, 경공업
제일주의, 무역 제일주의를 강조하였다. 이는 종래의 중공업 우선정
책에 따른 폐해를 시정하려는 노력으로 해석된다.

북한의 이러한 노력에도 불구하고 핵문제가 국제문제로 대두되었

고 1995년 이후 잇따른 자연재해로 인한 농산물의 흉작으로 북한경제
는 완전한 위기에 봉착하게 되었다. 경제성장률이 1994년 −1.8%,
1995년 −4.8%, 1997년 −3.7%를 기록하는 등 완충기 기간 내내 북한
경제는 마이너스 성장을 지속하였다. 외화부족으로 석유와 원자재 수
입이 어렵게 됨에 따라 공장가동률은 20~30% 수준으로 하락하였고
이상기후로 인해 쌀 등 농산물 생산마저 크게 위축되었기 때문이었다.

1990년대 북한경제의 어려움을 에너지난, 식량난, 외화난의 '3대
난'으로 부르나 이 중 핵심은 외화난이다. 충분한 외화조달이 가능했
다면 에너지난과 식량난을 쉽게 극복할 수 있었을 것이기 때문이다.
소련을 중심으로 사회주의권이 건재할 때 북한은 우호가격에 의한 무
역이나 구상무역 등의 방법으로 원유, 식량은 물론 기타 원자-재를 도
입할 수 있었다. 1990년을 전후하여 사회주의권이 붕괴되면서 그 대
안으로 북한은 나진·선봉 경제특구를 설치하고 외국인투자법을 제
정하는 등 외자유치에 나섰으나 북한의 낮은 대외신인도와 열악한 인
프라 상황으로는 외자유치가 어려웠다. 이에 더해, 북한 핵문제로 미
국과 대립하게 됨으로써 북한의 외자유치 노력은 물거품이 되었고 외
화난은 심각한 지경에 이르게 된 것이다.

이러한 상황에서 1995년과 1996년의 대홍수, 1997년의 이상 고
온과 해일 피해 등으로 3년간 지속된 자연재해로 농업생산기반이 크
게 훼손되면서 식량 생산량은 1984년 467만 톤 수준에서 1997년 266
만 톤으로 급격히 감소함으로써 북한은 심각한 식량난을 겪게 되었
다. 식량난이 심각했던 1995년에서 1998년 기간 중 많은 북한주민들

이 기아로 사망한 것으로 알려지고 있다. 북한 외무성은 기아자 수를 22만 명으로 발표한 적이 있고, 국제식량기구(WFP)는 100만 명 내외로 추정하였으며, '국경없는 의사회'(MSF)는 탈북자의 증언을 토대로 기아와 관련 질병 사망자를 350만 명으로 추정하기도 하였다.[9]

식량난으로 인해 북한주민의 건강상태 또한 매우 취약한 것으로 보고 되고 있다. 유엔아동기금(UNICEF)과 국제식량기구 보고서에 의하면 5세 미만 유아 중 절반이 영양 결핍으로 분류되었고 전체의 10% 정도가 심각한 '급성영양장애' 증상을 보이고 있다고 한다. 또한, 2세미만 아이를 가진 여성의 32%가 영양장애 상태로 나타나고 있어 북한주민의 열악한 보건상태를 단적으로 입증해 주고 있다.

1990년대 북한은 매년 150~200만 톤 규모의 식량부족 상태를 보였고 이를 보충하기 위해 매년 100만 톤 내외의 곡물을 외국에서 원조 형태로 조달하여 왔다. 2001년 이후에는 농업생산이 회복되고 외국으로부터의 식량자원도 체계화되어 기아자는 발생하고 있지 않으나 식량난은 지속되고 있다. 최근 FAO/WFP 평가보고서는 2003/2004 양곡년도의 곡물생산량은 416만 톤으로 전년에 비해 4.7% 증가하여 지난 9년 중 최고 수준이었음에도 불구하고 북한의 곡물 부족 규모를 94만 톤으로 추정하고 있다.

---

9) 「북한 인권백서」, 2004, pp.37-38.

경제관리 체제의 붕괴와 비공식 부문의 확산

경제난이 심각해지면서 북한의 중앙계획에 의한 사회주의 경제 관리 체계는 사실상 붕괴되었다. 극심한 경제난으로 주민들에게 식량과 생필품 배급이 어려워졌고 기업소에 자금과 물자도 제대로 공급할수 없어졌기 때문이다. 식량배급은 1990년대에 들어서 불규칙적으로 이루어지기 시작하여 1995년 이후에는 많은 지역에서 배급이 중단되기 시작하였다. 식량난이 극심했던 1997년에는 거의 모든 지역에서의 식량배급이 중단되었던 것으로 알려지고 있다. 식량배급제의 마비와 더불어 식량 이외의 생필품을 국정가격으로 판매하는 국영상점의 운영도 물자부족으로 어려워지는 상황에 놓이게 되었다.

이와 같이 계획경제 체제가 마비됨에 따라 비공식 부문은 급속히 팽창되고 있다. 우선 농민시장이 활성화되었다. 이곳에는 20~30평 규모의 개인 텃밭에서 생산된 농산물이나 축산물이 주로 거래되고 있다. 그 결과 농촌지역 주민의 생활이 도시근로자보다 나아졌고 이는 북한당국이 1998년 이후 대도시 인구를 지방과 농촌으로 강제 이주시키는 '주민 재배치 사업'을 추진하는 이유가 되고 있다.

북한은 사회주의 경제관리 체계가 무너지자 비공식 부문의 부분적 양성화를 도모하고 있다. 2003년 6월에는 종래의 농업시장을 공산품도 취급하는 종합시장으로 확대·개편한다고 발표하였다. 경제난으로 인한 사회주의 경제관리 체제의 붕괴가 유통 부문에서 시장의 출현을 불가피하게 하였고 처음에는 이를 묵시적으로 허용한 북한당국이 이제는 이를 공식적으로 인정하게 된 것이다. 결국, 경제난이 북한당국을 시장경제를 받아들일 수밖에 없는 상황으로 몰고 간 것이다.

남북한 경제력 격차의 확대

북한 경제의 상대적 저성장과 특히 1990년대 이후의 심각한 경제난은 남북한 경제력의 격차를 더욱 확대시키는 결과를 초래하였다. 1965년의 경우 남한의 1인당 국민소득은 북한의 60% 수준에 불과하였고 국민총생산도 북한의 1.6배 수준에 그쳤다. 그 후 남한은 수출산업의 급격한 신장으로 고도성장을 지속적으로 유지해 온 반면 북한은 사회주의 기획경제 체제의 한계와 비효율성으로 경제성장세가 점차 둔화되기 시작하였다. 그 결과 1990년 한국의 1인당 국민소득은 북한의 5.5배에 이르렀고 국민총생산 규모는 10.9배가 되었다. 1990년대에 이르러 북한의 경제난이 더욱 심각해지면서 남북 간의 격차는 더욱 확대되어 2003년 남한은 북한에 비해 1인당 국민소득은 15배, 국민총생산 규모는 33배에 이르고 있다.[10]

산업구조 면에서도 북한은 그 동안의 지속적인 공업화 정책에도 불구하고 남한에 비해 낙후된 모습을 보여주고 있다. 2003년을 기준으로 볼 때 농림어업의 비중이 북한은 27.2%인데 반해 남한은 3.6%에 불과하다. 제조업에서 중화학공업의 비중 역시 개발 초기부터 중

---

10) 박순성, 「북한경제와 한반도 통일」, 풀빛, 2003, p185

공업 정책을 추진한 북한이 62%인데 비해 개발 초기에 경공업 중심의 수출진흥 정책을 추진한 남한은 78%이다.

무역 규모면에서 보면 남북한의 격차는 비교가 되지 않을 정도로 크다. 2003년의 경우 무역 규모면에서 남한은 북한에 비해 156배에 이르고 있고 국민총생산 대비 수출입 비중은 북한이 12%인데 비해 남한은 61%이다. 이는 북한경제의 상대적 폐쇄구조와 남한경제의 대외의존 구조를 상징적으로 보여주는 것이다.

남북한 간 경제력 격차의 확대는 몇 가지 문제를 야기하게 된다. 무엇보다도 북한경제가 거의 모든 부문에서 마비되고 국제경쟁력을 상실함에 따라 교역상대자로서의 북한 위치가 추락하게 되었다. 1990년 초 이후 남북간 화해와 협력 분위기에도 불구하고 남북간 경제교류의 규모가 크게 신장하지 못한 것도 경제성에 근거한 남북교역이 확대되고 있지 않기 때문이다. 반면, 개혁·개방 이후 고도성장을 지속하고 있는 중국은 수교 10여년 만에 남한의 최대 교역국이 되었다. 이러한 북한의 경제상황은 향후 남북 경제교류의 전망을 어둡게 하는 원인이 되기도 한다. 결국, 북한경제가 발전하지 않는 한 북한은 남한에게 경제원리에 의한 경제협력의 대상이기보다는 인도적 차원의 경제원조 대상으로 상당기간 머무를 가능성이 높은 것이다. 또한, 남북한 간의 경제력 격차는 통일시 북한 재건을 위한 통일 비용을 높이고 남북한 주민 간의 이질감과 갈등을 증폭시키는 요인으로 작용할 가능성이 높다.

고난의 행군과 경제관리 개선조치

경제난이 심각해지자 북한은 1996년 신년 공동사설을 통해 '가장 곤란한 환경'을 극복하기 위해 주민들에게 '고난의 행군'을 촉구하기 시작하였다. 고난의 행군 구호가 제시되면서 북한은 1990년대 초 '3대 제일주의'에 의한 경공업과 무역 우선정책에서 중공업 우선정책으로 선회하였다. 이는 선군정치를 뒷받침하기 위해 민생보다는 군수산업에 역점을 두겠다는 최고통치자의 의지로 풀이된다. '고난의 행군'이라는 구호는 지금까지도 지속되고 있다. 결국, 북한은 사회주의 기획관리 체제가 붕괴되면서 '계획' 대신에 '고난의 행군', '강성대국 건설' 등의 구호를 외치면서 경제논리와는 거리가 먼 경제정책을 시도하고 있는 것이다.

이런 와중에서 북한은 최근 새로운 형태의 경제조치들을 발표한 바 있다. 2002년 7월 경제관리 개선조치가 발표된 데 이어 2002년 9월 신의주 특구 설치를 발표하였고, 같은 해 11월 '금강산관광지구법'과 '개성공단지구법'을 공포하였다.

우선 7월의 경제관리개선 조치는 북한당국이 약 2년간 준비기간을 거쳐 마련한 경제정책으로 알려지고 있으며 그 내용은 다음과 같다. ① 쌀 등 주요 생필품 가격이 평균 25배 인상되는 등 가격현실화 조치가 취해졌다. ② 환율이 달러 당 2.15원에서 150원으로 올랐고 임금은 평균 18배 인상되었다. ③ 가격의 결정방식도 쌀값을 기준으로 원가를 반영하는 방식으로 변경되었고 직종 간 임금격차도 확대되었으며 성과급 임금제가 부분적으로 도입되었다. ④ 기업관리 방식도 하부단위의 자율성을 강화하고 독립채산제를 채택하는 방향으로 개선되었다.

2003년 2월 육로 금강산관광 사업이 실시되었고 같은 해 6월 개성공단 착공식이 거행되었으며 1년만인 2004년 6월 준공되었다. 9월에는 '세금 규정'과 '로동 규정'이 채택되었다. 특히, 임금 규정에서 기본급이 월 57.5달러로 정해지고 기업주가 근로자를 선발토록 한 것은 과거 북한당국의 관행으로 미루어 상당히 큰 진전이라 평가할 수 있다.

또한, 북한은 2003년 3월 시장의 개설을 허용하는 조치를 취하였다. 기존의 농민시장을 농민 대신에 각 지역의 명칭을 붙인 시장으로 부르고 있다. 새로 운영되는 시장은 과거의 농민시장과 다음과 같은 차이점이 있다. 첫째, 과거의 농민시장은 3일에서 10일 간격으로 운영되었는데 새로 개설된 시장은 매일 열린다. 둘째, 과거의 농민시장에서는 쌀을 제외한 농산물이 판매 대상이었는데 새로운 시장에서는 농산물 이외에도 공산물의 판매가 허용되었다. 셋째, 농민시장에서는 개인 차원에서 판매가 이루어졌는데 이제는 협동단체, 국영 공장과 기업소도 공식적으로 판매자의 지위를 가질 수 있게 되었다.

평양에서부터 시작된 시장의 개설은 모든 시와 군에 1~2개를 개설하여 전국적으로 모두 300여개의 시장이 존재하게 될 것이라고 한다. 그러나 시장 건물을 건설하기 위한 건축자재 부족으로 전국적으로 시장이 개설되기에는 시간이 걸릴 것으로 보인다. 가격은 수급상황에 따라 자유롭게 결정되나 국가에 의한 상한선이 설정되어 있다. 한편, 판매자는 자릿세와 함께 판매량에 따라 세금을 납부하도록 되어 있다.

최근의 언론보도[11])에 의하면 평양에만 100여개의 노점이 형성되었고 이곳에서는 파인애플, 외제 음료수, 태국산 주방세제, 중국산 컬러 TV와 세탁기 등이 현금으로 거래되고 있다고 한다. 상인들의 호객행위도 벌어지고 있다고 하니 과거에 비하면 상당히 달라진 모습이 아닐 수 없다.

이러한 일련의 개선조치들이 북한이 계획경제 체제를 포기하고 시장경제 체제로 전환하겠다는 것은 아니라는 것이 전문가들의 공통된 의견이다. 조동호[12])는 "마치 1960~'70년대 동유럽 국가의 경제개혁이 시장경제 체제를 향한 것이라기보다는 기존의 계획경제 체제의 비효율성을 보완하려는 시도였던 것처럼, 7월 경제관리 개선조치 역시 공식부문의 정상화를 위해 분권형 계획경제 메커니즘의 도입을 추진하는 것이다"라고 기술하고 있다.

최근의 경제동향

1990년부터 1998년까지 지속적으로 마이너스 성장을 해 온 북한

---

11) 매일경제, "북한이 달라지고 있다", 2004. 6. 9
12) 조동호, 「북한 경제정책의 변화 전망과 남북경협의 역할」, 한국개발연구원, 2003.12, pp.247-252

경제가 1999년부터 플러스 성장률을 보이고 있다. 한국은행 추계에 의하면 북한경제는 1999년 6.2%로 시작하여 2000년 1.3%, 2001년 3.7%에 이어 2002년 1.2%, 2003년에는 1.8% 성장하였다. 성장요인을 분석하여 보면 양호한 기상여건에 힘입어 북한경제에서 30% 수준의 비중을 차지하고 있는 농업생산이 1999년 9.2%, 2001년 6.8%, 2002년 4.2%의 성장률을 기록하여 전체적인 경제성장을 주도하였다.

다음으로 중요한 성장요인은 한국을 중심으로 한 국제사회의 지원이다. 1999년 이후 국제사회의 지원은 북한 수출규모의 약 70~80%에 달하고 있어 북한경제 성장에 큰 기여를 한 것이 사실이다. 예를 들어, 1999년의 경우 북한은 금강산관광 사업비 2억 달러, 세계식량계획(WFP) 등 UN 산하 기구로부터 2억 263만 달러, 남한으로부터 2,800만 달러 상당의 비료, KEDO의 5,800만 달러 상당의 중유 등 모두 6억 5천여만 달러의 외부지원을 받았는데 이는 북한의 수출규모 5억 2천만 달러를 상회하는 수준이었다.

반면, 최근 취해진 경제개혁 조치에 따른 경제상황의 호전은 이루어지지 않고 있는 것으로 평가되고 있다. 그 이유는 가격현실화 조치에도 불구하고 기대했던 생산의 증대가 발생하지 않고 있기 때문이다. 이미 지적한대로, 북한에서는 경제난 심화로 사회주의 계획경제 관리 체계가 붕괴된 이후 암시장이 활성화됨으로써 유통규조의 시장화가 이루어져왔다고 할 수 있다. 이런 상황에서 7·1 가격현실화 조치와 시장허용 방침은 암시장에서의 거래를 공영시장으로 전환시키고 이 과정에서 세금을 부과하여 정부재정을 확충하려는 의도라고 해

석할 수 있다. 결국, 북한에서 암거래의 형태로 시장이 이미 존재하여
왔기 때문에 새로운 조치로 인한 추가적 효과는 크지 않았다고 할 수
있다.

또한, 현재 북한의 경제구조는 가격현실화로 공급이 확대되기에
는 많은 제약요인을 갖고 있다. 공장의 경우 에너지 공급 부족으로
가동률의 증가가 현실적으로 불가능하며 농업의 경우 아직도 집단농
장 체제가 그대로 유지되기 때문에 농산물 생산 역시 가격에 민감한
구조를 갖추고 있지 못하다.

무엇보다도 중요한 것은 2002년 10월 북한 핵문제로 북·미관계
가 악화되면서 KEDO에 대한 중유 공급이 중단되었고 한국을 제외한
서방국가들에 의한 대북 지원이 현저히 줄어들고 있다는 사실이다.
현 시점에서 외화부족이 북한경제 발전의 최대 장애요인이라는 점을
감안할 때 북한 핵문제로 인한 대외관계의 악화는 최근 북한당국에
의한 개혁조치들의 효과를 올리지 못하는 근본적인 원인이 되고 있는
것이다.

이에 더해, 신지호[13])는 다음과 같이 기술하고 있다. "지난 1년간
의 진행은 북한당국의 정책이 경제재건에 이렇다 할 효력을 발휘하지
못했음을 입증해 주고 있다. 경제에 대한 통제를 전반적으로 강화하
여 비공식 유통체계를 축소시키고 공식 유통체계를 활성화시킨다는
목표는 실패하였다. 또한, 생산현장으로 노동력을 복귀시켜 생산량을

---

13) 신지호, "7·1 조치 이후의 북한경제", 「KDI 북한경제 리뷰」, 2003. 7, 한국개발연
  구원

증대한다는 목표도 성공을 거두지 못하였다. 그 결과, 경제상황은 전혀 개선되지 못하고 있다. 오히려 빈부격차의 확대로 일반 근로자들의 생활은 더욱 어려워졌다."

제3장

세계화시대의 남북관계

"

조선로동당은

남조선에서 미 제국주의 침략군대를 몰아내고

식민지 통치를 청산하며

그리고 일본 군국주의 재침 기도를 좌절시키기 위한 투쟁을 전개하고

남조선 인민들의 사회민주화와 생존권 투쟁을 적극 지원하고

조국을 자주적 평화적으로 민족 대단결의 원칙에 기초하여 통일을 이룩하고

나라와 민족의 통일적 발전을 위해 투쟁한다.

"

북한 조선로동당 규약 서문, 1980. 10. 13

"

이제 세계적 냉전체제는 종식되었고,

한반도 주변 환경은 통일에 유리한 방향으로 그 흐름을 바꾸어가고 있다.

(…)

무엇보다도 사회주의권의 붕괴로 인해

북한의 변화가 불가피해졌다는 점이 주목된다.

탈냉전 후 세계의 정치·경제는 민주주의와 시장경제를 기본 축으로 하여 발전하고 있다.

북한 역시도 이러한 세계사적 흐름을 거스를 수는 없을 것이다.

"

김대중, 「김대중의 3단계 통일론」

1. 북한의 대남정책

냉전시대의 대남전략

북한은 해방 이후 지속적으로 "남조선은 미제의 완전한 식민지이며 침략적 군사기지다. 미제는 남조선을 정치·경제·군사적으로 완전히 예속시켰다"라고 주장하여 왔다. 이러한 인식을 바탕으로 북한은 미국으로부터의 '민족해방'과 남한의 '반동세력'에 대한 혁명을 통해 남한에서 공산정권을 수립하는 것을 대남전략의 기본 목표로 삼아 왔다. 이러한 의도는 이 글 첫머리에 인용된 조선로동당 규약에도 분명히 언급되어 있다.

북한은 1945년 10월 '혁명적 민주기지론'을 제시한 바 있다. 이는 당시 미군의 남한 점령으로 전국적 범위의 혁명을 동시에 추진시킬 수 없기 때문에 유리한 여건이 형성된 북한지역에서 혁명역량을 강화하고 이를 바탕으로 전 한반도의 공산혁명을 완수하자는 것이다. 북한은 이러한 전략에 입각하여 해방 직후 조선로동당을 창당하고 조선민주주의인민공화국을 수립하면서 남침 준비를 철저히 수행하였다.

시기별로 1945년부터 1953년까지는 북한이 무력에 의한 적화통일을 추구한 기간이다. 북한은 무력 적화통일에 필요한 군사력을 증강시키는 한편 김일성은 1949년과 1950년 두 차례나 소련을 방문하여 스탈린으로부터 남침에 대한 승인과 전쟁지원을 확약 받았다. 이와 아울러 북한은 제주도 4·3 사건, 여순 사건 등의 폭력도발을 통한 남한 내의 사회혼란을 조성하였고 마침내 1950년 6월 25일 전면적인 남침을 감행하였다.

한국전쟁에 실패한 북한은 1950년대에는 통일보다 전후 복구사업에 집중하였다. 두 차례의 경제계획을 성공적으로 마무리한 북한은 1960년대에 들어서면서 다시 공세적인 대남전략을 구사하게 된다.

이러한 노력의 일환으로 북한은 1964년 조국통일을 실현시키기 위한 '3대 혁명역량'을 발표하였다. 북한의 3대 혁명역량은 "첫째, 공화국 북반부에서 사회주의 건설을 잘하여 우리의 혁명 기지를 정치·경제·군사적으로 더욱 강화하는 것이며, 둘째 남조선 인민들을 정치적으로 각성시키고 튼튼히 묶어세움으로써 남조선의 혁명역량을 강화하는 것이며, 셋째 조선인민과 국제혁명 역량과의 단결을 강화하는 것"이라고 정의하고 있다. 특히, 군사역량의 강화를 위해 북한은 ① 전군의 간부화, ② 장비의 현대화, ③ 전인민의 무장화, ④ 전국의 요새화를 '4대 군사노선'으로 정하고 이의 실천에 최선을 다해 왔다.

'혁명기지'로서의 북한의 혁명능력을 바탕으로 북한은 '남조선 혁명론'을 발전시켜 대남전략의 기본으로 삼고 이의 실현을 위해 노력하여 왔다. 북한은 1970년 11월 노동당대회에서 "남조선 혁명은 남한의 혁명세력이 주체가 되어 수행해야 한다"고 선언하면서 일종의 '지역 혁명론'을 내세웠다. 북한은 "문제의 중심은 남조선 인민 자체가 혁명을 하기 위하여 투쟁의 불길을 높이는데 있다"고 주장하면서 남한 내 혁명세력 스스로의 성장 노력과 이들에 대한 북한의 원조를 강조하였다.

북한은 1960년대 후반 통일혁명당을 시작으로 1970년대 남조선민족해방전선, 1980년대 한국민족민주전선 등 남한 내 지하조직을 지속적으로 구축해 왔다. 이와 더불어 북한은 남한의 자생적 진보정치 세력을 비호하는 발언과 행동을 계속하였다. 1950년대에는 진보당의 등장을 높게 평가하면서 진보당의 "평화통일 강령은 남조선사회에서 커다란 지지를 받고 있다"라고 추켜세우기도 했다. 4·19학생운동 이후 결성된 사회대중당에 대해서도 "민족자주 노선에 기초한 민주주의적 통일국가의 창건을 이끄는 활발한 조직"으로 평가하였다. 북한의 남한 내 진보정치 세력에 대한 지지와 비호 행동은 지금까지도 지속되고 있으며 남한에서 선거가 있을 때마다 북한은 상대적으로 진보적인 후보와 정당에 대한 지지 입장을 분명히 하여 왔다.

냉전시대에 발생한 북한에 의한 일련의 무력도발 사건들도 남조선 혁명론에 입각하여 남한 내 세력을 지원한다는 차원에서 이루어졌다고 볼 수 있다. 아웅산 폭파사건이 성공했으면 남한에서 북한을 동조하는 혁명세력들이 봉기할 것을 북한 지도부가 기대했었다는 한 귀순자의 발언이 이를 입증한다고 하겠다. 또한, 북한 언론은 1968년 1월 청와대 습격 무장 특공대와 같은 해 11월 삼척과 울진에 침투시킨 무장 특공대를 '남조선의 혁명적 무장유격대'로 지칭하였다.

1970년대에 들어오면서 북한은 동서 긴장완화 등 국제정세의 변화에 따라 남북대화를 진행시키는 동시에 그 동안 지속적으로 추진해

온 남조선 혁명투쟁을 계속해 나가는 이중적 대남전략을 추구하기 시
작한다. 1972년 7월 남북 공동성명이 채택되었고 남북조절위원회와
남북적십자회담도 개최되었다. 이런 화해적 교류가 진전되는 와중에
서도 북한은 남침용 땅굴작업을 진행시켰고 1974년 8월 대통령 저격
미수 사건, 1976년 8월 판문점 도끼만행 사건 등의 폭력적 행위를 감
행하였다.

북한의 무력 도발은 1980년대에도 지속되었다. 1983년 10월의
아웅산 폭탄테러 사건, 1983년 12월의 부산 다대포 무장간첩 사건,
1987년 11월의 KAL기 폭파사건 등이 그 대표적인 사례다. 이러한 남
북 간 긴장된 분위기에서도 북한은 남북적십자회담, 체육 및 경제회
담 등 남한과의 각종 대화와 교류에 호응하였고 지속적으로 연방제
통일안을 제시하였다. 북한의 이중적 대남전략이 여실히 드러나는 것
이라 아니할 수 없다.

탈냉전시대의 대남전략

1990년을 기점으로 사회주의권이 무너지고 독일 통일이 실현되
자 북한은 생존전략 차원에서 체제 유지를 위한 조치를 강구하게 된
다. 북한은 그 동안 강력히 반대해 왔던 남북한 UN 동시가입도 1991
년 9월 수락하였고 남북고위급 회담을 통해 '남북사이의 화해와 불가
침 및 교류협력에 관한 합의서'와 '한반도 비핵화 공동선언'을 1992
년 2월 채택하였다.

또한, 북한은 남한의 민간기업들과의 경협에 대해서도 매우 적극적인 태도를 보였다. 1996년 8월 대우 남포공장의 가동을 시발점으로 여러 남한기업과 경협사업이 추진되었다. 남한기업과의 경협사업은 1998년 6월 정주영 회장의 '소 떼 방북'을 계기로 금강산 관광사업으로 발전하게 되었다.

1990년 이후 북한 대남전략의 특징은 종전의 '남조선 혁명론'에서 탈피하여 반미와 자주를 강조하는 '민족 대단결론'을 내세우고 있다는 것이다. 북한의 민족 대단결 주장은 1990년 5월 최고인민회의에서 행한 김일성의 연설에서 제기되었다. 그 후 1993년 4월 북한은 '조국통일을 위한 전민족 대단결 10대강령'을 발표하였다.

북한의 전민족 대단결 10대강령은 1993년 2월 김영삼 대통령이 취임사에서 '어느 동맹국도 민족보다 나을 수 없다'라는 발언에 대한 북측의 긍정적 호응이라는 의미도 있었다. 그러나 북한이 전한반도의 공산화라는 대남정책의 기본 목표를 바꾼 것은 아니다. 북한의 민족 대단결 주장은 "민족이라는 혈연적 동질성을 내세워 남한 내에 광범위한 통일전선 조직을 구축하면서 반미자주화 투쟁을 선동하여 한·미간 안보협력 체제를 약화시키려는 것으로 대내외 정세 변화에 따른 전술적 변경"[14]이라는 해석이 옳다고 판단된다.

해방 이후 지금까지 북한 대남정책의 일관된 특징은 대내외 환경이 자신에게 유리해지면 공세적인 대남전략을 추진하다가 북한의 능

---

14) 통일부, 「북한 개요」, 2004, p453

력이 저하되고 대내외 여건이 불리해지면 방어적이며 소극적인 대남
전략을 구사하는 것이다.[15]

　냉전시기에 북한은 반대파 숙청에 의한 안정된 국내정치 기반,
사회주의 기획경제에 의한 경제력·군사력의 신장과 소련 등 사회주
의권의 지원 등을 바탕으로, 한편으로는 연방제 통일방안을 제시하
면서 다른 한편으로는 남조선 혁명론에 의해 남한체제 전복을 위한
각종 사업을 진행시키는 적극적이고도 이중적인 대남전략을 추진하
였다.

　그러나, 1990년대에 접어들면서 대외적으로 사회주의권이 붕괴
되고 대내적으로 경제난이 심화되자 북한은 민족 대단결론을 내세우
면서 남한과의 화해와 협력을 모색하는 방어적 입장을 취하게 된다.
1993년의 '전민족 대단결 10대강령' 역시 이러한 차원에서 이루어진
것이고 1997년의 김정일에 의한 '조국통일 3대헌장'도 같은 맥락의
조치라고 판단된다.

　김정일의 '조국통일 3대헌장'은 김일성의 '전민족 대단결 10대
강령'의 기본 골격을 그대로 보전하면서 자신의 주장을 몇 가지 추가
하였다. 우선, '조국통일 3대헌장'은 전쟁 위험 제거와 전쟁 회피의
중요성을 유난히 강조하고 있는데 이는 대내외 여건 악화에 따른 북
한체제 붕괴의 위험성을 염두에 둔 결과일 것이다. 특히, 북한이 '북
침 위협'을 강조하는 것은 1993년 핵 위기 과정을 거치면서 미국의

---

15) 백학순,"대남 전략", 세종연구소, 「북한의 국가전략」, 한울, 2003.12

북한 핵시설 공격 가능성을 의식한 것으로 해석된다.

북한은 1998년 4월 '민족 대단결 5대방침'을 발표하였는데 그 내용은 ① '민족 자주의 원칙'에 기초, ② 애국애족 및 조국통일의 기치 하에 온 민족이 단결, ③ 남북관계 개선, ④ 외세의 지배와 간섭 반대, ⑤ 남·북·해외에 있는 온 민족의 내왕, 접촉, 대화, 연대 및 연합 강화 등이다. 5대방침의 특징은 그 동안 북한이 줄기차게 주장해 온 '연방제 통일'에 대한 언급이 없는 대신 '남북관계 개선'을 강조하고 있다는 점이다. 이는 대내외 여건의 악화로 통일이 되는 경우 북한이 원하는 형태의 사회주의적 통합이 어렵다는 사실을 새삼 인식한 결과 라고 할 수 있다.

북한이 2000년 6월 15일 남북 정상회담과 6·15 남북 공동선언 에 합의함으로써 탈냉전시대 이후 유지된 북한의 방어적이고 화해· 협력적인 대남전략은 새로운 단계로 접어드는 전기를 맞게 되었다.

북한의 연방제 통일방안

적어도 통일문제에 있어서 북한은 남한보다 언제나 더 적극적으로 대응하여 왔다. 1950년대에는 남북한 모두 무력에 의한 통일을 주장하였는데 남한은 정치적 구호에 그친 반면 북한은 6·25 남침이라 는 군사적 행동을 취하였다. 1960년대 이후 남한은 자체의 경제개발 에 몰두하면서 집권세력과 민주세력간의 정치적 갈등이 고조되는 등 내부문제에 몰두한 반면, 반대파의 숙청작업에 성공한 북한은 남조선 혁명론을 내세우면서 남한에서의 민중세력의 봉기를 획책하였고 수시로 군사적 도발도 시도하였다.

통일방안의 제시 측면에서도 북한은 남한보다 훨씬 공세적인 자세를 취해왔다. 4·19 학생운동 이후 혼란한 남한의 사회분위기를 틈타 북한은 1960년 8월 '남북 연방제'안을 제기하였다. 남북한 정부 당국의 대표들로 '최고민족위원회'를 구성하여 경제 및 문화 등의 민생문제를 다루고 내정권, 외교권, 군사권의 영역은 침해하지 않는다는 것이었다. 북한의 이러한 제의는 당시 남한의 장면 정부에 의해 즉각 거부되었다. 그러나 북한의 연방제 제안은 남한의 일부 혁신적인 학생 및 사회단체의 지지를 받아 남남(南南) 갈등의 원인이 되기도 하였다.

이러한 남한의 상황에 고무 받은 북한은 1971년 4월 '평화통일방안' 제의에 이어 1973년 6월 '고려련방공화국'이라는 단일국호에 의한 '남북련방안'을 제시하였다. 이는 당시 남한측의 남북한 UN 동시가입 불반대 발표에 대한 반응이기도 하였다. 이때 북한의 연방제 안은 1960년대의 정부 대표로 구성된 '최고민족위원회'대신 각계 대표로 구성된 '대민족회의의 소집'을 포함하고 있다. 특히, '대민족회의' 구성에 있어 남한측 대표단에 반공단체 및 반공인사들은 참가할 수 없고 통일혁명당 대표가 반드시 포함되어야 한다고 주장함으로써 북측의 연방제 안이 남조선 혁명론의 연장선상에서 구상되었다는 것을 분명히 하였다.

북한은 1980년 10월 '고려민주련방공화국 창립방안'을 제시하였다. 북한이 평화통일의 전제조건으로 남한에서의 군사파쇼 정권의 청산과 미군 철수를 주장함으로써 연방제 통일안을 제시하는 북한의 정치적 목적이 무엇인지를 잘 알 수 있게 하였다.

1990년대에 접어들면서 연방제 통일안에 대한 북한의 입장이 약간 변하기 시작하였다. 1991년 1월 북한이 제시한 연방제안은 '북과 남이 서로 다른 두 제도가 존재하고 있는 우리나라의 실정에서 조국통일은 누가 누구를 먹거나 누구에게 먹히지 않는 원칙에서 하나의 민족, 하나의 국가, 두 개 제도, 두 개 정부에 기초한 련방제 방식'을 제시하고 있다. 남조선 혁명론에 입각한 공세적 통일전략에서 자신의 체제 수호에 역점을 두는 수용적인 방향으로 북한의 입장이 선회한 것이다. 이는 당시 서독에 의한 동독의 흡수통일과 사회주의권의 붕괴 상황을 의식한 결과인 것으로 풀이된다.

2000년 6월 남북정상들이 합의한 '낮은 단계 연방제안'에 대해 북한은 다음과 같이 정의하였다. "낮은 단계의 련방제안은 하나의 민족, 하나의 국가, 두 개 제도, 두 개 정부의 원칙에 기초하되 북과 남이 존재하는 두 개 정부가 정치·군사·외교권을 비롯한 현재의 기능과 권한을 그대로 가지게 하고 그 위에 민족통일기구를 세우는 방법이다." 이는 1991년에 북한이 제시한 연방제 통일안과 거의 같은 내용으로 풀이된다. 결국, 남한이 북한의 1991년 연방제안에 동의한 것으로 북한은 해석하고 있는 것이다.

2. 남한의 대북정책

이승만 정부의 대북정책

대한민국 정부의 초대 대통령 이승만은 남한은 UN의 감시하에 선거가 실시되었기 때문에 한반도의 유일한 합법정부이며 북한은 38도선 이북을 강점하고 있는 반국가 불법집단이라고 규정하였다. 그래서 북한에서도 대한민국 주도하에 선거를 실시해 통일을 이루어야 하며 이것이 어려우면 무력에 의한 '북진통일'도 해야 한다고 주장하였다.

이러한 이승만 정권의 분명한 의지는 한국전쟁 중에도 반영되어 UN군의 작전목표는 전쟁이전 상태의 회복이 아니라 북진통일을 완수해야 한다는 점을 미국의 트루먼 대통령에게 전달하였다. 그래서 당시 한국 정부는 휴전협상에 반대하였고 휴전협정에 당사자로 참여하지 않았다.

1954년 5월 한반도 문제에 관한 제네바 회담에서 한국은 인구비례에 의한 UN 감시하의 총선거를 통한 한반도 통일방안을 제시하였으나 공산진영의 반대로 무산되었다. 이후 집권기간 내내 이승만 대통령은 북진 통일을 주장하였으나 이의 실천을 위한 아무런 행동도 하지 않음으로써 남한 정부의 북진통일론은 정치적 구호에 그치고 말았다. 이러한 남한의 대북정책은 무력통일을 위해 한국전쟁을 일으키고 그 후에도 지속적으로 무력 도발과 남한 내 동조세력 규합에 노력해 온 북한과는 큰 대조를 이루고 있다.

장면 정부의 대북정책

이승만 정권이 4·19 학생운동에 의해 무너지면서 북진통일론도 지지기반을 상실하였다. 당시 혁신운동의 리더 역할을 한 사회대중당은 남북교역 및 통신거래의 활성화를 촉구하였고 혁신동지총연맹은 민주적 정당 및 사회단체가 '남북통일위원회'를 구성하여 정치적 남북통일을 달성하자는 제안을 하였다. 그러나 1960년 7월 총선에서 승리한 민주당은 '선 건설, 후 통일'이라는 상당히 보수적이며 소극적인 대북정책 노선을 견지하였다.

윤보선 대통령은 1960년 8월 취임 기자회견에서 "통일 이전이라도 우리는 제일 먼저 이 나라를 부강하게 만들고 그 국민을 애국적인 국민으로 만들지 않으면 안 된다. 그렇게 될 때에만 한국의 통일은 의의가 있을 것이며 우리가 원하는 방식으로 한국은 통일될 것"이라고 남한 정부의 통일에 관한 입장을 분명히 했다. 또한, 같은 시기에 정일형 외무장관은 과거 자유당이 주장한 무력통일론은 무모한 것이었다고 비판하면서 UN 감시하에 인구비례에 의한 남북한 총선거를 주장하였다. 이는 이승만 정권의 통일방안과 사실상 같은 내용의 것이다.

여기에서 주목해야 할 사항은 보수세력의 입장을 대변하는 당시 민주당 정권은 통일보다는 자유민주주의 체제의 수호가 우선한다는 입장에서 통일에 관해 다소 소극적인 입장을 취한데 반해, 진보 또는 혁신세력들은 민족주의적 인식을 바탕으로 좀 더 적극적으로 통일을 모색해야 한다고 주장하면서 통일 후 한반도가 동서 냉전체제에서 중립국이 되는 중립화 통일론을 제기하였다는 사실이다. 이러한 과정에서 남한사회에는 대북정책과 통일정책의 기조에 관해 보수와 진보세력 간의 분명한 입장 차이가 노출되었고 이러한 전통은 현재까지도 지속되어 남남 갈등의 원인이 되고 있는 것이다.

　남한 내에서 보수세력과 진보세력 간의 이러한 입장 차이는 북한으로 하여금 고려연방제 등의 보다 적극적인 통일방안을 제시하게 하는 중요한 동기가 되었을 것으로 생각된다. 당시 남조선 혁명론을 실현시키려는 북한의 입장에서 보면 남한 내 진보세력의 지원을 받을 수 있는 통일방안을 공개적으로 제시함으로써 남북 당국간 통일 논의 과정에서 기선을 제압하고 남한 내 자신들의 동조세력을 확대시킬 수 있다고 생각할 수 있기 때문이다.

박정희 정부의 대북정책

　'선 건설, 후 통일론'은 5·16 군사쿠데타로 집권한 박정희 정권에서도 그대로 유지되었다. 혁명공약에는 "민족적 숙원인 국토통일을 위하여 공산주의에 대결할 수 있는 실력 배양에 전력을 집중 한다"고 명시하고 있으며 박정희 대통령은 통일의 길은 경제건설이며 민주역량의 배양이라고 강조하면서 "우리의 경제, 우리의 자유, 우리의 민주주의가 북한에서 넘쳐흐를 때 그것은 곧 통일의 길"이라고 강조하였다.

1969년 7월 아시아인의 방위는 아시아인에게 맡겨야 하고 종래 대결위주의 대 공산권 전략은 대화 위주로 전환해야 한다는 '닉슨 독트린 선언'을 계기로 통일 논의가 다시 활발해졌다. 1971년 대통령선거를 계기로 야당 후보였던 김대중은 '남북 교류론'과 '3단계 통일론'을 제시하면서 종래 진보진영의 적극적인 통일론을 주장하였다.

이러한 대내외 여건변화에 따라 남한 정부 당국도 종래의 소극적인 '선 건설, 후 통일론'에서 벗어나 1970년 8월 남북한간 선의의 경쟁을 촉구하는 '평화통일 구상'을 선언하였다. 북한이 무력에 의한 남한 전복 기도를 포기하면 남한도 남북 간에 가로 놓인 인위적 장벽을 단계적으로 제거해 나갈 용의가 있다고 천명하면서 남북한이 선의의 경쟁을 벌일 것을 제의하였다. 또한, 1971년 8월 박정희 대통령은 남북대화에 임할 것을 천명하였다.

그 결과 1971년 8월 남북적십자회담이 개최되었고 여러 차례의 남북 고위당국자들의 비밀접촉 결과 1972년 7월 역사적인 7·4 남북공동성명이 발표되었다. 여기에서 중요한 합의사항은 '자주·평화·민족 대단결'이라는 조국통일 3대원칙이었다. 그 외에도 남북 양측은 상대방에 대한 비방과 무력도발 금지, 남북간 제반 교류 실시, 상설 직통전화 개설, 남북조절위원회 설치 등에 합의하였다.

남북한당국이 전후 처음으로 직접 대화를 통해 남북협력과 통일원칙에 대해 합의를 도출했다는 측면에서 7·4 남북공동성명의 채택은 매우 큰 성과였다고 할 수 있다. 그러나 이러한 남북한 간의 합의는 그 후 진행된 남북조절위원회에서 경제와 사회교류를 중시하는 남한측과 군사문제를 중시하는 북한측의 입장 차이로 더 이상 행동으로 진전되지 못하고 중단되었다. 남북대화 중단의 계기는 1973년 8월 김대중 납치사건이었으며 북한은 남북조절위원회에 당국자뿐만 아니라 남조선의 정당 및 사회단체 대표들을 참석시켜야 한다고 주장하면서 남북대화 중단을 발표하였다.

　5년여의 공백기간을 거쳐 1979년 1월 남한은 중단된 남북대화의 재개와 같은 해 7월에는 남북한과 미국의 3자회담을 제의하였으나 북한은 이를 모두 거절하였다. 결국, 1970년대 등장한 데탕트 분위기는 남북간 대화의 물꼬를 트긴 하였지만 실질적인 성과를 거두기에는 역부족이었다.

전두환 정부의 대북정책

　1980년대 등장한 전두환 정권은 1981년 1월 북한의 '고려민주연방공화국 통일방안'에 대한 대응으로 남북한당국 최고책임자의 상호방문을 제의하였으나 북한은 '현 남조선 정부와는 어떤 형태의 대화나 접촉도 할 수 없다'며 남한의 제의를 거절하였다. 그 후 1982년 1월 전두환 대통령은 남한 최초의 통일방안인 '민족화합 민주통일 방안'을 제시하였다.

　이 방안은 남북한당국의 최고책임자 회담을 실현시켜 남북한 간에 '기본관계 협정'을 체결한 후 남북대표로 '민족통일협의회'를 구성하고 여기서 통일헌법을 기초하여 민주적 총선거로 통일을 이룩하자는 것이다. 또한, 전두환 정부는 1982년 2월 민족화합 민주통일 방안의 후속조치로 민족화합을 위한 20개항의 구체적 시범사업의 공동추진을 제의했다. 이 역시 북한에 의해 거부되었다. 결국, 남북관계는 1983년 10월 북한의 아웅산 폭파사건으로 더욱 경색될 수밖에 없게 되었다.

이러한 상황에서 1984년 9월 남한에서 발생한 수재에 대한 북한측의 수재물자 제공을 계기로 남북간의 대화가 다시 시작되었다. 1984년 11월부터 5차례의 경제회담이 개최되었고 남북적십자회담을 통한 이산가족 상봉도 이루어졌다. 1985년 7월 남북 국회회담도 개최되었는데 여기에서 북한측은 불가침선언 문제를, 남한측은 통일헌법 제정 등을 다룰 것을 주장하였다. 같은 해 10월 올림픽 공동개최 문제를 논의하기 위한 남북체육회담이 열리기도 했으나 1986년 초 북한은 팀스피리트 훈련을 이유로 남북대화 중단을 선언했다. 1970년대에 이어 이번에도 북한은 정치적인 이유를 들어 남북대화를 일방적으로 중단시킨 것이다.

노태우 정부의 대북정책

6·29 민주화선언 후 대통령 직선제로 출범한 노태우 정권은 국정운영의 우선순위를 '88 서울올림픽의 성공적인 개최와 북방 외교의

적극적인 추진에 두면서 보다 개방적이고 능동적인 대북정책을 추진
하였다. 노태우 대통령은 그 동안 이룩한 경제발전에 대한 자신감을
바탕으로 1988년 7월 '7·7 선언'을 발표하였다. '7·7 선언'은 자
주·평화·민주·복지의 통일이념과 민족공동체 구성의 필요성을 강
조하면서 다음 6개항의 실천방안을 제시하고 있다.

첫째, 남북 동포 간의 상호교류를 적극 추진한다. 둘째, 이산가족
들 간의 생사 및 주소확인, 서신왕래, 상호 방문 등이 이루어질 수 있
도록 적극 주선·지원한다. 셋째, 남북한 교역의 문호를 개방하고 남
북한 교역을 민족 내부교역으로 간주한다. 넷째, 비군사적 물자에 대
해 우리 우방들이 북한과 교역을 하는데 반대하지 않는다. 다섯째, 남
북한 간의 소모적인 경쟁, 대결외교를 종결하고 북한이 국제사회에
발전적 기여를 할 수 있도록 협력한다. 여섯째, 북한이 미국·일본 등
우리 우방과의 관계를 개선하는데 협조할 용의가 있으며, 또한 우리
는 소련·중국을 비롯한 사회주의 국가들과의 관계 개선을 추구한다.

노태우 대통령의 '7.7 선언'은 서독 브란트 수상이 추진한 '신동
방정책'을 원용한 것이라고 할 수 있으며 당시까지의 적대적이며 대
결적인 남북관계를 민족공동체 개념 아래서 협조적 동반자 관계로 발
전시키려 했다는 점에서 큰 의미를 갖는다고 할 수 있다. 그러나, 북
한은 '7.7 선언'은 미국의 시나리오에 따라 전임자가 제출한 영구 분
단안과 다를 바 없다는 이유로 거부 입장을 분명히 하였다.

이러한 북한측의 부정적 반응에도 불구하고 노태우 대통령은
1989년 9월 '한민족공동체 통일방안'을 제시하였다. 이 방안은 교류

와 협력을 통해 경제, 사회 및 문화 분야에서 남북공동체를 만들어 가면 정치적 통합여건이 성숙될 수 있을 것이라는 기능주의적 이론에 근거하는 것으로 1국가·1체제를 궁극적 목표로 하고 있다.

한민족공동체 통일방안은 통일로 가는 중간과정으로 '남북 연합' 을 제시하고 있으며 그 구성의 제도적 틀로 남북 정상회의, 남북 각 료회의, 남북 평의회와 공동사무처의 구성 및 운영을 제안하고 있다. 또한, 심화된 상호 불신과 이질성을 극복하고 실질적인 공동체 형성 을 위한 남북한의 기본 관계를 설정하기 위한 '민족공동체 헌장'의 수립을 제의하고 있다.

이러한 '한민족공동체 통일방안'에 대해서도 북한은 "주한 미군 과 국가보안법에 대하여 한 마디 언급도 없이 공동체요, 련합이요, 교 류요, 협력이요 하는 것은 통일보다는 대결에 관심이 있다는 의심을 짙게 한다"는 이유로 거절하였다. 북한은 남한의 통일방안을 "일방이 타방을 먹고 먹히는 방식의 승공통일"의 대명사라고 비난하면서 흡 수통일의 가능성에 대해 방어적인 자세를 보였다.

이런 와중에서도 남한측의 여러 분야에서 교류와 협력을 위한 '남북 고위당국자 회담'안과 북한측의 정치·군사적 긴장 완화를 위 한 '남북 고위정치회담'안에 대한 의견 접근이 이루어져 여러 차례의 실무 접촉 끝에 1990년 9월 제1차 남북 고위급 회담이 성사되었다. 이어 1991년 10월 남북한 UN 동시가입이 추진되었고 그 후부터 남 북관계 협력은 급진전되었다.

1991년 12월 제5차 남북 고위급 회담에서 '남북 사이의 화해 및

불가침 및 교류협력에 관한 합의서'(남북 기본합의서)가 남북간에 성
사되었고 핵문제 해결을 위한 별도의 대표 접촉도 시작되었다. 남북
기본합의서는 ① 체제 인정, 내부문제 불간섭, 비방 중지 등의 남북
화해, ② 무력 불사용, 우발적 무력충돌 방지 등의 남북 불가침 및 군
사적 긴장 해소, 그리고 ③ 경제·사회· 문화 등의 분야에서의 남북
교류·협력을 주요 내용으로 하고 있다.

　이어 남북한은 핵문제에 대한 세 차례의 대표 접촉을 통해 1991
년 12월 '한반도 비핵화에 대한 공동선언'(비핵화 공동선언)에 합의
하였다. 비핵화 공동선언은 ① 남북한이 핵무기를 제조·생산·보
유·저장·사용하지 않고, ② 핵 처리 시설과 우라늄 농축시설을 보
유하지 않으며, ③ 쌍방 합의에 의해 사찰을 실시할 것에 합의하고
있다.

　이와 같이 합의된 남북 기본합의서와 비핵화 공동선언이 1992년
2월 제 6차 남북 고위급회담에서 공식 발표됨으로써 1972년 7·4 남
북공동성명 이 후 20년 만에 남북관계에서 일대 전기를 맞게 되었다.
특히, 비핵화 공동선언이 있은 후 노태우 대통령은 주한 미군의 핵무
기 철수를 발표하였다.

　그러나 남북 기본합의서와 비핵화 공동선언에 대한 남한과 북한
당국의 인식은 크게 달랐다. 남한은 이를 화해와 협력의 시대에 남북
관계를 규율하는 문서로 인식하여 주한 미군의 핵무기 철수 등의 조
치를 실제로 추진하였으나 북한은 이를 통일전선 전술 차원으로 인식
하여 이를 지키려는 노력을 하지 않았다. 비핵화 공동선언에도 불구

하고 북한당국에 의한 핵무기의 개발은 지속적으로 이루어져왔다는 사실이 이를 입증한다고 하겠다.

1992년 9월 제8차 남북 고위급 회담에서 남북 화해, 남북 불가침, 그리고 남북 교류협력 등에 관한 부속합의서의 발효와 함께 4개 공동 위원회의 회의일자와 장소에 대해 합의가 이루어졌는데도 불구하고 북한은 팀스피리트 훈련과 핵 사찰 등의 이유를 들어 남북 고위급회 담을 일방적으로 중단시켰다. 이는 북한과의 합의에 대한 근본적인 회의를 갖게 하는 행동이라 하지 않을 수 없다. 결국, 북한 핵이 국제 적인 문제로 부각되면서 비핵화 공동선언은 사문화되었으며 그 과정 에서 남한은 북한으로부터 아무런 대가도 받지 못한 채 주한 미군의 핵무기만 철수시키는 결과를 초래한 셈이다.

김영삼 정부의 대북정책

1993년 11월부터 1994년 6월까지 북한 핵문제를 둘러 싼 국제적 긴장은 계속되었다. 이러한 위기 과정에서 1994년 6월 카터 전 미국 대통령이 북한을 방문하여 핵문제에 관한 타협안을 이끌어 내고 김일 성은 남북 정상회담 의사를 카터 전 대통령에게 전달하였다. 그러나, 남북 정상회담의 개최는 김일성의 갑작스런 사망으로 무산되었고 그 과정에서 이른바 '조문 파동'으로 인해 남북한당국자 회담마저 어려 운 상황이 되었다.

이러한 남북관계의 혼란 속에서도 김영삼 대통령은 1994년 8월

'한민족 공동체 건설을 위한 3단계 통일방안'을 제시하였다. 여기에서 통일의 3단계는 화해와 협력의 1단계, 민족공동생활권을 형성해 나가는 남북 연합의 2단계, 그리고 통일국가를 완성하는 3단계로 구성되어 있다. 이는 1989년 노태우 대통령이 제시한 '한민족 공동체 통일방안'을 보다 구체적으로 발전시킨 것으로 이해되어야 할 것이다.

이러한 남한의 제의에 대해 북한은 "통일문제, 남북관계 문제에 역점을 두었다지만 그와 관련된 소리들은 비현실적이고 일고의 가치도 없는 것이다"라고 거절하였다. 또한, 남한이 제시한 통일방안은 "남조선에 세워진 식민지 예속체제, 파쇼 독재체제를 북에까지 옮겨 놓겠다는 것"이라고 비난하면서 남한에 의한 흡수통일에 대한 우려를 분명히 하였다.

김대중 정부의 대북정책

1970년대 초부터 3단계 통일론을 주장해 온 김대중 대통령이 취임하면서 남한의 대북정책은 보다 포용적이고 적극적인 성격을 띠게 된다. '햇볕정책'으로 불리어지고 있는 김대중 정부의 '평화와 협력'의 대북정책은 북한이 쉽게 붕괴되지 않을 것이며 설령 흡수통일이 된다 하더라도 그 후유증은 매우 클 것이기 때문에 바람직하지 않다는 판단에 기초하고 있다. 그래서 김대중 대통령의 햇볕정책은 점진적으로 남북한 관계를 개선하면서 북한이 스스로 변화해 나가도록 한다는 것이다.

김대중 대통령은 1998년 2월 취임사에서 ① 어떤 무력 도발도 용납하지 않으며, ② 북한을 해치거나 흡수할 생각이 없으며, ③ 남북한이 화해협력 가능한 분야부터 적극적으로 추진해 나간다는 '대북 3원칙'을 발표하였다. 이어 '대북정책 추진기조'로 ① 남북대화를 통한 남북 기본합의서 이행 추진, ② 정경분리에 입각한 남북경협 활성화, ③ 남북 이산가족 문제의 우선적 해결, ④ 북한 식량문제 해결을 위한 대북지원의 탄력적 적용, ⑤ 대북 경수로 사업의 차질 없는 추진, ⑥ 한반도 평화환경 조성 등을 제시하였다.

김대중 정부 햇볕정책의 핵심은 정경분리 원칙에 입각한 북한에 대한 경제적 지원이다. 따라서, 김대중 정부는 북한의 잠수정 침투사건에도 불구하고 1998년 9월 현대의 금강산 관광사업을 허락하였고 기업인 방북 확대, 투자규모 상향 조정, 경협절차 간소화 등의 남북경협 활성화를 위한 조치들을 취하였다. 대북 투자분야도 전략물자를 제외한 전 분야로 확대하였고 1천만 달러의 대북투자 상한선도 폐지하였다.

김대중 정부의 햇볕정책 추진에도 불구하고 북한은 국내외적으로 여러 형태의 도발을 일으켰다. 1998년 6월 강릉 앞바다 대남 잠수정 침투사건이 발생하였고, 같은 해 8월 금창리 핵시설에 대한 의혹이 제기됨은 물론 대포동 미사일을 시험 발사함으로써 한반도의 안보가 위협받게 되었다. 이런 상황에서도 김대중 정부는 햇볕정책을 지속적으로 추진하면서 다각적인 외교적 노력을 통해 1999년 9월 북·미간에 대북 경제제재 완화와 장거리 미사일 시험발사 유예를 맞교환하는 합의를 이루어냈다.

김대중 대통령은 2000년 3월 '한반도 평화와 통일을 향한 남북 화해·협력선언'(베를린선언)을 발표하였다. 베를린선언에서 남한은 냉전구조를 해체하고 항구적인 평화를 구축하기 위해서는 남북 당국 간의 대화가 필요하다는 점을 강조하면서 북한이 요청하면 북한의 경 제난 극복을 위해 사회간접자본의 확충, 농업구조개혁 등을 위한 경 제적 지원을 해 줄 용의가 있다고 밝혔다.

베를린선언 이후 여러 경로의 비공개 접촉을 통해 남북 정상회담 개최에 남북한이 합의하였고 정상회담 조건으로 남한은 현대를 통해 5억 달러의 현금을 북한에 제공하였다. 2000년 6월 15일 역사적인 남 북 정상회담이 개최되었고 '남북 공동선언'에 김대중 대통령과 김정 일 국방위원장이 합의하였다.

남북 공동선언의 내용은 다음과 같다. ① 남과 북은 통일문제를 자주적으로 해결해 나간다. ② 남측의 연합제안과 북측의 낮은 단계 의 연방제안이 서로 공통성이 있다고 인정하고 앞으로 이 방향에서 통일을 지향시켜 나간다. ③ 흩어진 가족, 친척 방문단을 교환하며 비 전향장기수 문제를 해결하는 등 인도적 문제를 조속히 풀어나간다. ④ 경제협력을 통해 민족경제를 균형적으로 발전시키고 사회·문 화·체육 등 제반 분야의 협력과 교류를 활성화시킨다. ⑤ 이러한 합 의사항을 실천에 옮기기 위해 당국 사이의 대화를 개최한다.

6·15 정상회담은 분단 이후 처음으로 남북의 최고당국자가 직 접 만나 대화를 했다는 점에서 큰 의의가 있다. 남북 공동선언의 내

용은 양측의 통일방안에 공통점을 인정하고 이 방향에서 통일을 지향시켜 나가기로 합의한 것 외에는 새로운 것이 없지만 6·15 정상회담 이후 남북 간의 교류는 여러 분야에서 활성화되었다.

그 후 김대중 대통령 임기 중 모두 아홉 차례의 남북 장관급회담이 개최되었고 남북협력과 관계된 주요한 사항들이 논의되었다. 그 외에도 2000년 9월 북한의 김용순 특사가 남한을 방문하였고, 2002년 4월과 2003년 1월에는 남한의 임동원 특사가 북한을 방문하여 장관급 회담에서 해결이 어려운 사항에 대한 논의를 하였다.

또한, 2000년 9월 제주도에서 남북 국방장관회담이 개최되어 남북연결 철도·도로공사 관련 군사문제를 주로 협의하였다. 경제 분야에서는 차관급 대표로 구성된 남북 경제협력추진위원회가 세 차례 개최되었고 금강산 관광 활성화, 남북 철도 및 도로 연결, 개성공단 건설, 남북 전력협력, 남북 경제협력제도, 남북 해운협력, 임진강 수해방지 등 구체적인 현안 해결을 위한 실무협의회가 구성되어 활동하였다. 이 외에도 네 차례의 남북적십자 회담을 통해 이산가족 방문단교환, 생사 및 주소 확인 등이 추진되었고 부산 아시아경기대회에 북한 참가를 위한 체육회담이 개최되기도 하였다.

노무현 정부의 대북정책

노무현 정부는 대북정책을 '평화·번영정책'으로 표현하면서 ① 대화를 통한 문제 해결, ② 상호 신뢰 우선과 호혜주의, ③ 남북 당사자 원칙에 기초한 국제협력, ④ 국민과 함께하는 정책 등 4대 기본원칙을 강조하고 있다. 이러한 원칙을 바탕으로 단기적으로는 북한 핵문제 해결에 역점을 두면서 중기적으로 한반도 평화체제를 구축하고 더 나아가 동북아 경제중심을 추진한다는 것이 노무현 정부 대북정책의 기본목표다.

노무현 정부는 독자적인 대북정책을 제시하기보다는 김대중 정부의 햇볕정책 기조를 발전적으로 승계할 것을 천명하고 있다. 그러나 노무현 정부의 대북정책은 몇 가지 면에서 전임 정부의 것과는 차이가 있음을 발견할 수 있다. 우선 추진원칙 측면에서 '상호 신뢰 우선과 호혜주의'를 강조한다는 것이다. 이는 김대중 정부의 햇볕정책이 일방적 '퍼붓기 식'으로 추진되었다는 비판에 대한 반응이라고 생각된다.

다음은 역시 추진원칙 차원에서 '국민과 함께하는 정책'이 되어야 함을 지적하고 있다. 이는 햇볕정책의 추진과정에서 보수세력과 진보세력 간의 대북 인식 차이가 부각되어 이른바 '남남 갈등'이 야기되었고 정상회담을 위한 5억 달러 송금사건이 사회적 물의를 일으킨 데 대한 반응으로서 대북정책 추진에 있어 국민적 합의 도출과 정책의 결정과 집행과정의 투명성을 강조하고 있다.

또한, 북한 핵문제가 최대 현안으로 부각되면서 이 문제의 해결을 노무현 정부 대북정책의 당면 과제로 설정하고 있다. 핵문제 해결을 위해 ① 북한 핵 불용, ② 대화를 통한 평화적 해결, ③ 한국의 적극적 역할 등을 3대원칙으로 견지하고 있다. 또한, 노무현 정부의 '평화·번영정책'은 남북 발전 및 한반도 평화의 당위성을 동북아 차원의 평화와 번영의 차원으로 확대하여 주변국과의 협력을 모색한다는 중장기적 전략을 강조하고 있다.

3. 남북교류 현황과 과제

경제협력의 중요성

남북경협은 탈냉전시대 남북관계의 핵심 분야라고 할 수 있다. 무엇보다도 남북한과 같이 서로 적대하는 두 체제 간의 경제협력은 평화정착에 크게 기여할 수 있다. 경쟁과 대립관계에 있는 두 체제가 경제 분야에서의 교류와 협력으로 상호 의존관계가 심화되면 일시적으로 긴장상황이나 돌발사태가 발생하더라도 극단적인 상황으로 발전할 가능성이 낮아질 것이기 때문이다.

또한, 남북경협은 상호교류와 협력을 통해 남북 모두에게 서로 실질적인 경제적 이득을 줄 수 있기 때문에 체제의 차이에도 불구하고 정치적 부담 없이 상호 접근이 용이하게 된다. 뿐만 아니라, 남북경협은 경제공동체 형성을 통해 남북 간의 이념과 체제의 이질성을 극복해 나가는 역할을 하여 궁극적으로 한반도 통일에 기여할 수 있을 것이다. 이 과정에서 북한의 주체사상을 바탕으로 한 경직된 유일지배체제가 세계화에 순응하는 방향으로 서서히 변화될 가능성도 기

대해 볼 수 있을 것이다.

남북경협은 1988년 북한과의 경제교류를 허용하는 '7·7 선언' 이후 지난 10여 년간 꾸준히 발전되어 왔으나 그 발전 속도는 북한경제의 취약성 때문에 기대보다는 매우 느리게 진행되고 있는 것이 사실이다.

남북교역

우선 남북교역 규모는 1989년 2천만 달러에도 못 미치는 수준이었으나 그 후 꾸준히 증가하여 1997년 3억 달러에 이르렀고 2003년에는 7억 달러를 넘어서게 되었다. 이 기간 중 교역규모는 38배 증가하여 남한이 중국에 이어 북한의 제 2 교역상대로 부상하였으나 남한에게 북한은 아직도 미미한 교역 상대에 불과하다.

남북교역의 연도별 변화 추이를 살펴보면 1989년 남북교역이 시작된 후 꾸준히 증가해 오다가 1998년 외환위기의 여파로 일시적으로 침체상태를 보였다. 그 후 김대중 정부의 햇볕정책에 따른 대북경제지원의 확대로 남북교역은 2000년 4억 달러를 넘어섰고 2002년 6억 4천만 달러, 2003년 7억 2천만 달러로 높은 증가세를 보이고 있다. 2002년과 2003년 남북교역의 급신장은 북한 핵문제가 새로운 국제문제로 대두되면서 서방 세계로부터의 대북지원 감소가 남한의 대북지원 증가로 상쇄된 데 크게 기인한다.

2003년의 경우 남북교역 중 실질교역이라 할 수 있는 상업적 매매거래와 위탁가공교역은 각각 2억 2천만 달러와 1억 9천만 달러로 전체 교역의 30.9%와 25.5%를 차지하고 있다. 남북한 쌍방의 경제적 필요에 의한 상업적 남북교역이 2003년 4억 달러에 불과하다는 사실은 남북경협이 아직도 초보단계에서 벗어나지 못하고 있으며 그나마도 남한의 대북지원에 크게 의존하고 있음을 보여주는 것이다.

남북교역은 초기에는 주로 해외 중개상을 통한 간접교역 형태로 이루어져 왔는데 1990년대 중반부터 일부 품목을 중심으로 남북교역 당사자 간 직접 교역의 비율도 점차 증가하고 있다. 통일부와 한국무역협회 조사에 의하면 2003년의 경우 직접교역 업체의 비율은 17.4%인 반면 간접교역은 60.1%로 주종을 이루었고 혼합형도 22.5%나 되는 것으로 나타났다.[16] 2003년 8월 남북 경제협력추진위원회에서 남북한 직거래 확대 추진에 합의하고 개성공단에 직교역을 위한 사무소를 설치하기로 했기 때문에 앞으로 직접교역의 비중은 계속 증가하리라 예상된다.

남북교역의 품목 수는 초기에는 30여 개 수준이었으나 그 후 계속 증가하여 2003년 588개로 크게 증가하였다. 북한에서 남한으로 오는 반입품목은 2003년의 경우 농림수산물이 44.2%로 가장 많고 다음은 섬유류 33.4%, 철강금속 제품 11.3%, 광산물 5.9%, 전자전기제품 3.0%의 순이다. 반면, 북한으로 반출되는 물품은 농림수산물이 28.9%로 가장 많고 다음은 화학공업 제품 21.0%, 섬유류 20.5%, 잡

---

16) 통일부, 「통일백서」, 2004, p.174

제품 8.3%, 철강금속제품 6.5%, 기계류 6.4%의 순이다.

위탁가공 교역

위탁가공 교역은 남한의 자본과 기술 그리고 북한의 노동력과 자원을 결합하여 남북한의 상대적 비교우위를 활용할 수 있다는 점에서 매우 효과적인 남북경협 방식이라고 할 수 있다. 북한은 위탁가공을 통해 외화획득과 기술 습득 등의 이익을 얻으면서 생산과정을 직접 관리함으로써 외부정보의 유입을 막고 남한 주민과의 접촉을 최소화할 수 있기 때문에 위탁가공 교역을 선호하고 있다. 남한측 역시 직접투자에 비해 위험부담이 적고 직접 경영을 하지 않아도 되기 때문에 위탁가공 교역을 선호하고 있다.

위탁가공 교역은 남한에서 원·부자재를 북한에 반출하여 가공한 후 국내에 가공제품을 재반입하는 형태로 이루어지고 있다. 위탁가공 교역규모는 1992년 1백만 달러 수준에서 시작해 그 후 꾸준히 증가하여 2003년 1억 9천만 달러에 이르게 되었다. 2003년 현재 위탁가공 교역 참여업체 수는 109개에 이르고 있고 품목별 구성은 섬유류가 83.9%로 대종을 이루고 있는 가운데 전자·전기제품도 8.5%를 차지하고 있으며 최근 증가추세를 보이고 있다.

직접투자

남한기업의 북한에서의 직접투자는 1996년 대우가 북한의 삼천리총회사와 합영으로 남포지역에서 의류, 가방 등을 생산한 것을 시작으로 계속 증가하여 2003년 말 현재 27건의 경제협력사업이 승인되었다. 투자규모는 적게는 10만 달러에서 많게는 평화자동차의 5억 5천만 달러까지 다양하나 1천만 달러 미만의 투자가 대종을 이루고 있다.

녹십자는 2003년 35만 달러 상당의 반제품을 반입하였고 평화자동차는 2002년 4월 남포공장을 준공한 이래 '휘파람' 자동차 463대를 생산하였다. 2000년 3월 경제협력 사업으로 승인된 삼성전자의 소프트웨어 공동개발 사업이 진행 중에 있고 하나비즈닷컴, 엔트랙 등이 북한과 IT 관련 사업을 추진 중에 있다. 그러나 대다수의 투자사업은 북한의 열악한 기업환경으로 인해 많은 어려움을 겪고 있는 것으로 알려지고 있다.

남북경협에 관한 설문조사 결과

한국개발연구원(KDI)은 2001년 11월부터 매 6개월 마다 남북교역업체와 전문가를 대상으로 남북경협 현황에 대한 설문조사를 실시하여 왔다.[17] 그 결과는 대체로 다음과 같이 요약될 수 있다. 우선, 대북교역의 가장 큰 문제는 교역업체들이 이윤을 보기가 어렵다는 것이다. 교역업체 중 40~50% 정도만이 대북교역에서 이윤을 남긴다고 응답하고 있으며 최근 조사에서 수지가 개선되고 있다고 응답한 업체는 전체의 26.6%에 그쳤고, '그렇지 않다'가 68.5%로 대종을 이루었다. 또한, 응답업체의 다수인 68.5%가 '경제적인 측면에서 대북 교역 사업이 점차 힘들어지고 있다'고 평가함으로써 향후 남북교역 전망을 어둡게 하고 있다.

그럼에도 불구하고, 현재 추진 중인 개성공단 사업에 대해서는 긍정적인 반응이 우세한 것으로 나타났다. 교역업체의 72.6%가 남북이 합의한 월 57.5 달러의 임금수준이 '적정하다'라고 응답하였고 교역업체의 54.0%가 평당 15만 원의 부지 임대료가 '적정하다'라고 하였다. 개성공단 사업에 대한 기대는 교역업체 및 전문가 모두 2004년 하반기에는 남북교역이 상반기보다 활발해 질 것이라는 전망을 하는 근거가 되고 있다. 그러나 실제 개성공단 입주계획에 대해서는 구체적 또는 긍정적 고려가 교역업체의 13.7%에 불과한 반면 '상황에 따라 결정'이 50.8%로 주종을 이루었고 '전혀 고려 않음'도 33.1%로 나타나고 있다. 이는 대북 교류업체들이 북한에서의 추가 투자에 매우 신중한 태도를 견지하고 있다는 사실을 나타낸다고 하겠다.

북한에서 반입된 물품의 대다수인 72.6%가 남한에서 판매되고 있으며 수출 비중은 5.6%로 매우 낮은 것으로 조사되었다. 이는 북한 제품의 대미 수출이 사실상 봉쇄된 상태에서 남북교역이 수출전략의

---

17) KDI, "제6차 남북경협에 관한 교역업체 및 전문가 대상 설문조사", KDI 북한경제 리뷰, 2004. 5

수단이 될 수 없음을 확인시켜 주는 것이다.

북한의 7·1 경제제도 개선조치에 대해서는 교역업체 다수가 별 변화가 없다는 응답을 하였다. 또한, 납기일자 준수, 상품의 질 향상 및 상품의 다양성 제고에서 다소 긍정적인 응답이 있는 반면, 구매 가격, 원활한 대금결제 등의 분야에서는 부정적인 응답이 더 많이 나왔 다. 이는 최근 북한의 경제개선 조치들이 북한에서 교역환경을 개선시 키지는 못하고 있다는 평가를 뒷받침해 주는 결과라고 할 수 있다.

남북교역 여건 전반에 대한 평가는 응답자의 다수가 큰 변화가 없다고 하였으나 그래도 부정적 평가보다는 긍정적 평가가 다소 우 세하게 나타나고 있다. 예를 들어, 남북경협 관련 법적·행정적 문제 에 대해서는 52.5%가 '변화가 없다'라고 응답하였지만 '좋아졌다'가 23.2%로 '나빠졌다' 9.1%보다 높게 나왔다. 또한, '북한의 경협 당사 자의 태도 변화'에 대해서도 '변화가 없다'가 45.5%로 대종을 이루 나 '좋아졌다'가 36.4%로 '나빠졌다' 4.0%보다 훨씬 높게 조사되고 있다.

앞으로 남한 정부가 가장 우선적으로 추진해야 할 과제로는 교역 업체의 25.8%가 '교역사업 추진절차의 간소화'를, 19.4%가 '보조지 원 확대'를 지적한 데 반해, 전문가 그룹의 57.1%는 '북핵문제 해결' 을 지적하고 있다.

금강산 관광사업

남북 경협사업 중 가장 상징적이면서도 국내외적으로 논란의 대상이 된 것은 현대아산이 추진한 금강산 관광사업이다. 1998년 10월에 시작된 금강산 관광사업은 김대중 정부의 햇볕정책이 추진된 이래 본격적으로 남북교류와 협력의 시작을 알리는 사업이었고 6·15 남북 정상회담을 가능하게 한 대 북한 유인책이 되기도 하였다.

금강산 관광사업은 추진 후 오늘에 이르기까지 많은 우여곡절을 겪었다. 이 사업 추진 과정에서 발생한 대규모 적자는 현대아산을 부도의 위기로 몰아넣었고 급기야 정몽헌 회장의 자살이라는 비극을 야기하였다. 예를 들어, 금강산 관광사업은 1999년 2,340억 원 그리고 2000년 2,140억 원 규모의 적자를 초래하였다. 또한, 현대아산의 적자가 누적되고 관광객마저 감소하는 상황에 이르자 남한 정부는 2001년 6월 한국관광공사를 통해 남북경협기금을 대출하기로 결정하였고 2002년 4월에는 학생, 교사, 이산가족 등에 대해서는 관광경비 일부를 남북협력기금에서 지원하는 방침을 발표하기도 하였다.

2003년 4월부터 6월중에는 북측이 사스(SARS) 등을 이유로 일방적으로 금강산관광을 중단하였으며 남한 관광객의 발언이 문제되어 일시적으로 강제 억류되는 상황도 발생하였다. 2003년 9월부터는 육로관광이 추진되어 관광비용의 절감과 관광객의 증가를 도모할 수 있는 계기가 마련되었다.

2002년 11월 '금강산관광지구법'이 제정되었고 현대아산이 개발

사업자로 지정되어 50년간 이 지역에 대한 토지이용권이 주어졌다. 현대아산은 2004년 상반기 중 개발계획을 마련하여 국내외 기업들의 투자를 유치하여 호텔, 골프장, 스키장 건설 등의 개발사업을 추진할 것이라고 한다.

금강산 관광사업에 대한 비판은 사업의 경제적 가치 이상의 경제적 보상을 현금으로 북한당국에 제공함으로써 현대아산과 남한경제에 큰 경제적 부담을 주었다는 것이다. 또한, 금강산 관광사업이 북한 경제 발전에 미치는 직접적 효과는 미미한 수준인 데 반해 사업추진 대가로 지불된 현금은 북한이 군사력 증강과 대남사업 등 남한의 국익에 상치되는 용도로 사용되고 있다는 것이다. 따라서, 금강산 관광사업은 김대중 정부가 추진한 햇볕정책의 문제점을 상징적으로 나타내는 사업으로 대내외적으로 인용되어 온 것이 사실이다.

개성공단사업

향후 남북경협에서는 개성공단 사업이 가장 큰 의미를 갖고 있다. 개성공단 사업은 1998년 6월 현대와 민경련이 사업추진에 원칙적으로 합의한 후 2000년 8월 공업지구 건설운영에 관한 합의서를 체결함으로써 본격화 되었다.

개성공단은 모두 2천만 평이 개발되는 데 이 중 8백만 평이 공업단지고 나머지는 주거시설과 상업용지다. 공단 개발은 남한의 토지개발공사가 전담하고 공단 운영도 남한이 설립한 기구가 관장하며 공단에서 소요되는 전력은 한국전력이 남한으로부터 공급한다. 따라서, 개성공단은 남한에 의해 건설되고 운영되는 '남한 전용공단'이 되는 셈이다.

공단조성은 3단계로 추진될 예정인데 1단계는 100만 평을 개발하여 노동집약적 중소기업공단을 만든다는 것이다. 2단계 200만 평은 세계적인 수출기지를 구축하며, 3단계 500만 평은 중화학 및 산업설비의 복합 공업단지를 만든다는 구상이다. 2004년 상반기 중 1만 평 규모의 시범단지를 조성하고 성공가능성이 높은 10여 개 사업자를 선정하여 2004년 말 까지 우선적으로 생산 활동에 들어가게 한다는 것이다. 1단계 사업에 참여할 250~300여 기업의 선정도 2004년 말까지 완료하여 2006년부터는 생산 활동을 시작하도록 계획되어 있다.

개성공단은 위치상 남한의 수도권에 인접해 있으며 2004년 상반기에 경의선 도로가 완성되고 2004년 말까지 경의선 철도가 연결되면 이제까지 남북경협의 최대 애로사항인 물류문제가 해결될 수 있을 것이다. 또한, 개성이 인구 35만 명 정도의 도시권을 형성하고 있기 때문에 인력수급에도 큰 문제는 없을 것으로 예상된다.

개성공단 사업은 남한기업에게는 인건비를 대폭 절감하여 가격경쟁력을 제고하는 계기가 될 수 있고, 북한에게는 소득과 고용 확대를 통한 경제발전과 시장경제 학습의 장이 될 수 있을 것이다. 한국은행[18]

---

18) 한국은행, "개성공단 조성의 경제적 효과분석", 2004. 7

은 개성공단진출 남한기업들은 남한지역에서보다 2~7배의 경상이익을 얻을 수 있고 공단이 완성되면 이로 인한 북측의 총수입은 2003년 북한 국민소득의 12.4% 수준에 이를 것으로 추정하고 있다.

개성공단의 경쟁력은 일단 양호한 것으로 평가되고 있다.[19] 무엇보다도 입지여건이 남한 수도권에 있는 공단에 비해 월등한 것이 사실이다. 개성공단의 평 당 분양가가 반월·시화공단의 200만 원보다 훨씬 저렴한 15만 원이며 임금은 반월·시화공단의 100만 원 수준보다 낮은 7만원 수준으로 북한당국과 합의되었다. 개성공단은 중국에 비해서도 경쟁력이 취약하지 않은 것으로 나타나고 있다. 예를 들어, 중국의 칭다오 기술개발구에 비해 평 당 분양가는 3배나 높으나 임금은 50% 정도 낮은 것으로 분석되고 있다. 평당 분양가가 상대적으로 높은 이유는 남측 시공자가 북측에게 1,600만 달러의 토지임차료를 지급해야 하기 때문이다.

현 시점에서 개성공단의 최대문제는 수출시장의 확보다. 개성공단이 비용 측면에서 국제경쟁력이 있다고 하더라도 개성공단에서 생산되는 '북한산 제품'은 미국, 일본, 유럽 등 주요 수출시장에서 높은 관세율을 적용받을 가능성이 높다. 또한, "국제적 전략물자 수출통제체제" 규정에 의해 컴퓨터, 반도체, 이동통신기기 등 주요 IT제품의 대북 반출이 제한되어 있다. 이 문제의 해결을 위해서는 현안인 북한 핵문제의 조기 해결은 물론 IMF, IBRD, ADB, WTO 등 국제기구의

---

19) 매일경제, '개성공단 1단계 개발사업 승인', 2004. 4. 24

회원국이 될 수 있는 수준의 북한경제 개혁과 개방이 이루어져야 할 것이다. 이것은 김정일 정권의 정치적 결단을 필요로 하는 사안으로 그 결과가 개성공단의 성패는 물론 북한의 운명과 한반도의 장래를 결정할 것이다.

만일 북한이 핵을 포기하고 개혁과 개방의 길로 나아가면 개성공단은 중국의 홍콩/심천 모델과 같은 성공사례가 될 수 있을 것이다. 그러나, 북한이 현재와 같은 '벼랑 끝 외교'를 통한 대립과 갈등전략을 계속한다면 개성공단 사업 역시 시범사업 단계에서 마무리될 수밖에 없을 것이다.

남북경협의 제도화

남북경협이 장기적으로 안정된 바탕 위에서 이루어지기 위해서 이를 뒷받침해 주는 제도적 장치가 마련되어야 한다. 특히, 서로 체제와 제도가 다른 남북한 간에 경제적 교류와 협력이 이루어지기 위해서는 투자보장, 무역대금결제 등의 분야에서 발생할 수 있는 다양하고 복잡한 문제들에 대비하기 위해 이를 규율하고 뒷받침하는 제도적 장치가 마련되어야 하는 것이다.

남한 정부는 1980년대 말 남북교류 협력을 제의하면서 우선적으로 남한의 국내법 제도를 정비하였다. 1990년 8월 '남북 교류협력에 관한 법률'을 제정하여 남북교류에 관한 중요사항을 심의·의결하는 '남북교류추진협의회'를 설치하도록 하였으며 교역대상 품목을 정하고 협력사업을 총괄·조정할 수 있는 법적 근거를 마련하였다. 동 법은 그 후에도 여러 차례의 개정 과정을 통해 남북경협의 기본법으로 그 기능이 크게 강화되어 왔다.

1991년 3월 '남북협력기금법'에 의해 정부출연이 이루어져 남북교류와 협력을 재정적으로 지원할 수 있는 제도적 장치가 마련되었다. 주로 정부출연금으로 조성된 동 기금은 쌀, 비료 등 인도적인 차원의 대북지원은 물론 KEDO 경수로 지원사업, 남북 간 도로 및 철도 연결사업, 이산가족 교환방문 사업, 금강산 관광사업, 대북지원 민간단체 지원사업 등 매우 다양한 용도에 사용되고 있다.

남북협력기금은 1991년 정부출연 250억 원 규모에서 시작하여 2003년 12월 말 현재 4조 2,620억 원이 조성되었으며 이 중 정부출연금이 1조 9,250억 원으로 대종을 이루고 있다. 기금 집행실적은 2003년의 경우 비료 및 쌀 제공에 2,397억 원, 남북도로 및 철도 연결에 647억 원, 자재 및 장비차관에 400억 원, 이산가족 교환방문 사업에 31억 원, 대북지원 민간단체 지원사업에 75억 원과 KEDO 경수로 사업 대출 3,287억 원 등 총 7,708억 원에 이르고 있다. 2001년부터는 기금사용의 투명성 차원에서 기금의 사용내역을 국회에 사전 보고하고 있다.

6·15 남북 공동선언 후속조치의 일환으로 '투자보장에 관한 합의서', '소득에 대한 이중과세방지 합의서', '상사분쟁 해결절차에 관한 합의서', '청산결제에 관한 합의서' 등 4개 경협합의서에 남북 당국이 합의하여 2000년 12월 정식 서명되었다. 동 합의서 체결에 관한

동의안이 남한에서는 2003년 6월 국회를 통과했고, 북한에서는 같은 해 7월 최고인민회의를 통과함으로써 4개 경협합의서는 정식으로 발효되었다.

4개 경협합의서는 남북경협에 필요한 최소한의 공동규범이 마련되었다는 점에서 그 의의가 크며 후속조치들도 남북 경제협력제도 실무협의회를 통해 마련되어가고 있다. 2003년 7월 '거래물품의 원산지 확인 절차에 관한 합의서', 같은 해 10월 '남북 상사중재위원회 구성·운영에 관한 합의서' 등이 체결되었다. 또한, 2003년 11월 '남북출입사무소'가 설치되어 남북한 철도 및 도로연결 자재장비의 운송, 금강산 관광객 및 개성공단 개발과 관련한 인적·물적 출입업무를 관장하고 있다.

2004년 3월 북한에 진출하는 국내기업이 북한측의 사정으로 손실을 볼 경우 그 절반을 정부가 남북협력기금에서 보전(補塡)해 주는 '교역·투자손실 보조방안'이 마련되었다. 동 방안은 우선 북한과 교역하거나 위탁가공을 맡기는 업체들을 대상으로 하고 있으나 개성공단 가동에 맞춰 대북 투자기업으로 그 대상이 확대될 것이다. 또한, 손실보조 비율도 전체 금액의 90%까지 단계적으로 확대될 전망이다. 이 방안은 대북교역과 투자에 있어 정치적 불안에 따른 불확실 요인을 완화시켜 줌으로써 향후 남북경협 활성화에 크게 기여할 것으로 기대된다. 그러나 이 방안은 운영과정에서 신중을 기하여 민간의 대북 사업추진에서 수익성 우선원칙이 지켜지는 관행이 정착되는 데 걸림돌이 되지 않게 하여야 할 것이다.

인도적 지원 및 교류

북한은 1995년부터 계속된 수해와 가뭄으로 경제와 식량사정이 극도로 악화되자 국제사회에 식량지원을 요청하였고 남한은 정부는 물론 민간 차원에서 식량, 비료 지원과 함께 보건의료 및 취약계층 지원사업을 전개하여 왔다. 이러한 지원은 단기적으로 북한 주민의 생활고를 덜어주고 장기적으로는 민족공동체 회복에 기여한다는 의미를 갖고 있다.

인도적 차원의 대북지원 규모는 1995년 이후 2003년 말 까지 1조 28억 원으로 추계되고 있으며 이 중 민간차원의 지원이 3,448억 원으로 전체의 34.4%를 차지하고 있다. 인도적 대북지원과 관련하여 논쟁이 되는 사항은 남한과 UN기구 등으로부터의 식량 등 각종 지원이 취약계층에게 실제로 전달되는가 하는 문제이며 이를 믿지 못하는 외국의 자원봉사단체들이 불평을 하거나 아예 북한으로부터 철수하는 사태도 종종 발생하고 있다.

남북 간 인도적 문제에서 가장 핵심은 이산가족의 교류다. 그 동안 북한은 이산가족의 교류가 북한체제 불안을 야기할 수 있다는 이유로 이 문제의 해결에 매우 소극적인 자세를 견지해 온 것이 사실이다. 6·15 남북공동선언 이후 남한측의 집요한 요구로 이제는 이산가족 상봉이 어느 정도 정례적인 차원에서 이루어지고 있으나 그 규모는 물론 이산가족의 대상 선정 및 교류방법은 북한측의 사정으로 여전히 매우 제한적인 형태를 띠고 있다.

2000년 6 · 15 공동선언 이후 2002년까지 다섯 차례의 접촉을 통해 5,354명의 이산가족이 상봉기회를 갖게 되었다. 2003년에는 세 차례의 행사를 통해 2,691명이 상봉하고 7,091명의 생사확인이 이루어졌다. 2003년 11월 남북적십자 회담에서 강원도 고성군에 연면적 6천 평 규모의 면회소를 남한이 건설하기로 합의하여 이산가족 상봉을 정례화 하는 기반이 조성되었다.

최근 남북간에 여러 형태의 교류가 진행되고 상당 규모의 대북지원이 이루어지고 있는 상황에서 아직도 전혀 해결의 실마리가 보이지 않는 부문은 납북억류자 문제다. 특히, 햇볕정책의 일환으로 남한은 비전향장기수를 북한에 보내면서 남한당국은 북한으로부터 납북억류자에 대해 아무런 대가를 얻지 못했다는 것은 매우 실망스러운 일이 아닐 수 없다. 이는 일본 정부가 지속적인 노력 끝에 일본인 강제억류자를 북한으로부터 인도받은 것과는 매우 대조적이 모습이 아닐 수 없다.

한국전쟁 이후 북한으로 납치된 사람은 모두 3,790명으로 추정되고 있으며 이 중 납북되어 현재까지 억류되어 있는 것으로 확인된 사람만 486명에 이른다.[20] 이들 대다수는 어부이며 1969년 KAL 항공기와 함께 납치된 승무원 12명도 포함되어 있다. 납북억류자 중 일부는 대남방송이나 남파간첩 훈련요원 등으로 활용되고 나머지는 정치범 수용소에 수용되어 있는 것으로 추정되고 있다. 이에 더해, 2003

---

20) 통일연구원, 「북한 인권백서」, 2004, pp.203-207

년 말 현재 국군포로 500여 명이 북한에 생존해 있는 것으로 파악되고 있으며 이 중 34명은 탈북에 성공하여 남한에 귀환하였다. 이들의 송환을 위한 남한 정부의 보다 적극적인 노력이 절실히 필요하다고 하겠다.

북한에서 경제난이 심각해지자 탈북자의 수는 계속 늘어가고 있다. 탈북자의 규모는 현재 정확한 추계가 어려우나 중국 당국이 북한으로 송환한 탈북자 수가 1996년 589명에서 1998년 6,300명으로 급증하였고 2001년에는 단속이 강화된 6월과 7월에만 6천 명이 체포되었다고 하니 탈북자의 규모가 상당할 것으로 짐작된다. 전문가들은 탈북자 규모를 10만 여명 수준으로 추정하고 있다.

이들 중 남한에 입국한 탈북자는 2003년 말 현재 4,420명에 이르고 있다. 탈북자의 남한 입국은 1990년대 초반에는 10명 내외였으나 1999년 이후부터 급속히 증가하여 2003년 1,281명에 이르렀다. 남한 정부는 이들에게 1997년 제정된 '북한 이탈주민의 보호 및 정착지원에 관한 법률'에 의거하여 입국지원, 사회적응 훈련 등의 각종 지원을 해주고 있다.

탈북자 문제 역시 북한과 중국 당국을 의식하여 남한 정부가 너무 소극적으로 대처하고 있다는 비판을 받아 왔다. 중국내 탈북자의 대다수는 신분상 약점 때문에 인신매매 등 각종 인권침해의 대상이 되고 있으며 중국 당국에 체포되어 북한으로 보내지는 경우 조국을 배신한 자로 규정되어 정치범으로 처벌되고 있다. 남한 정부 당국은 탈북자에 대한 보다 적극적인 실태 파악 노력과 함께 중국과의 외교

활동을 통해 보다 많은 탈북자들이 남한으로 입국할 수 있도록 힘써야 할 것이다.

탈북자의 어려운 사정과 이를 방치하고 있는 중국과 한국 정부의 태도를 지켜 본 바츨라프 하벨 전 체코 대통령은 다음과 같이 기술하고 있다. "항상 군과 경찰이 지키고 있는 데도 수만 명의 절박한 북한 사람들은 중국으로 도망쳐 나왔다. 국제조약에도 불구하고 중국 정부는 이들의 난민 지위를 인정하지 않았다. UN 난민담당관이 중국 내에서 어떤 북한인도 만날 수 없게 금지하고 있다. 중국은 북한과의 국경일대 숲 속에 숨은 난민들을 붙잡아 다시 북한으로 보낸다. 그러면 그들의 삶은 '관리소'에서 끝을 맺게 되는 것이다. (…) 몇몇 탈북자들은 다행히 남한으로 탈출하는 데 성공하기도 한다. 그러나 그들은 한결같은 양보와 달래기에 입각한 한국 정부의 '햇볕정책'에 부닥치게 된다. 햇볕정책으로 한국은 수 억 달러의 돈을 쏟아 붓지만 전반적인 문제 해결이나 무고한 생명을 구하는 데는 별 도움이 안 된다. 결국, 햇볕정책은 북한 지도자를 계속 권좌에 머물게 할 뿐이다."21)

---

21) 비츨라프 하벨, "북한의 굴라그, '관리소'", 조선일보, 2004. 6. 18

제4장

강대국의 한반도 정책

"

군사적 갈등과 북한의 경제위기로 대표되는 한반도 문제는,

지속되는 국가 간 냉전적 갈등 때문에 심화·왜곡되어 왔다.

지구상에 냉전체제의 거센 조류가 밀어닥친 지 이미 10여년이 지났으나

한반도에서는 아직도 냉전질서가 잔존하고 있으며,

이는 국가간의 적대관계의 형태로 나타나고 있다.

(…)

대표적인 것이

적대적 갈등상태에서 벗어나지 못하는 북·미 관계와 북·일 관계,

그리고 화해와 갈등이 교차하는 남·북 관계라고 할 수 있다.

"

박건영 외, 「한반도 평화보고서」

1. 미국의 한반도 정책

미국의 동아시아 정책

미국이 국제적 식민주의체제에서 본격적인 행위자로 등장한 시기는 대략 1890년대였으며 동아시아는 미국 대외정책의 패러다임 전환이 이루어진 대표적 지역으로 지적되고 있다.[22) 미국은 당시 내부분열로 혼란이 계속된 중국보다는 내부통합과 대외개방으로 문명화된 일본에 대해 호의적인 입장을 취했고 미·일 간의 우호적 관계는 2차 세계대전 기간을 제외한 지난 1세기 동안 미국 동아시아 외교정책의 기본 축을 형성하여 왔다.

다른 열강들과는 달리 중국의 근대화와 영토적 주권보존을 강조한 미국에 대해 중국은 호의적인 감정을 갖고 있었으나 미국이 청·일전쟁 등의 과정에서 일본에 대한 적극적 견제를 자제함으로써 미·중 관계는 소원한 상태를 유지하였다. 한국전쟁을 계기로 미·중 관계는 적대적인 관계를 상당기간 유지하였으나 1970년대 초 '닉슨 독트린'을 계기로 미·중 간 냉전기류가 크게 해소된 후 1980년대 이후 중국이 개혁과 개방의 길로 접어들면서 지금은 경제 분야에서 본격적인 협력의 관계로까지 발전하고 있다. 그러나 정치 및 군사 분야에서 미·중관계는 대만문제와 북한 핵문제 등으로 상호견제의 상황을 아

---

22) 신욱희, "미국 동아시아 정책의 역사적 고찰", 「동아시아 국제관계와 한국」, 을유문화사, 2003

직도 유지하고 있다.

한반도에 대한 미국의 정책은 상대적 무관심에서부터 시작되었다. 제1장에서 지적한대로 미국은 자신의 필리핀 식민지화를 인정받는 대가로 일본의 한반도 지배를 양해하였다. 2차 세계대전 말기에도 소련의 한반도에 대한 야심을 적극 제지하지 않고 인위적인 38도선을 기준으로 남북분단을 허용하였다. 그 후에도 한반도가 미국의 방위선 밖에 있다는 '애치슨(Acheson)선언'을 함으로써 북한과 소련의 오판을 가져왔고 이로 인해 한국전쟁이 발발하게 되었다.

한국전쟁을 계기로 미국은 남한과 동맹관계를 구축하게 되었고 한·미동맹체제는 한반도의 공산화를 억제하고 남한이 자유민주주의 정치체제와 시장자본주의 경제체제를 기반으로 국가발전을 이룩하는 데 있어 기본적인 밑받침이 되어왔다. 지난 1세기동안의 한반도 주변 정세를 요약하면 미국이 한반도에 대해 소극적이거나 무관심적인 태도를 취했을 때 한반도는 주변 강대국들의 이해에 의해 짓밟히게 되었던 반면, 한국이 미국과 강력한 동맹관계를 유지했을 때는 주변국과의 관계에서 독자성을 견지하면서 경제적 번영을 누릴 수 있었다고 할 수 있다. 이러한 역사적 사실은 세계화시대를 맞은 21세기 한국의 대외전략을 어떻게 만들어가야 하는지에 대해서도 시사하는 바가 크다고 하겠다.

부시 정부의 대북인식

스콧 스나이더(Scott Snyder)[23]는 부시 행정부 초기에 대북정책 형성에 가장 큰 영향을 미친 것은 '반(反)클린턴주의'였다고 지적하고 있다. 1994년 북·미 간 제네바 합의로 대표되는 클린턴 행정부의 대(對)북한 유화정책이 북한의 실질적인 변화는 유도하지 못하면서 대북지원으로 북한의 '불량국가'(rogue state)체제 유지를 도와주고 미국과 서방세계의 손과 발을 묶어버리는 결과를 초래했다고 부시 행정부는 생각하고 있는 것이다.

부시 행정부와 미국의 보수주의자들은 주체사상과 유일지배체제에 의존하는 김정일 정권은 대표적인 불량국가이며 이러한 국가를 상대로 유화정책을 추진하는 것은 도덕적으로 바람직하지 않음은 물론 현실적으로도 성공 가능성이 없다고 굳게 믿고 있다. 수많은 주민들을 먹이지도 못하고 심지어는 아사(餓死)상태를 방치하면서 김정일과 권력 수뇌부는 각종 호화행각과 함께 핵무기와 미사일 개발 등 군비확장에만 열을 올리는 북한 정권은 비인도적이고 반인륜적인 정권이라고 부시 행정부는 생각하고 있는 것이다.

북한의 김정일 정권에 대한 부시 행정부의 거부반응은 여러 가지 형태로 나타나고 있다. 2000년 1월 행한 연두교서에서 부시 대통령은 북한을 '악의 축'(Axis of Evil)의 일부로 규정하면서 "평화를 위협하고

---

23) 스콧 스나이더, "부시 행정부의 대북정책", 「북한 핵문제의 해법과 전망」, 중앙 M&B, 2003

미친 야망 속에서 파괴적인 잠재력을 갖고 국민을 억압하는 이러한 정권들이 악의 축을 이룬다. 세계는 그들과 대결해야 한다. 다른 국가들과 함께 미국은 위험한 무기와 기술의 확산을 반대할 것이다"고 선언하였다. 부시 대통령은 그 후 의원들과의 비공개 논평에서 "김정일은 백성들을 굶기고 있으며 지식인들을 오스틴 크기의 굴락(gulag)에 가두고 있다"라고 비난하였다.

부시 대통령의 김정일 위원장에 대한 부정적 인식은 시간이 갈수록 더욱 구체화되고 있다. 2003년 어느 인터뷰에서 부시 대통령은 "나는 그가 아주 싫다. 마음으로부터 혐오 한다"고 피력한 바 있다. 2004년 6월 미·일 정상회담에서 부시 대통령은 김정일 위원장에 대해 "그는 믿을 수 없는 거짓말쟁이다"라고 언급한 것으로 알려지고 있다. 또한 고이즈미 총리가 북·미 직접대화를 희망하는 김 위원장의 뜻을 전하자 "그런 국가는 신용할 수 없다. 증인이 있는 자리가 아니면 안 된다"라며 거부 반응을 분명히 했다고 한다.24) 브시 행정부의 김정일 정권에 대한 부정적인 시각이 분명히 나타나는 사례가 아닐 수 없다.

북한에 대한 부정적인 시각은 미국의 보수진영 뿐만 아니라 미국내 북한 전문가 거의 모두가 공유하고 있다. 진보성향의 북한 에너지 전문가 피터 헤이스(Peter Hayes)는 내가 주관한 북한문제 국제회의25)에서 북한 에너지 현황에 관한 발표를 마치면서 북한 정권은 '악의

---

24) 동아일보, '부시, 김정일 거짓말쟁이', 2004. 6. 17
25) Henry Rowen & Sangmok Suh, 「To the Brink of Peace」,Stanford A/PARC, 2001

정권'(Evil Regime)이라고 표현하였다.

대량살상무기의 개발을 경제적 그리고 정치적 생존의 수단으로 활용하는 북한을 지켜보면서 니콜라스 에버스타트(Nicholas Eberstadt)는 "북한 정권이 구사하고 있는 전략은 절대로 성공할 수 없기 때문에 북한은 더욱 침몰의 구렁덩이에서 벗어날 수 없을 것이다"[26] 라고 언급하고 있다. 윌리엄 트리플릿(William Triplett)은 북한을 미국에 가장 위협적인 '불량국가'로 지칭하면서 "북한의 권력자들은 비밀경찰의 살인적인 폭력행위 없이는 그들의 힘과 위치를 유지할 수 없을 것이다"[27] 라고 단언하고 있다.

부시 정부의 대북 접근과정

부시 정부는 2001년 1월 집권하자마자 클린턴 정부의 대북 포용정책의 성과를 비판적으로 분석하면서 자신의 새로운 대북정책을 제시하였다. 부시 정부는 2001년 6월 북한의 미사일 문제, 재래식 무력위협 감소문제 등을 포함한 포괄적인 의제에 대해 북한측과 "진지하게 논의"할 것이라는 의사를 표명하였다. 부시 대통령은 이러한 현안들에 관한 논의를 한반도에서 평화증진을 위한 '북한에 대한 포괄적 접근'의 맥락에서 추진하겠다고 천명하였다.

북한에 대한 부정적인 인식에도 불구하고 부시 정부가 이와 같은

---

26) Nicholas Eberstadt, 「The End of North Korea」, AEI Press, 1999

27) William Triplett, 「Rogue State」, Regnery, 2004

'포괄적인 접근'방식을 공식적으로 제의한 것은 그동안 김대중 정부의 햇볕정책과 클린턴 정부의 '페리 프로세스'의 가치를 어느 정도 인정하였다기보다는 이라크 문제 해결에 우선하면서 북한문제에 대해서는 시간을 벌려는 현실적인 선택이었다고 할 수 있다. 그러나 부시 정부의 대북정책은 2001년 9·11 테러사건이 발생하면서 외형적으로도 강경노선으로 선회하게 된다.

미국은 테러와 대량살상무기를 별개의 것으로 취급했던 종래의 전략을 수정하여 '대량살상무기를 사용한 테러'를 최악의 상황으로 상정하게 되었다. 또한 반(反)테러전쟁을 전 세계 규모로 확대하여 전개할 것을 천명하면서 구체적으로 이라크와 북한에게 대량살상무기 사찰을 요구하였다. 또한 부시 정부는 2001년 12월 북한을 포함한 7개국에 대해 핵무기 사용 비상계획을 마련하고 이를 위한 소형 핵무기 제조 계획을 포함하는 '핵 태세 보고서'를 의회에 제출하였다. 이어 2002년 1월 북한을 이라크, 이란과 함께 대량살상무기를 추구하는 '악의 축'(Axis of Evil) 국가로 규정하였다. 여기서 '악'은 반드시 제거해야 할 대상이기 때문에 목적달성을 위해서는 무력에 의한 정권교체도 포함하는 것으로 인식되었다. 결국 9·11 테러사건으로 미국의 대북 접근정책은 더욱 긴박한 국면에 돌입하게 된 것이다.

부시 대통령은 2002년 2월 서울을 방문한 자리에서 한국 김대중 정부의 입장을 고려하여 북한에 대한 침공의사가 없으며 대화를 통한 평화적인 방법으로 해결하겠다는 뜻을 천명하기도 하였다. 또한 부시 대통령은 북한 정권은 독재정권으로 규정하지만 '악'이라는 표현은

북한 정권에 대한 것이지 북한 주민들에 대한 표현이 아니라는 점을
강조하였다. 그러나 2002년 6월에는 자유와 생명을 방어하기 위해 필
요하면 선제공격(preemptive action) 할 수 있다는 '새로운 독트린'(a
new doctrine)을 천명하였다. 이는 미국의 이라크 공격을 정당화하기
위한 것이었으며 두 개의 전쟁을 수행하기가 곤란하기 때문에 북한에
대해서는 침공의사가 없다는 입장을 밝혔다.

이런 상황에서 미국은 2002년 8월 북한의 농축우라늄 프로그램
에 대한 증거를 확보하고 이 문제를 다루기 위해 켈리 차관보를 북한
에 특사로 파견하였다. 농축우라늄 프로그램의 존재에 대해 북한이
부인할 것으로 예상했으나 북한의 강석주 외무부상은 켈리 차관보에
게 이를 적극 시인하면서 부시 대통령에게 이러한 사실을 전하라고
하는 의외의 강력한 메시지를 전하였다. 이를 계기로 북·미관계는
최악의 상태로 치닫게 되었다.

미국은 북한에게 농축우라늄 프로그램은 제네바 북·미합의는
물론 한반도 비핵화선언을 정면으로 위반한 것이기 때문에 이의 자발
적인 폐기를 강력히 촉구하였다. 그리고 2002년 11월 '한반도에너지
개발기구'(KEDO)는 북한의 농축우라늄 프로그램이 폐기될 때까지
중유공급을 중단할 것을 결정하였다. 이러한 조치에 반발한 북한은
같은 해 12월 제네바합의에 의한 핵 프로그램의 동결해제와 핵 발전
소 가동을 선언하고 '국제원자력기구'(IAEA)의 핵 봉인과 감시카메라
를 철거하고 IAEA 감시원 두 명도 출국시켰으며 '핵 비확산금지조
약'(NPT) 탈퇴를 선언하였다.

IAEA는 2003년 1월 북한이 핵문제에 대해 협력할 것을 촉구하는 결의안을 통과시키면서 이 문제를 유엔 안전보장이사회에 회부하였다. 미국은 북한이 핵무기 프로그램을 '완전하고 검증 가능하며 불가역적인 방법으로 폐기'(CVID : Complete, Verifiable and Irreversible Dismantlement)할 것을 촉구하면서 이 문제의 해결을 위해 미국은 군사적 수단을 포함한 모든 선택방안을 갖고 있으며 1개 지역 이상에서 동시에 전쟁을 수행할 능력이 있다고 강조하였다.

미국은 북한이 제네바 북·미합의를 지키지 않은 사실을 강조하면서 북한과의 양자회담보다는 다자회담을 통한 합의를 주장하였다. 미국이 이라크와의 전쟁에서 조기에 승리를 하자 북한은 2003년 4월 미국의 요구를 받아들여 북한, 미국, 중국간의 3자회담이 베이징에서 개최되었다. 그 후 3자회담은 중국의 적극적인 중재에 힘입어 같은 해 8월 남·북한, 미국, 중국, 일본, 러시아가 참여하는 6자회담으로 발전하여 첫 번째 회의가 베이징에서 개최되었다.

그러나 1차 6자회담에서 참가국들은 북한과 미국 사이의 분명한 입장 차이만 확인한 채 차기회담 일정도 잡지 못하고 공동발표문 대신 중국측의 회담 요약문을 발표하는 것으로 끝났다. 2004년 2월 2차 6자회담이 개최되었고 여기서는 북한 핵문제의 평화적 해결 원칙과 한반도 비핵화선언을 포함하는 7개항의 의장성명이 채택되었다. 또한 구체적 대책논의를 위한 실무위원회 구성에 합의하였고 6월에 3차 6자회담을 개최하기로 하였다. 그러나 6자회담의 핵심사항이라 할 수 있는 고농축우라늄 프로그램의 존재 여부 및 폐기의 대상, 단계별 해법 등에 대해서는 아무런 합의를 도출하지 못하였다.

2004년 5월 베이징에서 1차 실무회담이 개최되었으나 참가국들은 큰 진전을 보지 못했다. 미국은 CVID 원칙을 주장하면서 북한이 이를 수용하면 북한이 원하는 테러지원국 명단 해제와 에너지 지원문제 등의 상응하는 조치를 논의할 수 있다고 하였다. 그러나 북한은 CVID 원칙에 강하게 반발하였고 미국이 제기한 고농축우라늄 프로그램이 없다고 주장하였다.

2004년 6월 하순 개최된 3차 6자회담 역시 북한 핵문제에 대한 합의 도출에 실패하였다. 약간의 진전사항은 그 동안 원론 차원에서 평행선을 달리던 미국과 북한 간의 대화가 3차 회담에서는 미국이 보다 구체적인 협상안을 제시함으로써 구체성을 띠기 시작했다는 점이다. 미국은 3차 회담에서 북한이 고농축우라늄 프로그램을 포함한 핵폐기를 전면적으로 선언할 경우 이에 소요되는 일체의 비용을 부담하고 경제적인 지원을 하겠다고 북한측에 제의한 것으로 알려지고 있다. 이에 대해 북한은 "매우 흥미로운 제안으로 우리가 이를 검토해 보면 의미 있는 부분을 발견할 수 있을 것"이라고 발언함으로써 실질적인 협상이 진행될 수 있는 가능성을 시사하였다. 9월 말 이전에 4차 회담을 개최하기로 하였고 7월 중 실무협의를 시작하기로 합의하였다.

3차 6자회담의 특징은 미국의 입장이 종전보다 유연해진 것이다. 이는 최근 이라크 문제가 악화되는 상황에서 북한 핵문제까지 나빠져 12월 대선에서 악재가 되는 것을 막아보려는 미국 부시 팀의 정치·

전략적 계산의 결과라고 할 수 있다. 그러나 아직도 북한과 미국간의 입장 차이는 매우 크기 때문에 4차 회담에서 북핵문제가 마무리되기는 쉽지 않을 것이다. 부시 행정부의 이러한 입장을 잘 아는 북한이 쉽게 기존의 강경 입장을 바꾸려 하지 않을 것이기 때문이다. 북한은 최근 남한에 대한 IAEA의 핵사찰을 구실로 4차 회담 자체를 거부하려는 움직임을 보이고 있다.

미국이 앞으로 본격적인 대통령 선거전에 돌입하게 되고 이라크에서의 어려움으로 부시 대통령의 재선이 불확실한 상황에서 미국과 북한 사이에 북한 핵과 관련하여 의미 있는 합의점을 찾기는 쉽지 않을 것으로 예상된다. 결국, 북한 핵문제의 해결은 미국 대선 이후로 넘어갈 가능성이 높으며 그 결과는 한반도에서 평화가 정착되든가 그렇지 않으면 심각한 위기가 발생할 것인가를 결정하게 될 것이다.

주요 현안에 관한 미국의 입장

9 · 11 테러사건 이후 미국에게 북한 핵문제는 한반도의 최대 현안 차원을 넘어 미국안보에 있어 가장 큰 현안으로 부상되었다. 북한의 미사일 수출, 마약 밀매 등의 행위로 미루어 핵무기도 알카이다 등 테러집단에 판매되어 미국을 직접 공격하는 무기로 활용될 가능성이 높다고 판단되기 때문이다. 최근 IAEA는 리비아가 입수한 헉 물질의 출처가 북한이라는 사실을 확인한 바 있다.[28] 또한 북한의 핵무기 보유는 동북아에서 국가간 힘의 균형을 파괴하는 결과를 초래하여 한반도

주변정세를 매우 불안하게 만들 것으로 미국은 인식하고 있다.

　미국은 기본적으로 CVID 원칙에 의해 한반도 비핵화를 기본 목표로 삼고 있으며 이의 실현을 위해 모든 수단을 동원하겠다는 것이다. 부시 행정부가 양자회담보다 6자회담을 선호하는 이유는 이라크 상황이 호전될 때까지 시간을 벌면서 북한이 합의를 위반하는 경우 중국 등 주변국들과 공동으로 북한에 대한 제재와 처벌을 가하겠다는 의도로 풀이된다. 미국은 대화를 통해 북한 핵문제가 해결되지 않는 경우 해상봉쇄 등의 방법을 동원한 경제제재와 핵관련 시설에 대한 '국부폭격'(surgical airstrike)도 고려하고 있는 것으로 알려지고 있다.

　미국의 이러한 강경입장에 대해서는 정파와 관계없이 상당한 공감대가 형성되어 있기 때문에 차기 대통령 선거에서 민주당이 승리하더라도 그대로 유지될 가능성이 높다. 현재 케리 민주당 대통령후보는 북한 핵문제가 이라크보다 더 심각한데도 불구하고 부시 행정부가 양자회담이 아닌 6자회담의 형태로 문제 해결을 지연시키고 있다고 비난하면서 자신이 대통령에 당선되면 양자회담을 통해 이 문제 해결에 앞장서겠다고 천명하고 있다. 결국 북한이 미국의 입장을 받아들이지 않는 경우 한반도에서의 긴장은 크게 고조될 것이다.

　북한의 장거리 미사일은 핵 다음으로 중요한 미국의 관심사다. 미국의 입장에서 북한의 미사일은 주일미군에 직접적인 위협요소가 됨은 물론 이란 등 적대국가에 수출되는 경우 이스라엘 등 미국의 동

---

28) NY Times, 2004. 5. 24

맹국들의 안정이 위협받게 되기 때문에 중요한 문제가 아닐 수 없다. 또한 북한의 미사일 개발은 일본의 재무장을 촉발시킬 가능성이 높다. 실제로 미국과 일본은 이에 대응하기 위해 '전역 미사일 방어체계'(TMD : Theater Missile Defence)에 대한 미·일 공동연구를 진행시키고 있다.

북한은 1986년 사정거리 500Km의 스커드 미사일 시험발사에 성공한 이후 1993년 사정거리 1,300Km의 노동 1호를 시험 발사하였고 1998년 사정거리 2,800Km의 대포동 1호 미사일 운반체에 의한 소형 인공위성의 궤도진입을 시도하였으나 실패하였다. 북한은 2004년 3월부터 사정거리 6,000Km의 대포동 2호의 엔진 연소실험을 준비 중인 것으로 보도되고 있다.[29] 북한은 이미 세계 유수의 미사일 강국으로 인정받기에 이르렀고 '80년대 중반이후 스커드 미사일과 '90년대에 들어와서는 노동 미사일을 중동 등 지역에 수출하고 있다. 미사일과 관련 부품 및 기술의 수출은 북한의 거의 유일한 외화수입원이 되고 있기 때문에 북한이 미사일을 쉽게 포기하지는 않을 것이다.

북한 미사일 문제에 있어 어려운 점은 이를 국제적으로 제재할 수단이 마땅치 않다는 사실이다. 국제적으로는 '미사일통제체제'(MTCR : Missile Technology Control Regime)가 있으나 통제의 대상이 회원국들에게만 적용되기 때문에 비회원국인 북한과 다른 비회원국인 중동 국가간에 미사일 수출입은 통제대상이 되지 않는다. 미

---

29) 중앙일보, '北,엔진 연소실험 준비', 2004. 5. 6

국은 이런 문제에 대처하기 위해 1990년 국내법으로 MTCR 비회원 국 간에 사정거리 300Km 탄두중량 500Kg 이상의 미사일 또는 부품을 수출입할 경우 미국이 해당 국가에 대해 일방적 무역제재 조치를 취할 수 있도록 하였다. 그러나 어느 국가든 자력으로 미사일을 개발해서 배치하는 것은 자유이기 때문에 북한이 장거리 미사일을 자체적으로 개발하여 국내에 배치하는 것을 통제할 방법은 없다.

부시 행정부는 북한의 재래식 군사력에 대해서도 문제를 제기하고 있다. 미국은 북한이 자위의 수단으로 보기에는 너무나 강력한 재래무력을 보유하고 있으며 이의 대부분을 전방에 전면 배치하고 있다고 하면서 북한 군사력의 감축을 주장하고 있다. 이러한 미국의 주장을 북한은 '어리석은 망상'이라고 비난하면서 오히려 미군 철수론으로 맞대응하고 있다.

이외에도 미국은 2001년 11월 존 볼튼 국무차관을 통해 북한이 생화학 무기와 관련한 국제협약을 위반해 "수 주일 안에 군사적 목적에 사용할 수 있는 충분한 양의 생물학적 매개물을 생산할 능력을 확보하고 있다"고 주장하면서 이의 통제를 위한 국제적 장치의 마련을 제의했다. 그러나 이 문제는 북한 핵이라는 현안에 밀려 아직까지는 북·미간 큰 쟁점이 되고 있지는 않다. 한국 국방부는 북한이 2,500~5,000 톤의 화학무기와 탄저균, 천연두 등 13종의 세균무기를 보유하고 있는 것으로 추정하고 있다.[30]

---

30) 국방부, 「자주국방과 우리의 안보」, 2003.12

미국이 대량살상무기 다음으로 중점을 두고 다루는 현안은 북한의 인권문제다. 제1장에서도 지적한대로 미국은 이미 '북한난민지원법'을 제정하여 시행하고 있으며 2004년 7월 '북한인권법'이 하원에서 통과되었다. 또한 미국은 민간차원에서 '북한인권위원회'를 구성하여 북한의 각종 인권침해 상황에 대한 정보를 수집하고 개선방안을 마련하여 대내외적으로 여론의 주의를 환기시키는 역할을 담당하고 있다. 북한의 끔찍한 인권 실상이 알려지면서 김정일 정권에 대한 미국정책 당국은 물론 미국인들의 시각은 더욱 부정적인 것으로 바뀌고 있는 것이 작금의 상황이다.

한·미동맹과 주한 미군 조기 감축

지난 50년간의 한·미동맹 체제는 한국과 미국 모두에게 긍정적인 결과를 가져왔다. 한국은 안보를 미국으로부터 확실히 보장받는 상황에서 경제개발에 진력하여 놀라운 성과를 거두었다. 예를 들어, 전국경제인연합회는 지난해 한·미동맹으로 한국은 연간 GDP의 1.2%에 해당하는 경제적 안정효과를 본 것으로 분석하고 있다. 미국도 한국의 성공사례를 통해 미국이 추구하는 자유민주주의와 시장경제의 우월성을 입증함은 물론 주한 미군은 동아시아에서 공산주의의 침투를 저지하고 중국과 일본을 견제하여 미국의 국익을 신장시키는데 크게 기여하였다.

이러한 성과에도 불구하고 최근 한·미 간 갈등이 부각되고 있고 한국에서 반미의식이 높아지고 있는 것이 사실이다. 한·미 간 정부 차원의 갈등은 주로 대북정책 방향에 대한 이견에 기인한다고 할 수 있다. 김대중 정부의 햇볕정책으로 요약되는 대북 유화정책은 9·11 테러사건 이후 미국의 부시 행정부가 취해 온 대북 강경노선과 정면 배치되기 때문에 한·미 간의 갈등은 불가피하였다고 할 수 있다.

이러한 상황은 최근 북한 핵문제가 불거지면서 한·미 정부 간의 이견은 더욱 심각해졌다. 미국은 북한의 농축우라늄 프로그램을 제네바 북·미 간 합의의 중대한 위반으로 보고 KEDO사업과 중유공급 중단 등의 강경조치로 대처하려는 반면, 한국정부는 햇볕정책의 기조 하에 대북지원은 계속되어야 한다는 입장을 견지함으로써 한·미 간의 심각한 의견 차이가 노정되었다. 미국은 이러한 상황에서 한국정부의 대북지원은 핵문제에 관한 미국의 협상력을 약화시키는 결과를 초래하며 북한 핵무기 개발의 최대 피해자는 한국인데 이의 대응에 소극적인 태도를 취하는 한국정부의 입장을 이해할 수 없다고 이야기하고 있다.

더욱이 한국 내 반미의식이 고조되는 것을 지켜보면서 미국은 과거와 같은 형태의 한·미동맹 체제가 앞으로 지속될 수 있는지에 대해 근본적인 회의를 갖게 되었을 것이다. 미국내 북한전문가 니콜라스 에버스타트는 "한미동맹의 심각성은 햇볕정책에서 시작됐고, 그것을 계승한 현 정부로 이어졌다"며, "한국이 북한을 위협으로 여기지 않으면서 주한 미군의 필요성을 얘기하면 미국은 그것을 이중적이라고 느낀다"고 말하고 있다.[31]

이러한 미국의 생각은 최근 주한 미군의 조기감축 형태로 나타났
고 얼마전에는 부시 대통령이 이라크 참전국들을 언급하는 연설에서
한국이 누락되는 상황도 발생하였다. 미국은 2004년 5월 주한 미군
3천6백 명을 이라크로 차출할 것이라고 발표하면서 이들은 이라크에
서 임무가 완료되더라도 한국에 돌아오지 않을 것이라고 하여 주한
미군의 감축의도를 분명히 하였다. 이 문제가 언론에 부각되자 미국
은 주한 미군을 현재의 3만7천명 수준에서 2005년 말 까지 2만5천명
수준으로 감축할 계획이라고 공식 발표하였다. 미국은 이러한 주한
미군의 감축은 '해외주둔 미군 재배치 검토'(GPR)에 따른 것이라는
점을 강조하고 있다.

주한 미군의 감축은 미국의 군사재편 전략의 일환으로 추진되고
있다. 이 전략의 요체는 고정기지 중심의 군을 기동군으로 전환시키
고 모든 군을 규격화된 군(Module Army)으로 만들어 디지털 시대에
맞게 군의 기동성과 효율성을 제고한다는 것이다. 분쟁 발생시에는
주둔지에 관계없이 투입되기 때문에 중무장의 필요성을 줄이고 수송
능력의 확보를 중요시하게 된다. 이런 개념을 바탕으로 미군의 군사
개편 작업은 2025년까지 지속될 것이라고 한다.

이와 아울러 미국은 미군의 해외주둔 기지를 ① 대규모 병력전개
의 근거지가 될 중추기지(PPH), ② 대규모 병력의 상설기지인 주요
작전기지(MOB), ③ 소규모 상주 간부와 교체근무 병력을 포함하는

---

31) 동아일보, '위기의 한·미동맹', 2004. 5. 24

전진작전지역 (POS), ④ 소규모 연락요원을 두는 안보협력 대상지역
(CSL) 등 네 가지 유형으로 재편할 계획이다. 이러한 개념에 기초하여
주한 미군은 두 번째의 작전기지 (MOB)에 해당하며 주일 미군은 첫
번째의 중추기지(PPH)로서 동아시아 지역 안보유지에 핵심적인 역할
을 수행하게 된다.

　미국의 군사전문가 브뤼노 테르트레는 "항구적 동맹은 공동의 전
략과 정치적 이익이 있을 경우에만 살아남을 것"이라면서 "미국은
'동맹의 순수화'를 추구한다"고 지적하고 있다.[32] 결국 한국인의 반
미정서와 대북정책에 관한 한·미 정부 간의 심각한 의견 차이 등이
최근의 미군차출과 미군 조기감축의 속도를 가속화시킨 요인이 된다
는 것이다.

　1950년 1월 딘 애치슨 미 국무장관은 '미국의 극동방위선(일명
애치슨 라인)에서 한국과 대만을 제외한다'는 성명을 발표했고 5개월
후 한국전쟁이 발발했다. 이번 미국의 GPR에서 일본을 1순위 기지
로, 한국을 2순위 기지로 선정함으로써 미국이 중국·러시아와의 정
치·군사적 대치선을 당초 한국에서 일본으로 후퇴시킨 것이 아니냐
는 의혹이 제기되면서 GPR이 '신(新)애치슨 라인'이라는 우려도 있는
것이 사실이다.

　그러나 GPR이 한국에서 미군의 완전 철수를 의미하지는 않기 때
문에 애치슨 라인과 비교하는 것은 무리라고 생각된다. 그럼에도 불

---

32) 중앙일보, '틀 바뀌는 한·미동맹', 2004. 5. 31

구하고, 북한 핵문제가 해결되지도 않은 시점에서 주한 미군의 조기 감축 계획을 발표한 것은 아무래도 석연치 않은 점이 있는 것이 사실이다.

미 행정부 고위 관계자는 최근 한국 언론과의 인터뷰에서 미국은 한국정부가 2003년 5월부터 주한 미군 감축 문제를 논의하였다고 하면서 "노무현 대통령이 반대했다면 미군 차출을 재고했을지도 모른다"고 했다.[33] 이는 집권 직후부터 '자주외교'와 '자주국방'을 강조해 온 노무현 정부가 미군의 조기감축안을 큰 이의 없이 받아들였다는 것을 의미한다.

또한 미 행정부 고위관계자는 "미래의 어느 시점에는 주한 미군을 대북 억지라는 목적 이외에 다른 용도로 사용할 수 있다"고 말했다. 이는 지금까지의 한·미 간 양자동맹에서 벗어나 한·미·일 3국에 호주까지 묶는 다자동맹 체제로 한·미동맹 관계를 변화시키려는 의도로 해석되고 있다. 노무현 대통령도 최근 집단안보 체제의 중요성을 언급하였고 정부도 6자회담을 동북아 안보대화의 틀로 발전시키는 방안을 검토하고 있기 때문에 한반도 주변의 안보체계는 앞으로 많은 변화가 있을 것으로 예상된다.

주한 미군 감축에 따른 전력의 공백을 메우기 위해 한국은 '자주국방'의 기치 아래 국방력 증강을 추진하려 한다. 노무현 대통령은 2003년 8·15 경축사에서 '10년 내 자주국방 기반 조성'을 천명한 바

---

33) 중앙일보, '노 대통령 반대했다면 미군 차출 재고했을지도', 2004. 6. 7

있다. 이를 위해서는 국방비 수준을 현재 GDP의 2.8% 수준에서 향후 10년간 GDP의 3.2~3.5% 수준으로 높여야 한다는 것이 국방부의 주장이다. 한국국방연구원(KIDA)은 자주국방과 선진국형 첨단기술군(軍)을 실현하기 위해서는 향후 20년간 209조 원의 재정이 필요한 것으로 추정하고 있다.[34) 이는 또한 금년도 6조3천억 원 규모의 전력증강 예산을 두 배로 늘려 집행해야 함을 의미한다.

결국, 자주국방을 위한 국방비 증가는 향후 재정운영에 상당한 부담요인으로 작용할 것이 분명하다. 또한 급격한 자주국방 추진은 해외로부터의 무기구입을 불가피하게 하여 군사기술의 종속현상도 가속화시킬 것이다. 군사기술의 공급처가 주로 미국일 가능성이 많기 때문에 '자주국방'은 한국 국방력의 미국 의존도는 지속되면서 국방예산 부담만 높아지는 결과를 초래할 가능성이 높다. 그러나 만일 재정적 이유로 국방비의 획기적 증가가 어려워진다면 미군의 조기감축은 한국 국방력의 실질적 감퇴로 연결될 수도 있을 것이다. 향후 미군의 감축일정과 규모에 관한 한·미 당국자간 협상과정에서 이러한 문제들에 대한 신중한 검토와 토론이 있어야 하며 한국정부는 미군의 감축일정을 연기시키는 데 노력을 경주해야 할 것이다.

---

34) 조선일보, '노 정부,국책사업 비용분석', 2004. 5. 24

부시 행정부의 대북정책에 대한 비판

최근 미국에서 부시 행정부의 대북정책에 대한 비판의 목소리가 높아지고 있다. 이는 2004년 12월 대통령선거를 앞두고 민주당 후보 진영에서 제기하고 있는 것이다. 민주당 대통령 후보인 존 케리 상원 의원은 유세에서 "부시 행정부는 지난 18개월 동안 회담의 형식에만 매달렸고 북한은 그사이 6~9개의 핵폭탄을 제조할 수 있는 핵물질을 생산했다"고 말하면서 부시 행정부의 대북정책을 신랄하게 비판하였다.[35]

케리 후보 역시 북한 김정일 정권에 대해서는 매우 부정적인 시각을 갖고 있다. 그는 "우리는 북한 김정일에게 환상이 없으며 핵 프로그램에 대한 어떤 협상도 분명한 검증이 이뤄져야한다"고 말하면서 "최근 보고서에 따르면 북한은 리비아에 우라늄을 수출했다. 북한은 전 세계와 테러리스트들에게 가장 높은 입찰가를 제시하면 핵물질을 팔겠다는 의사를 분명히 했다"고 북한을 강력하게 비난하고 있다.

케리 후보는 "대통령으로서 나의 가장 큰 목표는 테러리스트들이 핵무기를 얻는 걸 막고 적대 국가들을 무장 해제하는 것"이라고 천명하면서 "북한 핵문제는 중국이나 다른 나라들이 대신하기엔 너무나 시급하다"며 북한과의 직접 대화를 촉구하고 있다. 북한 핵의 '완전하고 검증가능하며 불가역적인 방법으로' 목표에는 케리 후보와 부시

---

35) 중앙일보, '북핵, 분명한 검증 이루어져야', 2004. 6. 3

행정부 간에 차이가 없다. 오히려 케리는 북한 핵문제를 이라크보다 더 심각한 문제로 보면서 부시 행정부가 이라크 문제에 손발이 묶여 이보다 더 중요한 북한 핵문제의 조속한 해결을 위해 노력을 게을리 한다고 비판하는 것이다. 따라서 케리 후보의 민주당 정권이 집권하더라도 북한이 현재와 같은 입장을 고수한다면 부시 행정부보다 더 강경한 자세로 북한을 대할 가능성이 높다고 볼 수 있다.

부시 대통령 역시 재집권에 성공하면 북한 핵문제 해결에 최선을 다할 것이며 이 경우에도 북한의 태도에 근본적인 변화가 없는 한 미국은 강경한 입장을 취할 것이 분명하다. 어떠한 경우든 2005년은 한반도에서 긴장이 고조되는 시기가 될 것이다. 미국의 북한문제 전문가들은 현재의 한반도 상태를 제1차 세계대전과 제2차 세계대전 사이의 '폭풍전야' 시기에 비유하고 있다. "한반도에 '완벽한 폭풍'(perfect storm)이 몰려오고 있다"는 앨빈 토플러의 발언에 우리 모두 주의를 기울여야 할 것이다.

2. 중국의 한반도 정책

중국의 부상과 미·중관계

중국은 오랫동안 '평화공존 5원칙'을 외교의 기본 노선으로 삼아 왔다. 이는 일찍이 주은래가 주창한 것으로 ① 주권과 영토의 상호존

중, ② 상호불가침, ③ 상호 내정불간섭, ④ 평등과 상호이익, ⑤ 평화공존 등으로 구성되며 아시아와 아프리카의 신생 독립국으로부터 많은 지지를 받아온 중국외교의 바이블(bible)이 되어 왔다. 등소평은 개혁·개방 이후 중국은 '실력을 기를 때까지 몸을 낮춘다'는 의미의 도광양회(韜光養晦)를 외교의 금언으로 삼았다. 그러나 중국경제의 급성장에 따른 국제무대의 위상 강화와 자신감을 바탕으로 최근에는 '평화적으로 우뚝 일어선다'라는 '화평굴기'(和平堀起)가 후진타오, 원자바오 등 중국 지도자들에 의해 강조되고 있다.

중국의 부상은 경제력 부문에서 가장 두드러지고 그 내용은 경제의 크기와 고도성장으로 요약될 수 있다. 중국경제는 1980년대 개혁·개방정책의 추진 이후 연 평균 10%의 성장률을 지속적으로 유지해 왔으며 그 결과 중국은 일본을 제치고 세계 2위의 경제대국이 되었다. 2002년 GDP 규모는 미국이 10조3천억 달러로 1위이고 그 다음이 5조9천억 달러의 중국이며 3위는 3조4천억 달러의 일본이다.

중국은 경제력을 바탕으로 국방력 증강에도 역점을 두고 있다. 핵무기는 물론 유인 우주선 발사에도 성공하였으며 재래식 군사력은 가히 세계 최고 수준을 자랑하고 있다. 중국은 이러한 경제력과 군사력의 급상승에도 불구하고 세계화시대 세계 초강대국으로 자리를 굳힌 미국과는 과거 어느 때보다도 긴밀한 협조관계를 유지하고 있다.

특히, 9·11테러사건 이후 미국과 중국의 관계는 '최상의 상태'를 유지하고 있다는 것이 외교전문가들의 공통된 의견이다. 9·11테러사건 이후 여러 차례의 미·중 정상회담이 개최되었고 양국은 테러방지

부문에서 정보교환 및 협력체제를 가동시키고 있다. 중국은 미국이 주도하는 대량살상무기 확산방지를 위한 CSI(Container Security Initiative)에도 공식 가입했다. 북한 핵문제 해결과정에도 중국은 미국과 협력하여 미국이 원하였던 6자회담을 성사시켰고 운영과정에서도 주도적인 역할을 담당하고 있다.

중국이 실사구시의 실리주의를 바탕으로 미국과의 동반자 관계를 구축하려고 노력하는데 반해, 미국에서는 중국에 대한 경계심리도 만만치 않은 것이 사실이다. 이러한 견해는 주로 강경 보수주의자들에 의해 제기되고 있는데 이들은 과거 로마나 대영제국이 잠재적 경쟁자를 경시하다가 멸망했다고 하면서 중국이 바로 미국의 '잠재적 위협'이라고 지적한다. 프랭크 개프니는 최근 언론 기고문에서 "미국은 클린턴 전대통령 시절부터 11년간 무섭게 커진 또 하나의 위험에 직면해 있다"며 "그것은 초강대국이 되어 미국과 경쟁하려는 공산주의 중국"이라고 경고하고 있다.[36]

윌리엄 트리플릿은 "불량국가인 북한은 공산주의 중국의 이해를 대변하고 있다"며 이러한 북한과 중국간의 관계를 이해하지 않고는 북한문제의 해결이 불가능하다고 강조하고 있다.[37] 이와 같이 중국과 미국이 한반도의 주도권 선점 과정에서 경쟁자임에는 틀림없으나 양국 모두 실리를 추구하는 현실주의자들이라는 점에서 미·중 간 우호관계는 앞으로도 상당기간 지속될 것이라는 것이 전문가들의 공통된

---

36) 동아일보, '왜 지금 중국인가', 2004. 5. 6
37) William Triplett, 「Rogue State」, pp.9-12

견해다.

북 · 중관계와 중국의 대북정책

중국은 북한과 오랫동안 동맹관계를 유지하여 왔다. 그러나 1980
년대부터 중국이 개혁 · 개방의 길로 접어들면서 중국은 실용주의적
입장에서 북한과의 관계를 종래의 동맹관계에서 전략적 협력관계로
전환시키려 하였다. 1992년 8월 한 · 중수교가 이루어지면서 북 · 중
관계는 일시적으로 냉각기를 맞게 된다.

그러나 북 · 중관계는 서로의 필요에 의해 곧 회복국면으로 전환
되었다. 북한은 경제위기 상황에서 중국의 경제적 지원이 필요했으며
중국 역시 공산주의 독재체제를 유지하는 한 북한의 붕괴를 좌시할
수 없었기 때문이다. 중국은 1990년대 들어서면서 그동안 북한에게
요구했던 현금 결제방식을 포기하고 우호가격제도와 물물교환을 부
활시키면서 경제원조도 재개하였다.

1999년 6월 김영남 상임위원장이 중국을 방문하였고 2000년 5월
김정일 국방위원장이 중국을 전격 방문하여 6 · 15 남북 정상회담을
앞두고 중국과의 공조체제에 관해 논의하기도 하였다. 김정일 위원장
은 2001년 1월에도 중국을 방문하여 중국의 개방정책 추진 효과를 직
접 목격하였고 이는 북한이 2002년 7 · 1 경제관리 개선조치 등의 경제
정책을 구사하게 된 직접적인 동기가 되었던 것으로 알려지고 있다.
2001년 9월 장쩌민 국가주석이 북한을 방문하여 한반도 문제에 관해

폭넓은 의견교환을 하였다. 김 위원장은 2004년 4월 중국을 다시 방문
하여 북·중 정상회담에서 한반도 비핵화와 6자회담의 지속적 개최,
대화를 통한 핵문제의 평화적 해결 원칙에 합의하기도 하였다.

이와 같은 북·중 정상 간의 긴밀한 교류와 대화를 통해 북·중
관계는 과거와 같은 동맹관계로의 복원은 아니지만 이제 완전히 전략
적 동반자 관계가 형성되었다고 할 수 있다. 특히 최근 북한 핵문제
가 부각되고 중국이 6자회담에서 주도적 역할을 담당하면서 북한에
대한 중국의 영향력은 크게 제고되었다고 할 수 있다.

북한에 대한 중국의 입장은 대체로 다음과 같이 요약될 수 있을
것이다. 첫째, 북한체제 존립과 관련된 분야에는 적극적으로 북한을
옹호하여 북한체제의 붕괴를 막는다. 이런 차원에서 중국은 북한에
대한 미국의 군사적 공격은 물론 경제봉쇄 등의 강경책을 적극 반대
한다. 뿐만 아니라 북한의 경제붕괴를 막기 위해 에너지, 식량 등의
지원을 지속하고 있다. 둘째, 북한체제 유지와 직접적 관련이 없는 분
야에서는 실용주의적 입장을 견지하여 중국의 실리를 최대화하는 것
이다. 이러한 중국의 입장은 한·중 수교와 그 후 한·중 간 긴밀한
경제협력을 통해 확실히 입증되고 있다.

한·중관계와 중국의 대한(對韓)정책

한·중관계는 1992년 수교 이후 정치·경제·사회·문화의 모든
부문에서 괄목할 만한 성과를 이룩하였다. 한·중 수교 직후 노태우

대통령이 중국을 방문하였고 그 후에도 여러 차례의 한·중 정상회담이 이루어졌다. 1995년 4월 장쩌민 주석이 중국 국가원수로서는 최초로 한국을 방문하였다. 이제 한·중 정상회담이 거의 정례적으로 개최될 정도로 한·중 간 대화와 협력은 제도화되고 있다.

경제적으로 중국은 한국의 최대 수출시장으로 부상하였다. 2003년도 한국의 대 중국 수출은 48% 증가하여 한국 경제성장의 견인차 역할을 하고 있다. 같은 해 중국은 한국 수출상품의 20%를 수입했고 한국에 130억 달러의 무역흑자를 안겨줬다. 최근에는 중국이 경제안정 조치를 취할 것이라는 외신보도가 나오자 한국 주식시장이 폭락하는 사태가 발생하는 등 한국경제의 중국 의존도는 날로 증가하고 있다.

중국의 대북정책이 북한체제의 붕괴 방지라는 정치적 고려가 있는 반면, 중국의 대한(對韓) 정책은 철저히 실리주의적 고려에 바탕을 두고 있다고 할 수 있다. 한·중 수교가 한국의 경제적 발전으로 한국과의 경제적 교류가 중국의 개혁·개방정책의 추진에 도움이 될 것이라는 중국의 판단에 의해 이루어졌으며 수교 이후 급격히 늘어난 한·중 간 경제교류 역시 경제논리에 의한 자연 발생적인 현상이라고 보아야 할 것이다. 이는 만일 한국경제가 어려움에 봉착하여 한국과의 교류가 중국에 별 도움이 되지 않는다고 판단되는 상황이 발생한다면 중국은 한국과의 관계를 언제든지 재고할 수 있다는 것을 의미하기도 한다.

최근 중국의 정치·경제적 위상이 높아지고 한국경제의 중국의존도가 심화되면서 중국의 '대국(大國)주의'가 고개 들고 있다는 우려

가 제기되고 있다. 대만총통 취임식에 참가한 한국의 여·야 국회의
원들에게 '직설적' 표현으로 불참을 요청하는가 하면 탈북자 처리에
있어서도 한국측의 요구를 완전히 무시해 버리는 사건들이 잇달아 발
생하고 있는 것이다. "중국의 힘이 알게 모르게 한국을 짓누르고 있
는 게 요즘의 한·중관계 현주소"라는 것이다.[38) 또한 중국은 2002년
부터 5년간 3조 원 규모의 예산을 들여 고구려사를 중국사의 일부로
편입시키려 하는 '동북공정'(東北工程) 사업을 시작하여 많은 논란과
비난의 대상이 되기도 하였다. 이러한 상황에 대해 한국정부는 외교
마찰을 우려하여 언제나 '조용한 외교'를 주장하고 있다. 특히 6자회
담에서 한국이 중국의 영향력에 큰 기대를 하면서 한국정부의 대 중
국 '조용한 외교' 관행은 더욱 고착되어 가고 있는 현실이다.

　중국의 '대국주의' 경향에도 불구하고 한국에서 대북정책에 관한
한·미 간의 의견차이가 드러나고 반미감정이 높아지면서 한국국민
의 중국에 대한 호감도는 오히려 상승하고 있다. 최근 동아일보 여론
조사에 의하면[39) '앞으로 가장 중시해야 할 나라'로 미국(38.1%)보다
중국(48.3%)이 더 많은 것으로 나왔다. 국가별 호감도 조사에서도 중
국은 '좋다'(28.0%)는 답변이 가장 높고 '싫다'(11.8%)는 응답은 가장
낮은 나라로 나왔다. 어느덧 중국이 한국인에게 '가장 가깝고도 중요
한 나라'로 각인되고 있는 것이다.

　이러한 현상은 한국 정치인의 경우에도 마찬가지인 것으로 나타

---

38) 매일경제, '고개 드는 중국 대국주의', 2004. 6. 18
39) 동아일보, '왜 지금 중국인가', 2004. 5. 4

났다. 17대 초선 당선자의 55.0%가 중국을 최우선 협력국으로 생각하는 반면 미국은 44.8%에 그치고 있다. 이러한 한국사회의 친(親)중국성향은 김대중 정권 출범 이후 지속된 유화적 대북정책과 최근 고조되고 있는 반미감정에 따른 당연한 결과라고 할 수 있다.

중국의 한국관은 철저히 실용주의에 근거한 반면 한국의 중국관은 다소 감상주의적 성격이 강하기 때문에 중국이 자국의 이해에 따라 고구려사, 탈북자 등의 현안에 대처할 때 한국인들은 실망감과 허탈감을 느끼지 않을 수 없는 것이다. 이제는 한국도 중국을 보다 실용주의적 입장에서 바라보아야 할 것이다.

주요 현안에 대한 중국의 입장

최대 현안인 북한 핵문제에 대한 중국의 입장은 분명하다. 그것은 한반도는 비핵화 되어야 하며 북한 핵문제는 북한체제 붕괴를 초래하지 않는 평화적인 방법으로 해결되어야 한다는 것이다. 이를 위해 중국은 6자회담에서의 주도적인 역할을 자청하였고 지금까지 그 임무를 나름대로 충실히 수행하고 있다.

중국이 북핵문제 해결에 적극적인 이유는 이 문제가 잘 해결되지 않으면 중국이 최대 피해자가 될 수도 있다는 인식에서 비롯한다. 북한의 핵 보유는 일본의 핵 무장을 불가피하게 할 것이고 이는 동북아시아에서 현재 중국이 누리고 있는 절대적 군사적 우위 상황을 뒤바꿀 수도 있기 때문이다. 또한 북한 핵 보유와 일본의 핵 무장은 동북아시아에서 군비경쟁을 촉발하여 대만의 핵무기 개발 사태까지 초래할 수 있기 때문에 중국의 입장에서 북한 핵개발을 막는 것은 매우 중요한 안보적 목표가 아닐 수 없는 것이다.

북한의 미사일 문제에 있어서도 중국은 상황이 악화되는 것을 원치 않고 있다. 중국은 기본적으로 북한의 미사일 주권을 인정하나 북한의 미사일 발사는 한반도에서 새로운 긴장을 유발할 가능성이 높기 때문에 협상에 의한 미사일 문제의 해결을 원하고 있다. 특히 미국과 일본이 북한의 장거리 미사일 개발에 대한 방어를 명분으로 미사일 방어체제를 공동으로 개발하고 있어 핵개발의 경우와 같이 북한 미사일 문제의 실질적인 피해자는 중국이 될 가능성이 높은 것이다.

중국은 현재 한반도에서의 정전(停戰)체제를 인정하고 이를 바탕으로 새로운 평화체제를 구축하자는 제안에 매우 적극적이다. 중국은 이 문제 해결에 있어 북한이 주장하는 북·미간 협정체결에 반대하며 이보다는 남북 당사자와 한국전쟁 참가자인 미국과 중국이 모두 참여하는 4자회담을 강력히 선호하고 있다.

중국은 탈북자의 한국 송환에 대해 매우 소극적인 태도로 임하고 있다. 그 이유는 탈북자의 한국 송환이 탈북자를 양산시키는 결과를 초래하고 이는 궁극적으로 북한 정권의 붕괴로 이어질 수 있기 때문이다. 북한 정권의 붕괴를 원하는 미국이 특별법을 제정하는 등 탈북자 문제에 매우 적극적인 것과 매우 대조적이 아닐 수 없다. 특히, 최근 북한의 인권문제가 국제적인 이슈로 부각되면서 탈북자를 중국 정부가 국제난민으로 인정하여 이에 상응하는 조치를 취하는 문제가 한·중 간의 현안 차원을 넘어 국제적인 관심사항으로 비화될 가능성이 높다. 이 문제에 대한 중국 정부의 입장 변화가 주목되고 있다.

한반도 통일에 대해서도 중국은 대체로 소극적인 입장을 견지하고 있다. 그 이유는 현 상황에서 한반도 통일은 북한 붕괴에 따른 남한에 의한 흡수통일이 될 가능성이 높기 때문이다. 그럴 경우 한반도 통일은 경제부문에서의 개혁·개방에도 불구하고 공산당 1당 독재정치 체제를 유지하고 있는 중국에게는 큰 정치적 부담이 될 것이다. 최근 '고구려사'에 대한 중국의 문제 제기도 북한 붕괴 시 북한지역에 대한 중국의 역사적 영향력을 부각시키기 위한 의도라는 해석도 있다.

중국은 비록 북한체제 붕괴는 원치 않지만 북한이 중국과 같은 개혁·개방의 길을 택하여 현재와 같은 '벼랑 끝 외교'로 서방 세계로부터 경제적 반대급부를 얻으려는 전략을 버리고 경제발전을 통해 번영과 평화를 이루기를 바라고 있다. 그러나 북한은 공산당 1당 독재체제뿐만 아니라 주체사상에 의한 유일지배체제를 유지하고 있기 때문에 중국과 같은 개혁·개방의 추진을 기피하고 있다. 이 문제에 대한 해답이 있을 때까지 북·중 간의 갈등은 불가피할 것이며 한반도에서의 평화 정착 역시 어려울 것이다.

3. 일본의 한반도 정책

북 · 일관계와 일본의 대북정책

일본의 외교정책은 미 · 일동맹을 기본 축으로 하기 때문에 북 · 일관계는 북 · 미관계와 긴밀하게 연계 · 발전되어 왔다. 또한, 일본은 섬나라이기 때문에 지정학적 측면에서도 한반도 문제에 가장 관심이 많은 강대국이기도 하다. 그래서 일본은 한반도 문제가 자신의 안보와 직결되는 것으로 인식하고 있으며 한반도에서 일본의 영향력을 높이기 위해 부단히 노력해 왔다.

1965년 6월 한 · 일 국교정상화 조치가 이루어진 이후 일본은 한국 일변도의 대(對)한반도 정책을 추진해 왔다고 할 수 있다. 1969년 11월 '닉슨-사또 공동성명'에서 '한국의 안전은 일본의 안전에 긴요하다'는 소위 '한국조항'에 합의하였고 정치 · 안보 · 경제 등 모든 분야에서 한국과의 교류와 협력 증진에 역점을 두어왔다. 일본은 한국 경제의 고도성장 과정에서 교역, 직접투자, 기술이전 등의 분야에서 활발한 교류를 통해 한국경제 발전에 기여함은 물론 일본도 많은 경제적 이득을 챙길 수 있었다. 군사적 측면에서 한 · 미 · 일 3각 군사동맹 관계를 형성시켰고 이 과정에서 일본은 북한과 적대적인 관계를 유지하게 되었다.

1969년의 닉슨 독트린은 일본의 대북정책에 변화를 일으키는 계기가 되었다. 닉슨 독트린으로 동아시아에서 화해 분위기가 확산되자 일본은 한반도에서 일본의 영향력을 제고하기 위해 북한과의 관계 개선을 모색하였다. 이를 위해 일본은 '닉슨·사또 공동성명' 중 '한국조항'의 수정을 시도하였다.

그 결과 1975년 '한국조항'이 '한국의 안전이 한반도의 평화 유지에 긴요하며 또한 한반도의 평화유지는 일본을 포함한 동아시아의 안전에 중요하다'고 수정되었고, 1977년에는 '일본 내지 동아시아 안전을 위해 한반도에 있어서의 평화와 안전 유지가 계속 중요하다는 사실에 유의하였다'라는 새로운 '한반도 조항'이 미·일 정상회담에서 채택되었다.

이는 일본이 종래의 한국 일변도 정책에서 탈피하여 '남북한 현상 유지를 선호하고 남북한 등거리 외교를 통해 한반도에 대한 영향력을 확대'하려는 것으로 해석되고 있다.[40] 그러나 1970년대 중반 이후 남북대화가 중단되고 땅굴 사건, 문세광 사건 등이 발생하면서 한반도에서 긴장상태가 조성되었고 일본은 대북한 접근을 자제하고 한국과의 안보유대를 재확인 하였다. 이러한 상황은 1980년대에도 지속되었다.

그러나 1990년에 들어서면서 한국의 '북방정책' 결과로 1990년 한·러 외교관계가 수립되고 1992년 한·중 외교관계마저 이루어지면서 일본도 적극적으로 북한과의 수교 교섭을 개시하였다. 북·일수교 교섭은 1992년 11월부터 8회에 걸쳐 전개되었다.

---

40) 전동진, "전후 일본의 대 한반도 정책변화와 북·일수교 전망", 「국제정세 변화와 통일전략」, 신지서원, 2002

북한 역시 일본과의 수교에 많은 관심을 보였는데 스칼라피노[41]
는 그 이유에 대해 ① 대일 접근을 통해 한·미·일 간의 정치·군사
적 유대관계 이완 유도, ② 한국의 우방인 일본과의 관계 개선을 통
해 '남조선 혁명' 및 '하나의 조선' 논리에 대한 국제적 지지 획득,
③ 일본을 영향력 있는 좌익세력과의 접촉을 통해 일본의 재무장 및
방위력 강화 억제, ④ 일본과의 무역을 통한 선진자본 및 기술도입
등 네 가지로 지적하고 있다.

그럼에도 불구하고 북·일수교 교섭은 이루어지지 못하였다. 그
가장 큰 이유는 북한 핵이 국제적 문제로 대두되었기 때문이다. 미국
은 일본정부에 대해 북한과의 교섭에서 핵문제를 최우선 과제로 삼아
줄 것을 요구했고 일본은 IAEA 사찰 수용을 수교의 전제조건으로 북
한에 제시하였다. 결국 북·일수교 교섭은 1992년 11월 8차 회담 이
후 중단되었다.

북·일수교 교섭에서 두 번째 과제는 과거 식민지 지배에 대한
양국 간의 인식 차이와 경제적 보상 문제다. 북한은 식민지시대 북·
일관계가 국제법상 교전관계였다는 인식을 기초로 전승국으로서의
배상과 식민지 지배에 의해 입은 손해에 대한 보상을 요구하고 있다.
이와 함께 북한측은 전후 40년에 대한 피해와 손실에 대한 보상 문제
도 제기하고 있다.

이에 대해 일본은 전후 보상은 전적으로 거부하고 있으며 식민지

---

41) Robert Scalapino,"North Korean Relations with Japan and the United States", 「North
    Korea Today」,Berkeley, 1983

보상 문제도 '한 · 일 기본조약에서 정한 틀과 적합성 내에서 진행시켜 나간다'는 원칙을 고수하고 있다. 한 · 일 간에 국교정상화 과정에서 경제보상은 재산청구권 형태로 취급되었다. 북 · 일수교가 이루어지는 경우 일본의 보상규모는 정치적으로 결정될 것이며 그 규모는 1960년대 한국에 지원된 재산청구권이 기준이 되어 약 100억 달러 수준이 될 것으로 기대되고 있다.

북 · 일 정상회담

2002년 9월 고이즈미 총리는 북한을 방문하여 김정일 국방위원장과 정상회담을 가졌으며 ① 북 · 일 국교정상화 회담 재개, ② 식민지 지배에 대한 사과 표명, ③ 일본국민의 생명과 재산피해 사례 재발 방지, ④ 핵문제의 포괄적 해결을 위한 일체의 관련 국제합의 준수와 미사일 발사 유예 등 4개항으로 구성된 '평양선언'이 발표되었다.

정상회담 석상에서 김정일 위원장은 고이즈미 총리에게 일본인 납치사실을 시인하고 사과한 뒤 재발 방지를 약속하였다. 그동안 납치사실 자체를 부인해 온 북한으로서는 입장의 대전환이라고 할 수 있다. 그러나 일본에서는 납치진상 규명, 사망원인 규명, 책임자 처벌 등의 요구가 높아지면서 북한 정권에 대한 일본여론은 오히려 크게 악화되었다.

2004년 5월 고이즈미 총리가 다시 평양을 방문하여 김정일 위원장과 두 번째 북 · 일 정상회담을 가졌다. 이 자리에서 북한은 납치자가족 5명의 귀국을 허용하고 행방불명자에 대한 재조사를 약속한 반면 일본은 경제제재를 발동하지 않겠다는 것과 식량 및 의약품의 지원을 약속하였다. 또한 북한은 미사일 시험발사 동결 유지를 약속하였으나 일본은 납치·핵·미사일 등 현안문제가 모두 해결되기 전에는 북한과 국교정상화에 나서지 않겠다는 '포괄적 해결' 원칙을 고수하고 있다. 결국 6자회담에서 북한 핵문제가 타결되지 않는 한 북·일 수교 교섭은 마무리 될 수 없을 것이다.

김호섭은 일본의 북한과의 관계 개선에서 얻을 수 있는 이익을 ① 태평양전쟁 전후 처리의 마무리, ② 한반도에서의 영향력 증대, ③ 국제사회에서 경제력 증대에 걸맞는 새로운 역할 수행, ④ 북한과의 경제교류 증가에 따른 경제적 이익 증대, ⑤ 북한체제 내부에 대한 영향력 증대 등으로 정리하고 있다.[42] 또한 북한이 일본과의 관계 개선에서 얻는 이익으로는 ① 일본의 경제지원으로 경제난 해결, ② 북·일수교를 통한 북한의 외교적 고립 탈피, ③ 경제난 해결을 통한 국내 체제 안정 등을 지적하고 있다.

최근 북·일 간의 접촉을 지켜보면서 느낄 수 있는 것은 일본보다 북한이 관계 개선에 더 적극적이라는 사실이다. 북한은 북·일수교가 타결되면 일본으로부터 현금지원과 경제적 교류를 통해 북한의 심각한 경제난을 극복해 보려는 것이다. 또한 북·일수교는 북·미수교로 연결되어 북한의 외교적 고립에서 벗어나 국제사회로부터 본격

---

42) 김호섭, "일본의 대북정책", 「북한 핵문제의 해법과 전망」, 중앙M&B, 2003

적인 경제지원을 받을 수 있는 계기가 마련될 수 있을 것을 북한은 잘 알고 있다.

그러나 미국은 북한 핵문제가 해결되기 전에 북·일수교가 이루어지는 것을 허용하지 않으려 한다. 이는 2000년 8월 고이즈미 수상의 북한 방문 직후 켈리 차관보가 북한을 방문하여 북한의 농축우라늄 프로그램 문제를 제기한 사실로도 잘 알 수 있다. 일본의 입장에서는 북·일수교보다는 미·일동맹이 더 중요하기 때문에 북한과의 수교협상에서 '포괄적 해결' 원칙을 고수하고 있는 것이다.

북·일수교를 어렵게 하는 또 하나의 요인은 최근 일본사회의 우경화 현상이다. 고이즈미 총리는 일본 우파의 입장을 대변한다고 할 수 있으며 한국, 중국 등 주변국의 반대에도 불구하고 신사참배를 정례화 하고 있다. 또한, 북한의 일본인 납치문제와 핵 및 미사일 개발은 일본의 우경화를 가속화시키는 결과를 초래하고 있다.

점차 목소리가 커지는 일본의 우파세력은 북한에서 김정일 체제가 지속되는 한 안보위협은 계속될 것이기 때문에 일본의 군사안보 태세를 강화해야 한다고 주장하고 있다. 이러한 의견을 받아들여 일본은 미국과의 TMD 공동기술연구에 참가하기로 결정하였고 유사(有事)사태 대비법안 및 주변사태법의 제정을 추진하고 있다. 이러한 일본의 국내정치 상황은 대북 포용정책에 입각한 고이즈미 총리의 두 차례 평양방문이 북·일수교로 연결되는데 큰 걸림돌이 되고 있는 것이다.

한국정부는 기본적으로 북·일수교에 긍정적인 입장을 취하고 있다. 그러나 북·일수교가 이루어지고 일본의 대북 경제지원이 활성화되는 경우 북한이 본격적인 개혁·개방의 길로 가기보다는 현재와 같이 체제 유지에 큰 부담이 없는 부분적 대외개방만을 추진하면서 남한과의 경협에는 지금보다도 오히려 소극적인 입장으로 선회할 가능성이 높다는 사실에 유념하여야 할 것이다. 북한의 입장에서는 남한보다는 일본과의 경제협력이 북한체제 유지에 덜 위협적이기 때문이다. 이 경우 일본은 남·북한과의 등거리 외교를 통해 한반도에서 자신의 영향력을 높이는 정치적 이득을 챙길 수 있을 것이다. 그렇게 되면 한국은 북·일수교의 최대 피해자로 전락하게 될 수도 있을 것이다. 이러한 상황을 막기 위해서는 한·미·일 공조체제의 대북정책을 폄으로써 일본과 북한의 등거리 외교 가능성을 철저히 봉쇄해야 할 것이다.

주요 현안에 대한 일본의 입장

일본은 북한의 대량살상무기 개발에 매우 민감하게 반응하고 있다. 지리적으로 북한에 인접해 있으면서 역사적으로 북한과 적대관계를 유지하여 왔기 때문이다. 지금까지 '북한 위협론'은 미·일동맹 유지와 일본자체 방위력 강화에 가장 직접적인 동인이 되어 왔다. 그래서 일본은 미국이 북한 핵과 미사일 문제에 대해 단호하고 강경한 태도를 취하는 것에 적극 동조하고 있다. 그러면서 햇볕정책 추진 이후 한국이 북한의 대량살상무기 개발에 어정쩡한 입장을 견지하는 것에 대해 매우 의아하게 생각하고 있다. 이미 지적한대로 일본은 '북한 위협론'을 계기로 자체 방위력 제고에 필요한 법제 정비 작업에 착수하였고 한반도 유사시 미군에 대해 군사적 지원이 가능하도록 하는 내용으로 미·일 방위협력 지침도 개정하였다. 또한 일본은 '보통국가'를 지향하는 방향으로의 헌법 개정도 추진하고 있다.

일본은 부시 행정부가 주장하는 북한의 재래식 군사력 감축과 후진배치에도 동조하고 있다. 또한 한반도 문제의 해결과정에서 일본이 소외되는 상황을 방지하기 위해 6자회담에도 적극적으로 참여하고 있고 대북정책에 관한 한·미·일 공조체제 유지에도 중점을 두고 있다. 일본은 한반도 휴전체제가 평화체제로 전환되어야 한다는 데에도 동조를 하면서 일본이 배제되는 4자회담보다는 일본 및 러시아가 함께 참가하는 6자회담 형태를 선호하고 있다. 일본은 기본적으로 한반도 통일을 반대하지 않으나 통일이 한국 주도로 이루어져 자유민주주의와 시장경제체제가 한반도에서 지켜지고 통일한국이 일본과 우호적이며 협조적인 관계를 유지하게 되기를 바라고 있다.

4. 러시아의 한반도 정책

최근 동향

지난 10여 년간 러시아의 한반도 정책은 매우 큰 폭의 변동을 거듭하여 왔다. 이는 러시아가 대내적으로 정치 민주화와 경제 개방과정을 거치면서 구 소련체제가 붕괴되고 정치지도자의 교체가 여러 차례 이루어져왔기 때문이다.

소련은 공산주의 국가의 종주국으로 북한의 한국전쟁 발발을 지원하였고 그 후에도 북한에 대한 경제원조로 북한의 사회주의 경제발전을 지원하여 왔다. 그러나 1980년대에 들어서면서 경제적 어려움에 봉착하여 마침내 소련체제가 붕괴되었고 러시아는 북한에 대한 경제원조도 중단할 수밖에 없는 상황에 처했다. 러시아의 한반도 정책도 종래의 이념을 바탕으로 한 정치적 접근방법에서 탈피하여 경제적 실리주의적 접근으로 선회하였으며 그 결과 1990년 한국과 수교를 하기까지 이르렀다.

러시아의 대북 경제지원 중단은 북한경제를 심각한 위기에 처하게 하였고 한국과의 수교는 북한의 국제적 위상에 치명타를 가하는 결과를 초래하였다. 이러한 상황은 대체로 2000년까지 지속되었다. 그러나 푸틴 대통령이 집권하면서 러시아는 한반도에서 자국의 위신과 영향력을 높이는 방향으로 외교정책을 전개하였고 이 과정에서 한동안 소원했던 북·러관계는 급속히 복원되고 있다. 남한과는 경제적 이익추구 차원에서 경제협력을 지속하고 북한과의 유대를 강화하여 한반도에서 미국의 독주와 중국 및 일본의 영향력 증가를 견제해 보려는 것이 푸틴 대통령의 한반도 정책이라고 할 수 있다.

2년여의 협상과정을 거쳐 2000년 2월 '조·러 친선 선린 및 협조에 관한 조약'이 조인되었고 같은 해 6월 푸틴 대통령은 러시아 지도자로는 처음으로 평양을 방문하였다. 방문기간 중 북한과 러시아는 11개항의 공동선언에 합의하여 북·러관계는 새롭게 정립되었다. 신조약에는 북한이 미국의 공격을 받을 경우, 러시아가 개입할 의무는 없으나 '안보위협시 협의한다'는 조항이 포함되어 있다. 북한과 러시아는 1961년 7월 '조·소 우호협조 및 호상원조에 관한 조약'을 체결하였으나 1996년 9월 러시아측의 요청으로 공식적으로 폐기된 바 있다. 2001년 8월 김정일 위원장이 러시아를 공식 방문하여 8개항의 '모스크바 선언'을 발표하기도 하였다.

이와 같이 러시아는 북한과의 관계를 복원시키는 동시에 남한과도 우호적인 관계를 계속 유지해 나가고 있다. 2001년 5월 푸틴 대통령이 서울을 방문하여 총 7억 달러에 달하는 러시아 무기, 군장비 등을 한국에 공급하기로 약속하였고 같은 해 10월 한·러 해군이 블라디보스토크 인근 해상에서 합동훈련을 실시하기도 하였다. 한·러 정상회담에서 한국은 당시 미·러 간에 의견차이가 있었던 탄도탄 요격미사일(ABM) 협정에서 러시아 입장을 두둔하여 김대중 대통령과 부시 대통령간의 정상회담을 앞두고 미국 정부의 입장을 난감하게 하는 일이 발생하기도 했다. 2004년 9월에는 노무현 대통령이 러시아를 공식 방문하여 경제협력 방안을 논의하기도 하였다.

주요 현안에 대한 러시아의 입장

러시아는 북한을 '불량국가'가 아닌 '선린우방'으로 보기 때문에 한반도의 군사적 문제에 대해 미국이나 일본과는 전혀 다른 시각을 갖고 있는 것이 사실이다. 러시아는 기본적으로 한반도 비핵화의 원칙에 찬동을 하면서도 이 문제에 적극적으로 개입하려 하지 않는다. KEDO 회원국도 아니며 6자회담에 참여는 하고 있지만 그리 중요한 역할을 하지 않고 있다.

북한의 미사일 문제에 대해서는 북·러 정상회담에서 북한의 미사일 프로그램이 순수·평화적 성격을 띠고 있다고 합의함으로써 러시아는 북한을 옹호하는 입장을 견지하고 있다. 그러면서도 북한의 인공위성을 다른 국가가 띄워 줄 경우 미사일 프로그램을 중단할 수 있다는 약속을 북한으로부터 받아내 러시아의 중재자 역할을 부각시키려 하고 있다. 그러나 국내 경제의 어려움으로 북한에게 경제적 지원이 사실상 곤란한 상황에서 러시아가 중재자로서 큰 역할을 담당하기는 어려울 것으로 보인다.

러시아는 북한의 재래식 군사력 문제와 관련하여 대체로 북한의 입장에 동조하고 있지만 미국의 문제 제기에 대해 강하게 반발하지도 않고 있다. 이는 러시아가 실용주의적 입장에서 세계화시대 초강대국으로 부상한 미국과 충돌을 피하고 가급적 협조적 관계를 유지하려는 전략의 일환으로 이해되어야 할 것이다.

정전체제를 평화체제로 전환하는 것에 대해서도 러시아는 매우 긍정적인 입장을 갖고 있으나 4자회담보다는 러시아가 참여하는 6자회담 형태를 강력하게 주장하고 있다. 실제로 한국정부의 4자회담 제의는 일시적으로 한·러 관계를 악화시킨 원인이 되기도 하였다.

러시아는 현상 유지를 선호하는 중국이나 일본과는 달리 한반도 통일에 대해 적극 지지한다고 말하고 있다. 물론 통일된 국가가 러시아에 대해 우호적인 입장을 취한다는 것을 전제로 하는 이야기일 것이다. 그러나 북한의 김정일 정권을 정치적으로 적극 옹호하는 푸틴 대통령의 입장을 감안할 때 한국이 중심이 되는 한반도 통일에 대해 러시아가 긍정적으로 생각하지는 않을 가능성이 높다. 러시아도 중국과 같이 오로지 경제적 실리추구 차원에서 한국과의 우호 협력관계를 유지하고 있기 때문에 통일과 같은 정치적인 사안에 있어서는 한국보다는 북한을 선호할 것이라는 사실을 언제나 잊지 말아야 할 것이다. 또한 경제력이 국력인 세계화시대에 경제적 위기에서 벗어나지 못하고 있는 러시아의 한반도에서의 영향력은 상당히 제한적일 수밖에 없다는 것도 분명한 사실이다.

5. 유럽연합(EU)의 한반도 정책

EU 회원국 중 영국, 프랑스, 그리스, 네덜란드, 룩셈부르크와 벨기에는 한국전쟁에 UN 연합군의 일원으로 참여한 바 있다. 세계 냉전체제가 미국과 소련의 절대적 영향력에 의해 고착되면서 한반도에서 EU 국가들의 영향력은 미미한 수준이었다. 그러나 세계 냉전체제가 붕괴되고 EU 국가들의 정치적 통합이 성사되면서 한반도에서 EU의 영향력은 점차 높아지고 있다.

1995년 북한의 홍수피해시 EU가 인도적인 차원에서 북한에게 식량지원을 시작한 후 EU와 북한 간의 관계는 큰 진전을 보게 되었다. 특히 6·15 남북 정상회담을 전환점으로 많은 EU 국가들이 북한과 외교관계를 수립하게 되었다. 북한은 2000년 12월 영국을 시작으로 네덜란드, 벨기에, 스웨덴, 독일 등과 수교를 하였으며 현재 EU 국가 중 프랑스와 아일랜드를 제외한 모든 회원국과 수교를 완료하였다. 또한 EU와 북한은 2001년 5월 브뤼셀에서 수교에 합의한 바 있다.

EU는 1995년 제네바 북·미합의의 결과로 설립된 KEDO사업에 참여하여 한반도에서의 평화유지와 비핵화에 영향력을 미치고 있다. 또한 EU 대표단은 평양과 서울을 동시 방문하는 기회를 통해 북한 핵, 미사일, 인권문제 등의 한반도 현안에 대해 중재자 역할을 수행하기도 하였다.

EU는 '건설적 포용'(Constructive Engagement)을 대 북한 정책의 기본 원칙으로 삼고 한반도 문제를 국제기구를 통한 다자간협력으로 해결해야 한다는 외교적 입장을 견지하고 있다. EU는 주요 현안인 북한 핵과 미사일 문제, 북한 인권문제에 대해 미국과 기본적으로 입장을 같이 하면서도 문제의 평화적 해결을 강조하고 있으며 북한과 수교관계를 맺고 있기 때문에 미국과 북한 사이에서 건설적 중재자 역할을 할 수 있을 것이다.

6·15 남북 정상회담을 계기로 조성된 북한에 대한 EU의 긍정적 이미지가 최근 부정적인 방향으로 선회하고 있다. 그 이유는 여러 가지가 있으나 그 중 가장 핵심이 최근 다시 불거진 북한 핵문제다. 북

한이 핵문제에 있어 제네바 북·미 합의를 정면으로 위반한 것이 밝혀지면서 대부분의 EU 회원국들은 북한 핵문제가 해결될 때까지 대북지원을 보류한다는 입장을 취하고 있다. 또한 최근 국제적인 이슈로 제기되고 있는 북한의 인권문제는 물론 식량 등 인도적 지원물자의 배분과정에서 투명성 문제가 지적되면서 EU 회원국이 북한 김정일 정권에 대해 매우 부정적인 이미지를 갖게 되었다.

EU는 핵 및 탄도미사일 비확산, 포괄적 핵실험 금지조약(CTBT) 비준, 미사일 및 미사일 기술 수출 중단 등을 북한에 요구하고 있다. EU는 전통적으로 건설적 포용정책의 기조하에서 북한에 대해 미국보다는 더욱 유화적인 입장을 견지하여왔으나 북한의 농축우라늄 프로그램이 드러나면서 미국의 강경 입장을 지원하는 방향으로 선회하고 있는 것이다. 북한에 대한 EU의 입장이 한국과 많은 공통점이 있기 때문에 EU는 한반도와 관련된 현안문제들이 한국의 국익과 부합하는 방향으로 해결되는데 큰 역할을 할 수 있을 것이다. 따라서 우리는 한반도 현안문제 해결과정에서 EU를 적극 활용하는 지혜를 발휘해야 할 것이다.

제5장

외국의 경험과 교훈

"

참배나무에는 참배가 열리고,

돌배나무에는 돌배가 열리는 것처럼

독립할 자격이 있는 민족에게는 독립국의 열매가 있고

노예될 만한 자격이 있는 민족에게는 망국의 열매가 있다.

(…)

세상만사에 작고 큰 것은 물론하고 일의 성공이라는 것은 힘의 열매이다.

(…)

힘이 작으면 성공이 작고 힘이 크면 성공이 크고,

힘이 없으면 죽고 힘이 있으면 사는 것이

하늘이 정한 원리요 원칙이다.

그런고로 천사만려(千思萬慮)하여 보아도

우리의 독립을 위해 믿고 바랄바는 오직 우리의 힘 뿐이다.

"

도산 안창호, 「흥사단원에 대한 연설」

1. 독일의 통일 경험

세계 냉전체제의 붕괴와 독일통일

독일의 분단은 세계 냉전체제의 산물이었다. 독일에 대한 분할계획은 제 2차 세계대전 중 연합군에 의해 두 차례나 세계대전을 일으킨 독일을 견제할 목적으로 추진되었다. 미국의 루스벨트 대통령은 1942년 초 독일분단에 관한 연구를 지시했고 그 결과는 전후 독일을 미·영·소 등 3개국의 점령지역으로 분할하는 것이었으며 이 안에 영국도 동의하였다.

1945년 2월 얄타회담에서 미국, 영국, 소련 3개국 정상들은 '독일분할위원회' 구성에 합의하였고 프랑스도 독일 분할에 참여하기로 하고 4개국이 합의·서명하였다. 같은 해 5월 독일군은 무조건 항복하였고 독일은 미국, 영국, 프랑스, 소련 점령지역 그리고 대 베를린으로 분할되어 버렸다.

제2차 세계대전이 종료되고 소련의 영토확장 정책이 노골화되면서 세계는 냉전시대로 돌입하게 되었다. 영국의 처칠 수상은 1946년 3월 '철의 장막' 연설을 하였고 미국은 1947년 6월 마샬 플랜을 발표하면서 대 공산권 금수조치를 취하였다. '냉전'(Cold War)이란 용어가 1947년부터 사용되기 시작하였고 미·소 간의 냉전은 독일문제를 비롯한 전후 처리 문제에 심각한 이견을 드러내게 하여 결국 독일의 분단으로 연결되었다.

서방 3국은 점령지를 통합하기로 합의하고 1949년 연방의회 의원선거가 실시되어 연방대통령과 연방수상이 선출되었다. 1955년 5월 점령조항이 폐기되면서 서독은 주권국가가 되었다. 또한 소련의 점령지였던 동독은 1954년 6월 소련의 승인으로 주권국가로 인정되었다.

독일의 분단이 미·소냉전의 결과였듯이 1989년 독일의 통일 역시 소련의 몰락으로 세계 냉전체제가 붕괴되었기 때문에 가능하게 되었다. 1985년 3월 정권을 잡은 소련의 고르바초프는 이른바 '신사고' (新思考)에 의한 정치·경제 분야에서의 개혁과 개방을 시도하였다. 고르바초프의 신사고정책은 경제적 혼란을 초래하였지만 정치적으로는 민주주의적 발전을 가능하게 하였다. 이러한 소련에서의 변화는 동유럽으로 확산되어갔고 동유럽의 '스탈린 체제'는 붕괴되기 시작하였다.

동독도 이러한 시대적 흐름으로부터 자유로울 수 없었다. 당시 동독의 호네커 정권은 개방과 자유화를 완강히 반대하였으나 이를 저지하기에는 역부족이었다. 이웃 헝가리는 1989년 초부터 개혁과 개방을 표방하면서 서유럽국가들의 협조를 모색하기 시작하였다. 동독 주민들은 헝가리를 통한 대탈출을 시도하였고 많은 동독 주민은 동유럽 지역의 서독대사관에 들어와 서독 입국을 요구하기도 했다. 결국 1989년 9월까지 3만 여명이 동독을 탈출하는데 성공하였다.

1989년 10월 동독 건국기념 행사를 계기로 도처에서 시위가 일어났고 마침내 호네커가 사임하였다. 호네커의 후임자들도 얼마 버티

지 못하고 권좌에서 물러나면서 공산주의 체제하의 동독은 완전히 붕
괴되었다. 1990년 10월 동독이 서독연방에 가입하기로 결정함으로써
서독에 의한 동독의 흡수통일은 완성되었다.

동·서독의 체제경쟁

동·서독은 분단 이후 치열한 체제경쟁을 하였으며 이 과정에서
서독이 승리하여 서독 중심의 통일이 성취되었다고 할 수 있다. 체제
경쟁에서 서독이 이긴 이유는 서독이 자유민주주의를 바탕으로 사회
적 안정과 경제적 번영을 이룬 반면, 동독은 사회주의 기획경제의 경
직성으로 인해 경제침체가 장기화되고 공산당 1당 독재체제가 동독
국민들의 불만을 누적시켜 왔기 때문이다.

서독은 패전 후 경제적으로는 거의 파산 상태에서 출발하였으나
아데나워 정권은 안보는 미국이 중심이 된 NATO 체제에 일임하고
경제개발 우선정책을 추진하였다. 서독은 마샬플랜에 의해 전후 복구
사업을 진전시켰고 그 후 유럽경제협력기구(OECD)에 참가하여 서방
국가들과 경제협력을 다지면서 EEC의 일원으로 자유무역을 통한 경
제발전에 역점을 두었다. 그 결과 서독은 1953년 이후 1960년대 내내
연 평균 7%의 고도성장을 이룩하여 이른바 '라인강 기적'의 주인공
이 되었다.

서독의 경제제도는 '사회적 시장경제'로 특징지어지고 있다. 이
는 시장경제를 경제의 기본 틀로 하면서도 사회보장 부문에서는 정부

의 역할이 강조되고 노사분야에서 노·사 간의 대화와 타협을 중시하
는 혼합형 경제체제를 의미한다. 또한 서독은 내각제 권력구조와 연
방제를 채택하고 선거제도에서도 정당투표제를 통한 다당제를 보장
함으로써 사회내부의 다양한 정치세력들이 각기 자기 목소리를 내면
서 대화와 타협을 통해 화합을 유지할 수 있는 정치제도와 관행을 정
착시켜 왔다.

　'라인강 기적'의 주인공인 에르하르트는 "가능한 한의 자유, 필요
한 만큼의 계획"을 서독경제 운용에 있어 기본 원칙으로 채택하였으
며 이러한 전통은 후임자들에 의해 지금까지도 지켜지고 있다.

　제 2차 세계대전 과정에서 서독보다 더 큰 경제적 피해를 본 동
독은 획일적인 중앙관리체제를 채택하여 전후 복구와 공업화를 추진
하였다. 1950년대 두 차례의 5개년계획을 비교적 성공리에 마무리 하
였고 1960년 7개년계획을 수립하여 중공업 육성에 주력하였다. 그 결
과 1960년대까지는 동독도 경제성장률이나 1인당 국민소득에 있어서
는 서독과 큰 차이를 보이지 않고 발전을 지속하였다.

　서독경제는 1970년대 두 차례의 세계적 석유파동 등으로 일시적
인 침체기를 겪기도 하였으나 이를 잘 극복하고 지속적인 발전을 하
여 서유럽 경제를 이끌어 가는 견인차 역할을 충실히 수행하였다. 서
독은 EC 통합과정에서도 핵심적인 역할을 하여 자국의 경제발전에
기여함은 물론이고 정치적으로도 패전국의 불명예를 완전히 씻고 유
럽통합을 이끌어 가는 지도자로서의 위치를 확고히 해왔다.

　동독은 1963년 '국민경제의 계획과 조정에 관한 새로운 체제'를

채택하고 기업경영에서 개별기업의 자율성을 확대하고, 임금제도에서 인센티브 제도를 도입하는 등 일련의 개혁조치들을 취하기도 하였다. 그러나 1970년 신경제체제를 이끌었던 울브리히트가 사임하고 호네커가 취임하면서 동독은 지령형 계획경제 체제를 오히려 강화하였다. 그 결과 동독경제는 경직된 계획경제의 문제점을 더욱 드러내기 시작하였고 무역적자가 누적되어 1970년 후반에는 외채 지불불능의 위기까지 봉착하기도 하였다. 이러한 상황에서도 호네커 정권은 서독을 의식하여 연금인상 등 동독의 경제능력을 초과하는 사회복지 정책을 추진하였다.

동독의 경제상황이 악화되자 1982년 서방은행은 동독에 대한 여신 중단을 선언했으며 이에 대응하여 동독은 수입억제 정책을 추진하여 국내의 물자부족 사태는 더욱 악화되었다. 1980년 중반 소련을 위시하여 동유럽 국가에서 개혁·개방의 바람이 불었으나 동독의 호네커 정권은 서독을 의식하여 이러한 흐름을 차단하려고 최선을 다하였다. 시대적 대세를 무시한 동독의 정책은 결국 자국의 몰락이라는 최악의 사태를 초래하게 되었고 체제경쟁에서 승리한 서독에 의해 독일 통일이 이루어졌다.

동·서독 간 긴밀한 교류

세계 냉전체제의 붕괴와 거의 동시에 독일통일이 이루어질 수 있었던 이유는 분단기간 중에도 동·서독 간에는 상당한 수준의 교류가 이루어졌기 때문에 동독인들은 대외여건 변화는 물론 자유와 경제적 번영 측면에서 양국 간의 차이를 잘 인식하고 있었다.

서독과 서베를린 간의 통행은 포츠담회담의 결정으로 보장되어 왔으나 동독측에 의해 여러 차례 제한되거나 금지되었다. 그러나 상호왕래가 완전히 차단된 남북한과는 달리 동·서독 간에는 여러 형태의 교류가 꾸준히 진행되어 왔다. 예를 들어, 서독과 서베를린 왕래 인원은 1967년 8백만 명에서 1983년 2천만 명 수준으로 증가하였고 동독 연금수령자들의 서독여행자 수도 연 1백만 명 수준에 이르고 있었다. 서독인의 동독 여행자수 역시 1970년대와 1980년 기간 중 연평균 2백만 명을 상회하는 수준에 달하였다.

이외에도 문화 및 스포츠 분야에서 많은 교류가 이루어졌고 특히 동·서독 간 서신과 소포 등의 우편물도 비교적 자유스럽게 교환되었다. 또한 동·서독은 상대방의 TV와 라디오 시청이 가능하였기 때문에 동독인은 서독의 사정을 잘 알고 있었으며 이를 동독의 상황과 비교하는 기준으로 활용하였다. 그 결과 동독이 붕괴되기 이전에도 연평균 2만 명 수준의 동독인이 서독으로 이주하였으며 1961~1988년 기간 중 이주자 총수는 62만 명에 이르는 것으로 집계되고 있다.

분단기간 중 동·서독 간 교역도 꾸준히 증가하여 왔다. 교역규모는 1952년 4억 마르크 수준에서 1960년 20억 마르크로 증가하였고 1970년 44억 마르크, 1982년 130억 마르크로 꾸준한 신장세를 보였다. 동서독 간의 교역은 서독보다는 동독의 필요에 의해 이루어졌다고 할 수 있다. 서독과의 무역량은 동독무역 총량의 10%에 달했고 서독은 소련 다음의 무역 상대국이었다. 그러나 서독의 대 동독무역은 전 무역량의 2%에 불과하였으며 통상 대상국 순위에서도 11위를 차지하는데 그쳤다. 이는 현재 남북한 간의 교역상황과 비슷한 것이었다.

민주화와 시민운동

한반도에서 북한 주민들이 공산주의 체제 이전에 민주화의 경험이 전혀 없었던 것과는 달리 독일인들은 바이마르 공화국에서 민주주의를 경험한 역사를 갖고 있었다. 이러한 사실은 독일의 분단을 야기한 세계 냉전체제가 무너지자 동독에서 시민들이 자발적으로 봉기하여 공산주의 독재정권을 무너뜨리고 독일의 통일을 이룩할 수 있었던 밑거름이 되었다고 할 수 있다.

분단체제에서도 동독 노동자들은 집단행동으로 자신들의 요구사항을 표출하였고 동독 공산정권은 이들을 무마하기 위해 경제능력을 상회하는 선심성 복지시책을 전개하기도 하였다. 또한 앞에서 지적한 대로 많은 수의 동독인들이 합법 또는 비합법적인 방법으로 동독을 탈출하여 서독으로 이주하였다.

1980년 후반 소련에서 일어난 개혁·개방의 바람이 동유럽을 휩쓸게 되었고 호네커 정권이 이를 막으려 하자 동독인은 이를 행동으로 저항하기에 이르게 되었다. 1989년 10월 라이프찌히에서 30만 명 규모의 군중들이 시위에 참여했고 11월에는 동베를린에서도 60만 명

의 군중이 데모에 참가하였다. 군중시위는 전국으로 확산되었고 동독
의 공산당 정권은 붕괴되었다.

이러한 대규모 반대운동이 가능했던 또 하나의 이유는 동독에서
종교의 자유가 어느 정도 보장되었다는 데에도 있다. 교회를 중심으
로 정권에 불만을 갖고 있는 시민들이 조직적으로 활동할 수 있었던
것이다. 공산당 정권이 붕괴된 후 동독에서 비교적 짧은 기간에 정당
들이 조직되어 자유선거가 이루어지고 정치적인 통일이 성공적으로
마무리 될 수 있었던 것은 동독인들이 공산주의 통치하에서도 나름대
로 민주주의의 전통과 기독교적 신앙을 지켜왔다는 사실에 기인하는
바 크다고 하겠다.

서독의 동방정책

독일의 통일은 서독이 오랜 기간 그 시대 여건에 맞는 방향으로
실용주의적 동방정책을 꾸준히 추진해 온 결과라고도 할 수 있다. 동
방정책의 내용은 시대 상황에 따라 변천되어 왔으나 정파에 관계없이
서독국민들의 지지를 받아왔다. 결국 서독의 동방정책이 동독의 실질
적인 변화를 초래하여 궁극적으로는 서독 주도의 흡수통일을 이룩하
는데 기여를 한 것이다.

서독의 초대 수상 아데나워는 당시 국제정치의 초강대국인 미국
과 소련이 첨예하게 대립하는 상황에서 정치보다는 경제를 우선하고
민족주의보다는 서방세계의 자유민주주의와 시장경제 이념을 중시하

는 국가경영 전략을 채택하였다. 동방정책에서 아데나워 정권은 동독의 존재를 부인하고 서독정부의 유일 합법성을 강조하는 '할슈타인 원칙'(Hallstein Doctrine)을 견지하면서 동독과의 체제경쟁에서 우위를 점하기 위해 경제발전에 박차를 가했다.

이러한 정책기조는 1960년대 중반까지 계속되었으나 1966년 키징어와 브란트가 주도하는 대연정이 출범하면서 서독의 동방정책은 새로운 국면을 맞게 되었다. 키징어 총리는 연방의회 연설에서 동독의 승인 문제를 부각시키지 않으면서 동서독간의 접촉을 강화할 것을 선언하였다. 그 후 1969년 집권한 브란트 수상은 키징어의 '신동방정책'을 실행에 옮기는 작업에 착수하였고 그 결과 1972년 동서독 기본조약이 체결되었다.

브란트 수상은 '1민족 2국가론'을 새로운 통일정책으로 제시하면서 동·서독 관계의 개선을 통해 독일민족의 동일성을 회복하고 궁극적으로 독일통일을 이룩하는 것을 정책목표로 설정했다. 이를 위해 첫째, 통일을 위한 외부적 환경을 조성하고 둘째, 이러한 외적 조건하에서 양 독일 간의 관계를 정상화시키고 셋째, 독일 민족으로 하여금 체제 비교를 통해 통일독일의 정치·경제체제를 자유롭게 선택하게 하자는 것이었다.

또한, 동서독 기본조약은 무력포기, 상이한 견해 인정, 유엔헌장의 준수, 상주대표부의 교환 등을 주요 내용으로 하고 있으며 양 독일 간 교역은 베를린협정에 의해 계속 추진한다고 명시하고 있다. 실제로 동서독 간 교역은 1970~1987년 기간 중 연 평균 9.1%씩 증가하여 그 규모가 3.5배나 증가하였다.

브란트 '신동방정책'의 특징은 양 독일 간 정치·군사적 문제를 경제교류협력에 연결시키지 않는 '정경분리 원칙'을 채택한 것이다. 이는 민간부문 경제교류협력은 정치적 문제와 관계없이 경제논리에 의해 자유롭게 이루어지도록 하는 한편, 정부차원의 경제협력은 양독 관계 현안들과 연계시키는 상호주의 원칙을 택하는 것을 의미한다.

예를 들어, 서독은 서독·베를린을 연결하는 교통망 확충을 위해 고속도로 및 운하 건설에 14억 마르크를 연방재정에서 부담하기로 하고, 동독은 이에 대한 반대급부로서 서독인들의 동독 방문시 산재 연금 수령자에 대한 최소 환전의무 면제, 정치범 석방 등의 조치를 취했다. 이 외에도 1983년과 1984년에 서독정부는 동독에게 19억 마르크를 제공하였으나, 상호주의 원칙에 의거하여 인적·통신교류의 확대, 내독 간 국경에서의 수속절차 완화, 환경·문화협정 회담재개 등을 동독측에 요구하고 이를 성사시켰다.[43]

1973년 9월 동서독이 유엔에 동시 가입한데 이어 서독은 같은 해 12월 체코슬로바키아, 불가리아, 헝가리와 국교를 수립하였다. 1974년 '동독 스파이 사건'으로 브란트 수상이 사임하고 슈미트가 수상이 되었으나 '신동방정책'의 기조는 그대로 유지되었다. 1980년 슈미트 수상이 러시아를 방문하여 브레즈네프 당수와 만나 군축문제를 협의하기도 했다.

---

43) 문두식, 「21세기 남북한 통일방안의 모색」, p50, 매봉, 2004

1982년 10월 건설적 불신임투표에 의해 슈미트 수상이 해임되고 기독교민주연합의 콜 수상이 집권하였다. 콜 수상은 우파이면서도 동서독 간의 긴장완화에 노력하였다. 1984년 2월 모스크바에서 콜 수상과 호네커 서기장이 회동하여 동·서독간의 대화를 계속 강화하기로 합의하였다. 그리고 서독은 동독에 여러 형태의 경제지원을 하였고 동독은 그 대가로 동서독 교류에 장애가 되는 요인들을 제거하는데 협조하였다.

이러한 서독의 신동방정책은 동서독 관계의 정상화에 크게 기여하였고 1987년 호네커가 서독을 공식 방문하여 분단 38년 만에 최초의 동서독 정상회담이 개최되었다. 서독의 콜 수상과 동독의 호네커 서기장은 정상회담에서 독일에서의 평화정착, 1972년 기본조약을 토대로 한 동서독간의 관계 개선, 1971년의 '베를린에 관한 4강대국 협정'의 준수 등에 합의하였다. 또한 방문 중 환경, 방사선 보호, 과학기술 등의 분야에서 협정이 이루어져 동서독 간 교류가 더욱 활성화되는 계기가 되었다.

독일경험의 교훈

독일분단이 세계 냉전의 산물이었고 독일통일 역시 세계 냉전체제가 무너짐으로써 가능해졌다는 측면에서 독일의 경험은 통일을 지향하는 우리에게 시사하는 바가 크다고 할 수 있다. 일찍이 신동방정책의 주역인 브란트 수상은 통일이 독일보다는 한국에서 먼저 이루어질 것이라고 예측하였다. 그 이유는 독일은 두 차례나 세계대전을 일으킨 당사자이기 때문에 강대국들이 독일통일에 대해 강한 거부감을 갖고 있지만 한번도 외국을 침범해 본 역사가 없는 한국의 통일에 대해서는 강대국들이 반대할 명분이 없을 것이라는데 근거하고 있었다고 짐작된다.

그러나 실제 통일은 독일에서 먼저 이루어졌고 독일이 통일된 지 15년이 지난 현 시점에서도 한반도 통일은 매우 어려운 것이 작금의 현실이다. 동독의 공산당 정권이 소련의 붕괴 직후 시민들의 봉기로 무너진 반면, 북한의 공산당 정권은 김일성의 사망과 극심한 경제난에도 불구하고 내부 저항세력의 부재로 아직도 견고히 그 생명을 유지하고 있는 것이다. 북한의 김정일 정권은 북한에서의 권력유지 차원을 넘어 대량살상무기를 개발하여 미국과 서방세계를 향해 '벼랑 끝 외교'까지 전개하고 있다.

모든 측면에서 세계적 흐름을 완전히 역행하고 있는 북한의 김정일 체제가 붕괴되지 않는 이유는 동독인과는 달리 북한주민들은 민주주의를 한번도 경험해 본 적이 없어 시민사회의 발달이 극히 저조한 반면, 김정일 정권은 대를 이어 세계 어느 공산주의 정권보다도 가혹하고 철저한 방법으로 반대세력을 제거하고 국민들의 눈과 귀를 막아 왔기 때문이다. 한반도에서의 통일이 실현되기 위해서는 북한주민의 눈과 귀가 열려야 함을 의미한다고 할 수 있다.

이런 차원에서 1980년대 후반 이후 남한이 대 북한 포용정책 기조를 표방하면서 여러 분야에서 남북간 교류를 촉진하려고 노력한 것은 바람직한 정책방향이라고 생각된다. 그러나 한 가지 아쉬운 점은 서독은 정경분리 원칙에 의해 민간차원의 경제협력은 민간자율에 맡기고 정부차원의 경제지원은 상호주의를 적용하여 동·서독 간 교류의 장애물을 제거하는데 활용하였으나, 김대중 정권의 대북 경제지원은 햇볕정책이라는 미명하에 상호주의가 무시되고 무조건 지원하는 '퍼붓기식'으로 이루어졌다는 사실이다.

남한정부의 이러한 일방적 시혜 위주의 대북지원은 북한으로 하여금 필요한 개혁·개방이나 남북교류 확대를 최소화하고 남한의 지원자원을 폐쇄된 북한체제를 유지하는 수단으로 활용하게 하는 결과를 초래하였다.

서독의 신동방정책이 정파를 초월하여 서독내에서 합의가 이루어지고 미국 등 서방세계로부터 지원을 받는 상황에서 지속적으로 추진되었기 때문에 그 효과를 발휘하였다는 사실에 주목할 필요가 있다. 그러나 한국에서는 햇볕정책으로 표현되는 대북 유화정책이 국내에서 보수세력과 진보세력 간의 갈등을 심화시키는 원인이 되었고 대외적으로도 한국정부와 미국정부 간의 정책협조를 어렵게 하였으며 더 나아가 한국 내에서 반미감정을 부추기는 형태로 진행되어 온 것이 사실이다.

이는 햇볕정책이 북한을 변화시켜 궁극적으로 한반도 통일을 이룩하겠다는 현실주의적 판단에 근거하기보다는 이제 냉전체제가 종식되었기 때문에 무조건 북한을 도와야 한다는 한국 내 진보세력의 전통적 인식에 근거를 두었기 때문이다. 독일의 경험에서 배우는 지혜가 필요한 때라고 하지 않을 수 없다. 실용주의에 입각하여 기존 햇볕정책을 수정·보완하고 이를 바탕으로 한 국민적 합의와 한·미간 대북 인식의 조율을 이루려는 노력이 절실히 필요한 것이다.

서독이 동독과의 체제경쟁에서 승리한 것은 상대적으로 우월한 경제실적 뿐만 아니라 서독 정치체제의 민주성과 신축성에 기인하는 바 크다. 사실 한국은 경제실적 측면에서 북한과는 비교가 되지 않을 정도의 성과를 거두었고 민주화란 측면에서도 6·29 민주화선언 이후 괄목할 만한 성과를 이루어냈다. 남북 간 체제경쟁에서 남한이 확실히 승리한 것이다.

그러나 오랜 분단과정에서 심화된 동독체제와 주민의 이질성이 통일 후 비교적 빠른 기간 내에 서독의 체제와 문화로 동화되는 것을 지켜보면서 우리가 할 일이 많다는 것을 생각하지 않을 수 없다. 우선 경제력 측면에서 비록 한국의 경제력이 북한을 훨씬 앞 선 것은 사실이나 서독과 같이 통일의 충격을 흡수할 정도에는 이르지 못하고 있다. 얼마 전 외환위기를 겪었다는 사실이 이를 잘 입증해 준다고 할 수 있다. 따라서 우리가 통일에 대비하기 위해서는 적어도 서독 수준의 경제가 될 수 있도록 경제력을 키우는 노력을 해야 할 것이다. 이를 위해서는 서독과 같이 경제를 우선하는 정치관행이 정착되어야 할 것이다.

서독은 나치독재를 경험하였기 때문에 권력집중에 따른 문제가 발생하지 않는 방향으로 전후 서독의 정치제도를 설계하였다. 내각제와 연방제 그리고 소수의견을 대변할 다당제를 보장하는 정당투표 선거제가 그 내용이다. 이러한 서독의 정치제도는 통일 이전에는 서독의 다양한 세력의 의견이 정치권에서 수렴되고 이를 바탕으로 신동방정책이 마련될 수 있는 안정적 정치기반을 만들어 주었고, 통일 이후에는 동독의 이질적인 제반 세력들이 서독의 민주적 정치체제내로 수용되고 재결집되는 밑거름이 되었다.

그러나 한국은 '승자 독식'의 특성 때문에 정치세력 간에는 물론 보수와 진보의 사회세력간에도 극심한 분열과 갈등을 조장하는 대통령제를 오랫동안 유지하여 왔다. 현재 남한 내에 존재하는 다양한 의견들이 정치권에서 제대로 수렴되지 못하는 상황에서 통일까지 이루어진다면 한국사회는 매우 심각한 혼란상태에 빠져들어 갈 것을 염려하지 않을 수 없다. 따라서 지금이라도 사회 제 세력들의 의견이 보다 체계적으로 수렴될 수 있는 내각제로의 전환을 검토해 보아야 할 것이다.

2. 베트남의 통일과 개방 경험

베트남 통일의 교훈

자유진영의 서독이 공산진영의 동독과 체제경쟁에서 승리하여 독일의 통일이 이루어진 것과는 달리, 베트남의 통일은 공산국가인 북베트남이 미국의 지원을 받은 남베트남과의 무력 및 정치대결에서 승리하여 쟁취되었다.

호치민이 이끈 북베트남이 통일을 이룩할 수 있었던 가장 큰 이유는 남베트남(월남)과의 정치적 명분싸움에서 이겼기 때문이다. 18세기 후반 프랑스의 식민지가 된 베트남은 제2차 세계대전 기간 중 프랑스가 독일에 의해 점령되자 일본에 의해 점령되었고 일본은 당시 베트남의 황제였던 바오다이를 사이공 괴뢰정부의 수장으로 앉혔다. 이러한 상황에서 공산주의 게릴라 지도자였던 호치민은 항일독립운동을 전개하여 일찌감치 베트남 통치의 명분을 획득하였다.

일본이 패망한 이후 프랑스가 베트남에 대해 기득권을 주장하였으나 호치민은 1945년 9월 하노이에서 베트남 민주공화국을 선포하고 무력투쟁에 들어갔다. 프랑스와 호치민 세력 간의 전쟁은 8년 동안이나 지속되었고 1954년 7월 북위 17도선을 경계로 베트남을 양분하고 그 후 2년 후 총선거를 실시하여 통일정부를 수립할 것을 내용으로 하는 휴전협정이 체결되었다. 그러나 1956년 4월 프랑스는 베트남에서 철수하였고 바오다이 왕국의 정치권력을 승계한 고딘디엠 정부는 총선거를 거부함으로써 분단이 고착화되었다.

분단 이후 호치민은 중국과 소련의 지원을 받으면서 북베트남에서 토지개혁, 농업의 집단화를 강행하고 사회주의적 경제계획도 추진하면서 정치군사 요원을 남파하여 베트콩을 결성하여 고딘디엠 정부에 대항하는 게릴라전을 수행하도록 하였다. 당시 미국은 남베트남이 공산화되면 공산주의가 동남아 전역으로 확산될 것이라는 이른바 '도미노 이론'에 입각하여 1961년부터 고딘디엠 정권에 대한 군사·경제 원조를 강화하였다.

그러나 고딘디엠 정권은 정국안정을 이루는 데 실패하였고 1963
년 11월 군사 쿠데타에 의해 붕괴되었다. 그 후에도 여러 차례의 쿠
데타가 발생하였고 이런 와중에서 베트콩은 농촌지역까지 세력기반
을 확대하여 갔다. 미군과 베트콩 간의 무력충돌은 계속되었고 국내
외 여론에 밀린 미국은 베트남에서 철수를 결정하고 1973년 미국·
월맹·월남·베트콩 4자간의 휴전협정에 합의하였다. 베트남의 통일
과정은 1975년 7월 실시된 총선거를 통해 완결되었다.

결국 호치민의 북베트남은 민족해방 투쟁과정에서 확보한 정치
적 정당성을 바탕으로 북부에서 사회주의 개혁을 통해 힘을 길렀고
남부에서 무능하고 부패한 월남정부를 상대로 게릴라전을 전개하여
승리한 것이다. 남베트남의 정치지도자들이 주민들로부터 지지와 통
치의 정당성을 확보하지 못한 반면, 북베트남 정부는 주민들에게 민
족주의를 바탕으로 지속적인 투쟁목표를 제시하여 통치의 정당성을
확보하는데 성공한 것이다.

따라서 베트남 통일의 교훈은 정치통합 과정에서 정치적 명분을
누가 먼저 갖는가 하는 것이 중요한 변수가 될 수 있다는 것이다. 이
런 차원에서 북한은 친일세력을 모두 제거하였으나 남한에서는 많은
친일인사들이 정권창출과 유지과정에 참여했기 때문에 남한보다는
북한이 통치의 정당성을 갖고 있다고 주장하고 있으며 한국 내 진보
세력의 일부도 이러한 주장에 동조하고 있다. 사실상 북한의 통일전
선 구축이라는 전략이 북한에 동조하는 남한 내 제 세력을 키워 이들

이 남한정부에 도전하여 승리하는 베트남식의 통일을 이루는 것이라고 할 수 있다.

그러나 한반도의 상황은 베트남과 전혀 다르다. 베트남의 호치민은 민족해방 투쟁을 주도했다는 통치의 정당성을 주장할 수 있으나 소련에 의해 인위적으로 옹립된 김일성은 한반도 지배의 정당성을 주장할 수 없다. 또한 남한정부는 UN감시하에 실시된 총선거에 의해 수립되었으며 남한정부의 후원자인 미국이 식민지 지배를 한 침략자가 아니라 한반도를 일본의 식민통치로부터 해방시켜준 해방자라는 점에서 한반도에서는 통치의 정당성이 북한보다도 오히려 남한에 있다고 볼 수 있을 것이다. 그러나 베트남의 통일 경험은 북한 정권이 궁극적으로 의도하는 바가 무엇인가를 짐작할 수 있는 근거가 된다는 점에서 우리에게 시사하는 바가 크다고 할 수 있다.

베트남 개방의 교훈

호치민의 줄기찬 민족해방 투쟁으로 공산주의 국가 형태로 통일을 이룩한 베트남은 통일 후에도 세계적 추세에 부응하여 성공적으로 개혁·개방 과정을 관리한 대표적인 사례로 국제사회에서 지적되고 있다. 베트남의 개혁·개방 경험은 경제규모와 국민소득 수준면에서 유사한 북한에게 많은 교훈이 될 수 있을 것이다. 베트남 개혁·개방 경험의 첫 번째 특징은 처음에 시도된 소극적 개혁·개방 노력은 실패하였으나 그 후 보다 적극적인 개혁·개방 정책을 추진하여 성공하였다는 사실이다.

베트남 정부는 오랜 전쟁 중 파괴된 산업시설을 복구하고 경제를 재건하기 위해 1976년부터 제2차 5개년계획을 추진하였다. 이 계획은 전통적 사회주의 계획경제를 새로 통합된 남베트남에도 확대 적용하려는 것이었으며 그 결과는 대실패였다. 우선, 생산 국유화와 집단농장화는 경제비능률을 야기하여 생산성을 크게 떨어뜨렸다. 또한 인도차이나 지역에서 패권적 지위 확보를 위한 군사비 증가는 베트남 경제발전에 큰 부담 요인으로 작용하였다. 이에 더해 미국 등 서방국가들은 베트남의 캄보디아 침공을 응징하기 위해 경제제재 조치를 강화하였고 그 결과 베트남은 경제개발에 필요한 외화확보에 실패하였다.

베트남 정부는 제2차 경제개발계획의 실패를 인정하고 1979년 제한적이나마 자유화정책을 도입하는 '신경제정책'을 채택하였다. 그 주요 내용은 농업부문에서 농산물 계약제를 도입하고 국유 기업경영에 있어 어느 정도의 자율권을 인정하는 것 등으로 구성되었다. 계획의 추진 초기에는 쌀 생산이 증가하고 공업생산도 개선되는 등의 긍정적 효과가 있었으나 시간이 지나면서 베트남 경제는 다시 침체국면에 접어들었다. 약간의 개혁만으로 오랜 전쟁 폐해로 인한 산업시설의 낙후, 경제하부 구조의 취약, 외화부족으로 인한 물자결핍 등의 심각한 경제문제를 치유하기에는 역부족이었던 것이다.

이러한 상황에서 베트남은 1986년 12월 응우옌 반 린(Nguyen Van Linh) 서기장을 중심으로 개혁체제를 출범시키면서 시장경제의 도입과 대외개방을 내용으로 하는 '도이모이 쇄신정책'을 추진하였

다. 그 내용을 구체적으로 살펴보면 첫째, 경제정책의 우선순위를 중
공업에서 농업 및 경공업 육성으로 전환하였고, 둘째, 외자조달을 위
해 수출산업의 중점적 육성을 추진하였으며, 셋째, 정부개입을 축소
하여 경제운용 체계를 계획경제에서 시장경제로 전환하였다.

'도이모이 쇄신정책'의 추진 이후 베트남 경제는 크게 개선되었
다. 우선, 농업부문에서 자유화 조치는 곡물생산의 획기적 증가를 초
래하였다. 그 결과 1980년대 말까지만 해도 매년 평균 70만 톤 규모
의 쌀 수입국이었던 베트남은 1992년 이후 매년 평균 130만 톤의 쌀
을 수출하게 되면서 미국과 태국에 이어 세계 3위의 쌀 수출국이 되
었다. 1987년부터 수출증가율도 연 평균 20%를 상회하였고 GDP성
장률은 1988년 5.1%, 1989년 7.8% 그리고 1990년 4.9%의 증가세를
보였다.

베트남의 개혁·개방 과정에서의 특징은 정치부문에서의 개혁이
선행하는 소련이나 동유럽방식이 아니라 정치개혁보다는 경제개혁을
우선하는 '중국형' 전략을 선택했다는 것이다. 또한 경제개혁의 추진
방법에 있어서도 시간을 필요로 하는 국유기업의 경영개선은 점진적
인 방법을 택해 사회적 충격을 완화한 반면 과감한 대외개방 정책으
로 외자유치와 수출산업의 육성을 도모하였다는 것이다.

또한, 공업부문의 개혁에 앞서 농업부문에서 시장원리를 도입하
는 개혁을 추진하여 신규투자 수요를 유발하지 않으면서 농산물 생산
의 획기적 증가를 이룩하였다. 이는 중국의 전략을 그대로 답습한 것
으로 개혁초기 농업부문에서의 성공은 공업부문에서 본격적인 개혁

정책의 추진을 상대적으로 용이하게 하였다. 이러한 베트남의 경험은 북한이 개혁·개방의 길을 선택하는 경우 바람직한 전략의 내용이 무엇인가에 대한 분명한 해답을 제시한다고 할 수 있다.

그럼에도 불구하고, 베트남은 개혁·개방의 성공적 추진에 있어 현재 북한과는 다른 이점이 있었다는 사실을 지적하지 않을 수 없다. 우선, 베트남은 개혁·개방정책 추진 이전에도 사회주의 진영과 협조적이고 상호 보완적인 차원에서 국가운영을 해 온 반면 북한은 주체사상을 내세우면서 정치적 독자노선을 천명함은 물론 경제적으로도 대내지향적 정책으로 일관하였다. 그 결과 베트남은 군수물자의 조달을 소련과 중국에 의존하였으나 북한은 독자적인 군수사업을 육성하였고 이는 북한경제의 효율성을 크게 떨어뜨리는 결과를 초래하였다.44) 북한의 이러한 전통은 경제난이 심각한 1990년대 이후에도 지속되어 미사일과 핵무기 개발에 국가운영의 최우선 순위를 두고 있으며 수출산업의 육성보다는 대량살상무기의 수출과 '벼랑 끝 외교'를 통한 외화획득에 최선을 다하고 있다.

베트남과 북한의 비교에 있어 가장 중요한 차이는 베트남이 통일에 이미 성공하여 체제붕괴의 위험으로부터 자유로운 상태에서 개혁·개방을 추진한 반면, 북한은 남한이라는 자신보다 훨씬 크고 강한 경쟁자가 있기 때문에 항상 체제붕괴를 의식하면서 개혁·개방을 추진해야 한다는 사실이다. 소련의 개혁·개방 바람이 동유럽을 휩쓸

---

44) Dwight Perkins, "Vietnam's Economic Reforms and their Implications for North Korea", 「To the Brink of Peace」, Stanford, 2001

때 체제경쟁 위협이 없는 다른 동유럽 국가와는 달리 동독정권은 개혁·개방에 매우 소극적이고 방어적인 입장을 취할 수밖에 없었고 결국 동독체제는 붕괴되었다. 북한이 동독과 유사한 길을 걷고 있다는 생각을 하지 않을 수 없다.

또한, 오랜 기간 시장경제의 경험이 있는 남베트남의 존재는 통일 후 베트남이 시장경제로의 개혁·개방을 성공적으로 추진할 수 있었던 중요한 요인이 되었다. 사실 10여 년간 개혁·개방정책이 성공적으로 추진된 베트남에서도 북베트남은 아직도 사회주의 경제체제에서 크게 벗어나지 못한 반면 시장경제에 익숙한 남베트남은 수출산업의 신장 등 시장경제로의 전환에 견인차 역할을 담당하고 있다.

북한에게 남한은 체제붕괴에 의한 흡수통일을 걱정해야 하는 두려움의 대상이 되기도 하지만 북한경제 발전을 도와주는 후원자가 될 수도 있다. 특히, 1980년대 후반 이후 남한 정부가 지속적으로 대북 포용정책을 추진하여 왔기 때문에 북한 정권이 좀 더 개방적인 사고만 한다면 남한을 북한이 개혁·개방의 길로 가는데 있어 후원자 또는 동반자로 생각할 수도 있을 것이다.

북한과 비교해서 베트남이 다른 점은 정책의 변화시점에서 정치지도자의 교체가 이루어졌다는 것이다.[45] 중국도 같은 경우라 할 수 있으며 이는 공산주의 국가가 시장경제로의 개혁과 개방을 성공적으로 추진하기 위해서는 보다 개방적인 국가운영 철학을 신봉하는 새로

---

45) 백학순, 「베트남의 개혁·개방 경험과 북한의 선택」, 세종연구소, 2003

운 정치지도자가 필요하다는 사실을 우리에게 일깨워 주는 것이라 하
겠다.

베트남의 1차 개혁시도였던 '신경제정책'도 정치 리더십의 교체
라는 정치적 기반위에서 이루어졌다. 베트남은 '신경제정책'을 채택
하면서 1980년 베트남 공산당 역사상 최대규모의 리더십 교체를 추
진하였다. 특히, 정치, 군사, 치안의 3대 부문에서의 인물교체가 두드
러졌다. 1980년대 중반 '도이모이 정책' 선언 과정에서도 베트남 공
산당의 지도부는 혁명 1세대로 상징되는 보수주의자들이 퇴진하고
개혁·개방주의자인 응우예 반 린이 당 총서기로 선출되어 새로운 정
책 추진의 기수 역할을 했다. 베트남에서 당 지도부의 세대교체 전통
은 그 후에도 지속되고 있다. 1991년의 당 대회에서도 정치국원의
60%가 신인으로 교체되었고 평균나이도 72세에서 65세로 낮아졌다.
2001년 당 대회에서는 '정치적 안정'과 '경제개혁의 지속'이라는 당
면과제의 해결을 위해 적극적이며 능동적인 성격의 농 득 마잉(Nong
Duc Manh)이 당 총서기에 취임했다.

그러나 북한에서는 정치리더십의 변동이 거의 일어나지 않고 있
다. 오히려 권력의 부자세습이라는 어느 공산주의 국가에서도 없었던
전대미문의 사태가 북한에서 발생하였다. 북한 권력의 핵심부인 군부
역시 사망하는 경우를 제외하고는 구성인물 면에서 큰 변화가 없다는
특징을 보여주고 있다. 주체사상에 의한 유일지배체제가 그대로 지속
되고 있으며 '강성대국 건설', '선군정치' 등의 정치슬로건으로 국방
력 강화를 최우선으로 하는 국가운영 체계가 지속되고 있는 것이다.

그 결과 베트남과 중국과는 달리 북한에서는 경제부문에서의 개혁·개방이 느린 속도로 이루어져 왔다. 북한정책의 변화 전망에 대해 부정적인 시각이 우세한 것도 북한 정치리더십의 변화를 기대하기 어렵기 때문이다.

3. 사회주의 국가들의 개혁·개방 경험

중국 개혁·개방의 교훈

중국에서의 개혁·개방정책 역시 베트남과 같이 정치리더십이 모택동에서 등소평으로 바뀌면서 시작되었다. 등소평은 철저한 실사구시의 실용주의 철학에 입각하여 경제부문에서의 개혁·개방정책을 매우 성공적으로 추진함으로써 중국인민에게 경제적 번영을 안겨주고 국제사회에서 중국의 위상을 크게 높였다.

중국의 성공사례는 경제난을 맞고 있는 북한에게 의미하는 바가 크다. 우선, 1960년대 초 한국이 수출산업 육성을 통해 고도성장을 이룩하는 과정에서 일본의 성공사례가 큰 지침이 되었던 것과 같이 중국의 성공적인 개혁·개방정책은 북한당국에게는 매우 좋은 정책 지침서가 될 수 있을 것이다. 또한 현재 북한에게 직접적으로 영향을 미칠 수 있는 나라가 중국뿐이라는 사실을 감안할 때 중국의 개혁·개방 경험은 중국이 북한 정치지도자들에게 줄 조언의 내용을 가름할 것이 되기도 한다.

최근 시장경제로의 개혁·개방을 추진한 사회주의 국가들의 대
다수가 실패를 경험하였으며 개혁에 성공하여 경제수준이 개혁 이전
보다 나아진 경우는 중국, 베트남, 폴란드 정도라고 한다. 이 중에서
도 중국은 개혁·개방에 성공한 대표적인 사례가 되고 있다.

라우[46]는 중국의 성공요인으로 개혁정책의 추진과정에서 손해
보는 계층을 양산하지 않았다는 사실을 지적하고 있다. 중국은 시장
기능을 도입하는 초기단계에서 경제를 기존의 통제된 가격구조를 유
지하는 부문과 시장에 의해 가격이 결정되는 부문으로 분리하여 운영
하였다. 예를 들어, 농업분야에서 쌀 등 주요곡물의 경우 생활에 필요
한 최소한의 물량은 종전대로 통제된 가격에 의한 배급제를 유지하면
서 그 이상의 잉여생산에 대해서는 시장원리를 적용함으로써 인센티
브에 의한 생산증가를 유도하면서도 시장기능에 적응하기 어려운 계
층의 기본 생계를 보장하여 준 것이다. 공업부문에서도 같은 원리가
적용되어 일정 수준 이상의 생산물은 시장에서 자유롭게 거래되는 것
을 허용하였다.

이러한 중국의 이중가격 정책은 개혁정책 추진에 따른 사회적 충
격과 저항을 줄임으로써 새로운 정책에 대한 국민적 지지를 얻는 데
크게 기여하였다. 시간이 흐르면서 시장원리에 의해 작동되는 시장경
제는 상대적으로 높은 성장세를 보인 반면, 통제된 가격에 의한 기획

---

46) Lawrence Lau, "Reform without Losers", 「North Korea in Transition」, Edward Elgar,
   2001

경제는 상대적 정체상태를 나타냄으로써 경제전체에서 시장경제의 비중은 계속 증가하였다. 예를 들어, 농업부문 시장경제의 비중은 개혁 전인 1978년에는 5.6%이었으나 1993년에는 87.5%로 증가하였다. 공업부문에서의 시장경제 비중 역시 같은 기간 중 전무상태에서 81.1%로 증가하였고 유통부문도 3.0%에서 93.8%로 증가하였다.

시장기능의 도입으로 생산증가가 이루어지려면 경제에 새로운 자원이 투입되어야 한다. 농업부문에서는 인센티브 증가가 외부로부터의 투자자원 없이 생산성 증가로 연결되었으나 공업부문에서는 생산증가가 필요한 원자재 구입을 위한 외화유입이 필요하다. 중국은 이 문제의 해결을 위해 경제특구를 조성하여 수출시장을 위한 외국인 투자를 적극 장려하였다. 개방정책 추진 초기에는 주로 홍콩, 대만 등으로부터 중국계 투자가 주종을 이루었으나 중국경제의 발전이 가시화되면서 미국, 일본 등 서방세계로부터 투자자원의 유입이 활성화되었다. 이제 중국은 세계 최대의 외국인투자 선호지역이 되었으며 이들 기업활동에 의한 외화 획득은 중국 경제성장에 필요한 추가자원의 가장 중요한 공급원이 되고 있다.

중국은 개혁·개방정책이 시작된 1979년 이후 연평균 10%의 경제성장률을 보이고 있으며 민간소비 수준도 연평균 8.6%씩 증가하고 있어 세계에서 가장 빠른 성장률을 보이는 수출시장이 되고 있다. 2003년 현재 중국은 한국의 가장 큰 수출시장이 되었고 한국기업들은 해외투자의 대부분을 중국에 집중시키고 있다.

중국의 개혁·개방 경험이 북한에 주는 교훈은 분명하다. 그것은 북한이 중국과 같은 개혁·개방의 길을 선택하면 성공할 가능성이 매우 높다는 것이다. 이 과정에서 한국은 중국개방 초기에 홍콩과 대만의 역할을 할 수 있을 것이다. 문제는 북한 정권의 개혁·개방 의지인데 현재까지 북한의 행동은 별로 낙관적인 기대를 하기 어려운 것이 사실이다.

중국의 개혁추진 과정에서 중국과 대만의 관계는 우리에게 시사하는 바가 크다. 중국은 정치적으로는 대만을 인정하지 않으나 대만과의 경제교류에 있어서는 철저한 정경분리 원칙을 적용하고 있다. 중국과 대만 간에 군사적 긴장상태가 고조되어 있는 상황에서도 중국의 국가 주석은 대만기업인들을 만나 중국에 투자할 것을 권유하였다. 또한 중국과 대만 간의 경제교류는 정부주도가 아닌 민간주도로, 철저히 시장원리에 의해 이루어졌다. 이미 지적한대로 대만과 홍콩은 외국인들이 중국에 투자를 주저했던 개혁초기에도 중국에 투자를 하여 중국의 개혁·개방정책이 조기에 성과를 거두는데 결정적인 기여를 하였다.

중국과 대만 간의 경제교류 경험은 남북한에게도 그대로 적용될 수 있을 것이다. 그러나 지금까지 남북 경제교류 상황은 중국의 경험과는 상당히 다른 것이 사실이다. 햇볕정책 추진 이후 금강산 관광사업과 같이 수익성을 도외시한 사업들이 정부차원의 지원으로 이루어지고 있기 때문이다. 남한정부의 보조에 의한 경제협력 사업의 추진은 북한 정권으로 하여금 외국인투자를 위한 국내 환경개선 노력을 게을리 하게 함으로써 남한경제에 부담이 됨은 물론 북한경제의 장기적 발전에도 걸림돌이 되고 있다. 따라서 남북간 경협에도 정경분리 원칙이 보다 철저히 적용되는 전통이 조속히 확립되어야 할 것이다.

동유럽 국가들의 개혁 경험과 교훈

동유럽 국가들의 개혁 경험은 소련 붕괴 이전과 이후로 나누어 살펴볼 수 있다. 소련 붕괴 이전에는 기본적으로 사회주의 기획경제 체제를 유지하면서 부분적으로 시장원리와 자율경쟁의 원칙을 동원하여 경제실적의 개선을 도모하려는 것이었으나 소련 붕괴 이후에는 사회주의 기획경제 체제를 시장경제 체제로 전환시키려는 근본적 차원의 개혁이 이루어지고 있다. 전자의 경우는 '개혁'이라기보다는 '개선'이라고 부르는 것이 더 적합하며 북한의 7·1 경제개선 조치도 전자의 부류에 해당한다고 할 수 있다.

1990년 이전의 동유럽 국가들의 경제개선 조치들의 내용은, 첫째, 실제 사회적 비용을 반영하는 방향으로의 가격 현실화, 둘째, 물질적 자극을 중요시 하는 방향으로의 임금 인센티브 제도의 도입, 셋째, 개별기업에게 기업경영의 자율성 부여 등으로 구성되었다.

개혁조치의 강도 측면에서는 국가별로 상당한 차이가 있었으며 유고슬라비아와 헝가리는 개혁을 지속적으로 추진한 경우이며 불가리아와 알바니아는 개혁 추진을 가장 미온적으로 한 동유럽 국가로 알려지고 있다.[47] 체코슬로바키아, 동독, 폴란드, 루마니아 등은 개혁이 지속적으로 이루어지지 못하고 개혁과 후퇴가 주기적으로 반복된 경우로 평가되고 있다.

1990년 이후 대다수의 동유럽 국가들은 종전의 사회주의 계획경제 체제에서 탈피하여 시장경제 체제로 전환하는 차원의 개혁을 시도하고 있다. 중국과 베트남이 정치개혁은 뒤로 미루고 경제부문에서도 단계적 개혁을 추진한 데 반해, 동유럽 국가들은 정치 분야에서 민주화와 경제 분야에서 시장경제로의 개혁을 동시에 추진하고 있으며 경제개혁의 내용도 모든 분야에서의 시장화를 추구하는 '대폭발 방법'(big bang approach)을 채택하고 있다. 또한 중국과 베트남은 기본적으로 자국 전문가들이 개혁과정을 설계하고 이를 추진하는데 반해, 동유럽 국가들은 국제기구와 미국에 의해 추천된 외국전문가들에 의해 구상된 개혁 프로그램을 집행하고 있다.

이와 같은 동유럽 국가들의 '대폭발 방법'에 의한 개혁 시도는 중국, 베트남에 비해 상대적으로 덜 성공적인 것으로 평가되고 있다. 동유럽에서는 급격한 변화에 따른 정치·사회적 혼란으로 경제부문에서의 성과가 부진한 반면, 점진적 개혁으로 정치·사회적 안정을 유지한 중국과 베트남은 고도성장을 장기간 유지하고 있다. 이는 권위주의적이었으나 정치안정을 이룬 박정희 정권과 전두환 정권에서 놀라운 경제적 성과가 있었던 반면, 민주화 이후의 정권에서는 경제성적표가 부진한 한국의 경험과 맥을 같이하는 것이라 하겠다. 경제성장을 위해서는 정치·사회 안정이 필수적 요건이라는 사실을 지적하

---

47) 조동호, 「북한 경제정책의 변화전망과 남북경협의 역할」, pp.116-119, 한국개발연구원, 2003

지 않을 수 없다.

동유럽 국가들의 경험은 경제난에 처해 있는 북한에게 시사하는 바가 크다. 체제유지를 지상의 목표로 삼고 있는 북한의 김정일 정권에게는 공산당 독재체제를 유지하면서 경제부문의 개혁만을 시도한 중국이나 베트남이 동유럽 국가보다 더 성공적이었다는 것은 매우 고무적인 일이 아닐 수 없다. 그럼에도 불구하고, 북한은 중국이나 베트남 수준의 개혁도 주저하고 있는 것이 작금의 현실이다. 이는 북한 정치지도자들이 체제유지에 그만큼 자신이 없다는 사실을 입증하는 것으로 머지않은 장래에 북한체제가 무너질 가능성이 높다는 전망의 근거가 되고 있다.

4. 예멘의 통일경험

예멘의 분단과 통일

예멘은 오랜 분단의 역사를 갖고 있고 통일과정에서도 무력충돌 등 수 많은 우여곡절을 거쳤기 때문에 우리에게 시사하는 바가 크다고 할 수 있다. 예멘이 남북으로 분단된 것은 1873년 오스만 터키와 영국과의 협정에 의해서다. 그 후 터키가 제1차 세계대전에서 패하자 1918년 북예멘이 독립하였고 남예멘은 1967년에 이르러서야 영국으로부터 독립하였다. 남예멘은 독립운동의 주도권을 소련과 중국의 지원을 받은 공산세력이 잡음으로써 중동지역 유일의 공산주의 국가가 되었다.

1970년부터 북예멘은 남예멘을 무력으로 통일하려 하였으나 성공하지 못하였고 1972년에는 아랍연맹의 중재로 남북예멘 정상들은 단일국가로의 통일에 합의하였다. 그러나 이러한 합의는 남북예멘 모두 국내정국의 불안으로 지켜지지 못했고 남북예멘 간의 갈등은 지속되었다. 1981년 남북예멘이 '협력 및 조정에 관한 협정'을 체결하고 협력관계의 강화를 약속하였으나 이 약속 역시 양국 정상의 취약한 정치기반으로 지켜지지 못하였다. 이런 상황에서 예멘에서 석유가 발견되었고 1988년 남북예멘은 국경지대의 석유를 공동개발하기로 합의하였다. 1989년 소련의 고르바초프는 남예멘에 대한 군사·경제 원조를 중단하였고 남예멘이 사회주의 이념을 포기하고 서방진영과 경제협력을 모색하면서 남북예멘의 통일협상은 급진전되었다. 1990년 남북예멘은 예멘공화국으로 통일을 선언하였다.

양국 지도자들에 의한 통일 선언에도 불구하고 남북예멘 간의 갈등은 지속되었고 주변 강국인 사우디아라비아가 개입하는 사태까지 가져왔다. 남북예멘간의 분쟁은 결국 군사적 충돌로 이어졌으며 이 과정에서 북예멘이 승리하여 예멘은 북예멘 정치세력에 의해 실질적으로 통일되었다.

예멘 통일의 교훈

예멘 통일의 첫 번째 교훈은 국민적 합의가 이루어지지 않은 상태에서 국가정상들 간의 통일합의는 지켜질 수 없다는 것이다. 남북 예멘 정상들은 여러 차례 통일에 합의하였으나 내부 반발에 부딪혀 합의사항이 이행되지 못하였다. 이는 한국에서의 통일논의에도 그대로 적용된다고 할 수 있다. 김대중 정부의 햇볕정책은 한국 내 진보와 보수세력 간의 갈등을 유발하였고 이러한 상황에서 햇볕정책의 효용성은 크게 저하되었다. 국민 전체의 지지를 받지 못하는 대북정책이 북한과의 협상과정에서 힘을 발휘할 수 없기 때문이다.

남북예멘의 통일은 주변 강대국이 예멘 통일에 대해 적극적으로 반대하지 않는 상황에 이르러서야 가능하게 되었다. 소련이 개혁·개방의 길로 가면서 남예멘에서의 공산주의 정권의 존속에 관심을 두지 않았고 남예멘 정부가 공산주의 노선을 포기하자 사우디아라비아도 예멘 통일 과정에 적극적으로 개입하는 것을 자제하게 되었다. 이러한 원칙은 한반도에도 그대로 적용된다고 할 수 있다. 북한이 주도하는 사회주의 국가로의 통일은 현실적으로 가능하지도 않겠지만 설령 가능하다고 하더라도 미국과 일본이 이를 허용하지 않을 것이다. 또한 한국이 주도하는 자유민주주의와 시장경제 체제로의 통일도 중국과 러시아가 적극 반대하지 않는 상황에서만 가능할 것이다.

남북예멘 정상들은 국가연합 형태의 통일방안에 합의하고 통일을 선언하였지만 실제로 통일이 이루어지지는 않았다. 결국 남북예멘

간의 무력충돌이 야기되었고 이 과정에서 북예멘이 승리하여 북예멘 주도의 통일이 이루어졌다. 6·15 남북 정상회담에서도 '남측의 연합제안과 북측의 낮은 단계의 연방제안이 서로 공통성이 있다고 인정하고 앞으로 이 방향에서 통일을 지향시켜 나가기로' 남북 정상들이 합의한 바 있다. 그러나 그 후 4년이 지난 지금까지도 통일절차는 한 발자국도 진전되지 못하고 답보상태를 보이고 있다. 정상들 간의 통일방안에 대한 합의가 별 의미가 없음을 잘 알 수 있다.

예멘은 물론 독일의 사례가 우리에게 주는 교훈은 통일은 체제경쟁에서 승리한 측이 주도하여 이루어진다는 사실이다. 이는 한반도에서의 통일도 체제경쟁에서 이긴 남한의 주도로 이루어 질 수밖에 없음을 의미한다. 그 방법에 있어서 예멘과 같은 무력충돌은 한반도의 경우 엄청난 피해가 예상되기 때문에 독일과 같은 흡수통일이 한반도에서는 가장 바람직하고 현실적인 통일방안이라는 생각을 하지 않을 수 없는 것이다.

5. 유럽 통합의 경험

유럽연합의 통합과정이 우리의 관심거리가 되는 이유는 유럽연합은 이른바 '기능주의'(functionalism)에 의해 국가 간 연합이 이루어진 대표적인 사례로 지적되고 있고 기능주의는 햇볕정책의 이론적 기반이라고 할 수 있기 때문이다.

유럽연합(EU)의 태동 과정

유럽연합의 태동은 1951년 추진된 서독·프랑스·이탈리아·네덜란드·벨기에·룩셈부르크 등 6개국 간의 '유럽 석탄·철강공동체'(ECSC : European Coal & Steel Community)에서 시작되었다. ECSC의 추진세력들은 전략물자인 석탄과 철강 분야에서의 협력이 진전되면 유럽 국가들 특히 오랜 기간 분쟁의 초점되어 왔던 프랑스와 독일 간에 전쟁이 일어나는 일은 막을 수 있을 것이라고 생각했다.

ECSC 회원국들은 1957년 3월 '로마조약'을 체결하여 '유럽경제공동체'(EEC : European Economic Community)를 창설하는 데 합의하였다. EEC는 회원국들 간에 자유무역(Free Trade)을 하자는 것으로 이의 실현을 위해 12년간의 이행기간을 설정하였다. 그 결과 회원국들 간의 역내교역 비중은 초기의 30% 수준에서 1972년에는 52% 수준까지 증가하였다. 이러한 성과를 바탕으로 EEC는 1968년 역외 국가들에게도 공동관세율을 유지하는 '관세동맹'(Customs Union)을 완성하였다.

자유무역과 관세동맹이 이루어지자 EEC 회원국은 역내에서 자본, 노동 등 생산요소의 자유로운 이동도 보장하는 공동시장(Common Market)의 구성을 위해 1967년 '유럽공동체'(EU: European Community)를 발족시켰다. 그리고 영국, 덴마크, 아일랜드가 합류하여 회원국도 9개국으로 확대되었다. 회원국들 간의 금융 및 재정정책의 조화 등을 도모하는 경제동맹 (economic union)의 형성을 위해 1979년 '유럽통화

제도' (EMS: European Monetary System)를 출범시켰다. 그리스에 이어 스페인과 포르투갈이 가입하여 EC의 회원국은 12개국으로 늘어났다.

1991년 EC 정상들이 유럽의 정치통합을 촉진하기 위한 '유럽동맹조약' (일명 마스트리히트 조약)에 체결하면서 2000년까지 '유럽합중국'을 건설한다는 목표에 합의하였다. 1999년 유럽 단일통화인 유로화가 출범되었고 2004년 동유럽 국가들도 EU 회원국으로 가입함으로써 EU는 유럽 전체를 포괄하는 정치·경제 공동체로서의 위치를 확고히 하였다. 경제부문에서 EC는 거의 완벽한 수준의 통합이 이루어진 반면 정치부문에서의 통합은 아직도 제한적인 수준에서 이루어지고 있는 것이 사실이다.

유럽통합의 교훈

EU의 경험은 무엇보다도 기능주의 통합이론이 실제로 이루어질 수 있다는 대표적인 증거로 지적되고 있다. 경제 분야에서의 단계적 통합이 국가 간의 갈등 발생 소지를 축소시켜 평화유지에 기여함은 물론 궁극적으로 정치적 통합도 이룰 수 있다는 것을 EU의 변천과정이 입증해 주고 있는 것이다.

그러나 EU의 경험에서 유의할 사항은 정치·사회적으로 많은 공통점을 갖고 있는 유럽국가들 간의 통합이 이루어지는 데 무려 50년이라는 긴 세월이 소요되었다는 것이다. 이는 기능주의 통합이론이 현실사회에서 실현되기 위해서는 많은 시간이 경과되어야 한다는 사실을 보여주고 있다. 더욱이 남북한과 같이 이념과 체제가 다른 국가들의 관계에서 기능주의 통합이론이 적용되려면 EU의 경우보다 더 긴 시간이 필요할 것이라는 생각을 하지 않을 수 없다.

EU 경험의 또 다른 교훈은 경제부문에서의 단계적 통합만으로는 정치통합은 물론 경제통합에 필요한 문제를 해결하기 어렵다는 사실이다. EU의 발전과정을 살펴보면 경제통합이 다음 단계로 넘어가는데 필요한 합의도출을 위해 각국 정상들의 정치적 개입이 이루어져 왔음을 알 수 있다. EU의 이러한 경험은 이론가들로 하여금 기능주의를 수정하여 정치적 개입이 통합과정을 가속화시킬 수 있다는 '신(新)기능주의' 통합이론을 만들어 내는 계기가 되기도 하였다. 이런 맥락에서 한국이 추진하고 있는 햇볕정책은 기능주의보다는 신기능주의에 입각한 정책이라고 할 수 있다. 정상회담과 고위당국자 회담을 통해 남북교류를 남북한 당사자들의 경제적 필요에 의해 이루어지는 수준 이상으로 확대시키려고 정부 차원에서 노력하고 있기 때문이다.

제 2 부

자유 통일의 길

> **"**
>
> 현 시점에서 한반도 통일은 아직 가시권에 있지 않으며
>
> 통일을 계획 목표로 삼는 것은
>
> 성공하기도 어렵고 많은 실망만을 안겨다 줄 것이다.
>
> 또한, 통일문제에 너무 집착하면
>
> 이보다 실천가능하며 중요한 다른 문제들에 등한시 할 수도 있다.
>
> 남북한 간에는
>
> 긴장을 완화하고 신뢰를 구축하기 위해 해야 할 일들이 많으며
>
> 지금은 이들 문제에 우리 모두의 신경을 집중시켜야 한다.
>
> **"**
>
> William Perry, 「To the Brink of Peace」

제6장

대북 유화정책을 포용정책으로

"

햇볕정책도 정상적인 진로를 찾게 되면

학습곡선과 같이 오르내리며 전진할 수도 있을 것이다.

더구나 어느 상승곡선에서 제어효과가 나타나게 되면

비교적 안정적인 순항을 기대해 볼 수도 있을 것이다.

이와는 반대로

잦은 또는 간헐적인 정치적·군사적 도발이 발생한다고 가정하면,

햇볕정책의 운명은 매우 위험하게 될 것이다.

따라서 햇볕정책은

북한의 대량학살무기의 폐기, 제거, 관리 등과

별개의 것으로 추진될 수 없는 것이다.

"

구영록, 「한국과 햇볕정책」

1. 기본전제에 관한 논란

기능주의와 햇볕정책

　　기능주의(Functionalism)는 "상호작용을 하고 있는 사회간에 기술·경제적으로 상호의존 관계가 형성되면 점진적으로 통합의 촉진이 이루어진다"는 것으로 국제기구를 통한 국가간의 협조·협력관계를 미트라니가 이론화한 것이다.[48] 국가간 갈등이나 분쟁을 유발할 수 있는 예민하고 중차대한 사안은 뒤로 미루고 서로 양보할 수 있는 부문에서 협력을 시작하여 이를 중심으로 공통의 이익을 추구해 나가자는 것이 기능주의의 원칙이라 할 수 있다. 그래서 기능주의는 정치적이나 이념적 분야보다는 경제와 사회분야에서의 협력을 통해 점진적으로 통합의 길로 가자는 것이다.

　　햇볕정책이 이러한 기능주의에 이론적 기반을 두고 있다는 사실은 햇볕정책 추진에 주역을 담당한 임동원의 다음과 같은 언급에서도 잘 알 수 있다. "남과 북이 서로 오가고 돕고 나눔으로써 전쟁이 아닌 평화, 대결이 아닌 화해, 반목이 아닌 협력을 통해 북한의 변화를 돕고 남북관계를 발전시켜 평화통일의 기반을 구축해 나가는 것이다. 특히, 경제공동체-유럽경제공동체(EEC)-로부터 시작하여 정치적 통합-유럽연합(EU)-을 추진해 나가는 유럽의 경험에서 교훈을 얻

---

48) David Mitrany, 「A Working Peace System」, Chicago, 1966

어 남북공동체 건설을 추진, 상호 의존도를 높여가면서 종국에는 정
치적 통합을 이룩해 나가려는 것이다."[49]

　기능주의는 유럽에서 EU의 출범은 물론 OECD 결성과정에서 이
론적 토대가 되었으나 너무 소극적이고 간접적인 방법에만 의존하기
때문에 EU의 통합을 지연시켰다는 비난이 제기되면서 보다 적극적이
고 직접적인 방법을 강조하는 신기능주의가 등장하기도 하였다. 신기
능주의는 정부, 국제조직과 같은 정치적 요인들의 중요성을 강조하면
서 통합을 촉진하는 기구의 창설을 의식적으로 시도하기도 한다. 햇
볕정책은 6·15 남북 정상회담이 성사되면서 정부가 주도적 역할을
하고 있다는 측면에서 기능주의적 접근에서 신기능주의적 방식으로
발전되어 왔다고 할 수 있을 것이다.

　이와 같은 기능주의적 또는 신기능주의적 이론을 남북관계에 적
용하는데 있어 제기되는 첫 번째 문제는 다원화된 사회들 사이에서
그 효력을 발휘할 수 있음을 전제로 한 기능주의 이론이 북한과 같이
유일지배체제로 특징되는 단세포적인 사회에서 그 위력을 발휘할 수
있을 것인가에 대한 의문이다. 그래서 구영록은 "만일 한국의 햇볕정
책이 긍정적인 효과를 거두게 된다면 이는 기능주의 통합이론의 근본
가정을 수정하거나 확대하는 결과를 가져오게 될 것이다."[50]라고 기
술하고 있다.

---

49) 임동원, "제1차 남북 정상회담의 성사과정과 향후 과제", 「북한 핵문제의 해법과
　　전망」, p57, 중앙M&B, 2003
50) 구영록, 「한국과 햇볕정책」, p149, 법문사, 2000

또한 북한과 같은 단세포적인 사회가 기능주의적 사고에 의한 교류를 통해 변할 수 있다고 가정하더라도 이러한 변화가 통합으로까지 이어지기 위해서는 많은 시간이 걸린다는 사실을 지적하지 않을 수 없다. EU가 1950년 유럽석탄철강공동체(ECSC)로부터 1999년 유럽통화연맹(EMU)을 결성할 때 까지 50년이 걸렸으며 독일도 브란트 수상의 동방정책이 추진된 후 통일될 때까지는 20여 년의 시간이 소요되었다. 그나마 EU의 경우에는 해당 국가들이 모두 다원화된 민주주의 사회였으며 독일의 경우 공산주의의 종주국인 소련이 붕괴된 후에야 비로소 통일이 이루어 질 수 있었던 것이다.

그러나 남북한의 관계는 동·서독보다 훨씬 불행한 역사를 갖고 있는 것이 사실이다. 한국전쟁 과정에서 수많은 인명손실과 막대한 재산피해가 있었으며 그 후에도 남북관계는 신뢰보다는 총체적 불신을 바탕으로 대립과 긴장상태를 유지하여 왔다. 지금도 남한의 햇볕정책 추진에도 불구하고 북한 핵문제는 한반도에서 새로운 국제적 긴장을 조성하는 원인이 되고 있다. 이러한 현실 속에서 기능주의에 입각한 햇볕정책이 장기간 계속될 수 있는가에 대해 의구심을 갖는 것은 매우 당연한 일이라고 생각한다.

햇볕 논리와 힘의 논리

'힘의 외교'는 국제정치의 기본에 해당한다고 할 수 있다. 국가와 국가의 관계에서 가장 중요한 것이 국가의 힘인 것이다. 도산 안창호

선생은 "힘을 길러야 한다. 그리고 그 힘은 우리 자신의 힘이어야 한다"고 말하였다. '힘'이 없어 국가를 일본에 빼앗기고 고생하는 당시 한국의 현실을 안타깝게 지켜보면서 젊은이들에게 당부한 도산 선생의 가르침이었다.

군사전문가 김정곤은 외교는 힘의 바탕 위에서만 가능하다고 강조하면서 햇볕정책을 다음과 같이 비판하고 있다. "북한의 경우는 정책을 바꾸면 체제가 무너집니다. 그들은 체제유지라는 대전제하에서만 경제지원을 받을 것이고 우리의 순진한 햇볕정책은 저들의 좋은 밥이 될 것입니다. 그들은 오히려 우리의 무조건적 교류를 역이용하여 과거에 보아왔듯이 선거에 편승해 지역간·계층간 싸움을 부추기고 정치를 흔들어 사회혼란을 조장할 것입니다."[51]

기능주의에 입각한 햇볕정책은 남한이 북한에 대해 지속적으로 시혜를 베풀면 북한도 언젠가는 바뀌게 될 것이라는 낙관론에 근거를 두고 있다. 그러나 햇볕정책의 비판론자들은 공산주의 국가이며 대표적인 '불량국가'인 북한에게는 햇볕정책의 기본 전제가 적용될 수 없다는 강한 신념을 갖고 있다. 특히, 이들은 이제까지 나치 독일이나 공산주의 국가 같은 독재정권 모두가 햇볕정책과 같은 유화정책이 아니라 힘을 바탕으로 한 외교나 군사적 행동에 의해 무너졌다는 사실을 상기시키고 있다.

그 대표적인 사례로 공산주의에 대한 레이건 대통령의 강경노선

---

51) 김정곤, "전쟁을 막기 위하여", 「미래의 세계」, 1999. 3

이 소련과 동유럽 사회주의 정권의 몰락을 초래한 것을 들 수 있다. 레이건 대통령은 원래 민주당 소속이었으나 연예인 노조활동 과정에서 공산주의자들의 비윤리적이고 난폭한 행동을 경험하면서 철저한 반공주의자가 되었고 정당도 보수로 바꾸어 공화당 후보로 대통령에 당선되었다. 레이건 대통령은 당시 소련을 '악의 제국'(Evil Empire)이라고 하면서 소련의 핵무기 공격에 대비해 우주에서 요격할 수 있는 '별들의 전쟁계획'(SDI : Strategic Defense Initiative)을 추진하였다.

이러한 레이건 대통령의 강공책에 대해 당시 미국내 진보세력은 '소련을 자극해서는 안 된다'고 하면서 심지어는 '시체가 되느니 공산주의자가 되겠다'는 말도 서슴지 않았다. 그러나 레이건 대통령은 '시체도 공산주의자도 될 수 없다'고 반박하면서 자신의 계획을 강행하였다. 소련은 SDI의 포기를 강력하게 종용하였으나 미국이 이에 응하지 않자 미국과의 군비경쟁을 포기하고 개혁·개방의 길을 택하였다. 레이건 대통령의 힘을 바탕으로 한 외교정책이 소련으로 하여금 개혁·개방의 길을 선택할 수밖에 없도록 한 것이다.

동독의 붕괴도 서독 유화정책의 결과가 아니었다. 무엇보다도 소련의 변화가 동독에 직접적 영향을 주었고 결국 동독 주민의 반정부 시위를 촉발시켰다. 동독의 호네커 정권은 이를 저지하려고 최후까지 노력하였으나 역부족이었다. 동독정권은 체제 붕괴를 우려하여 다른 동유럽 국가들보다도 개혁·개방정책에 소극적이었다. 또한 서독정부가 동독에게 경제적 지원을 할 때는 언제나 상호주의 원칙에 따라 동서독 교류를 어렵게 하는 규제를 완화할 것을 동독정부에게 요구하였고 이를 관철시켰다. 이는 한국의 햇볕정책 추진과정과는 사뭇 다른 것이다.

백선엽 장군은 휴전회담 비망록에서 "공산당과의 협상에서는 힘만이 모든 것을 해결한다"고 기술하고 있다. 그 후 50여년이 지난 지금에도 백 장군의 생각은 북한과의 협상에 그대로 적용되고 있다. 오랫동안 외교관으로 산전수전을 겪은 후 통일부 장관의 직책을 맡은 홍순영은 "북한과 협상을 해 보기 전에는 인생을 논하지 말라"면서 북한과의 협상이 얼마나 어려웠던가에 대해 솔직히 술회한 적이 있다.

북한은 거의 모든 협상에서 자신의 힘을 바탕으로 한 '벼랑 끝 외교' 전략을 구사하여 왔다. 북한의 협상전략을 분석한 스코프 스나이더는 다음과 같이 기술하고 있다. "그들은 위기외교야말로 미국과 같은 강대국의 협상력을 감소시키면서 그들의 선택범위를 확대하고 약속 이행도 강조하며 아울러 주요 문제와 연계된 협상과정에서의 통제력을 유지할 수 있는 주요 수단임을 깨달았다."[52] 에즈라 포겔은 서평에서 "이 책은 세계에서 가장 폐쇄적인 나라에서조차 얼마나 배울 것이 많은 지를 보여 준다"고 하면서 북한이 '위기 외교'에서는 세계 최고 고수임을 인정하고 있다.

북한은 이제까지 있었던 주요 현안에 대한 협상에서 언제나 강경 입장을 취함으로써 자신의 이익을 최대한 챙긴 것이 사실이다. 1994년의 제네바 북·미 합의에서 북한은 지키지도 않을 핵동결에 대한

---

52) Scott Snyder, 「Negotiating on the Edge」(벼랑 끝 협상),청년정신, 2003

약속의 대가로 미국으로부터 중유 공급과 한국이 건설비의 대부분을 부담하는 원자력발전소 건설이라는 실리를 챙겼다. 6·15 남북 정상 회담을 통해 김대중 대통령의 정치적 체면을 세워준 대가로 5억 달러의 현금을 받았고 현재 진행되고 있는 6자회담에서도 북한은 강경입장을 고수하고 있는 반면, 오히려 미국이 3차 회담에서 종전의 강경 입장을 바꾸어 다소 타협적인 태도를 보이고 있다.

북한의 '힘의 논리'에 의한 위기 외교가 성공을 거두고 있는 것이다. 이러한 상황에 대해 타임지는 "김정일의 '생존기술'(survival skills)은 그를 현 시점에서 승자로 만들고 있다. 대량살상구기 보유를 통한 안전과 주변국들의 우호적인 태도에 힘입어 자신의 적대세력들을 혼란 상태에 몰아넣고 있다"고 기술하고 있다.[53] 한국의 '햇볕 논리'에 의한 유화정책이 북한의 '힘의 논리'에 의한 위기 외교에 힘을 실어주고 있는 것이 현재의 한반도 상황이라는 것이 타임지 기사의 요지다.

북한 정권의 변화 의지

햇볕정책이 성과를 거두기 위한 첫 번째 조건은 북한의 김정일 정권이 변화할 의지가 있어야 한다는 것이다. 1990년 이후 소련과 동유럽의 사회주의 정권들을 지켜본 김정일은 소련과 동유럽국가 방식

---

53) TIME, "Why is This Man Smiling", 2004. 6. 21

의 개혁과 개방은 절대로 해선 안 된다고 결론을 얻었을지 모른다. 김정일 위원장의 최대 당면과제가 정권과 자신의 권력유지인 상황에서 정권의 붕괴를 가져올 가능성이 높은 개혁·개방에 대한 거부감을 갖는 것은 당연한 일이라 할 수 있다. 북한이 소련과 동유럽의 개혁을 강력하게 비난하고 개혁이라는 용어의 사용을 기피한다는 사실이 이를 잘 입증해 주고 있다.

실제로 정권의 실각을 초래하지 않은 중국과 베트남 수준의 개혁과 개방에 대해 북한은 공개적으로 비난은 하지 않지만 과연 그러한 수준의 변화를 자신들이 감당할 수 있을지에 대해 확신을 갖고 있지 못하다. 김정일 위원장이 중국을 방문한 자리에서 중국의 발전상에 대해 긍정적으로 평가하고 북한 관리들에게 중국의 경험에 대해 공부하도록 지시를 한 것은 사실이나 실제로 북한당국이 이제까지 취한 정책들은 중국이나 베트남의 개혁수준에 훨씬 못 미치는 것이었다.

특히, 핵개발 문제로 미국과 정면충돌하는 '벼랑 끝 외교'를 구사하는 것을 지켜보면서 과연 북한이 변화하려는 의지가 있는지에 대해 근본적인 회의를 갖지 않을 수 없다. 한국정부 당국자와 진보진영의 인사들은 북한의 7·1 경제관리 개선조치를 획기적인 개혁시책으로 평가하면서 이는 북한이 개혁·개방의 길로 가고 있는 증거라고 주장하고 있다. 그러나 7·1 조치는 북한이 심각한 경제난으로 기획경제 시스템이 완전히 무너지고 암시장이 성행하는 상황에서 나온 고육지책에 불과하다는 것이 전문가들의 공통된 견해다. 최근 불거진 핵문제로 외화유입이 매우 어려운 상황에 취해진 가격현실화 조치는 오히려 인플레와 사회혼란을 가중시키고 있는 것이 지금의 북한 실상이다. 개성공단 사업 역시 북한의 핵문제가 해결되기 전에는 수출전망이 어둡기 때문에 성공하기가 쉽지 않다.

이러한 상황을 종합해 볼 때 중국·베트남 수준의 개혁도 가급적 피해보자는 것이 김정일 정권의 생각이 아닌가 싶다. 현재와 같이 주민들의 일거수일투족을 감시하는 체제를 그대로 유지하면서 중국 수준의 개혁을 추진할 수 없기 때문이다. 용천역 폭발사건이 발생한 직후 그간 북한 내 일부 특수계층에게만 허용되었던 휴대전화기를 모두 회수했다는 사실이 이를 입증해 주고 있다. 요즈음과 같은 정보화시대에 인터넷과 휴대전화 사용을 금지하는 사회에서 중국식 경제발전이 이루어지는 것을 기대한다는 것은 무리다. 그러나 인터넷과 휴대전화 사용을 허용하면서 북한이 현재와 같은 통제사회를 유지하는 것 또한 불가능할 것이다. 그렇기 때문에 김정일 정권은 중국이나 베트남 수준의 개혁·개방의 길을 가기가 어려울 것이라는 생각을 갖지 않을 수 없다.

결국 북한이 현재의 국내정치 체제를 유지하기 위한 선택은 한 가지뿐이다. 그것은 북한의 폐쇄된 통제사회 체제를 그대로 유지하면서 '벼랑 끝 외교'를 통해 경제적 생존에 필요한 외화를 획득하는 것이다. 이런 차원에서 한국의 햇볕정책은 북한에게는 '오랜 가뭄 속의 단비'와 같은 존재인 것이다. 금강산사업과 정상회담의 대가로 얻은 외화와 그 외의 남북교류 과정에서 북한에 제공된 현금과 현물 등으로 북한은 생존에 필요한 자원을 얻을 수 있게 되었기 때문에다. 이에 더해, 북한은 핵무기를 담보로 '벼랑 끝 외교' 전술을 구사하여 미국과 한국으로부터 추가적 지원을 기대하고 있고 북·일 국교협상을 통해 상당 수준의 경제적 지원을 일본으로부터 얻으려 하고 있다. 이러한 전략이 성공하면 북한은 체제 붕괴의 위험이 있는 개혁·개방을 하지 않고 경제적 생존에 필요한 재원을 한국, 일본, 중국 등 주변국들로부터 얻을 수 있게 되는 것이다.

북한 정권의 변화 능력

북한의 김정일 정권이 경제난 극복을 위해 개혁과 개방의 방향으로 어느 정도 변화해 보려는 의지가 있다고 가정하더라도 다음에 제기되는 문제는 북한이 이를 성공적으로 해 낼 능력이 있는가 하는 점이다. 앞서 지적한대로 시장경제 체제로의 전환을 시도한 사회주의체제 국가들의 대다수가 정치지도자의 강한 의지와 노력에도 불구하고 크게 성공하지 못하였다. 오랫동안 사회주의 중앙통제 체제에 익숙한 정부관리는 물론 기업경영자와 근로자의 의식구조가 하루아침에 바뀌어지지 않기 때문이다.

중국이 이 과정을 성공적으로 관리할 수 있었던 것은 홍콩과 이웃 대만은 물론 전 세계에 흩어져 있으면서 막강한 상권을 형성하고 영향력을 행사하고 있는 중국계 기업인과 중국계 경제전문가들이 중국정부의 개혁·개방 추진과정에 적극적으로 참여하였기 때문이다. 베트남의 경우에는 통일 전 월남이 오랜 기간 시장경제 체제를 유지했었기 때문에 통일 후 개방과정에서의 성공사례는 주로 월남지역에서 이루어지고 있다.

특히, 북한은 사회주의 국가 중에서도 가장 폐쇄적인 국가운영 형태를 취하였고 공산주의 국가가 되기 이전에도 시장경제를 전혀 경험하지 못하였기 때문에 시장경제로의 전환과정을 관리할 능력이 매우 미흡하다고 보아야 할 것이다. 북한의 이러한 실정은 남북교류가 시작된 후 지금까지의 경험을 통해 확인되고 있다. 북한정부 관리들은 시장경제 운영에 대한 기본적 인식조차 되지 않은 상태에서 외국 투자가들의 어려움을 파악하여 이를 해결해 주려고 노력하기보다는 외국기업의 활동이 북한사회에 '악영향'을 주지 않을까 걱정하여 감시하는데 보다 큰 관심을 기울여 왔다. 외국기업이 근로자를 채용하는 경우에도 전적으로 북한당국의 인력알선 기관을 통해야만 하고 임금 수준도 북한정부가 정한 월 150달러를 기준으로 하고 있으며 성과급 제도도 존재하지 않는다. 이러한 상황에서 근로자들의 생산성이 높을 수가 없기 때문에 북한진출 기업들의 대다수가 손해를 보고 북한에서 철수하게 되는 것이다.

결국 북한이 시장경제로의 전환과정을 제대로 관리하기 위해서는 한국과 국제사회로부터 전문가의 자문지원을 받아야 할 것이다. 그러나 아직까지 북한은 주체사상과 자립경제를 주장하면서 외부로부터 경제정책 자문을 받으려는 시도를 전혀 하지 않고 있다. 남한은 물론 국제기구에게 북한경제에 대한 기본적인 통계자료도 제공하지 않고 있다.

중국이나 베트남의 경험으로 미루어 북한 변화과정의 성공을 위해서는 한국으로부터의 정책자문 지원이 필수적인 것으로 생각되지만 체제 붕괴와 흡수통일을 우려하는 북한당국이 이를 요청할 가능성은 별로 없어 보인다. 국제통화기금(IMF), 세계은행(IBRD), 아시아개발은행(ADB) 등 국제기구로부터의 정책자문 역시 북한은 달갑지 않게 생각하고 있으며 설령 북한이 이를 원한다고 해도 북한 핵문제가 해결되지 않으면 실현될 수 없을 것이다.

김정일 체제의 유지

햇볕정책은 김정일 체제가 쉽게 무너지지 않을 것이며 설령 무너진다고 해도 이는 정치·사회적 혼란과 많은 통일비용을 초래할 것이기 때문에 현재의 김정일 체제가 유지되도록 남한이 적극적으로 도와야 한다는 인식에 기초하고 있다고 할 수 있다.

실제로 햇볕정책 추진 이후 한국정부의 행태를 살펴보면 김정일 체제의 붕괴를 막기 위해 많은 노력을 해 왔다는 인상을 갖지 않을 수 없다. 서독이 동독에 대해 경제적 지원을 하면서 상호주의 원칙에 의해 동독으로 하여금 동서독 교류의 걸림돌을 제거하도록 요청한 것과는 달리 한국은 아무런 조건 없이 북한에게 상당한 규모의 경제지원을 해 주고 있다. 서해안 교전에서 군 장병이 여섯 명이나 전사했는데도 불구하고 김대중 대통령과 한국정부는 마치 북한의 대변인처럼 서해안 교전이 우발적 사태라고 해명하였고 전사 장병들의 장례식에 대통령은 물론 국방장관과 합참의장도 참석하지 않았다.

　금강산 관광객이 부당한 이유로 북한당국에 의해 억류되는 상황이 발생해도 한국정부는 금강산 관광을 계속 진행시켰고 북한 핵문제가 국제적으로 불거져도 한국정부는 북한이 실제로 핵무기 개발까지는 하지 못했을 것이라고 하면서 문제 축소에 안간 힘을 쓰고 있다. 이러한 상황을 지켜보면서 평소 진보성향의 뉴욕타임스마저도 "두 개의 한국이 미국과 다른 길을 가고 있다"라는 최근기사에서 "한국은 북한에 대한 지원, 교역 및 여행 분야의 최대 후원자가 되고 있다"며 "한국은 심지어 북한외교의 지속적인 옹호자"라고 까지 주장하고 있다.54)

　미국 내 북한전문가들은 '현재 상태의 북한 정권은 미국 국익에 절대로 도움이 되지 않는다'는 의견에 모두 동의하고 있다. 그렇기 때문에 미국은 김정일 정권의 붕괴 또는 교체를 대북정책에서 최상의 시나리오로 생각하고 있다. 미국인 다수는 대량살상무기를 담보로 '벼랑 끝 외교' 전술을 구사하고 있는 북한 정권에 대해서는 무력을 사용해도 괜찮다고 생각하고 있으나 그 경우 남한의 피해가 클 것이기 때문에 미국정부는 지금까지 이를 자제하고 있다. 미국은 물론 서방세계 국가 모두 핵무기로 무장한 북한은 무엇보다도 남한에게 가장 큰 위협이 된다고 생각하고 있는데 반해 정작 당사자인 한국은 북한 핵을 걱정하지 않고 있는데 대해 매우 의아해 하고 있다.

---

54) 동아일보, "NYT, 한국은 북(北) 정권 최대후원자", 2004. 6. 28

한국인들이 북한의 위협에 대해 둔감해진 것은 전적으로 햇볕정책의 결과라고 할 수 있다. 김대중 정부 출범 이후 한국정부는 지속적으로 북한에 대한 좋은 이미지를 국민들에게 심어주려는 노력을 해왔다. TV, 라디오 등 공중파 매체가 북한에 대해 긍정적 보도에 열을 올렸고 북한을 비판하는 것은 냉전적 시각에서 벗어나지 못하는 낡은 사고라는 점을 부각시켜 왔다. 초·중등과정에서 사용되는 교과서의 내용도 이러한 방향으로 수정되었고 진보성향의 전교조 교사들은 이를 어린 학생들에게 적극적으로 교육하여 왔다. 국방백서에서 주적(主敵) 개념이 사라졌고 안보정책 수립의 핵심인사가 군 장성들에게 "상대에 대한 적개심보다는 조국애를 가진 군대가 더 강하다"고 강의하면서 북한에 대해 적개심을 갖지 않도록 권장하고 있는 것이 작금의 실상이다.

그러나 핵무기로 무장한 북한은 남한의 안보에 치명적인 피해를 줄 것이다. 북한은 다량의 핵을 보유한 미국에 대해서는 함부로 핵을 사용할 수 없을 것이나 남한과 같이 핵무기를 보유하지 않은 국가에 대해서는 핵 보복의 위험이 없기 때문에 얼마든지 핵을 사용할 수 있다. 특히, 남북한 간의 군사적 긴장상태가 발생하는 경우 북한은 남한의 전쟁수행 의지를 꺾기 위해 핵실험을 할 수도 있으며 실제로 전쟁이 발발할 경우 핵을 사용할 수 있다. 최초로 핵무기가 사용된 것도 비핵국인 일본에 대해서였다는 사실을 기억해야 한다.

북한이 핵을 보유했다는 사실 자체만으로 남한은 군사전략 수립 측면에서 수세에 놓이게 될 것이다. 이에 대해 전성훈은 다음과 같이 기술하고 있다.[55] "만약 전쟁 직전에 혹은 전쟁 기간 중에 단 한 발의 핵폭탄만 터진다고 하더라도 우리 군과 국민들의 전쟁수항 의지가 꺾이고 우리 사회에 공포감이 만연하는 공황상태가 벌어질 가능성이 있다. 북한이 국지전을 감행해서 수도권 등 핵심지역을 점령하고 전쟁을 조기 종결시킬 목적으로 핵능력을 과시하는 경우 남한 내부에서 전쟁을 중단하고 북한의 요구를 들어주자는 의견이 강하게 제기될 가능성도 있다."

북한 핵 보유의 최대 피해자는 미국이 아니라 한국임이 분명한데도 한국정부와 한국인들은 북한 핵을 별로 걱정하지 않는 안보 불감증에 걸려 있는 것이 오늘의 상황이다. 이에 더해 노무현 대통령과 열린우리당은 국가보안법의 철폐를 추진하고 있다. 이것이 햇볕정책과 6·15 남북 정상회담이 초래한 결과인 것이다. 북한으로서는 쾌재를 부를 일이라 아니할 수 없다.

북한은 핵무기를 보유하고 있을 뿐만 아니라 엄청난 수준의 재래식 군사력을 갖추고 있으며 이를 남한을 향해 전진 배치시켜 놓고 있다. 동시에 북한은 강성대국과 '선군정치'를 외치면서 남한 내에 광범위한 통일전선 조직을 구축하려는 노력을 지금까지도 지속하고 있다. 이렇게 남한의 안보를 위협하고 적화통일의 꿈을 버리지 않고 있는 북한 정권의 생존을 도와주고 더 나아가 힘을 키우는데 직·간접적으로 기여하는 햇볕정책은 그 기본 전제에 많은 문제가 있다는 결론을

---

55) 전성훈, "제2차 6자회담 이후 북핵문제 해결 전망", 「한반도 안보정세 변화와 협력적 자주국방 토론회」, 통일연구원, 국방대 안보문제연구소, 2004. 5

내리지 않을 수 없다.

2. 추진방법에 관한 논란

채찍이 없다

　방법 측면에서 볼 때 햇볕정책의 치명적인 결함은 '당근'만 있고 '채찍'이 없기 때문에 햇볕정책의 궁극적인 목적인 한반도에서의 군사적 긴장완화와 북한 정권의 개혁·개방을 유도할 수 없다는 데에 있다. 이미 지적한대로 북한은 건국이후 지금까지 권력이 김일성에서 김정일로 세습되어 오는 과정에서 철저히 힘의 논리에 의해 국내에서 반대세력을 숙청하고 주민들의 일거수일투족을 속속들이 감시하여 왔다. 또한, 국방력을 키우는데 국가운영의 최우선 순위를 두어 증강된 국방력으로 한국전쟁을 일으켜 수백만의 인명과 막대한 재산상의 손실을 초래했으며 그 후에도 남한에 대해 크고 작은 형태의 무력도발을 시도해 왔다. 1990년 이후에는 핵과 미사일 등 대량살상무기 개발에 주력하여 남한은 물론 미국과 서방세계를 대상으로 '벼랑 끝 외교'를 전개하고 있다. 이러한 북한정권에 대해 채찍은 없고 당근만 있는 햇볕정책이 효과가 있을 것이라고 기대할 수 없으며 이는 햇볕정책이 추진된 이후 지금까지의 실적을 통해서도 잘 알 수 있다.

　남북한 간 무력충돌을 우려하여 남한이 채찍을 직접 사용하기가 힘들다고 한다면 긴밀한 한·미 공조체제를 유지하여 남한은 당근을 그리고 미국은 채찍을 사용하는 전략을 구사할 수도 있을 것이다. 그러나 한국정부와 햇볕정책 지지자들은 북한에 대해 채찍을 사용하는 것 자체를 거부하기 때문에 위와 같은 한·미간의 역할 분담이 이루어지지 못하고 햇볕정책이 오히려 한·미 정부간 갈등과 한국에서 반미감정을 부추기는 결과만 초래하고 있다.

부시 행정부가 출범하고 9·11테러 사태가 발생한 이후 미국의 대북정책이 강경 방향으로 선회한 것을 한국이 오히려 기회로 활용하여 미국은 북한에 대해 유사시 무력사용도 배제하지 않는 채찍을 사용하는 '나쁜 경찰', 그리고 남한은 북한에 대해 경제적 지원이라는 당근을 줄 용의가 있는 '좋은 경찰'의 역을 맡아 지금부터라도 한·미간의 공조체계가 상호 보완적으로 이루어진다면 햇볕정책의 치명적인 결점이 보완될 수 있을 것이다. 대북정책에 있어 한·미간 공조가 절대적으로 필요한 이유가 바로 여기에 있는 것이다.

그러나, 채찍의 역할을 미국에게만 전담시킬 수는 없는 일이며 한국도 필요에 따라 채찍을 사용할 수 있는 능력과 의지를 갖고 있는 것이 필요하다고 생각한다. 한국이 행사할 수 있는 채찍은 경제력과 군사력으로 구성될 수 있을 것이다. 예를 들어, 북한 핵문제와 북한의 열악한 경제 환경으로 서방진영에서 누구도 선뜻 북한에 대한 경제적 지원에 나서려 하지 않는 상황에서 한국정부 차원의 경제지원은 당근과 채찍의 역할을 동시에 수행할 수 있을 것이다. 지금까지 한국정부는 북한당국을 자극하지 말아야 한다는 인식 때문에 북한어 대한 경제지원을 채찍으로 활용한 적이 없고 언제나 당근으로만 사용하였다. 그러나 북한과 같이 힘의 논리에 의해 국내정치와 외교를 펼치는 '불량 국가'에게는 채찍 없는 당근은 당근의 역할마저도 제대로 수행하지 못한다는 것이 지금까지의 남북경협 과정에서 우리가 얻을 수 있는 교훈이다.

북한에게 확실한 채찍 역할을 할 수 있는 것은 한국의 국방력이 될 것이다. 이는 한국군 자체의 전투력과 한·미동맹 체제에 의한 주한 미군의 군사력으로 구성된다고 할 수 있다. 햇볕정책은 주적 개념의 혼란과 국민의 안보의식을 약화시키는 결과를 가져 온 것이 사실이다. 이에 더해, 최근 미군의 조기감축 조치 등을 통해 나타났듯이 햇볕정책은 한·미 군사동맹 체제의 약화와 주한 미군의 군사력 축소를 유발하였다. 결국, 햇볕정책은 남한이 사용할 수 있는 채찍의 힘만 약화시킨 결과를 초래한 것이다.

채찍 없는 햇볕정책은 북한으로 하여금 그동안 남한과의 체제 경쟁에서 밀린 상황을 역전시키는 기회가 왔다고 착각하게 하고 있다. 최근 공개된 대외비 문서에서 조선노동당은 다음과 같이 기술하고 있다.[56] "1980년대 학생운동 세력이라고 하는 '386' 세대들이 사회적 중추에는 물론 청와대까지 진출하는 등 지난 시기에는 상상도 할 수 없는 일이 벌어졌다. 이 모든 변화들은 위대한 김정일 장군님께서 력사적인 6·15 북·남 공동선언을 마련하시어 남조선에서 진보세력의

---

56) 이동복, "노무현 대통령께 드리는 공개편지", p 75, 월간조선, 2004. 7

활동공간을 넓혀주시고 극소수 반공보수 분자들을 철저히 고립시키
신 결과이다." 채찍을 포기한 남한의 현재 상황을 바라보는 북한정권
의 시각을 잘 나타내 주고 있다.

왜곡된 정경분리 원칙

　정경분리 원칙을 강조한 독일 브란트 수상의 '신동방정책'을 모
방한 김대중 대통령의 '햇볕정책' 역시 정경분리 원칙을 강조하고 있
다. 그러나 그 내용을 살펴보면 독일의 신동방정책과 한국의 햇볕정
책 간에는 큰 차이가 있음을 알 수 있다. 독일의 경우 민간 차원의
경제협력은 정치적 고려와 관계없이 철저히 상업주의 원칙에 의해 추
진된 반면 정부 차원의 경제지원은 상호주의 원칙에 따라 이루어졌
다. 그러나 한국에서는 민간 차원의 경협도 상업성을 무시하고 '정치
적 고려'에 의해 이루어져왔고 정부 차원의 경제적 지원 역시 북한으
로부터 아무런 상호주의적 대가를 요구하지 않은 채 '퍼주기 식'으로
진행되고 있다. 햇볕정책이 강조하는 정경분리 원칙의 의미가 무엇인
지 의심치 않을 수 없다. 결국, 북한이 아무리 정치적으로 무례한 행
위를 저지르고 군사적 도발을 감행해도 남한은 대북 경제지원을 지속
해야 한다는 것이 지난 6년간 햇볕정책의 추진과정에서 드러난 정경
분리 원칙의 본질이었다고 할 수 있다.

　민간 차원에서의 남북경협 사업이 철저히 경제원리에 의해 진행
되지 않은 것은 조기에 가시적 성과를 얻으려고 민간기업들에게 남북

경협 사업을 종용한 한국정부와 이러한 정부의 환심을 얻어 보려는 대우, 현대 등 대기업의 공동책임이었다고 할 수 있다. 이러한 사실은 지난 15년간 북한에서 완구공장을 운영한 김찬구 사장의 증언을 통해 확인되고 있다.[57] 김 사장은 "한국 정부가 나서서 '북한이 세계의 공장 중국과 싸우려면, 더 분발하고 생산성을 높이고, 가격 경쟁력을 갖춰야 한다'고 가르쳐야 합니다. 그런데 거꾸로 '제발 경협 좀 해 달라'고 매달려서 김정일과 북한 정권의 간만 키워 주고 있어요"라고 한국정부의 경협추진 방법에 큰 문제가 있음을 지적하고 있다.

김 사장은 북한에 농구화 공장을 설립하기로 하고 북한당국과 월 급여를 36달러에 합의하고 신용장까지 발급 받았으나 대우의 김우중 회장이 북한측에 월 200달러를 주고 공장을 설립하겠다고 하는 바람에 북한은 자신과의 계약을 파기했다고 증언하고 있다. 그러나 대우가 세운 남포공장도 결국은 실패하였다. 대우 남포공단 사업을 주도한 박춘 상무는 "현대가 금강산 관광사업을 하면서 턱 없이 엄청난 대가를 북한에 지불했다. 금강산에서 돈이 쏟아져 들어오자 북한은 남포공단 사업에서 관심을 끊었다. 제조업을 중심으로 한 남북경협이 실패한 것은 현대 때문이다"고 하면서 대우사업의 실패 원인을 현대에 떠넘기고 있다. 현대 역시 금강산 관광사업에서 발생하는 부채를 감당하지 못해 그룹전체가 부도의 위기에 몰렸고 급기야 그룹 총수인 정몽헌 회장의 자살로 이어졌다.

---

57) 김연광, "김찬구 사장의 남북경협 15년 결산 증언", 월간조선, 2004. 7

결국, 경제성을 무시하고 '정치적인 의도'로 '퍼붓기 식'으로 진행된 햇볕정책의 경협사업이 북한에 투자한 남한기업들을 모두 도산으로 몰고 갔고 북한당국으로 하여금 스스로 북한 내의 경제환경을 개선하려는 노력은 게을리하면서 위기외교 등의 방법으로 '쉬운 돈'을 벌 수 있다는 착각을 하게 했다고 할 수 있다.

김근식은 남북경협 과정에서 현대의 금강산 관광과 개성공단 사업 그리고 삼성의 전자제품 임가공과 소프트웨어 협력사업을 비교·분석하면서 다음과 같은 결론을 도출하고 있다.[58] 첫째, 현대는 장기적인 관점에서 북한 진출에 대한 선점권 확보가 우선이라면 삼성은 단기적인 차원의 수익성과 함께 중장기적으로 북한 내 전자복합공단 설립을 우선시 하고 있다. 둘째, 현대는 북측 최고지도자 및 고위층과의 직접 접촉과 담판을 통해 정치적으로 해결하려는 방식인 반면, 삼성은 프로젝트 별로 사업주체와 직접적이고 구체적으로 접근하는 방식을 보이고 있다. 셋째, 현대는 단기적으로는 경제성이 떨어져도 장기적인 관점에서 경제성 확보를 검토하는 반면, 삼성은 구체적인 사업 아이템마다 철저하게 사업성을 고려하고 있다.

이러한 현대와 삼성간의 차이는 국내 경영에서도 그대로 적용되었고 외환위기 과정에서 현대가 경영상의 어려움을 많이 겪은 반면 삼성은 새로운 도약의 기반을 구축하는데 성공했다. 남북경협 과정에서 현대는 적자누적으로 부도위기까지 몰리면서 북한당국에게 허황

---

58) 김근식, "남북경협과 민족화해 : 질적 개선을 위하여", 「북한의 체제 전망과 남북경협」, 한울, 2003

한 기대감을 갖게 해 준 반면, 삼성은 경협과정에서 경제적 손실을 입지 않으면서 북한당국에게 경영원리에 대한 학습효과도 심어주었다. 바람직한 남북경협 방식이 무엇인지는 현대와 삼성의 경험을 통해 잘 알 수 있는 것이다.

저(低)자세와 투명성 결여

'5억 달러 대북송금 사건'은 김대중 정부가 추진한 햇볕정책의 치부를 그대로 드러낸 대표적인 사례라고 할 수 있다. 6·15 남북 정상회담의 대가로 남한이 북측에 거액의 현금을 지불했다는 의혹은 미국의 의회 조사국과 야당에 의해 여러 차례 제기되었으나 그간 김대중 정부는 이를 완강히 부인했었다. 김대중 대통령이 퇴임하자 이 문제는 더욱 불거졌고 결국 노무현 대통령이 야당이 제안한 대북송금에 관한 특별검사 안을 받아들임으로써 그 내막이 밝혀지게 되었다. 특검 결과는 그동안 제기된 의혹이 모두 사실이며 5억 달러는 현대아산에 의해 북한에 전달되었고 그 과정에서 현대아산의 재정지원을 위해 산업은행이 편법대출을 해 주었다는 것이다. 이와 관련하여 사건의 핵심인 김대중 대통령은 사법처리에서 면제되고 당시 청와대와 산업은행 관계자들만이 사법처리 되었다.

이 사건과 관련하여 제기되는 첫 번째 질문은 왜 남한이 정상회담을 위해 북측에 현금을 제공했어야만 했는가 하는 점이다. 당시 김대중 대통령은 햇볕정책의 가시화를 위해 남북 정상회담을 간절히

원했고 이러한 상황을 이용하여 김정일 위원장은 거액의 현금을 요구한 것이다. 관계자들의 진술에 의하면 북한이 당초에 요구한 액수는 5억 달러가 아니라 10억 달러였다고 한다. 북한의 현금요구는 정상회담 개최 의도에 대한 북한의 순수성을 의심케 하는 것이며 남한정부가 이에 합의했다는 것은 햇볕정책의 첫 단추가 남한이 북한에 대해 저자세를 취하는 형태로 잘못 끼워졌다는 사실을 보여주고 있는 것이다. 결국, 대북송금 사건으로 인해 햇볕정책의 실체가 만천하에 들어나는 계기가 되었고, 이러한 형태로 추진된 햇볕정책이 소기의 목적을 달성하지 못한 것은 어쩌면 당연한 결과였다고 할 수 있을 것이다.

동방정책을 성공적으로 추진한 서독은 시종일관 의연한 자세를 견지하면서 최초의 동서독 정상회담도 동독의 호네커 서기장이 서독을 방문하는 형식으로 이루어졌다. 이와는 반대로 남북한 정상회담은 고령의 김대중 대통령이 북한을 방문하는 형태로 이루어졌고 그나마 거액의 현찰을 사전에 지불할 것을 약속하고 이의 입금을 확인한 후에야 북한은 정상회담에 응하였다. 정상회담이 당초 예정보다 하루 늦어진 것도 남한이 약속한 현찰의 송금이 늦어진데 기인하였다고 하니 기막힌 노릇이 아닐 수 없다.

북한은 지금까지도 김정일 위원장의 답방 약속을 지키지 않고 있다. 최근 언론보도에 의하면 북한은 김정일 위원장의 답방조건으로 10억 달러의 장기 차관을 요구하였다고 한다. 최근 노무현 정부의 국가보안법 폐지 결정도 2차 남북정상회담을 성사시키기 위한 노력의 일환인 것으로 보도되고 있다. 북한은 아직까지도 정상회담을 남한으로부터 거액의 현금이나 단기적 이익을 챙기는 수단 정도로 인식하고 있는 것이다. 첫 단추가 잘 못 끼워진 햇볕정책은 지금까지도 매우 비정상적인 방법으로 진행되고 있음을 잘 알 수 있다.

5억 달러 송금이 비공개적으로 이루어졌고 특검에 의해 이러한 사실이 확인될 때까지 김대중 정권이 이를 계속 부인해 왔다는 사실은 김대중 정권의 도덕성에 치명적인 상처를 주었음은 물론 햇볕정책의 정당성에도 큰 손상을 끼치는 결과를 초래했다. 민주주의를 위해 평생을 투쟁했다고 하는 김대중 대통령이 정상회담과 같은 국가대사를 추진하는 과정에서 비밀송금이라는 비민주적이고 비도덕적인 행동을 취했다는 것은 수치스러운 일이 아닐 수 없다.

햇볕정책 추진과정에서 한국정부의 북한에 대한 저자세는 여러 곳에서 나타나고 있다. 거의 모든 남북교류 뒤에는 크고 작은 형태의 현금 또는 현물형태의 대북지원이 비공개적으로 이루어지고 있다는 것은 이미 잘 알려진 사실이다. 5억 달러 송금사건과 같은 뒷거래가 거의 모든 남북협력 사업에서 일어나고 있는 것이다.

지난 50여 년간의 치열한 체제 경쟁에서 승리한 측은 북한이 아니라 남한이다. 공산주의 체제가 전 세계적으로 몰락한 상황에서 현재와 같은 형태의 김정일 독재체제가 무너지는 것은 시간문제라고 해도 과언이 아니다. 현재와 같은 통치방식으로 북한이 심각한 경제난을 극복하는 것은 불가능하며 북한의 '벼랑 끝 외교' 전술은 북한을 파멸의 길로 몰고 갈 수밖에 없기 때문이다. 이러한 상황에서 남한이 북한에게 돈을 주고 애걸하면서 남북교류를 추진한다는 것은 전략적 관점에서는 물론 건전한 상식으로도 이해하기 어려운 일이다. 그러나 한국에서는 김대중 정부의 햇볕정책이 시작된 후 지난 6년간 이러한 일들이 지속되고 있으며 정부의 대대적인 홍보활동에 현혹된 국민들의 다수가 이를 지지하고 있는 것이 작금의 한국 현실인 것이다.

3. 추진 성과에 관한 논란

남북교류

얼마 전 '6·15 공동선언 4주년 토론회'가 열렸다. 이 자리에서 햇볕정책의 창시자인 김대중 대통령은 "지난 4년간 이산가족 상봉, 금강산 관광, 육로 개통, 개성공단 건설 등 구체적인 실천이 뒤따랐다. 가장 중요한 것은 남북 간에 사람이 왕래하고 있다는 것이다. 과거에 가지고 있던 불신과 적대감은 사라지고 이웃사촌 같은 친근감을 느끼기 시작했다"고 햇볕정책의 성과를 요약했다.

남북한 간 여러 형태의 교류가 증가한 것은 햇볕정책의 최대 성과임에 틀림없다. 햇볕정책 추진 이후 장관급 회담이 정례적으로 이루어지고 있고 경제협력추진위원회를 중심으로 구체적 경협사안에 대한 실무접촉도 거의 일상화되어 가고 있다. 여러 차례의 적십자회담을 통해 이산가족 상봉이 이루어졌고, 체육, 문화 등의 분야에서 남북교류도 활성화되고 있다. 또한 4대 경협합의서가 발효되었고 남한

전용 개성공단 사업도 진행되고 있다.

이러한 가시적 성과에도 불구하고 남북교류는 아직 초보적인 단계에 불과하다고 할 수 있다. 남북 교역규모는 그동안의 지속적인 증가에도 불구하고 연 7억 달러 수준에 불과하며 이 중 상업적인 거래는 4억 달러에 그치고 있다. 북한의 열악한 기업경영 환경으로 인해 북한 진출기업들은 경영난을 겪고 있으며 추가 투자를 기피하고 있다. 최근의 증가추세에도 불구하고 2003년 중 북한을 방문한 남한인은 983명, 남한을 방문한 북한인은 11명에 불과하였다. 아직도 남북한 간에는 자유로운 서신 왕래가 이루어지지 않고 있으며 가족상봉 대상자 선정 역시 북한측의 '전략적 선택'에 의해 이루어지고 있다. 또한 과거 동독과는 달리 북한에서는 한국 TV나 라디오 시청이 불가능하며 한국과의 인터넷 접속이나 전화통화도 허용되지 않고 있다.

햇볕정책의 추진과 6·15 정상회담에도 불구하고 남한과 교류하는 북한측 대상자는 북한당국에 의해 선정된 소수에 한정되어 있다. 이는 북한이 남북교류 과정에서 파생되는 북한체제 불안 요인을 최소화하려는 의도의 결과인 것이다.

군사적 긴장

햇볕정책의 최우선적인 목표는 남북간 교류와 접촉을 통해 상호 신뢰를 구축하고 이를 바탕으로 한반도에서의 군사적 긴장을 완화해 보려는 것이라고 할 수 있다. 그러나 이러한 관점에서 볼 때 햇볕정책의 성과는 매우 실망적인 것이었다.

6·15 정상회담 이후 남북한 간에는 군사 분야에서 2000년 9월 남북 국방장관 회담을 포함하여 몇 차례의 접촉이 있었다. 그러나 이러한 군사회담의 의제는 남북한 도로 및 철도 연결과 관련된 실무적인 것에 한정되었으며 현안이 되고 있는 북한 핵문제, 재래식 군비축소 등 한반도의 군사적 긴장완화를 위한 근본적인 과제에 대해서는 토론도 해보지 못했다. 그 이유는 북한측이 주요 군사문제는 미국과 대화하지 남한은 상대하지 않겠다는 고압적인 태도를 취하고 있기 때문이다. 이러한 상황은 개선의 기미가 없기 때문에 남북간 군사접촉을 통해 군사적인 긴장완화에 필요한 실질적 조치가 취해질 가능성은 희박한 것이 지금의 상황이다.

남한의 햇볕정책 노력과 6·15 남북 정상회담에도 불구하고 북한은 비밀리에 농축우라늄 프로그램을 진행시켜왔으며 이러한 사실은 한반도에서 군사적 긴장관계를 고조시키는 결과를 초래하고 있다. 북한 핵문제 해법에 관한 북한과 미국간의 견해 차이는 매우 크며 이러한 이견이 현재 진행 중인 6자회담을 통해 해소될 전망 또한 그리 높지 않다. 이 문제가 대화를 통해 해결되지 않으면 한반도에서 군사적 긴장은 최고조에 달할 것이 분명하다.

한국은 그동안 햇볕정책 추진과정에서 축적된 남북 당국간의 신뢰를 바탕으로 북한과 미국 간의 협상에서 중재자 역할을 하려고 노력하고 있다. 그러나 미국은 한국이 북한 핵에 관해서는 미국 이상의 피해 당사자인데 이해관계에서 초연하여 중립적인 입장에 서려고 하는 사실에 대해 못마땅하게 생각하고 있다. 북한 역시 핵문제와 같은 군사문제에 관해 한국과 실질적인 대화를 하는 것을 거부하고 있기 때문에 한국의 '희망사항'은 관철될 가능성이 낮은 것이 사실이다. 1994년 제네바 북·미 합의에서와 같이 실질적인 협상은 북한과 미국 사이에 이루어지고 만일 합의가 도출되면 이의 추진에 필요한 경제적 부담만 한국이 도맡을 가능성이 높다. 결국, 햇볕정책은 한반도에서 군사적 긴장을 완화하는데 크게 기여한 것이 없다는 결론을 도출할 수밖에 없는 것이다.

북한의 개혁·개방

햇볕정책의 궁극적인 목표는 북한을 개혁·개방의 길로 인도하는 것이다. 한국정부와 햇볕정책 지지자들은 북한의 7·1 경제관리 개선조치와 신의주 특구 및 개성공단 사업들이 북한이 개혁·개방의 길로 가고 있다는 증거이며 이는 햇볕정책의 가시적 성과라고 할 수 있다고 주장하고 있다.

그러나 이 부분에서의 평가 역시 그리 긍정적인 것이 되지 못한다. 앞에서도 지적한대로 북한의 7·1 개선조치는 시장경제로의 체제 개혁이라기보다는 경제난으로 배급제가 사실상 불가능해지고 암시장이 성행하는 상황에서 나온 고육지책이었다. 또한, 북한의 특구정책도 햇볕정책이 추진되기 훨씬 이전인 1990년대 초기 법적·제도적 기반이 마련되었고 나진·선봉 특구사업을 추진하였다. 신의주 특구

사업은 한국과 직접적인 관계가 없으며 남한전용 개성공단 사업만이 햇볕정책의 산물이라고 할 수 있을 것이다.

이미 앞에서도 지적한대로 북한은 체제 붕괴를 우려하여 중국식 개혁·개방정책을 추진하지 않으려 하고 있다. 중국 정도의 개방도 북한의 김정일 정권을 붕괴의 길로 몰아갈 수 있기 때문이다. 최근 일부 언론에 보도되는 것과 같이 용천역 폭발사건이 단순한 사고가 아니라 김정일 위원장을 암살하려는 음모였다고 한다면 북한 내에서 반(反)김정일 세력의 능력과 의지를 과소평가해서는 안 될 것이라고 생각한다. 북한 김정일 정권의 2인자이며 김정일의 매제인 장성택이 최근 가택연금 상태라는 사실 역시 북한 김정일 정권이 외부에 비춰지는 것만큼 탄탄하지 않다는 증거라고 판단된다. 북한과 같이 철저히 통제된 사회에서 체제에 대한 도전은 동독과 같이 일반대중에 의해 이루어지는 것이 아니라 국내외 사정을 잘 아는 김정일 체제내의 엘리트들에 의해 갑자기 일어날 것이다. 김정일 위원장이 중국 수준의 개혁·개방도 허용하지 않고 자신의 행보를 외부에 절대로 노출시키지 않는 것은 자신에 대한 도전이 언제 어떻게 발생할지 안심할 수 없기 때문이다.

이러한 상황에서 한국의 햇볕정책이 김정일 위원장의 생각을 근본적으로 바뀌게 할 것이라는 기대는 매우 비현실적인 것임에 틀림없다. 오히려 햇볕정책에 의한 '퍼붓기 식' 대북지원은 북한 김정일 정권으로 하여금 중국식 개혁·개방을 하지 않아도 경제적 생존이 가능하다는 착각을 하게 하여 북한의 개혁·개방을 지연시키는 결과를 초래할 가능성이 높다.

한국경제의 부담

햇볕정책은 한국경제에 상당한 부담이 되어온 것이 사실이다. 그 대표적인 사례가 현대의 금강산 관광사업과 정상회담의 대가로 지불된 대북송금이라고 할 수 있다. 금강산 사업에서의 막대한 적자와 5억 달러의 대북송금은 현대그룹을 심각한 경영난에 봉착하게 하였고 김대중 정부는 현대를 살리기 위해 LG반도체를 LG그룹으로부터 뺏어 현대전자에 넘겨주었고 30조 원에 달하는 공적자금을 투입하여 '현대 살리기'에 나섰다. 그럼에도 불구하고, 햇볕정책 추진 이전에는 최고기업을 자랑하던 현대계열사들은 아직도 경영난에서 헤어나지 못하고 있고 정몽헌 회장은 자살하였다.

김대중 정부의 햇볕정책을 승계한 노무현 정부 역시 북한에게 추가적인 경제적 지원을 해 주려고 애쓰고 있다. 만일 미국의 부시 행정부가 북한 핵을 이유로 에너지 등의 분야에서 한국정부의 대규모 대북지원을 반대해 오지 않았다면 한국의 대북지원은 실로 엄청난 규모에 달하였을 것이고 이는 고스란히 한국경제에 큰 부담이 되었을 것이다. 이러한 사실은 정부출연 연구소들이 만든 분야별 대북지원 가능사업들의 '화려한' 목록을 보면 잘 알 수 있다. 북한지원과 관련해서는 마치 재원의 한계가 존재하지 않는 것 같이 열의를 보이고 있는 것이 햇볕정책 이후 한국정부가 보여준 행태라고 할 수 있다.

북한 핵 해법과 관련해서도 한국정부는 북한이 핵 폐기 의사만 표명하면 에너지 등의 분야에서 대규모 지원이 가능하다고 공개적으로 선언하고 있다. 앞서 지적한대로 남북경협 사업이 경제원리에 의해 교류 쌍방에게 득이 되는 방향으로 진행되지 않고 북한에게 일방적인 시혜를 주는 차원에서 이루어지고 있기 때문에 남북경협에 소요되는 자금의 대부분이 한국에게는 경제적 부담으로 전가되고 있는 것이다.

한국은 1997년 말 사상 최초의 국가부도 직전의 외환위기를 경험하였다. 그 후 IMF 등 국제사회의 지원으로 위기를 극복하여 지금은 경제가 정상 상태를 회복하였으나 아직도 한국경제는 많은 취약점과 불안요인을 갖고 있다. 한국의 노사문제는 국제사회에서 세계 최악으로 평가받고 있고 외국기업이 한국에 투자를 기피함은 물론 한국 기업들도 한국에서의 투자를 포기하고 중국, 인도 등 외국으로 진출을 서두르고 있다.

지금의 한국경제는 열악한 기업경영 환경으로 투자의 경제적 효과가 불확실한 북한에 대해 대규모 지원이나 투자를 할 수 있는 상황이 아니다. 그런데도 햇볕정책의 '함정'에서 벗어나지 못하고 있는 한국정부는 북한에게 대규모 경제지원을 하기 위해 한국의 안보를 지키는 미국과 각을 세우면서까지 북한당국에 대해서는 저자세 접촉을 거듭하고 있다. 이제 좀 더 냉철한 이성을 찾아 보다 실용주의적 차원에서 대북지원을 점검해야 할 시점이 아닌가 싶다.

남 · 남 갈등과 한 · 미 간의 이견

　햇볕정책이 초래한 경제적 부담보다 더 심각한 문제는 햇볕정책의 추진과정에서 남한의 보수진영과 진보진영 간의 갈등과 대립이 심화되었고 지난 50여 년간 한반도 안보 유지의 기본 축을 이루어 온 한 · 미동맹 체제에 균열이 발생하게 되었다는 사실이다. 결국 김대중 정부의 햇볕정책은 남북분단 이후 지금까지 적화통일 목표를 버리지 않으면서 남한 내에서 북한에 동조하는 세력을 규합하여 통일전선을 구축하고 미군 철수를 실현시키려고 하는 북한에게 엄청난 '횡재'를 안겨 준 셈이다.

　정부의 대북정책이 남한체제의 붕괴를 노리는 북한 김정일 정권의 수명을 연장해 주는 차원에서 전개되면서 한국 내 보수세력은 햇볕정책의 의도에 대해 의심하기 시작했고 햇볕정책을 지지하는 진보세력을 용공세력이라고 생각하게 되었다. 반면, 진보세력은 이러한 보수진영의 생각이 냉전시대적 사고이며 보수세력을 변화와 개혁을 거부하고 기득권을 유지하려는 '반동적 수구세력'이라고 비판하고 있다. 보수와 진보세력 간의 갈등은 대북정책 외에 이라크 파병, 노무현 대통령 탄핵파문 과정에서도 집단행동의 형태로 표출되었고 최근의 국가보안법 폐지 여부와 관련하여 재연되고 있다. 그러나 보수와 진보세력 간 이견 대립의 핵심은 북한에 대한 인식 차이이며 이는 김대중 정부의 햇볕정책에서 비롯되었다고 할 수 있다.

　미국의 부시 행정부가 출범하고 9 · 11 테러사건으로 미국 여론이 북한과 같은 '불량 국가'에 대해 매우 부정적인 방향으로 흐르면서 한국의 햇볕정책은 대북정책 부문에서 한·미간 공조를 어렵게 하는 상태로 몰아갔고 이로 인한 한·미 정부 당국 간의 갈등은 한국에서는 반미감정, 미국에서는 반한감정으로 치닫고 있다. 한 여론조사에 의하면 한국인들은 북한보다 미국이 한반도 안전에 위협적이라고 생각하고 있고 미국인들은 한국이 '불량 국가'인 북한의 최대 후원자라고 믿고 있다. 한국 외교의 기본 축인 한·미동맹 관계의 조속한 회복이 절실히 요구되고 있다.

종합적 평가

이러한 분석을 종합해 볼 때 한국이 햇볕정책을 추진해서 얻은 것은 별로 없는 반면 이로 인해 잃은 것은 매우 심각한 수준이라고 할 수 있다. 햇볕정책은 남북 분단이 지속되는 한 남한의 체제 경쟁자가 될 수밖에 없는 북한의 입장을 유리한 방향으로 반전시켜 주었고 북한으로 하여금 체제 위협이 우려되는 개혁·개방의 길을 택하지 않고도 체제 유지에 필요한 경제적 지원을 얻을 수 있게 하였다. 반면 햇볕정책은 한국경제에 부담을 안겨줌은 물론 남·남 갈등과 한·미 공조체제의 균열을 초래하여 북한과의 체제경제에서 한국의 입장을 크게 약화시키는 결과를 초래하였다. 1960년대 이후 이룩한 경제발전에 근거한 경제력의 절대적 우위와 한·미동맹 체제에 바탕을 둔 우월한 군사력의 기반이 햇볕정책에 의해 무너져 내리고 있는 것이다.

그럼에도 불구하고, 김대중 대통령이 임기 내내 햇볕정책의 추진에 집착하였고 노무현 대통령도 이를 계승·발전시키려고 하는 이유가 무엇인지 궁금하지 않을 수 없다. 김대중 대통령은 일찍이 1970년대 초부터 3단계 통일론을 제시하면서 대북 유화정책을 주장하여 왔다. 그래서 김대중 대통령에게는 언제나 '색깔론'이 붙어다녔고 '서경원 사건' 과정에서 김대중 대통령은 북한의 지원금을 받았다는 혐의를 받기도 하였다.

김대중 대통령이 햇볕정책을 주창하고 이를 끈질기게 밀어붙인 이유에 대해 몇 가지 측면에서 유추해 볼 수 있을 것이다. 첫 번째 가능성은 북한을 같은 동족이라는 입장에서 적극 도와주어야 하고 그러다보면 북한도 변해서 통일의 기반을 이룩할 수 있을 것이라는 시각이다. 이는 민족주의적 사고에 기능주의 이론을 적용한 것이라 할 수 있다. 햇볕정책에 대한 이러한 해석은 6·15 남북 정상회담이 성사된 후 국제사회가 인정한 것으로 김대중 대통령은 남북화해를 이루고 한반도 평화를 구축하는데 기여한 공로로 한국인으로는 처음으로 노벨평화상을 수상하기도 했다.

그러나 이러한 국제사회의 기대는 남한으로부터의 화해의 손길에 북한이 대량살상무기 개발과 '벼랑 끝 외교' 전술로 맞받아침으로써 무너져버렸고 대북송금 사건은 햇볕정책의 정당성과 김대중 대통령의 도덕성마저도 의심케 하는 계기가 되었다.

김대중 대통령은 재임기간 중 북한에 대해서는 햇볕정책으로 요약되는 유화정책을 펼치면서 국내정치에서는 보수세력과 야당을 견제하기 위해 '강풍정책'을 구사하였다. 보수 야당세력의 확산을 막고 차기 유력 대통령후보인 이회창 총재를 견제하기 위해 검찰 수사력을 총동원하여 세풍, 총풍 등의 사건을 부각시켰고 야당의원 다수에 대한 정치자금 수사도 강행하였다. 조선, 중앙, 동아 등 보수 언론사의 대표들을 탈세 등의 혐의로 구속하면서 국내 보수세력에 대한 전면적 공세를 취하기도 했다.

이와 같은 국내정치 분야에서 김대중 대통령의 강경일변도 전략으로 미루어 볼 때 김대중 대통령의 유화적 대북정책은 김 대통령이 표면적으로 내세운 화해와 포용이라는 인도주의적 차원보다는 김대중 대통령의 진보적 정치이념에 기초하였다고 보아야 할 것이다. 역사적으로 남한의 진보세력은 해방 이후 집권한 보수정권과는 전혀 다른 친북성향의 대북관(對北觀)을 지녔던 것이 사실이다. 이는 해방직후 남한에서 전개된 좌파 정치세력의 친북적 행동으로 나타났고 4·19 학생 민주화운동 직후 진보세력의 남북대화 제의 과정에서도 그대로 표출되었다. 김대중 대통령의 대북관 역시 이러한 진보세력의 가치관에 바탕을 둔 것이라 할 수 있으며 진보성향의 노무현 대통령이 햇볕정책을 그대로 계승하겠다고 천명한 것도 이러한 이유에 근거한다고 하겠다.

이에 더해, 민주화 이후 한국정치의 새로운 풍조는 대권을 잡은 정치지도자들이 북한카드를 자신들의 정치적 위상 제고를 위해 활용했다는 것이다. 이러한 사실은 보수성향이 뚜렷한 노태우 대통령과 김영삼 대통령 모두 대북 포용정책을 천명하면서 남북 정상회담 개최에 적극적이었다는 것으로도 확인되고 있다. 노태우 대통령은 임기 중 북방정책을 적극 전개하여 소련, 중국과의 국교 수립을 이루어냈고 이를 바탕으로 대북 포용정책을 전개하였다. 남북 기본합의서와 한반도 비핵화 선언은 노태우 대통령에 의한 대북 포용정책의 결과였다고 할 수 있다.

김영삼 대통령 역시 취임사에서 민족의 중요성을 강조하였고 취임 초 일방적으로 이인모 북송조치를 취했다. 그 후 북한 핵문제가 제기되자 강경노선으로 대북정책의 방향을 수정했으나 카터 대통령이 김일성 주석의 남북 정상회담 개최 제안을 전하자 이를 흔쾌히 받아들였다. 대통령뿐만 아니라 보수야당의 대표들 거의 모두 한편으로는 햇볕정책을 비판하면서도 북한 방문과 남북관계에서 적극적인 활동의사를 표시하여 왔다.

북한 카드가 한국정치에서 정치지도자의 위상을 높여주는 요인이 되면서 김대중 대통령 역시 이를 적극 활용하였다고 할 수 있다. 6·15 남북 정상회담 일정이 2000년 총선을 불과 며칠 앞둔 시점에서 발표됨으로써 남북 정상회담은 여당 총선전략의 일환으로 활용되었다.

또한 남북 정상회담과 이로 인한 노벨평화상 수상은 김대중 대통령의 국내외적 정치위상을 높이는데 크게 기여하였다. 김대중 대통령이 임기내 김정일 위원장의 답방에 많은 노력을 기울인 것도 이를 차기 대선에서 여당의 선거 전략으로 활용하기 위한 것이었다는 주장도 상당히 설득력이 있다.

이러한 사실들을 종합해 볼 때, 김대중 대통령이 햇볕정책을 강력히 추진한 것은 진보세력의 친북성향 대북관과 북한 카드를 국내 정치적 목적으로 활용해 보려는 의지가 결합된 결과인 것으로 판단된다.

4. 햇볕정책의 수정방향

유화정책을 포용정책으로

햇볕정책 추진의 주역인 임동원은 햇볕정책이 노태우 대통령의 북방정책으로 시작된 대북한 포용정책의 연장이라는 점을 애써 강조하면서 "김대중 대통령의 대북정책은 1989년에 채택된 민족공동체 통일방안을 토대로 7·7 특별선언 이래 추진된 포용정책을 계승·발전시킨 것으로 남북기본합의서 이행을 지향하는 것"이라고 주장하고 있다.59) 그러나 그 동안의 추진과정을 지켜보면 햇볕정책은 포용정책이라기보다는 유화정책에 가깝다고 할 수 있다. 그 이유는 진보세력의 이념적 편견 때문에 서해교전이나 핵문제 등이 발생했을 때 북한의 잘못을 지적하고 이에 상응하는 대책을 강구하지 않고 한국정부가

---

59) 임동원, "제1차 남북 정상회담의 성사과정과 향후 과제", 「북한 핵문제의 해법과 전망」, 중앙M&B, 2003

마치 북한의 입장을 대변하는 듯한 입장을 취해 왔기 때문이다.

포용정책(engagement policy)은 외교 또는 군사 분야에서 "포괄적인 접촉관계의 형성 및 증진을 통해 대상국가의 정치행위에 영향을 끼치고자 하는 시도"라고 레스닉은 정의하고 있다.[60] 포용정책을 구사하는 국가는 여러 부문에 걸쳐 대상국가와 접촉을 증대하면서 동시에 대상국가가 침략을 시도하거나 지정학적 영향권을 확대하는 것을 억지하는 정책을 동시에 구사할 수 있다고 레스닉은 주장하고 있다. 결국, 포용정책의 목표는 대상국가가 용납될 수 없는 불량한 대외정책을 중지하도록 동기를 부여하기 위해 '채찍'의 뒷받침을 받는 '당근'이라는 유인책을 제공하는 것이다.

반면, 유화정책(appeasement policy)은 원래 "두 국가 사이의 갈등과 의견 불일치의 주요 원인들을 체계적으로 제거함으로써 긴장을 완화시키는 것"으로 이해되었다.[61] 유화정책은 갈등의 양 당사자에 의해 공히 추진되기도 하지만 이 보다는 한 측이 타결과정을 선도하면서 더 많은 희생을 하는 것이 보다 전형적인 것이었다고 한다. 19세기와 20세기 초 유화측의 역할은 영국정부에 의해 가장 일관되게 추진되었다. 그러나 1930년대 챔버린의 영국정부가 히틀러 독일에 대한 유화정책이 실패하게 되자 유화정책에 대한 비판여론이 높아지게 되었다. 비판론의 핵심은 히틀러 나치와 같은 불량국가는 유화의 대

---

60) Evan Resnick, "Defining Engagement", 「Journal of International Affairs」, Spring, 2001

61) Stephen Rock, 「Appeasement in International Politics」, Lextington, University of Kentucky, 2000

상이 될 수 없다는 것이다. 유화정책으로는 히틀러 같은 지도자의 생각을 바꿀 수 없기 때문에 유화정책은 갈등을 해소하는 것이 아니라 갈등을 증폭시켜 결국 전쟁 상태까지 유발할 수 있다는 것이다. 현재 북한의 김정일 정권이 바로 이런 경우라고 할 수 있다.

포용정책과 유화정책의 차이는 포용정책이 자신의 위신을 지키는 가운데 상대방을 도와주는 강자의 전략인데 반해, 유화정책은 상대방의 위세에 눌려 비위나 맞추려 하는 약자의 전략이라는 것이다. 또한, 포용정책은 채찍이 뒷받침되는 상황에서 당근을 타협의 조건으로 제시하나 유화정책은 채찍 없이 당근으로만 상대방을 설득하고자 한다. 남북한의 비교에 있어서 남한이 경제력이나 국제위상 측면에서 강자임에 틀림없는 상황에서 한국정부가 대북정책을 포용정책 차원이 아닌 유화정책의 형태로 추진하는 것은 납득하기 어려운 일이 아닐 수 없다. 또한, 북한과 같은 전형적인 '불량국가'에 대해 채찍 없는 당근이 변화를 유도할 수도 없는 것이다.

따라서, 기존의 대북 유화정책을 채찍이 포함된 포용정책으로 바꿔야 할 것이다. 박형중[62]은 포용정책을 ① 협력적 포용정책, ② 포괄적 포용정책, ③ 강제적 포용정책, ④ 매파적 포용정책으로 구분하고 있다. 협력적 포용정책은 강제가 아니라 유인책을 제시하여 적대국가를 포용하는 것으로 1994년 제네바 합의가 대표적 사례로 지적되고 있다. 그러나 제네바 합의는 북한이 약속사항을 이행하지 않음으로써

---

62) 박형중, 「불량국가 대응전략」, 통일연구원, 2002.12

실패했다. 포괄적 포용정책은 클린턴 행정부의 대 중국정책으로 대표
되며 근본적으로 중국이 국제공동체의 규범을 준수한다는 전제로 중
국을 그 방향으로 가도록 노력하는 정책이라고 할 수 있다.

반면, 강제적 포용정책은 미국의 보수 강경파들이 주장하는 대
중국정책으로써 설령 중국을 포용하더라도 그 과정에서 중국이 국제
적 규범을 따르게 하고 미국의 이익을 고수해야 한다는 입장을 견지
하고 있다. 포괄적 포용정책에 비해 강제적 포용정책은 상대 국가에
대한 기본적 신뢰 수준이 낮다는 특징이 있다. 끝으로, 매파적 포용정
책은 현재 부시 행정부의 대 북한정책으로 상징되며 상대 국가의 악
의적 본질을 폭로하기 위한 수단으로서의 포용을 시한적으로 인정하
는 것이다. 매파 포용정책은 "투명성과 신뢰를 구축하고 불안을 감소
시키기 위한 방도가 아니라 북한의 진실된 악한(惡漢) 의도를 폭로하
여 나중에 징벌할 이유를 만들기 위해 취해지는 것"으로 빅터 차[63]는
설명하고 있다.

그러면 한국의 대북정책은 위의 네 가지 유형 중 무엇이 되어야
하는가? 현재의 대북정책은 협력적 포용정책 수준에도 못 미치는 전
형적인 유화정책이라고 할 수 있다. 그러나 앞으로 대북정책의 내용
은 강제적 포용정책이 되어야 할 것이다. 이는 북한이 국제적 규범을
지키도록 함은 물론이고 대북정책의 추진과정에서 한국의 이익이 손
상되지 않도록 유의해야 함을 의미한다.

---

63) Victor Cha, "Korea's Place in the Axis", Foreign Affairs, May/June, 2002

이념적 접근에서 실용주의적 접근으로

진보세력은 보수세력이 과거 냉전시대의 시각으로 북한을 보고 있다고 비판하면서 자신들은 그 반대의 방향에서 북한을 접근해야 한다고 생각하고 있다. 또한, 과거 군사독재 정권들이 반공(反共)을 내세워 반대세력을 정치적으로 제압하려 했기 때문에 용공적(容共的) 시각을 갖는 것이 탈냉전 민주화시대에 부응하는 일이라고 진보진영은 생각하고 있다. 그래서 그들은 북한 김정일 정권의 의도를 가급적 선의로 생각하려 하고 북한 내에서 일어나는 일들에 대해 긍정적으로 해석하려고 애쓴다. 햇볕정책이 유화정책의 형태로 추진된 것은 바로 이런 이유에 기인하는 것이다.

햇볕정책 지지자들은 서해교전에서 한국장병이 여섯 명이나 사망을 해도 그것은 우발적 사건에 불과하다고 북한을 방어해 주었으며, 북한의 심각한 인권문제에 대해서는 확실한 증거가 없다고 문제 삼으려 하지 않는다. 또한, 7·1 경제관리 개선조치가 나오자 북한이 드디어 개혁·개방의 길로 가고 있다고 흥분해 하고, 심지어는 북한 핵에 대해서도 북한이 핵무기를 개발할 능력이 없을 것이라고 하면서 설사 핵무기가 있다고 해도 남한에는 절대로 사용하지 않을 것이라고 주장하기도 한다.

이러한 진보진영의 행태는 임진왜란 직전 일본을 방문하여 당리당략적인 시각에서 일본이 한국을 침략할 조짐이 전혀 없고 히데요시는 두려워 할 인물이 못된다고 보고한 동인 출신의 부사(副使) 김성일의 그것과 같은 것이라 하지 않을 수 없다. 당시 김성일이 일본의 침략가능성이 높다고 보고하면 '십만양병설'(十萬養兵說)을 주장한 서인 세력에게 힘을 실어주는 것이 되기 때문에 서인 정사(正使) 황윤길과는 정반대의 보고를 조정에 했고 당시 동인에 의해 장악된 조정은 김성일의 의견을 조정의 중론으로 채택하였다.

한국 정부와 대통령은 한반도 주변 정세의 변화와 북한 김정일 정권의 움직임을 진보진영의 고정관념에서 탈피하여 객관적 사실에 근거한 실용주의적 관점에서 접근해야 한다. 특히, 대북정책과 같이 국가의 존립이나 발전과 직결된 정책사항이 특정세력의 편향된 시각에서 수립되고 추진되는 일이 있어서는 안 될 것이다. 온 세계가 다변하는 상황에서도 북한은 유일지배체제를 바탕으로 선군정치와 '벼랑 끝 외교' 전술을 구사하고 있는 것이 작금의 현실이다. 그럼에도 불구하고 북한이 개혁·개방의 길로 가고 있고 남한에 위협을 가하지 않을 것이라는 인식을 바탕으로 대북정책을 추진한다면 김성일 보고가 임진왜란에 대한 대비를 못하는 계기가 된 것 같이 한반도에서의 냉전체제가 오히려 장기화되고 더 나아가 '제2의 한국전쟁'이 발발하게 되는 결과를 초래할 수도 있을 것이다.

위협과 무력도발에 대한 단호한 대처

햇볕정책을 강자의 포용정책이 아니라 약자의 유화정책으로 보게 되는 가장 큰 이유는 북한의 위협과 무력도발에 대해 한국정부가 매우 미온적인 입장을 취해왔기 때문이다. 서해교전으로 국군장병이 여러 명 사망했는데도 김대중 대통령과 한국정부는 북한군의 행동을 비난하기는커녕 오히려 비호하는 발언을 하면서 전사 장병들의 영결식에 대통령은 물론 국방장관도 참석하지 않았다. 그로부터 2년이 지난 지금도 이들의 유가족들은 "적과 싸운 게 죄인가"라고 하면서 정부와 군 당국에 대해 섭섭한 심경을 토로하고 있다.

최근 북한 경비정의 서해북방한계선(NLL) 침범사건 과정에서도 청와대는 NLL을 고의적으로 침범한 북한측에 대해서는 아무런 경고조치도 취하지 않으면서 북한측이 보내온 왜곡된 전통문을 근거로 한국군 수뇌부를 문책하였다. 북한은 고의적으로 NLL을 무시하고 교란전술을 구사하였는데 청와대와 군 수뇌부가 충돌하는 적전 분열상태를 보인 것이다. 이는 대한민국 정부의 정체성을 의심하지 않을 수 없는 사건이라 하겠다.

북한 핵문제에 대한 정부의 태도 역시 미온적이긴 마찬가지다. 북한 핵의 최대 피해자는 당연히 남한인데도 불구하고 한국정부는 북한 핵을 기본적으로 미국의 문제로 인식하면서 자신이 북한과 미국의 중개자 역할을 하려고 하고 있다. 북한 핵문제가 국제적 쟁점으로 비화되고 있어도 한국정부는 북한에 대한 지원은 계속하겠다고 하고 KEDO사업도 지속되어야 한다고 미국 등 우방들을 설득하고 다녔다.

따라서 정부의 대북정책이 유화정책이라는 비난에서 벗어나기 위해서는 북한의 위협에 대해 단호히 대처하고 무력도발에 대해서도 적절한 맞대응을 하여야 할 것이다. 예를 들어, 2002년 6월 서해교전의 경우 최소한 북한으로부터 무력도발에 대한 사과라도 받았어야 했으나 한국정부는 사과요구는커녕 마치 아무 일이 일어나지 않은 것 같이 금강산 관광사업을 지속시켰다. 또한, 최근의 북한 핵 위기 상황에서도 한국정부가 이 문제의 평화적 해결만 부르짖을 것이 아니라 1991년 남북한이 합의한 '한반도 비핵화선언'을 상기시키면서 북한 핵문제가 해결되지 않으면 미군 전술 핵의 한국 재배치가 불가피하다는 것을 주장해야 할 것이다. 북한의 의도적 무력도발에도 대응을 하지 않는 대북정책은 양보로 북한의 변화를 유도하는 유화정책이 아니라 북한에 대해 백기투항을 의미한다는 사실에 유념해야 할 것이다.

수익성 우선원칙에 의한 경협추진

기능주의 이론에 입각한 남북교류의 핵심은 경제 분야에서의 남북교류다. 지금까지 진행된 남북 경제협력의 문제점은 한국정부가 경협의 성립 자체에 너무 치중한 나머지 경제교류의 핵심원칙이라 할 수 있는 수익성이 도외시되는 경우가 많았다는 것이다. 그러나 수지타산이 맞지 않는 경제행위는 오래 지속될 수 없기 때문에 남북경협의 지속적 발전을 위해서는 정경분리 원칙이 지켜지고 남북한 간의 교역과 투자는 철저히 수익성 위주로 이루어져야 한다. 애국심이나 민족애에 호소하는 상거래나 한국정부로부터의 반대급부를 기대하고 이루어지는 대북 투자사업은 현대의 금강산 관광사업과 같이 추진과정에서 많은 부작용과 비효율만을 야기할 것이다.

따라서 현재 추진 중인 개성공단 사업은 시작단계에서부터 수익성 우선원칙이 철저히 지켜져야 할 것이다. 이는 민간기업에 의한 대북사업은 수익성에 대한 기업 스스로의 자율적인 판단과 책임하에 이루어져야 함을 의미한다. 정부는 남북경협 실적을 높이기 위해 민간기업에게 무리하게 사업추진을 종용해서는 안 되며 오히려 성공 가능성이 낮은 기업에게는 사업 참여의 재고를 요청하여야 할 것이다. 민간차원의 남북경협 과정에서 정부가 할 일은 이미 북한측과 합의한 4대 경협합의서가 제대로 이행되도록 하는 등 경협이 원활히 이루어질 수 있는 제도적인 틀을 만들고 이를 개선·발전시키는 것이 되어야 한다.

조동호는[64] 남북 경협사업의 수익성 확보를 위한 전략으로 다음의 네 가지 사항을 건의하고 있다. 첫째, 무리한 사업을 시도하지 않는다. 둘째, 수익창출이 가능한 사업 분야와 품목을 선정한다. 셋째, 북한과의 협상시 북한측의 무리한 요구에는 단호한 입장을 취한다. 넷째, 초기에는 소규모로 시작한다. 한 마디로 경협사업의 추진에 있어 철저한 사전 준비와 더불어 사업의 단계적 추진을 건의하고 있는 것이다. 열악한 북한의 기업활동 여건을 감안할 때 매우 적절한 충고라고 생각된다.

---

64) 조동호, 「북한 경제정책의 변화 전망과 남북경협의 역할」, 한국개발연구원, 2003.12

국민적 합의 도출

햇볕정책을 비판하는 보수진영 인사들도 무력에 의해 통일을 이룩해야 한다고 주장하는 사람은 없다. 그 과정에서 예상되는 인명과 재산상의 피해가 너무 크기 때문이다. 따라서 북한과의 전쟁이 바람직하지 않기 때문에 북한에 대해 가급적 포용정책을 추진해야 한다는 데에는 국민적인 합의가 이루어져 있다고 할 수 있다. 상대적으로 보수정권이라 할 수 있는 노태우 정부와 김영삼 정부에서도 대북 포용정책 기조가 유지되었다는 사실이 이를 입증한다고 하겠다.

햇볕정책 추진 이후 보수와 진보진영 간의 남·남(南南) 갈등이 야기된 것은 햇볕정책이 포용정책 차원을 넘어 '퍼붓기 식' 또는 '상호주의가 완전히 무시된 형태'로 진행되었기 때문이다. 따라서, 대북정책에 대한 갈등구조를 종식시키고 국민적인 합의를 도출하기 위해서는 앞서 지적한 바와 같이 햇볕정책에 대한 수정작업이 이루어져야 한다. 국민적인 합의를 바탕으로 한 대북 포용정책은 단기적으로는 남북 간 긴장완화에 크게 기여함은 물론 중장기적으로도 남북한 공동체 건설을 가능하게 하여 통일의 조기 실현에 크게 기여할 수 있을 것이다.

한·미·일 공조체제 유지

대북정책에 있어 남한 내에서 보수와 진보진영 간에 국민적인 합의를 이루는 것 못지않게 중요한 것이 한·미·일 공조관계를 유지하는 것이다. 현재 북한은 한·미 공조관계에 균열이 생기고 있는 것을 역이용하여 미국의 강경정책을 무력화시키고 한·미간의 갈등을 심화시켜 북한의 숙원사업이라 할 수 있는 미군 철수를 성사시키려 최선을 다하고 있다.

대북정책에서 한·미 공조체제가 유지되려면 햇볕정책에 대해 적어도 앞에서 제기된 정도의 수정이 가해져야 가능할 것이다. 현재 한국정부와 부시 행정부는 북한에 대한 근본적 인식에 있어 견해 차이가 너무 크기 때문에 햇볕정책에 대한 수정이 이루어지지 않는 한 한국 내에서 국민적 합의는 물론이고 한·미·일 간 공조체제의 유지가 어려울 것이다. 이는 김대중 정부의 '햇볕정책'을 계승하면서도 문제점은 보완하겠다는 노무현 정부가 안고 있는 최대 고민거리임에 틀림없다. 한반도 주변정세에 대한 정확한 현실 인식과 실용주의적 국정운영 철학에 입각한 노무현 정부의 바른 선택을 기대해 본다.

노무현 정부는 출범이후 자신의 대북정책을 '평화번영 정책'이라고 부르면서 김대중 정부의 정책기조를 유지하면서도 추진과정에서 문제가 된 대내외적 투명성, 호혜주의 그리고 국민적 참여 확대와 초당적 협력을 이룰 것을 약속하고 있다. 이는 매우 바람직한 문제 인식이라 할 수 있으며 이러한 약속이 실천되면 대북정책의 효용성은 크게 제고될 수 있을 것이다.

최근에는 그동안 김대중 정부의 햇볕정책을 줄기차게 비판해 온 한나라당도 대북정책에 대한 강경기조를 다소 완화하는 듯한 행보를 취하고 있다. 박근혜 대표가 6 · 15 남북 정상회담 4주년 기념행사에 참석하고 정부가 원하면 특사자격으로 북한을 방문할 수 있다고 하였다. 대북정책에 관한 여 · 야간 협조와 국민적인 합의를 도출할 수 있는 분위기가 조성된 것이다.

이를 위해서는 무엇보다도 정부의 대북정책이 유화정책이라는 비난을 받을 수 있는 소지를 제거하여 보수진영의 이해와 협조를 구해야 할 것이다. 또한, 수익성을 우선하는 민간차원의 경협 원칙을 확립하여 경협이 남북한 쌍방에서 유익한 방향으로 발전될 수 있도록 해야 한다. 국내에서 대북정책에 대한 합의가 도출될 수 있다면 이를 바탕으로 한 · 미간 공조체제를 복원시키는 일은 상대적으로 쉽게 이루어질 수 있을 것이다.

제7장

강·온병행 전략에 의한 북핵문제의 해결

"

북한에 대해 두 사람이 논쟁을 시작하면

세 가지 다른 강력한 의견이 대두된다.

(…)

북한의 비밀 핵개발 계획이 노출되면서 강경파들은

이는 김정일 정권의 근본적이며 변하지 않는

'악한(惡漢) 의도'가 드러난 것이기 때문에

고립과 봉쇄정책으로 대응해야 한다고 주장한다.

반면, 온건파들은

북한이 비밀 핵개발 계획을 인정한 것은

대화를 거부하는 부시 행정부에게

직접 대화의사를 호소하는 것으로 해석하고 있다.

"

Victor Cha & David Kang, 「Nuclear North Korea : A Debate on Engagement Strategy」

1. 문제의 본질과 진행과정

핵문제의 의미

최근 북한 핵문제가 다시 불거지면서 북한과 관련한 '한반도 드라마'는 그 클라이맥스를 향해 달려가고 있다는 느낌을 갖지 않을 수 없다. 미국은 북한의 행동이 1994년 제네바 합의와 1992년의 한반도 비핵화선언을 정면으로 위반한 것이기 때문에 핵무기의 완전 폐기를 종용하면서 북한이 이를 받아들이지 않으면 경제봉쇄와 무력대응도 불사할 것이라는 강경자세를 취하고 있다.

이에 대해 북한은 미국의 강경입장 비난과 함께 IAEA의 핵 봉인을 제거하였고 NPT를 탈퇴하면서 사실상의 '핵 보유국'을 선언하기에 이르고 있다. 그동안 '햇볕정책'을 추진해 온 한국은 북한의 행동에 대해 당황해하면서 한편으로는 핵문제의 평화적 해결을 강조하고 미국의 무력사용에 대해 반대 입장을 분명히 하고 있고, 다른 한편으로 북한에 대해서는 핵개발을 포기하면 상당한 규모의 경제지원을 해주겠다면서 북한을 달래고 있다.

현재 진행되고 있는 북한 핵문제가 어떻게 해결되는가에 따라 '한반도 드라마'의 결말이 '해피 엔딩'(happy ending)이 될 지 아니면 '비극적 종말'을 맞게 될 지 결정되는 것이다. 전자는 북한이 미국과 국제사회의 요구를 받아들여 핵개발을 완전히 포기하고 국제사회의 경제적 지원을 받아들여 개혁·개방의 길로 가게 되는 경우이고, 후자는 북한이 핵개발 포기를 거부함으로써 미국과 국제사회가 북한에 대해 경제봉쇄, 무력에 의한 핵시설 제거 등의 조치를 취하여 많은 인명 피해와 재산 손실이 발생되는 경우다.

북한 핵개발이 갖고 있는 첫 번째 의미는 이것이 한국의 안보를 위협하는 차원을 넘어 세계의 핵 확산 방지 노력에 정면으로 배치된다는 것이다. 세계의 핵보유국들은 핵 확산을 막기 위해 1970년 NPT 체제를 구축하고 회원국을 핵보유국과 비보유국으로 구분하여 비보유국은 핵보유국으로부터 핵무기나 그 제조기술을 이전받지 못할 뿐 아니라 핵무기의 자체적 개발도 할 수 없도록 하였다.

NPT 협정의 핵보유국과 핵비보유국 간 불평등성에도 불구하고 냉전시대의 강자인 미국과 소련의 권유와 압력으로 지구상의 거의 모든 국가들이 NPT에 가입하여 있다. 다만 NPT 발효 당시 이미 비밀리에 핵개발에 성공한 인도, 파키스탄, 이스라엘과 공산권의 쿠바는 가입을 거부하였다. 북한은 소련의 권유로 1985년 NPT에 가입하였고 1993년 핵 파동 발생시 NPT 탈퇴를 선언하기도 했지만 1994년 제네바 합의가 이루어짐에 따라 다시 원대 복귀한 바 있다. 2002년 북한의 농축우라늄 계획이 노출되면서 북한은 2003년 1월 다시 NPT 탈퇴를 선언하였다.

북한의 NPT 탈퇴는 핵보유국이 되겠다는 의지의 표현이기 때문에 핵 확산을 저지하려는 미국 등 핵보유국의 이해와 정면으로 충돌하게 되는 것이다. 특히, 9·11 테러사건 이후 미국은 이른바 '불량국가'의 대량살상무기 보유를 방지하는데 안보정책의 최우선 순위를 두게 되었고 경계의 대상으로 이라크, 이란, 북한을 지목하면서 이들 국가를 '악의 축'이라고 부르기도 했다. 미국에 의한 이라크 공격도 이러한 정책의 일환으로 추진되었고 미국의 이라크 공격이 군사적으로 성공리에 마무리되자 리비아는 핵무기 개발을 포기하고 영국의 주선으로 2004년 6월 미국과 외교관계를 복원시켰다. 이 과정에서 리비아가 북한으로부터 재처리된 우라늄을 수입한 것이 알려져 북한 핵개발에 대한 국제사회의 우려는 더욱 높아지고 있다.

이라크 문제가 무력으로 해결되고 리비아는 스스로 대량살상무기 개발을 포기하게 되면서 북한은 불량국가의 대량살상무기 보유를 억지하려는 미국의 안보정책을 시험하는 대표적인 사례가 되고 있다. 미국이 북한의 핵개발 노력을 포기시키지 못하면 안보정책의 기본전제가 무너지는 결과를 초래하기 때문에 북한 핵문제는 미국 안보정책의 최대 현안으로 부상하게 되었다. 또한 케리 민주당 대통령후보의 발언을 통해서도 확인되었듯이 북한이 핵개발을 완전히 포기해야 한다는 입장에는 여·야 모두 같은 목소리를 내고 있는 것이 현재 미국의 상황이다.

북한 핵개발의 두 번째 의미는 이로 인해 동북아의 핵 균형이 무너지고 주변국들의 핵무장 등 군비경쟁을 촉발시킬 가능성이 높다는 것이다. 이제까지 일본은 핵무기를 제조·보유·반입하지 않겠다는 비핵 3원칙을 잘 지켜왔지만 북한의 핵무기 보유는 일본의 핵무장을 불가피하게 할 것이다. 일본은 이미 핵무기 제조에 필요한 다량의 플루토늄과 관련기술을 보유하고 있기 때문에 결정만 하면 단시간에 다량의 핵무기를 제조해 낼 수 있을 것이다.

북한의 핵무기 보유가 사실화되는 경우 한국의 입장은 일본보다 더 다급하다고 할 수 있다. 1992년 한반도 비핵화선언을 유도하기 위해 미군은 한국에 배치한 전술 핵을 철수시켰다. 그러나 북한의 핵개발로 비핵화선언이 무효가 되는 경우 당연히 전술 핵의 한국 재배치가 이루어져야 할 것이며 한국 역시 자체적으로 핵무기 개발 능력을 보유해야 하는 상황에 이르게 될 것이다. 특히, 일본의 핵무장은 중국을 자극하게 될 것이며 이는 동북아시아에서 치열한 군비확장 경쟁을 유발하고 군사적 긴장상태가 고조되는 결과를 초래할 것이다.

북한 핵개발의 세 번째 의미는 한반도에서 군사적 긴장이 고조되고 전쟁 발발 가능성도 배제할 수 없다는 것이다. 현재 진행되고 있는 6자회담이 무산되는 경우 미국은 무력을 사용해서라도 북한의 핵개발을 저지하려 할 것이다. 현재 휴전선 주변에 배치된 남북한 간의 군사력과 미국의 군사 지원력을 감안할 때 전쟁이 일어나면 궁극적으로는 남한과 미국의 연합군이 승리할 것으로 예상되나 그 과정에서 엄청난 인명 피해와 재산상 손실이 불가피하다. 군사전문가들은 인명 피해 규모를 백만 명으로 추산하기도 하나 이는 핵무기가 사용되지 않는 것을 전제로 한 것이기 때문에 실제 피해규모는 이보다 훨씬 클 가능성이 높다.

실제로 전쟁이 발생하지 않아도 북한이 핵보유국이 되면 남북한 간의 군사적 균형은 북한에게 유리한 방향으로 전환될 것이며 이는 남한에게 심각한 군사적 그리고 정치적 부담요인으로 작용할 것이다.

남한은 언제나 북한에 의한 핵 공격을 의식해야 하기 때문에 북한에 대해 약자의 입장에서 유화정책을 펼칠 수밖에 없을 것이다. 심지어는 북한이 국지전을 감행해서 수도권 등 남한의 핵심지역을 점령하고 핵무기로 위협하는 경우 이러한 북한의 요구를 들어주어야 하는 상황이 발생할 수도 있을 것이다. 북한이 적화통일의 야욕을 포기하지 않고 남한에서 통일전선을 구축하려는 전략을 지속적으로 추진하고 있는 상황에서 북한의 핵무기 보유는 남한 안보에 치명타가 되는 것은 분명한 사실이다.

북한 핵문제는 김대중 정부 출범이후 지속적으로 추진해 온 햇볕정책의 시험대가 되고 있다. 그 동안 한국정부는 각종 경제지원 시책 등으로 대북 유화정책을 추진해 왔으나 한국이 북한으로부터 되돌려 받은 선물은 핵무기 개발이라고 할 수 있다. 이미 지적한대로 북한 핵문제는 한반도정책 차원을 넘어 세계 안보전략과 직결된 문제이기 때문에 이에 대한 만족할만한 해결이 이루어지지 않는 한 한국의 햇볕정책은 더 이상 진전될 수 없는 위기 상황에 봉착하게 될 것이다. 북한 핵문제가 존재하는 상황에서 한국정부의 햇볕정책이 한국 내 보수세력은 물론이고 미국 등 우방 국가들의 지지를 받을 수 없기 때문이다.

또한, 북한 핵문제는 북한의 김정일 정권이 개혁·개방의 길로 갈 의사가 있는지 없는지를 판가름하는 계기가 될 것이다. 북한이 핵 개발만 확실히 포기하면 남한은 물론 일본, 미국 등 서방세계로부터 경제적 지원을 받아 현재의 심각한 경제난을 해결할 수 있는데도 불구하고 김정일 정권이 핵개발 의지를 굽히지 않는다는 것은 북한이 체제 붕괴의 가능성을 우려하여 개혁·개방을 하지 않겠다는 의지의 표현이라고 보아야 할 것이기 때문이다.

결론적으로, 북한 핵문제는 한반도와 관련한 주요 쟁점사항들이 모두 결집되어 있으며 핵 확산방지라는 국제적 안보문제와도 직결된 사항이다. 따라서 한반도 주변 국가들은 물론 전 세계의 이목이 북한 핵문제에 집중되어 있으며 그 결과가 한반도 평화와 국제안보에서 차지하는 비중은 매우 크다고 하겠다.

북한의 핵개발 꿈

북한이 핵무기 개발의 꿈을 키워온 지는 매우 오래된다. 북한은 1956년 3월 소련과 '원자력의 평화적 이용에 관한 협정'을 맺고 1963년 6월에는 영변에 2MW 규모의 소형 실험용 원자로를 건설하였다. 또한 3백 여 명의 북한 전문가들이 소련의 각종 핵 연구소에 파견되어 교육을 받았다. 소련의 핵 기술자들은 1965년 북한을 떠났으나 북한은 독자적으로 핵 능력을 계속 발전시켜 시험용 원자로의 규모를 처음에는 5MW로 그리고 다시 7MW까지 확장하는데 성공하였다.

1985년 12월 소련과 북한 간에 '원자력발전소 건설에 관한 경제·기술협력협정'이 체결되었고 그 내용은 440MW 소련형 원자력발전소 4기를 북한에 건설하는 것이었다. 소련은 원자력발전소 건설 조건으로 북한의 NPT가입을 요구했고 북한은 이를 받아들였다. 북한은 외형적으로는 원자력발전소 건설이 효율적인 전력생산을 위한 것이라고 주장하면서 실제로 NPT에도 가입하였으나 내면적으로는 핵무기 개발을 준비해 온 것으로 알려지고 있다. 군사적인 핵개발 계획은 오진우 인민무력부장이 총괄하였고 이를 위한 비밀 핵시설을 북한 자력으로 영변에 건설하기 시작했다.

북한의 비밀 핵무기개발 시설이 외부에 노출된 것은 1982년 미국의 첩보위성에 의해서였다. 1982년 4월 영변에서 원자로로 추정되는 구조물의 건설현장이 포착되었고 1984년 6월 그 구조물의 모양이 보다 확실할 정도로 공사가 진척되었음이 확인되었다. 또한, 1986년 3월에는 고폭약 실험의 흔적이, 1988년에는 인근에 더 큰 규모의 원자로가 건설되는 것이 발견되었다.

북한이 영변에 건설한 군사적 목적의 비밀 핵시설 내용은 다음과 같다. 1987년 5MW 원자로가 완공되었고, 50MW 원자로와 재처리 시설은 1995년 완공을 목표로 공사가 진행되었으며 그 후 평안북도 태천에 200MW 용량의 원자로가 1990년대 말 완공을 목표로 건설되기 시작했다. 북한은 처음에는 이러한 시설들이 군사적 목적이 아닌 순수한 전력생산용이라고 주장하였으나 IAEA의 사찰 과정에서 영변의 원자로들이 전력생산을 위한 시설들을 전혀 갖추지 않고 있음이 확인되었다.

북한은 영변의 핵시설 건설을 군사적 목적으로 비밀리에 추진하면서 소련과의 협정에 의한 전력생산용 원자력발전소 건설도 계속 진행시켰다. 이를 위해 1986년부터 소련기술자들이 북한에 파견되었고 당초 계획되었던 440MW 흑연로 4기 대신 650MW 최신 소련형 경수로 3기를 건설하기로 계약을 변경하기도 하였다.

그러나 북한의 핵개발 꿈은 1990년대 들어서면서 완전히 무너지고 만다. 우선 소련과의 합작으로 추진한 경수로 사업은 러시아에 우파정권이 들어서고 러시아가 장기차관 형태의 경협을 취소하고 현금결제를 요구하게 됨에 따라 지불능력이 없는 북한으로서는 이를 포기할 수밖에 없게 되었다. 러시아가 준비과정에서 발생한 경비의 지불을 요구하자 북한은 러시아가 구소련의 채권을 승계할 권한이 없다는 이유로 거절하였으며 1992년 5월 러시아는 협정이행 중단을 선언하고 기술자들을 북한으로부터 철수시켰다.

북한이 NPT에 가입한 것은 전력생산용 원자력발전소를 건설하려는 과정에서 소련의 요구에 의한 것이었는데 영변의 비밀원자로 건설이 발각되면서 NPT 가입이 북한에게 족쇄로 작용하였다. 북한은 국제적 압력에 따라 1992년 1월 IAEA와 안전조치 협정을 체결해야 했고 그 해 5월 IAEA의 핵사찰이 시작되었다. 북한은 IAEA의 사찰을 받기에 앞서 플루토늄 추출의 증거가 되는 시설들을 은폐하려 했으나 이러한 북한의 행동은 미국의 첩보위성에 의해 그대로 포착되었다.

핵개발과 관련하여 미국을 위시한 국제사회로부터 집중 공격을 받게 된 북한은 이를 우회하기 위한 방법으로 한국의 대화 제의에 응했고 그 결과 남북 기본합의서와 비핵화선언에 합의하게 되었다. 1992년 1월에 서명된 비핵화 공동선언에 의해 북한은 핵개발 포기를 약속하였고 남북한 상호 핵 사찰에도 동의하였다. 한국의 노태우 정부는 비핵화 공동선언에 앞서 일방적인 '비핵화선언'을 발표하면서 미군의 전술 핵을 남한으로부터 철수시키는 조치를 취하였으나 북한은 남북간에 합의된 약속을 지킬 의사가 전혀 없었다.

북한은 처음에는 재처리를 통해 추출한 플루토늄의 규모가 80g에 불과하다고 신고하였으나 IAEA는 정밀조사를 통해 최소 8Kg의 플루토늄이 추출되었다고 주장하면서 액체 폐기물 저장소에 대한 특별사찰을 요구하였다. 그러자 그때까지 사찰에 응했던 북한의 태도가 돌변하여 사찰을 거부하였다. 결국 북한은 1993년 3월 NPT 탈퇴를 선언하였고 IAEA는 이 문제를 유엔 안전보장이사회에 회부하면서 한반도에서의 긴장은 고조되었다.

상황이 심각해지자 북한 핵문제는 한국정부의 손을 떠나 미국과 국제사회의 문제가 되었다. 유엔 안전보장이사회는 1993년 5월 북한이 NPT 탈퇴를 재고하고 NPT 협정을 준수할 것을 촉구하는 결의안을 채택하였고 그 해 6월에는 북·미 고위급회담이 뉴욕에서 개최되었다.

제네바 북·미합의 과정과 문제점

1993년 7월 제네바에서 개최된 북·미 고위급회담에서 양측은 핵문제의 해결을 위해 남북대화와 북한·IAEA 간 대화를 개시하기로 합의하였다. 이러한 합의에 따라 IAEA 사찰단이 1994년 3월 북한을 방문하였으나 북한은 가장 중요한 처리시설에 대한 사찰을 거부하였다. 남북대화 역시 북한측은 팀스피리트 훈련의 영구 중단, 대 북한 국제공조 중단 등을 요구하면서 시간만 끌었으며 1994년 3월 북한대 표단의 서울을 불바다로 만들겠다는 발언으로 중단되었다. 한반도에 는 다시 위기가 조성된 것이다.

사태가 이렇게 악화되자 미국은 북한 핵문제를 유엔 안전보장이 사회에 회부하면서 강경대응으로 정책을 선회하였다. 같은 해 5월 북 한은 원자로의 연료봉 인출작업을 시작했고 IAEA는 북한에 대한 제 재조치를 결의했으며 그 과정에서 중국도 반대하지 않았다. 북한은 IAEA 탈퇴로 맞대응하였다.

이러한 위기상황에서 카터 전 대통령이 1994년 6월 핵둔제 해결 을 위해 북한을 방문하였고 그 자리에서 김일성 주석은 북한이 핵시 설을 동결할 것을 약속하면서 남북 정상회담을 가질 의사가 있음을 전달하였다. 당시 미국 국방부는 페리 장관 주도로 북한에 대한 선제 공격을 조용히 준비하고 있었고 이러한 긴박한 상황을 감지한 북한이 종전의 강경방침을 철회하고 대화와 협상을 제의한 것이다.

남북 정상회담은 김일성 주석의 갑작스러운 사망으로 이루어지 지 않았으나 북·미 간의 협상은 속개되었다. 그 해 10월 제네바 북·미합의가 이루어졌고 그 내용은 다음과 같다.

1. 양측은 북한의 흑 연료와 관련시설을 경수로 발전소로 대체하기 위해 협력한다.
   - 미국은 2003년까지 2천MW의 경수로를 북한에 제공하기 위한

조치를 주선한다.

- 미국은 경수로 1호기 완공시까지 매년 50만 톤의 대체에너지를 제공한다.

- 미국의 경수로 공급 보장을 받는 대가로 북한은 흑연료와 관련시설을 동결하며 궁극적으로 해체한다.

2. 양측은 정치·경제적 관계의 완전 정상화를 추구한다.

- 양측은 3개월 내에 통신과 금융거래 제한을 포함한 무역·투자 정책을 완화한다.

- 영사 및 기술적 문제가 해결된 후 연락사무소를 교환·설치한다.

- 공동 관심사항의 진전에 따라 양국 관계는 대사급 관계로 격상시켜 나간다.

3. 양측은 핵이 없는 한반도의 평화와 안전을 위해 함께 노력한다.

- 미국은 북한에 핵무기 불사용을 공식 약속한다.

- 북한은 대화분위기 조성에 따라 남북대화에 호응한다.

4. 양측은 국제적 비확산체제의 강화를 위해 함께 노력한다.

- 북한은 NPT에 잔류하고 안전조치협정을 이행한다.

- 북한은 경수로 공급협정이 체결되는 즉시 동결대상이 아닌 핵시설에 대한 IAEA의 정기·비정기 사찰을 받는다.

- 북한은 경수로의 중요부분 완공 후 핵심부품 도착 이전에 IAEA와의 안전조치 협정을 전면 이행한다.

제네바 북·미합의가 이루어진 후 북한은 이를 커다란 외교적 승리라고 자축한 반면 한국과 미국은 국내적으로 많은 비판을 받았다. 미국 내에서 비판의 핵심내용은 미국정부가 북한의 NPT 위반을 경수로와 중유라는 '뇌물'을 주고 무마하는 나쁜 선례를 남겼다는 것이었고, 한국에서의 비판은 한국정부는 교섭과정에서 배제되면서 제네바 북·미합의에 의한 경수로 건설비용의 대부분을 부담하게 되었다는 것이었다. 김영삼 대통령은 개각을 하여 외교안보팀을 강경성향의 인사들로 바꿨다.

제네바 합의는 여러 가지 측면에서 문제점을 내포하고 있었으며 이러한 문제점은 결국 제네바 합의가 북한에 의해 지켜지지 않고 새로운 핵 위기 상황을 야기하게 된 원인이 되었다고 할 수 있다. 우선 제네바 합의가 핵 동결에 국한하였기 때문에 북한은 그 이전에 확보한 플루토늄으로 핵무기를 개발할 수 있었으며 실제로 북한은 이를 실천하여 현재 최소 한 두개의 핵무기를 보유하고 있는 것으로 알려지고 있다.

또한, 제네바 합의는 기존의 핵시설을 동결하고 이에 대한 IAEA의 사찰을 받도록 하였으나 신규 핵시설에 대한 구체적 언급이나 규제가 포함되어 있지 않았다. 결국 북한은 비밀리에 농축우라늄 프로그램을 진행시켰고 2002년 말 북한을 방문한 켈리 차관보에게 이를 당당하게 시인함으로써 새로운 핵 위기 상황이 초래되었다.

제네바 합의에서 대체에너지 지원방법으로 경수로 건설을 선택한 것 역시 여러 가지 문제점이 있다. 우선 전력공급 측면에서 비효율적이다. 원자력발전소는 화력발전소에 비해 건설 공기(工期)가 두 배 이상 걸리는 반면 건설비용 역시 두 배가 넘는다. 또한, 북한은 현재의 낙후된 시설로는 경수로 발전소에서 생산된 전기를 송배전 할 수 없다는 것이 에너지 전문가의 견해이기도 하다.[65] 따라서 심각한 에너지난을 겪고 있는 북한의 입장에서는 신규 발전소 건설보다는 기존시설의 개보수가 시급한 과제이며 설사 새롭게 건설한다 해도 화력 발전소가 원자력발전소보다 훨씬 경제적이다. 그러나 북한이 경수로 발전소를 강력히 희망한 것은 경수로발전소는 유사시 핵무기 제조에 활용될 수 있기 때문이다.

경수로발전소를 정상적으로 가동하면 핵무기 제조에 필요한 플루토늄 생산이 불가능하다. 그러나 연료봉을 9개월 이내에 꺼내어 재처리하면 핵무기 제조에 쓸 수 있는 플루토늄의 추출이 가능하다는 것이 전문가들의 공통된 견해다. 북한이 경제성 면에서 떨어지는 경수로발전소를 강력히 요구한 이유가 바로 여기에 있었을 것이고 부시 행정부가 KEDO에 의한 경수로발전소 건설을 가급적 중단시키려는 것도 같은 이유인 것이다.

이 외에도 제네바 합의의 문제점으로 이용준은 다음의 사항을 지적하고 있다.[66] 첫째, 원자로는 동결대상이었으나 그 속의 장비나 부품들은 동결대상으로 명기되지 않았다. 실제로 핵 동결이 시작되면서 당시 공사가 진행 중이던 영변의 50MW 원자로와 태천의 200MW

---

65) Peter Hayes, "DPRK Energy Dilemmas and Regional Security", 「To the Brink of Peace」, Stanford, 2001

66) 이용준, 「북한학 : 새로운 게임의 법칙」, 조선일보사, 2004

원자로 속에 있던 핵시설과 부품들이 사라졌다고 한다. 북한의 과거 행태로 미루어 볼 때 이것들이 제3의 지역에서 새로운 비밀 원자로를 건설하는데 사용되고 있을 가능성을 배제할 수 없는 것이다.

둘째, 북한이 이미 추출하여 보관하고 있는 농축 플루토늄의 처리에 대한 합의가 포함되어 있지 않다. 따라서 북한이 유사시 이를 핵무기 제조에 사용할 가능성을 배제할 수 없다. 북한이 NPT 탈퇴를 선언하고 IAEA 감시단을 축출한 이후 북한은 이를 핵무기 제조에 활용하고 있는 것으로 알려지고 있다.

셋째, 1994년 핵 위기 과정에서 북한이 5MW 원자로에서 인출한 연료봉 8천 개의 처리방안이 포함되어 있지 않다. 이러한 제네바 합의의 문제점을 종합해 볼 때 제네바 합의는 미국에게는 허점이 많은 합의였던데 반해, 북한에게는 경수로 건설과 중유 공급이라는 실리를 챙겨준 것으로 평가될 수 있을 것이다. 한국은 실제로 북한의 비핵화를 이루지도 못하고 협상과정에도 배제된 채 경수로 건설비용만 부담하는 짐을 안게 되었다.

제네바 북·미합의에 따른 약속을 이행하기 위해 1995년 3월 KEDO가 창설되었다. KEDO 사무총장은 미국이 맡아 북한과의 교섭 창구 역할을 담당하였고 한국은 경수로 건설사업비의 70%를 부담하면서 그 조건으로 '한국형 경수로'를 현물로 제공하기로 했다.

제네바 합의의 이행성과와 교훈

제네바 합의가 이루어진 후 새로운 위기가 발생한 2002년 10월 까지 양측의 이행사항을 점검해 보면 미국측의 약속은 대체로 지켜진 반면 북한측의 약속은 대부분 지켜지지 않았다는 사실을 확인할 수 있다.

우선, 북한의 가장 큰 관심사라 할 수 있는 연 50만 톤의 중유 공급은 새로운 핵문제가 발생한 2002년 11월까지 지속되었다. 또한, 미국은 제네바 합의에 따라 1995년 1월 금융거래 등 여러 분야에서 의 제재조치를 해제하였고 2000년에도 무역·금융투자 분야에서 추 가적인 제재 해제가 이루어졌다. 아직도 북한에 대한 미국의 제재가 남아 있으나 적어도 제네바 합의에 따른 미국측의 약속은 지켜졌다고 할 수 있다. 경수로발전소의 건설은 한국이 중심이 되어 진행되어 왔 다. 공사가 당초 예정보다 지연된 것은 사실이나 이것이 미국이나 한 국측의 고의에 의한 것이 아니라, 경수로 노형 선정과 공사에 필요한 각종 의정서 합의과정에서의 의견 차이와 공사현장에서 발생한 각종 어려움에 기인한 것이었다.

이와 같이 미국은 주요 약속을 거의 다 지킨 반면 북한은 대부분 이행하지 않았다. 우선 북한은 한반도 비핵화선언의 이행에 관한 약 속을 지키지 않았다. 농축우라늄 프로그램을 비밀리에 진행시킴으로 서 핵동결 약속을 어겼으며 남북 상호 핵사찰 실시 등을 진지하게 검 토해 본 적도 없다. 북한은 제네바 합의의 핵심사항이라 할 수 있는

IAEA의 정기·비정기 사찰 약속을 지키지 않았다. 그 동안 IAEA가 북한에서 할 수 있었던 것은 감시 장비의 필름을 교체하고 봉인을 점검하는 수준이었으며 그 이상의 사찰활동에 대해서 북한은 자신이 NPT 회원국도 아니고 비회원국도 아닌 '특수 지위'를 주장하면서 거부해 왔다. 북·미간 연락사무소 설치문제도 북한이 협상에 응하지 않아 진행되지 못하였다.

지금까지 핵문제와 관련된 북한의 행동을 종합해 볼 때 북한의 핵무기 개발의지가 매우 강하고 집요하다는 것을 잘 알 수 있다. 북한은 1970년대 중반부터 지금까지 핵무기 개발을 위해 최선을 다해 왔으며 이 부문에서 북한의 기술적 능력 역시 상당한 수준에 이르고 있다. 그 결과 북한은 이미 적어도 1~2개의 핵무기를 보유하고 있으며 지금과 같이 북한에 대한 핵동결에 대한 제재가 없는 상황이 지속되는 경우 북한은 1~2년 내에 명실 공히 핵보유국이 될 것이다. 북한이 핵개발에 집착하는 이유는 대외적 여건이 북한에게 불리한 상황에서 핵무기 보유만이 자신의 생존을 보장해 준다고 굳게 믿고 있기 때문이다. 이는 북한과의 향후 핵 협상을 어렵게 하는 근본적인 원인이 되고 있다.

북한은 핵무기 개발을 가급적 비밀리에 추진하려고 노력해 왔으나 불가피하게 핵개발 사실이 외부에 드러나는 경우에는 이를 '벼랑끝 외교'의 협상카드로 활용하여 최대한 실리를 챙기는 전략을 나름대로 성공적으로 구사하여 왔다. 제네바 합의가 그 대표적인 사례로서 앞에서 지적한대로 북한은 중유 공급 등의 이익을 얻은 반면 핵개발을 동결하는 약속은 지키지 않는 이중적인 태도를 보여 왔다. 핵개발과 관련한 지금까지 북한의 행동은 속임수와 약속 불이행으로 요약될 수 있기 때문에 북한과의 협상에서 이루어진 '합의'의 의미가 과연 무엇인지에 대해 깊은 회의를 갖지 않을 수 없다.

2. 해법의 모색

제2의 핵 위기 전개과정

미국은 북한이 농축우라늄 프로그램을 비밀리에 추진하고 있다는 정보를 입수하고 이 문제를 제기하기 위해 켈리 차관보를 2002년 10월 북한에 보냈다. 미국은 과거의 경험으로 미루어 북한이 농축우라늄 프로그램의 존재 자체를 부인할 것으로 예상했으나 의외로 북한은 이를 당당하게 시인하면서 이러한 사실을 부시 대통령에게 전하라고 했다. 미국은 북한의 이러한 행동을 핵동결의 파기로 받아들였고 한 달 후인 11월에는 북한에 대한 중유 공급을 중단하고 경수로 건설 작업도 중지시켰다.

북한이 농축우라늄 프로그램의 존재를 쉽게 인정한 것은 미국의 강경대응까지는 예상하지 못한 상황에서 나온 다분히 감정적이고 즉흥적인 반응일 가능성이 높다. 왜냐하면 그 후 국제여론이 북한에 불리하게 전개되자 농축우라늄 프로그램의 존재를 다시 부인하였기 때문이다. 여하튼 미국과 KEDO가 중유 공급 중단을 결정하자 북한은 자신들이 갖고 있는 최후의 카드들을 뽑아들기 시작했다. 북한은 2003년 1월 NPT 탈퇴를 선언하였다. 같은 해 4월 사상 최초의 NPT 탈퇴국가가 되면서 외무성 성명을 통해 핵무기 개발에 대한 의지를 노골적으로 드러냈다. 또한, 10월에는 8천여 개의 핵 연료봉을 처리하여 핵 억지력을 강화하는 방향으로 용도 변경하였다는 외무성의 발표가 있었으며, 같은 달 평양방송은 미국의 전쟁계획을 물거품으로 만들 수 있는 강력한 핵 억지력이 있다고 주장했다.

이와 같이 북한 핵문제가 최악의 상황으로 치닫고 있는 가운데서도 이 문제를 평화적으로 해결해 보려는 노력은 지속되어 왔다. 그 첫 번째 시도가 2003년 4월 미·중·북 간의 3자회담이다. 비록 3자회담이 아무런 성과 없이 종료되었으나 적어도 북한 핵문제에 관한 주요 당사자간 협의가 시작되었다는 데는 나름대로 의미를 부여할 수 있을 것이다. 3자회담에 한국은 북한의 반대로 제외되었고 중국은 미국과 북한 간의 중재자 역할을 수행하였다.

미국, 북한, 중국에 의한 3자회담은 한국, 일본, 러시아가 참여하는 6자회담으로 발전되었고 그 첫 번째 회담이 2003년 8월 베이징에서 열렸다. 1차 6자회담 역시 참가국 대표들이 자국의 입장을 제시하였지만 본격적인 협의에는 들어가지도 못하고 중국이 회의결과를 '의장 총괄문'의 형태로 발표하는 선에서 마무리되었다.

1차 6자회담 후 북한은 '백해무익한 회담'이었다고 회담 성과에 대해 악평을 하여 2차 회담의 전망을 어둡게 하였다. 이런 상황에서 같은 해 10월 개최된 한·미 정상회담에서 부시 대통령이 '다자 틀 내 서면 안전보장' 방안을 제시하면서 6자회담의 돌파구가 열리게 되었다.

2004년 3월 열린 2차 6자회담에서는 참가국들이 핵무기 없는 한반도와 핵문제의 평화적 해결이라는 원칙에 합의하고 이를 내용으로 하는 의장성명서를 채택하였다. 그러나 구체적인 방법에 대해서는 북·미 간의 심각한 의견차이로 아무런 합의를 보지 못한 채 구체적 협의를 위한 실무그룹 회의를 갖기로 하였고 3차 회담의 기한을 6월까지로 못 박았다.

6월에 열린 3차 6자회담에서는 미국이 핵문제 해결을 위한 포괄적 제안을 했다는 점에서 진전이 있었다. 우선 미국은 약 3개월에 걸친 핵 폐기 준비기간 동안에 북한이 해야 할 일들을 제시하면서 북한이 핵을 폐기할 경우 이에 상응한 조치를 취할 의사가 있음을 분명히 했다. 미국은 북한이 국제적인 감시하에서 모든 핵 관련 시설과 물질의 현 상태 동결부터 시작해서 해체, 폐기의 순서로 나아가야 한다고 강조했다. 그리고 모든 핵무기 부품, 원심분리기, 기타 핵 관련 부품, 핵분열 물질과 연료봉을 북한 밖으로 옮기고 장기적인 감시 프로그램을 북한이 받아들여야 한다는 것이다.

특히, 미국은 북한이 핵 폐기를 공식적으로 약속하면 북한에 대한 중유 공급이 시작될 수 있다고 했다. 또한 핵 폐기와 관련된 모든 소요비용을 미국이 부담하며 궁극적으로는 북한의 테러 지원국 명단 삭제, 경제제재 완화와 외교관계 정상화도 검토하겠다고 약속했다.

이러한 미국의 제안에 대해 북한대표는 "매우 흥미로운 제안으로 우리가 이를 검토해 보면 의미 있는 부분을 발견할 수 있을 것"이라고 응답했다. 7월 중 실무회담을 개최하고 9월말까지 4차 6자회담을 개최하기로 합의했다.

3차 6자회담의 특징은 그동안 원론적 차원에서 강경입장만을 견지해 온 미국이 좀 더 구체적인 제안을 했고 이에 대해 북한의 반응도 일단은 부정적이지는 않았다는 것이다. 협상에 의한 타협의 기미가 보이기 시작한 것이다. 이러한 미국의 입장변화는 연말 대통령 선거를 앞두고 케리 민주당 후보 진영으로부터 부시 행정부가 미국의 안보와 직결된 북핵문제 대응에 소극적이어서 상황이 악화되어 가고 있다는 비판을 잠재우려는 부시 진영의 정치적 고려에 기인한다고 할 수 있다.

1, 2차 핵 위기의 비교

현재 진행되고 있는 북한 핵 위기는 1994년의 경우와 비교해 볼 때 공통점은 있지만 중요한 부문에서 큰 차이가 있음을 알 수 있다. 우선 북한의 행동 양태는 대체로 같은 것으로 나타나고 있다. 북한은 1994년 핵 위기 당시와 마찬가지로 처음에는 핵개발 사실 자체를 부인하다가 미국의 정보망에 의해 사실이 발각되면 이를 역으로 활용하여 '벼랑 끝 외교'를 전개하고 있다. 농축우라늄 프로그램이 노출되자 이를 시인하면서 NPT를 탈퇴하고 연료봉의 처리를 공개적으로 선언하는 등 고의적으로 위기국면을 조성하고 있다. 북한은 이와 동시에 3자회담과 여러 차례의 6자회담에도 참여하여 핵 동결 또는 핵 포기에 대한 반대급부의 크기를 최대화하려는 노력을 경주하고 있다. 이번에도 이러한 북한의 '벼랑 끝 외교' 전술은 유감없이 발휘되고 있는 것이다.

1994년 핵 위기 당시에 비해 가장 큰 차이는 미국의 태도변화다. 1차 핵 위기 당시 미국의 클린턴 행정부는 강경과 온건 사이를 오가면서 일관성 있게 대응하지 못했으나 부시 행정부는 시종 강경한 대북정책 기조를 견지하고 있다. 그 이유는 대체로 다음의 세 가지로 요약될 수 있을 것이다. 첫째, 부시 행정부의 외교정책은 레이건 행정부와 같이 공화당의 정통 보수노선에 기반을 두고 있다. 둘째, 9·11 테러사건 이후 미국의 여론은 북한과 같은 불량국가의 대량살상무기 개발 노력에 대해서는 선제공격을 해서라도 분쇄시켜야 한다는 것이다. 셋째, 1994년 제네바 북·미합의 이후 북한이 자신의 약속사항을 하나도 제대로 이행하지 않는 것을 지켜 본 미국정부는 두 번 다시 북한에게 당하지 않겠다는 결의를 굳게 하고 있다.

1994년 핵 위기 과정에서 한국의 김영삼 정부는 온건과 강경입장을 반복해 왔고 클린턴 행정부와도 잦은 마찰을 빚었다. 핵 위기 발생 초기에는 클린턴 행정부가 온건적 태도를 보였고 김영삼 정부는 강경입장을 취하면서 미국의 미온적 태도를 비난했다. 상황이 악화되자 미국은 북한에 대한 선제공격 준비를 하는 등 강경노선으로 선회한 반면 한국은 전쟁 발발 위험성을 거론하면서 미국의 군사행동에 대해 반대 입장을 분명히 했다. 카터 대통령의 개입으로 북·미간 제네바 협상이 타결되자 김영삼 정부는 한국이 소외된 데 불쾌감을 갖고 외교안보팀을 강경인사들로 교체하였다.

최근 북한 핵 위기 과정에서는 앞에서 지적한대로 미국은 시종일관 강경입장을 고수하고 있는 반면, 한국은 햇볕정책의 대북 유화적 입장에 근거하여 계속 온건적 입장을 취하고 있다. 1994년 한·미간의 마찰은 기본적 철학의 차이라기보다는 양국 정상 간의 대화부족과 성격차이에 기인하였으나 지금 한·미간의 마찰은 북한을 보는 양국 정상과 정부 간의 기본적 인식 차이에서 비롯되고 있는 것이다. 그렇기 때문에 북한 핵 위기로 불거진 한·미 정부 간의 마찰은 한·미동맹의 근간을 훼손시키고 한국 내 반미감정과 미국 내 반한감정을 불러일으키는 결과마저 초래하고 있다. 한 마디로 문제가 1994년 위기 때보다 더 심각해진 것이다.

한국이 배제된 채 북한과 미국 간의 협상이 진행 된 1994년의 제네바 회담 때와 달리 지금은 한국은 물론 중국, 일본, 러시아 등 주변 강대국이 모두 참여하는 6자회담의 형태로 핵 협상이 이루어지고 있다. 6자회담은 미국이 강력히 주장한 회담 형태로서 협상 상대로 신뢰성이 별로 없는 북한과 양자회담을 하는 것보다는 한국은 물론 중국 등 주변국들이 참여하는 6자회담을 통해 북한 행동의 부당성과 문제점들을 회담 참가국들에게 주지시키고 북한 핵문제에 대한 해법을 공동으로 개발하여 이를 북한으로 하여금 받아들이게 하자는 것이다.

또한, 북한과의 합의에 참가국들이 공동 서명하여 북한으로 하여금 이를 실천해야 한다는 압박감을 갖게 하고 북한이 이를 지키지 않는 경우 유엔 안전보장이사회에 의한 대북 제재조치에 대한 참가국들의 합의를 얻어 내려는 것이 6자회담을 고집해 온 미국의 속셈이라고 할 수 있다. 비록 6자회담은 양자회담에 비해 시간이 많이 걸리는 비효율성이 있으나 제네바 합의의 실패를 경험한 미국은 6자회담이 북한과 같은 불량국가를 다루는데 더 적합한 방법이라고 판단한 것이다. 이에 더해, 이라크 문제가 해결되지 않은 상황에서 미국이 북한과 군사적 대결상황을 만들어 가기가 어렵다는 현실적 고려도 있었을 것이다.

주요 쟁점

6자회담의 최대 쟁점은 제네바 합의에서는 북한 핵 동결에 만족하였던 미국이 북한의 농축우라늄 프로그램의 노출을 계기로 북한 핵의 '완전하고 검증 가능하며 돌이킬 수 없는 폐기'(CVID) 원칙을 강하게 주장하고 있다는 것이다. 이는 제네바 합의에서 북한에게 기만당했다고 생각하는 미국이 두 번 다시 북한한테 속을 수 없다는 의사를 표현한 것이라고 할 수 있다.

이러한 강경한 미국의 입장에 대해 북한은 상당히 당황해 하고 있다. 현재 북한은 두 가지를 궁리하고 있다고 생각된다. 하나는 핵 폐기의 조건으로 한국과 미국 등 서방세계로부터 최대한의 '실리'를 챙기는 것이고 다른 하나는 과거에도 그랬듯이 핵 폐기의 합의로 실리를 취하는 반면 IAEA와 서방세계의 감시를 피해 비밀리에 자신들의 핵개발 프로그램을 지속해 나가는 것이다.

북한은 처음에는 핵 동결은 몰라도 완전폐기는 안된다고 하였으나 미국과 다른 참가국들의 의견이 완강함을 알고 요즈음은 핵 폐기 가능성도 언급하고 있다. 그러나 CVID라는 표현은 주권국가를 모독하는 것이라며 불쾌한 반응을 보이고 있다. 또한, 북한이 2002년 10월 자신있게 시인한 농축우라늄 프로그램의 존재자체를 부인하면서도 미국이 구체적으로 증거를 제시하면 그에 대한 대응을 하겠다는 입장을 취하고 있다. 이는 농축우라늄 프로그램은 여러 곳으로 분산하여 추진할 수 있기 때문에 외부에서 정확한 위치와 진행사항을 파악하기 어렵다는 사실을 염두에 둔 것으로 생각된다. 다시 말해, 미국이 구체적 증거를 제시하면 문제가 된 시설만 제거하지 구태여 북한 스스로 모든 시설의 위치를 밝히고 이를 폐기할 이유가 없다는 의도라고 해석된다.

현재 세계 핵무기 보유국들은 대부분 플루토늄 폭탄을 갖고 있는데 그 이유는 성능이 강하고 미사일에 탑재하기가 용이하기 때문이다. 그러나 플루토늄은 큰 규모의 생산설비가 필요하고 폭탄제조에 필요한 기술이 상당히 까다롭다는 문제점이 있다. 북한의 경우 플루토늄 폭탄 생산을 위한 시설이 노출되어 1차 핵 위기를 촉발시켰다. 또한, 북한이 플루토늄 폭탄 생산에 필요한 원료를 이미 확보하였지만 실제로 폭탄 생산에 성공했는가에 대해서는 이견이 존재하는 것도 폭탄 제조를 위해서는 고도의 기술이 필요하기 때문이다.

북한은 플루토늄 폭탄 제조 사실이 국제문제로 비화되자 농축우라늄을 이용한 핵폭탄 제조에 역점을 둔 것으로 보인다. 우라늄 폭탄의 경우 우라늄을 90%의 순도로 고농축하는 과정이 기술적으로 어려우나 이 기술만 확보되면 실제로 핵폭탄을 제조하는 데에는 기술적으로 큰 어려움이 없다고 한다. 북한은 파키스탄으로부터 이 기술을 전수받은 것으로 파키스탄 핵전문가 칸 박사는 증언하고 있다.

워싱턴 포스트는 최근 기사에서 미국정부가 북한의 핵무기 보유 추정치를 종래의 '2기 보유가능'에서 '최소 8기'로 상향 조정했다고 보도하고 있다.[67] 이는 플루토늄 핵폭탄을 의미하며 최근 논란이 되고 있는 농축우라늄 프로그램에 의한 우라늄 핵폭탄도 2007년에는 실제 가동단계에 들어가며 이를 통해 매년 6기의 핵무기를 만들 수 있다는 결론에 도달했다고 한다. 미국 정부 내 기관마다 다소 의견을 달리하고 있어, 에너지부는 추정치를 높게 잡자고 주장하고 국방부 정보국은 농축우라늄 프로그램이 2004년 말 가동될 것으로 보는 반면 국무부 정보부서는 북한의 핵능력에 대해 다소 회의적인 것으로 전해지고 있다.

한국정부는 플루토늄 핵무기 제조에 필요한 기술을 북한이 확보했다고 확신할 수 없기 때문에 북한의 핵무기 보유자체가 확실하지 않다는 입장을 피력하여 왔다. 이러한 한국정부의 입장이 구체적 증거에 의한 것인지 그렇지 않으면 북한 핵문제가 지나치게 확산되는 것을 막으려는 정치적인 의도에서 나온 것인지는 확실치 않다.

---

67) 동아일보, '북, 핵무기 최소 8기 보유', 2004. 4. 29

6자회담에서 또 하나의 쟁점은 북한이 핵 폐기 원칙에 합의하고 이러한 의사를 대내외에 선언하는 경우 북한에게 무엇을 얼마나 주어야 하는가이다. 이에 관해 한국정부는 다음의 '3단계 해법'을 제시하고 있다. 첫째, 북한이 핵 포기와 현상동결 의사를 밝히면, 한국, 미국 등 관련국들이 북한의 안보우려를 해소해 주고, 전향적인 대북지원에 나설 수 있다는 입장을 밝힌다. 둘째, 핵 포기가 실제로 이행되면 남북경협의 확대, 세계은행을 비롯한 국제금융 기구의 가입, 미·북 및 북·일 관계의 개선을 지원한다. 셋째, 한반도 비핵화에 정견으로 위반하는 북한의 핵개발 프로그램은 검증 가능한 핵 폐기를 위해 대칭적·균형적 상호조치로써 이를 철저히 검증한다.

미국의 한반도문제 전문가들은 차제에 6자회담에서 북한 핵문제를 포함한 '포괄적 해결방안'에 참가자들이 합의할 것을 건의하고 있다. 그 내용은 북한이 핵개발 포기는 물론 미사일 수출과 실험발사 중지, 재래식 군사력 감축, 생화학 무기 폐기 등에 합의하는 조건으로 미국과 한국 등 참가국들은 북한에게 식량과 에너지 지원을 확대하고 미국은 북한과 불가침협약을 체결하고 외교관계를 수립한다는 것이다. 이에 더해, 일본은 북한과 외교관계를 수립하면서 100억 달러 수준의 과거청산 대가를 지불하고 국제기구 등을 통해 북한에 대한 경제적 지원을 한다는 것이다. 북한에 대한 미국 등 서방 세계로부터의 경제적 지원은 향후 10년간 매년 20억 달러 수준이 될 수 있을 것으로 오핸론과 모지즈키는 추산하고 있다.[68]

이러한 포괄적 해결방안은 가장 이상적인 제안으로 만일 실현만

된다고 하면 한반도에서 북한과 관련한 문제들이 일거에 해결되는 결과를 초래할 것이다. 통일연구원도 북한 핵 해결과정을 협상 진입단계, 의제설정과 이행단계 그리고 협상 종결단계로 나누고 각 단계별 내용을 제시하고 있다.[69]

협상 진입단계는 북한이 핵·미사일 활동 중지를 선언하며 미국은 이에 대해 대북 불가침 및 정권교체 불원(不願)을 밝히는 것을 그 주요 내용으로 한다. 또한 북한이 NPT에 재가입하고 미국은 중유 공급을 재개한다. 남북한은 당국간 교류는 물론 인도주의적 교류, 경제 교류 등을 통해 전반적으로 관계를 확대하고 북한과 일본은 수교 교섭을 재개한다. 이 단계에서 한국의 대북 인도적 지원은 연간 2~3억 달러 수준에서 3~4억 달러 수준으로 증가하는 것으로 예상하고 있다.

두 번째 단계에서 북한은 핵 폐기와 관련한 구체적 절차에 대해 미국 등 관련국과 합의하고 미국은 북한에 대해 다국간 체제 안전보장 안을 확정하고 북한의 국제금융기구 가입의 길을 열어 주는 것으로 구성되어 있다. 또한, 남한은 북한에 대해 '대담한 경제지원'을 시작한다. 이 단계의 사업추진에 필요한 연간 5~10억 달러는 일본의 대북 수교자금, 국제금융기구 차입 등으로 충당한다는 것이다.

세 번째 협상 종결단계에서는 북한이 핵 폐기를 완료하고, 미사일을 포기하며, 인권개선에 대한 구체적 안을 제시하는 반면, 미국은

---

68) Michael O'Hanlon & Mike Mochizuki, 「Crisis on the Korean Peninsula」, Brookings, 2003

69) 통일연구원, 「핵문제 해결과정에서 남부관계 및 북한 경제지원 시나리오」, 2003. 12

북한과 국교를 수립하고 에너지 및 경제지원을 본격화한다. 이 단계에서 소요되는 자금수요는 연간 32~55억 달러 수준으로 이는 일본의 수교자금과 국제금융기구 차입으로 충당한다는 것이다.

통일연구원의 제안 역시 매우 포괄적인 접근 방안이며 한국정부가 제시한 '3단계 해법'을 보다 구체적으로 제시했다는 측면에서 그 의미가 있다고 할 수 있을 것이다. 그러나 이러한 제안들은 모두 북한이 핵 폐기를 받아들이고 더 나아가 미사일 개발 포기와 재래식 군사력 감축 등을 통해 한반도의 군사적 긴장완화라는 목표달성에 동참한다는 것을 전제로 마련된 것이다.

그러나 이제까지 북한의 행태로 미루어 볼 때 6자회담이 이러한 합의를 이루어 낼 것을 기대하기는 어려울 것이다. 따라서 다음의 문제는 6자회담에서 북·미간에 합의가 이루어지지 않는 경우 할 수 있는 일이 무엇인가이다. 미국의 입장은 이 경우 북한에 대한 경제제재 조치가 불가피하며 더 나아가 북한의 핵시설에 대한 제한적 무력공격도 이루어져야한다는 것이다. 한국정부는 이러한 상황이 발생했을 때 어떻게 할 것인지 아직 분명한 입장을 밝히지 않고 있다.

향후 전망

북한 핵문제가 6자회담을 통해 평화적으로 해결될 수 있을지 여부는 매우 불투명하다. 2002년 10월 핵문제가 제기된 후 2003년 4월 3자회담에 이어 8월 1차 6자회담이 시작되었고 그동안 여러 차례의 본회담과 실무회담을 했음에도 불구하고 북한과 미국간의 의견차이는 좁혀지지 않고 있다. 중국이 미국과 북한 간 중재자로서 노력을 경주하고 있으나 아직은 큰 성과를 올리지 못하고 있다. 한국은 그간의 대북 유화정책 노력에도 불구하고 북한에 아무런 영향력을 미치지 못함은 물론이고 대북 인식 차이로 한·미 공조체제마저 무너지고 있는 것이 지금의 상황이다. 미국은 이라크 사태의 악화와 다가오는 대통령 선거 때문에 북한문제에 대해 강경하게 나서지도 못하고 그렇다고 협상에도 적극적으로 임하지 않는 어정쩡한 태도를 보이고 있다.

북한은 이러한 상황을 최대한 활용하고 있다. NPT 탈퇴를 선언하고 IAEA의 사찰을 거부함으로써 북한은 이제 거의 공개적으로 핵무기 개발에 박차를 가하고 있다. 핵문제 발발에도 불구하고 경제적 지원을 마다하지 않는 한국정부와의 각종 대화와 접촉을 활성화하면서 북한은 금강산 육로관광, 개성공단 건설 등의 경제적 실리를 챙기고 있다. 북한은 핵과 미사일 개발에 직접적 위협을 느끼고 있는 일본과도 납치자 송환조치 등을 연결고리로 하여 두 차례의 정상회담을 개최했으며 외교관계 정상화와 이에 따른 적어도 100억 달러 수준의 경제적 지원을 기대하고 있다. 김정일 위원장은 잦은 중국방문과 프랑스와 러시아와의 정상회담 개최를 통해 북한에서 공산주의 체제의 유지를 원하는 중국과 러시아와의 우방관계를 회복시키고 있다.

향후 전망은 낙관적이라기보다는 비관적인 요인이 많은 것이 지금의 상황이라고 할 수 있다. 첫 번째 비관적인 요인은 북한 김정일 정권의 변화를 기대하기 어렵다는 것이다. 이미 지적한대로 북한 정권의 핵무기 개발의지는 매우 오래된 것으로 북한은 이의 구현을 위해 온갖 노력을 다해 왔다고 할 수 있다. 미국과 서방 세계의 압력과 위협에도 불구하고 북한은 핵무기 개발의지를 한 번도 포기한 적이 없으며 제네바 합의도 지키지 않았다.

북한이 핵무기와 미사일 개발에 집착하는 이유는 전 세계적으로 공산주의가 붕괴되고 경제가 개방과 세계화의 길로 가고 있는 상황에서 주체사상과 유일지배체제를 기반으로 하는 폐쇄적이며 강압적인 김정일 정권을 유지할 수 있는 방법은 대량살상무기를 보유하는 것이라고 굳게 믿고 있기 때문이다. 이러한 북한 정치지도층의 생각은 현실적으로도 상당한 타당성이 있음을 시인하지 않을 수 없다. 경제정책에서 개혁과 개방을 성공적으로 추진한 중국이나 베트남의 정치지도자들은 나름대로 정통성과 도덕성을 두루 갖추었기 때문에 개혁·개방에도 불구하고 정권을 안정적으로 유지할 수 있었다. 그러나 세습에 의해 정권을 승계하고 반대세력을 무자비하게 숙청하는 등의 방법으로 권력을 유지하고 있는 김정일 정권이 중국 수준의 개혁과 개방을 정치적으로 감당하기는 매우 어려울 것이다. 이는 북한 핵문제의 평화적 해결을 힘들게 하는 가장 근본적인 원인이 되고 있다.

향후 전망을 어둡게 하는 두 번째 요인은 대북정책에 관한 한·미 정부 간의 심각한 의견 차이다. 한국과 미국이 대북정책과 관련하여 공통된 시각을 갖고 공조체제를 유지해도 앞에서 지적한 이유로 인해 북한 핵문제의 해결이 쉽지 않을 터인데 핵문제의 핵심 이해 당사자로서 북한과 협상을 해야 하는 양국이 대북정책에서 대우 다른 견해를 갖고 있다는 사실은 북한 핵문제의 원활한 해결을 더욱 어렵게 하고 있다.

부시 행정부는 김정일 체제하의 북한을 전형적인 불량국가로 인식하고 있다. 부시 행정부는 불량국가는 타도의 대상이지 협력이나 지원의 대상이 될 수 없다는 확고한 신념을 갖고 있다. 특히, 9·11테러사건 이후 핵무기 등 대량살상무기를 보유한 불량국가는 선제공격을 해서라도 무장해제를 시켜야 한다고 생각하고 있으며 아프가니스탄과 이라크에서 이러한 전략을 실제로 실행하였다. 리비아가 핵개발 포기를 선언함으로써 이제 북한은 이러한 미국 안보정책의 핵심적인 공격목표가 되었다.

그러나 김대중 정부의 햇볕정책 이후 한국정부의 대북정책은 미국과는 정반대의 방향으로 진행되어 왔다. 김정일 위원장을 능력 있는 지도자로 인정하고 북한의 김정일 정권이 개혁과 개방의 길로 갈 의사가 있기 때문에 한국이 김정일 정권을 적극적으로 도와야 한다는 것이 그간 한국정부의 입장이었다. 그래서 한국정부는 북한이 서해교전을 일으켜도 북한의 의도를 애써 선의로 해석하려 했고 농축우라늄 프로그램이 발각되어도 이의 중대성을 부각시키지 않으려고 노력하여 왔다. 심지어 정부 일각에서 북한의 핵 보유를 묵인해도 된다는 오해를 불러일으킬 수 있는 언행을 하는 경우가 발생하기도 하였다.

이러한 상황에서 대북정책에 관한 한·미 정부간 공조는 어려우며 양국 간의 공조가 유지되지 않는 상황에서 북한 핵문제가 평화적으로 해결되기를 기대하는 것은 무리인 것이다.

6자회담의 전망을 어둡게 하는 또 하나의 이유는 현재 북한에 대한 요구사항이 너무 많다는 사실이다. 제네바 회담에서 미국이 북한에 요구한 것은 핵 동결 한 가지였으며 그나마도 북한은 지키지 않은 경력을 갖고 있다. 그런데 이번 6자회담에서 미국은 북한에 대해 CVID로 표현되는 완전한 핵 폐기를 요구하고 있다. 이에 더해, 미국은 미사일개발 포기, 재래식 군사력의 감축과 후방 배치, 생화학무기 폐기, 인권문제의 개선 등을 북한에게 요구하고 있다. 이러한 미국의 입장은 많은 것을 요구해 놓고 최종단계에서 이 중 핵심인 핵 폐기에 대한 확고한 약속을 북한으로부터 받으려는 협상전략으로는 긍정적인 평가를 받을 수 있겠으나 북한이 실제로 이 모든 것을 받아들일 것이라고 기대할 수는 없을 것이다.

미국이 이렇게 많은 것을 북한에게 요구하는 이유는 협상전략이라기보다는 북한과는 협상을 할 필요가·없다는 북한에 대한 미국의 부정적 인식에 기인한다는 해석도 가능하다. 이제까지 외국과의 약속을 한 번도 제대로 지키지 않았던 북한과 협상을 하고 타협안에 합의하는 것에 별 의미를 둘 수 없다는 미국의 생각은 어쩌면 당연할 지도 모른다. 그럼에도 불구하고, 미국이 6자회담에 응하는 것은 미국이 이라크 문제를 해결한 후 북한 문제를 좀 더 적극적으로 밀어붙일 수 있는 시기가 올 때까지 시간을 벌어보려는 의도라고 생각할 수도 있을 것이다. 만일 이것이 사실이라면 6자회담에서 성과를 기대할 수 없는 것이다.

이러한 부정적인 면에도 불구하고 6자회담에 기대를 걸어볼만한 긍정적인 요인도 있는 것이 사실이다. 우선 미국이 아무리 북한 김정일 정권에 대해 부정적으로 생각한다고 해도 무력으로 목적을 달성하는 것은 매우 어려운 일이다. 북한에 대한 미국의 공격 움직임이 가시화되면 북한은 남한과 주한 미군에 대해 선제공격을 할 가능성을 배제할 수 없으며 그 경우 24시간 내에 수도권에서만 100만 명의 희생자가 발생할 것이라는 것이 미군 당국의 설명이다.70) 또한, 이러한 대규모 희생이 불가피한 미국의 군사적 행동에 대해 한국은 물론 일본도 반대할 것이 분명하기 때문에 미국이 일방적으로 북한을 공격하는 것은 사실상 불가능하다. 그래서 미국도 북한과 협상을 통해 핵문제를 해결할 수밖에 없고 6자회담은 이를 위한 최선의 방법인 것이다.

협상 이외에 다른 대안이 없기는 북한도 마찬가지다. 무력충돌이 발생하면 북한이 서울을 '불바다'로 만들 수 있을지는 몰라도 그 결과는 북한 전체의 초토화가 될 것이며 김정일 정권의 몰락은 당연한 일이 될 것이다. 정권유지와 생존을 국가운영의 최상목표로 하고 있는 김정일 정권으로서는 무력충돌은 전혀 대안이 될 수 없다. 따라서 북한에 의한 선제공격 역시 가능성이 없기는 마찬가지다. 그래서 미국과 북한간의 무력사용 위협은 상대방의 담력을 시험해 보는 '닭 게임'(chicken game)의 성격이 강하다고 할 수 있다.

현 시점에서 김정일 정권이 바라는 것은 제네바 합의에서와 같이

---

70) Star and Stripes, 2003. 2. 9

표면적으로는 핵 동결 또는 핵 폐기에 합의하고 그 대가로 상당수준의 경제적 실리를 챙기는 반면, 비밀리에 농축우라늄 프로그램을 진행시키고 이미 확보한 플루토늄으로 가능한 많은 수의 핵무기를 제조하여 실제로 핵보유국이 되는 것이라고 생각된다. 그러나 문제는 김정일 정권의 과거 행각으로 미루어 북한의 이러한 이중적이고 기만적인 속셈을 미국을 포함한 서방세계가 이미 파악하고 있다는 사실이다. 그래서 미국이 6자회담에서 CVID원칙을 고수하고 있는 것이다.

이에 대해 북한이 어떠한 선택을 할지는 알 수 없으나 한·미·일 공조체제가 잘 유지되고 이를 바탕으로 북한에게 양자선택의 확실한 기회를 준다면 북한이 핵개발로 인한 고립과 경제파탄의 길을 버리고 핵 포기를 바탕으로 한 국제협력과 경제번영의 길을 선택할 가능성이 충분히 있다고 할 수 있다. 이런 관점에서 최근 리비아가 핵무기 개발을 포기하고 미국과 외교관계를 수립하면서 카다피 원수가 자신이 북한을 설득해 보겠다고 한 것도 북한의 선택에 대해 낙관적 견해를 갖게 되는 이유가 되고 있다.

3. 성공의 조건

비록 북한 핵문제를 평화적으로 해결하는 데 있어 긍정적인 측면보다는 부정적인 측면이 더 많은 것이 사실이지만 우리 모두는 핵문제의 평화적 해결을 위해 끝까지 최선을 다해야 한다. 그 이유는 북한 핵문제가 평화적으로 해결되지 않을 경우 한반도에 미치는 피해는 실로 엄청난 것이기 때문이다.

한국의 주체의식

북한 핵문제가 평화적으로 해결되기 위해서는 한국이 이 문제의 핵심 당사자라는 주체의식을 확실히 가져야 한다. 북한 핵의 최대 피해자는 미국이 아니라 한국이기 때문이다. 북한은 핵무기로 미국을 공격할 수 없으나 한국은 북한 핵의 직접적인 공격대상이 되고 있다. 그리고 북한과 치열한 체제경쟁을 하고 있는 나라 역시 미국이 아니라 한국이다.

그럼에도 불구하고, 이제까지 한국정부와 한국인 다수는 북한 핵문제를 북한과 미국간의 문제로 인식하여 왔고 이 문제의 해결과정에서도 적극적인 역할을 하지 못하였다. 제네바 북·미합의 과정에서 한국정부는 소외되었고 그 결과 우리에게 돌아온 것은 경수로 건설사업비의 부담뿐이었다. 최근 진행되고 있는 핵 위기 과정에서도 한국은 당사자로서 적극적인 역할을 하지 못하고 있다. 평소에 자주외교와 자주국방을 주장해 온 노무현 대통령은 취임 초 핵문제에 관해 한국이 배제된 북·미 회담을 양해한다는 발언을 서슴지 않았다. 한국과 주변국들이 참여하는 6자회담도 한국이 주장해서가 아니라 미국의 요청에 의해 이루어졌다.

북한의 핵개발은 1992년 남북한이 합의한 한반도 비핵화선언을 정면으로 위반한 것이다. 한국은 한반도 비핵화선언을 실현시키기 위해 스스로 미국의 핵무기를 한국에서 철수하는 조치를 취했다. 그렇기 때문에 한국은 북한에게 핵 포기를 당당히 요구할 권리가 있으며 반드시 그렇게 해야 한다. 그러나 남북 고위당국자 회담에서 한국은 핵문제를 집중적으로 거론하지 않고 있으며 북한이 원하는 경제지원 문제 협의에만 대부분의 시간과 정열을 소비하고 있다.

북한 핵에 대한 한국의 소극적인 대응은 북한으로 하여금 한국정부가 북한 핵무기 보유를 사실상 용인하는 것으로 착각하게 할 수 있다. 특히, 한국 내 일부 진보성향의 인사들이 북한 핵무기는 통일이 되면 결국 '우리'의 것이 되기 때문에 문제가 되지 않는다는 태도를 취하고 있고 한국사회에서 이들의 목소리가 커지고 있다. 이러한 사실을 감안할 때 북한의 착각은 자칫 현실화 될 수도 있으며 그런 상황에서 북한이 핵 포기를 선택할 이유가 없는 것이다.

따라서 지금부터라는 한국정부는 북한 핵문제에 대해 당사자라는 주체의식을 갖고 보다 적극적으로 해결에 나서야 할 것이다. 이는 현재 진행되고 있는 남북한간 정부차원의 대화에서 핵문제를 최우선 과제로 제기하고 정부차원의 각종 대북지원을 핵문제의 해결과 연계시키는 전략을 추진함을 의미한다. 또한, 현재 진행되고 있는 6자회담도 북한과의 협상 주 상대는 미국이 아니라 한국이라는 인식을 바탕으로 핵문제 해법에 대한 한·미·일 공조체제 구축에 적극 노력함과 아울러 중국과 러시아가 한국 입장에 동조하게 하는 노력도 동시에 경주해야 한다.

한·미·일 공조

6자회담 성공의 두 번째 조건은 한·미·일 공조체제를 확고히 구축하는 것이다. 3국간 공조체제는 북한이 핵 포기를 하게 하는데 있어 필수적인 조건이 되고 있다. 북한은 현재 한·미·일 공조체제에 균열이 발생한 것을 이용하여 협상을 지연시키면서 핵개발과 경제적 지원을 동시에 얻으려는 전략을 구사하고 있다.

6자회담이 시작된 지 1년이 흘렀으나 북한의 김정일 정권은 중국과 러시아와 몇 차례에 걸친 정상회담을 통한 실리외교를 추진하여 이들을 북한의 우방으로 만들려는 노력을 성공적으로 하고 있다. 반면, 한국정부는 북한을 무조건 도와주어야 한다는 진보세력의 고정관념에 사로잡혀 한·미동맹 관계와 한·미·일 공조체제를 약화시키는 우(愚)를 범하고 있다. 1년이 넘는 기간 동안 많은 접촉과 회의를 했음에도 불구하고 핵문제에 관한 북한의 입장에 아무런 변화가 없고 6자회담이 별 성과를 거두지 못한 것은 바로 이런 점에 연유한바 크다고 할 수 있다.

한·미·일 공조체제가 복원되기 위해서는 무엇보다도 대 북한 협상카드에 대한 3자간 합의가 이루어져야 한다. 협상카드는, 첫째 핵 폐기 등 북한이 취해야 하는 조치, 둘째 북한이 이러한 요구사항을 받아들였을 때 한·미·일 3국이 북한에 줄 수 있는 지원, 셋째 북한이 한·미·일의 요구사항을 거부했을 때 북한에 대한 제재조치 등이 될 것이다. 북한의 과거 행태로 미루어 볼 때 세 가지 협상카드 중 세 번째의 제재조치에 대한 한·미·일간 합의가 6자회담을 성공적으로 마무리 하는데 있어 가장 중요한 핵심 사안이 될 것이다.

한·미·일 공조는 협상과정에서 북한의 양보를 얻어 내는 데는 물론이고 협상결과를 실천하는 데에서도 절대적으로 필요하다. 협상이 성공적으로 이루어져 북한에 대한 경제적 지원이 이루어지는 경우 한국 혼자 이를 부담하는 것이 무리이기 때문에 한·미·일 공조를 통해 3국은 물론 EU와 국제기구 등 국제사회로부터의 지원이 이루어져야 할 것이다. 또한 협상이 결렬되어 북한에 대한 제재조치가 이루어지는 경우에도 한·미·일 공조가 철저히 이루어져야 한반도에서 전면전을 피하면서 핵 포기 등 북한의 행동 변화를 압박해 갈 수 있을 것이다.

대 북한 요구조건의 단순화

이미 지적한대로 제네바 회담에서는 북한의 핵 동결만을 미국이 요구하였으나 이번에는 핵 동결이 아닌 완전한 핵 폐기와 더불어 미사일 개발포기, 재래식 군사력 감축 등 매우 다양하고 포괄적인 요구를 북한측에 하고 있다. 제네바 협상의 미국측 대표를 역임한 로버트 칼루치는 부시 행정부의 과욕이 북한의 핵 보유를 허용하는 결과를 초래할 수 있다는 경고를 다음과 같이 하고 있다.

"1994년 북한의 핵개발 계획을 미국은 (최종적으로는 한국과 일본도) 수용할 수 없었고 힘의 사용이 부분적으로 선택 가능한 옵션이었기 때문에 우리들은 매우 강하게 협상을 이끌어 갈 수 있었고, 그래서 우리는 1994년에 성공했다고 생각한다. (…) 그러나 현재 힘은 몇 년 전처럼 옵션이 아니다. 또한 부시 행정부는 북한과 같은 '불량국가'와의 협상을 아주 꺼리고 있다. 그리하여 나에게는 핵 무장한 북한을 수용하는 것만이 가능한 유일한 대안으로 보이고 나는 이것을 우려하고 있다."[71)

북한에 대해 핵문제 외에도 한반도 안보와 관련한 포괄적인 요구를 해야 한다는 주장은 미국 내 한반도문제 전문가들 사이에 급속도로 확산되고 있으며 앞에서 언급한 통일연구원 보고서도 포괄적 접근방식에 의한 대 북한 지원을 제시하고 있다. 노무현 대통령도 6·15 공동선언 4주년 기념행사에 참석하여 북한에 대해 '포괄적이고 구체적'인 지원계획을 준비하고 있다고 발언한 바 있다.

이와 같은 포괄적인 접근방법이 실현만 된다면 한반도 문제를 일거에 해결할 수 있다는 측면에서 매우 바람직한 것이 틀림없으나 북한의 과거 행적이나 현재 김정일 정권의 성격으로 미루어 성사될 가능성은 매우 희박하다고 할 수 있다. 따라서 지금과 같이 미국이 포괄적 해결만 고집한다면 6자회담은 장기화되고 그동안 북한은 핵무기 개발에 박차를 가해 명실 공히 핵보유국으로 부상할 것이라는 칼

---

71) International Herald Tribune, "Russia Helped CIA Monitor North Korea", 2003. 1. 21

루치의 걱정이 현실화될 수도 있을 것이다.

따라서 현재 진행되고 있는 6자회담에서는 미사일과 재래식 군사력 문제 등은 뒤로 미루고 북한 핵 폐기 문제만 집중적으로 다룰 것을 제안한다. 이 경우 제네바합의에서의 핵동결이 실패한 경험을 거울삼아 핵 폐기가 확실히 이루어지는 것을 확인하는 절차에 합의해야 하며 핵 폐기가 확인될 때까지는 북한에 대한 대규모 경제지원은 보류되어야 할 것이다.

압박과 유화의 병행

6자회담이 이제까지 별 성과를 거두지 못하고 있는 보다 근본적인 이유는 북한에 대한 요구사항은 많은데 반해 압박카드는 전혀 사용되지 않고 있기 때문이다. 제네바 회담이 이루어진 배경에는 미 국방부가 실제로 북한에 대한 군사작전을 준비하고 있었다는 사실에 기인하는 바가 컸다. 그런데 6자회담에서 미국은 북한에 대해 핵 폐기를 포함하여 북한이 자신의 생존보장과 직결된다고 생각하는 사항들에 대해 포괄적인 요구를 하면서도 이라크 문제가 해결되지 않고 있기 때문에 북한에 대해 구체적인 압박전략을 구사하지 못하고 있다.

또한, 제네바 협상 당시에는 김영삼 정부가 북한에 대해 대체로 강경노선을 유지하였으나 현재 노무현 정부는 김대중 정부의 대북 유화정책을 그대로 답습하고 있다. 한국정부는 기회가 있을 때마다 핵 문제의 평화적 해결을 강조하면서 금강산 관광사업과 개성공단 사업을 열정적으로 추진하고 있다. 한국의 새로운 지배세력으로 등장한 진보진영과 젊은 세대의 상당수는 한국안보에 위협이 되는 존재가 북한이 아니라 미국이라고 생각하는 웃지 못할 상황까지 전개되고 있다. 이러한 상황에서 북한이 미국의 '거창한' 요구를 받아들일 이유가 없는 것이다.

국가간의 협상에서 당근과 채찍은 상반되거나 상충되는 개념이 아니라 서로 보완적으로 협상력을 높이는 수단이라는 것은 국제정치의 기본상식이다. 특히, 핵문제와 같이 국가안보와 직결된 사항에 대한 협상은 반드시 강력한 힘이 뒷받침되어야 하고 북한과 같은 전체주의 국가의 경우는 더욱 그러하다. 한국, 미국과 같은 민주주의 국가는 국내외 여론에 민감하게 반응해야 하지만 북한과 같은 전체주의 국가는 이를 무시할 수 있기 때문에 오로지 힘의 논리만이 이들 국가의 행동에 변화를 줄 수 있다는 사실은 역사적으로 확인된 것이다.

햇볕정책이 추진된 후 한국정부는 '북한을 자극해서는 안 된다'라는 논리로 북한에 대해 채찍을 사용하는 것을 극도로 자제해 왔다. 그러나 '필사즉생 필생즉사'(必死則生 必生則死)라는 말이 있듯이 북한을 자극할 것을 걱정하여 채찍을 사용하지 않는 대북정책은 오히려 핵 위기를 조성하여 한반도에서 무력 충돌의 가능성을 높이는 반면, 채찍과 당근을 적절히 조화시키는 대북정책은 북한으로 하여금 핵 폐기를 수용하게 하여 한반도에서 평화를 영구적으로 정착시킬 수 있는 계기를 마련할 수 있을 것이다.

북한에 대해 채찍을 사용하는데 있어 중요한 것은 한·미·일 공조체제가 철저히 유지되는 가운데 3국간의 역할분담이 잘 이루어져야 한다는 것이다. 채찍이 효과를 발휘하기 위해서는 세계화시대에 세계 유일 최강대국으로 부상한 미국이 채찍 사용에 있어 중심적인 역할을 하면서 한국과 일본이 미국의 보조 역할을 하는 것이 효과적일 것이다.

채찍은 직접 그것을 사용해서 효과를 거두기보다는 그 사용 가능성을 분명히 하여 실제로는 채찍을 사용하지 않고도 사태를 사전에 예방하는 것이 최선의 사용방법이다. 따라서 6자회담에서 북한 핵문제가 평화적으로 해결되지 않으면 유엔 안전보장이사회를 통한 북한에 대한 제재조치가 취해질 것이며 한국과 일본은 이에 적극 동참할 것이라는 사실을 북한에게 분명히 알려야 할 것이다.

한국은 2003년 5월 미국의 주도로 결성된 '확산방지안보구상'(PSI : Proliferation Security Initiative)에 아직도 참여하지 않고 있다. PSI는 북한과 같은 불량국가가 대량살상무기를 테러집단 등 외부로 전파시키는 것을 막음은 물론 불량국가가 보유하고 있는 대량살상무기와 생산시설을 없애기 위한 보다 적극적인 조치를 취하겠다는 취지에서 만들어졌다. 한국이 이러한 국제적 노력에 동참하지 않는다는 것이 한국은 북한에 대해 채찍을 사용할 의사가 전혀 없고 더 나아가 북한의 핵무기 보유를 묵인할 수도 있다는 의사로 북한이 오해할 소지가 있기 때문에 한국이 PSI에 적극 참여하는 것은 매우 중요하다.

또한, 한국은 북한의 핵 포기와 한반도 비핵화선언에 동참할 것을 유도하기 위해 전술 핵무기의 한국 배치를 포기하였다. 그러나 북한은 핵개발을 함으로써 한반도 비핵화선언을 정면으로 위반하고 있다. 이러한 상황에서 한국도 북한 핵에 대한 적극적인 방어 차원에서 주한미군의 전술 핵무기를 다시 반입하는 문제를 긍정적으로 검토해야 한다. 특히, 미군의 조기철수가 진행되고 있는 상황에서 전술 핵의 한국 재배치 결정은 북한에 대한 적절한 채찍 역할을 할 수 있을 것이다. 물론 북한 핵문제가 6자회담에서 평화적으로 해결되면 이는 거론될 필요가 없을 것이다.

1994년부터 중단된 팀스피리트(T/S) 한·미 합동군사훈련을 재개하는 것도 한국과 미국이 사용할 수 있는 북한에 대한 채찍이 될 수 있을 것이다. T/S 훈련의 중단은 당시 북한이 IAEA 보장조치 협정에 서명하고 사찰을 받는 조건으로 제공된 당근이었다. 그러나 북한이 IAEA 사찰을 거부하고 있는 현재의 상황에서 T/S훈련을 계속 중단해야 하는 근거가 없어졌기 때문에 이를 대북 협상과정에서 채찍으로 사용해야 할 것이다. T/S훈련 역시 6자회담에서 평화적인 합의가 이루어지면 제기할 필요가 없을 것이다.

대북지원에 대한 공동보조

지금까지 한국과 서방국가들의 북한에 대한 경제적 지원은 서로 독자적인 차원에서 이루어져왔기 때문에 북한 핵 위기의 해결과정에서 북한에 대한 효과적인 정책수단이 되고 있지 못하고 있다. 한국정부는 정치적 위기 상황이 발생해도 북한에 대한 경제적 지원은 계속

해야 된다는 '정경분리 원칙'을 적용해 왔다.

그러나 현재 최대 현안인 북한 핵문제의 평화적 해결을 위해서는 심각한 경제난을 겪고 있는 북한에게 최상의 당근이자 채찍이 될 수 있는 대 북한 경제지원에 대한 한·미·일 간의 긴밀한 협조체제가 구축되어져야 할 것이다. 현재는 물론 앞으로도 북한에 대한 경제적 지원에서 핵심적인 역할을 할 수밖에 없는 한국이 이 부문에서 3국 간 공조체제 마련에 앞장서야 할 것이다.

이런 차원에서 3국의 대북 경제지원 담당 관계자들 간의 정기적인 협의체를 구성하여 운영할 것을 제안한다. 이 협의체의 주요 임무는, 첫째, 각국의 대 북한 경제협력 현황과 문제점에 관한 정보를 교환하고, 둘째, 6자회담에서 핵 폐기의 대가로 북한에게 제공할 수 있는 구체적인 경제지원 방안을 마련하며, 셋째, 북한과의 합의가 이루어지는 경우 대북 경제지원이 중복을 피하고 경제적 효율을 최대화할 수 있는 방향으로 추진되도록 협력하는 것이 될 것이다.

한반도 평화체제 구축

현재 진행되고 있는 6자회담은 참가국들이 많기 때문에 당면 현안인 북한 핵문제의 해결에는 비효율적이었던 것이 사실이나 한반도에서 군사적 긴장을 완화하고 영구적 평화체제를 구축하는 데에는 매우 바람직하고 효과적인 협의체라고 할 수 있다. 따라서 북한 핵문제가 성공적으로 마무리된다고 하면 이를 계기로 6자회담을 한반도 평화체제를 확립하는 제도적인 틀로 발전시켜 나가야 할 것이다.

1991년 남북한이 합의한 남북 기본합의서는 '남과 북이 현 정전 상태를 남·북 사이의 공고한 평화상태로 전환'시키는 조치를 취하도록 하고 있다. 따라서 북한 핵문제가 원만히 해결된다고 하면 현재의 '정전 협정'을 '평화 협정'으로 전환시키는 작업에 착수해야 하며 6자회담은 이를 위한 이상적인 기구가 될 수 있을 것이다.

우선 평화협정 체결 당사자는 당연히 남북한이 되어야 하며 이를 미국, 중국, 일본, 러시아가 보장하는 것이 가장 바람직한 형식이 된다고 생각한다. 또한, 평화협정의 내용은 이미 남북 기본합의서에 적시된 무력불사용, 불가침, 분쟁의 평화적 해결 등을 포함하는 것은 물론이고 비무장지대의 평화적 이용과 재래식 군사력의 감축 문제가 추가되어야 할 것이다.

평화협정이 체결되면 이의 구체적인 실천을 위한 협상이 진행되어야 하며 이 협상의 핵심과제는 당연히 재래식 군사력의 감축문제가 될 것이다. 핵문제에서 미국이 주도적 역할을 담당한 것과는 달리 재래식 군사력 감축문제에서는 한국이 대북협상에서 주도권을 행사하고 미국이 이를 지원하는 형태를 취해야 할 것이다. 현재 북한이 핵폐기의 조건으로 강하게 주장하고 있는 미국의 북한에 대한 불가침 약속은 평화협정과는 별도로 북·미간 합의 형태로 진행될 수 있을 것이다.

중국의 적극적 역할

중국은 현재 진행되고 있는 6자회담에서 매우 적극적인 중재자 역할을 수행하고 있다. 그 이유는 이를 통해 한반도에서 중국의 영향력을 증대시킬 수 있기 때문이다. 중국은 개방정책 추진 이후 증가된 경제력을 바탕으로 국제사회에서 새로운 강자로 부상하고 있으며 북한에 대해 영향력을 미칠 수 있는 유일한 강대국이기도 하다.

중국이 북한 핵문제에 특별히 관심을 갖는 또 하나의 이유는 북한의 핵 보유가 동북아에서 군사력의 균형을 중국에게 불리한 방향으로 몰고 갈 수 있다는 데에 있다. 북한의 핵무기 보유는 일본의 핵무장을 불가피하게 할 것이고 이는 그동안 중국이 갖고 있던 군사적 절대 우위 위치에 큰 변동이 일어남을 의미한다. 특히, 북한의 핵 보유와 일본의 핵무장이 대만을 자극하여 핵개발로 이어진다면 중국에게는 치명적인 안보위협이 되는 것이다.

따라서, 한국과 미국은 중국의 이러한 입장을 최대한 활용하여 중국이 북한으로 하여금 핵개발을 포기하는 방향으로 적극적인 압력을 가하도록 유도해야 할 것이다. 북한의 김정일 정권이 중국의 이러한 압력을 끝내 거부하는 경우 중국이 주도하여 북한에서 정권교체가 일어나게 하는 가능성까지도 심각하게 고려해 보아야 할 것이다. 북한이 붕괴되어 한국으로 흡수통일이 되지는 않더라도 북한에서 폐쇄적이며 강압적인 김정일 정권이 무너지고 적어도 핵무기 개발을 하지 않으면서 중국 수준의 개혁·개방정책을 추진할 의사가 있는 정권이

들어선다면 한국과 서방세계는 물론 중국에게도 큰 이익이 될 것이라는 점을 중국에게 상기시켜 주어야 할 것이다.

제8장

경제통합의 단계적 추진

"

우리가 북한으로 들어가서 철도를 건설하고 전력문제를 해결하고,

도로 · 항만 · 통신 등을 해결해 북한에 공단을 조성해서 진출한다면,

대한민국의 경제는

남한내부 경제에서 한반도 전체의 경제로 발전되어 나갈 것이고,

그런 가운데 북도 남도 다같이 큰 혜택을 보게 될 것입니다.

"

김대중 대통령, "남북 정상회담 성과 대국민보고 연설"

1. 경제협력과 경제통합

햇볕정책과 경제협력

햇볕정책의 기본 가정은 남북 간 접촉과 교류를 통해 북한의 변화를 유도한다는 것이다. 그러나 변화가 기존체제의 불안을 초래할 것을 염려하는 북한의 김정일 정권은 북한의 변화를 유발할 가능성이 높은 접촉과 교류는 가급적 피하려 하고 있다. 그래서 동독과는 달리 북한은 이산가족 간의 자유로운 왕래와 서신의 교환을 허용하지 않고 있으며 심지어는 북한주민들이 외부의 소식을 알 수 없도록 TV와 라디오 사용을 제한하고 인터넷의 이용은 아예 금지하고 있다. 그러나 소련의 붕괴 이후 러시아가 북한에 대한 경제 원조를 중단하면서 북한은 심각한 경제난을 겪게 되었고 이의 극복을 위해 남한과의 경제 교류와 협력도 조심스럽게 추진하게 된 것이다.

이러한 상황에서 남북경협은 북한을 변화시켜 개혁·개방의 길로 가게 할 수 있는 유일한 방법이며 햇볕정책의 핵심적 정책수단이 되고 있다. 남북경협의 물꼬가 트이게 된 것은 '북방정책'으로 요약되는 노태우 정부의 대북 포용정책에 기인하였다고 할 수 있다. 그 후 1990년대 초 북한 핵문제가 발생하여 남북경협이 다소 위축되기도 하였으나 제네바 북·미합의가 이루어지면서 남북경협은 다시 정상 상태를 회복하게 되었다.

남북경협이 최근 새로운 활기를 띠게 된 것은 김대중 정권이 출범하면서 보다 적극적인 대북 포용정책을 추진하였기 때문이다. 김대중 정부는 식량, 비료 등 인도적 차원의 대북 경제지원 규모를 확대하였고 금강산 관광사업과 개성공단 건설사업 등의 대형 경협사업을 추진함으로써 남북경협은 새로운 도약단계에 진입하게 되었다. 김대중 정부 출범이후 추진된 대형 경협사업들이 수익성 측면에서 문제가 많았고 북한경제 발전에 대한 기여도도 미흡하였다는 비판여론이 높은 것이 사실이나 남북경협은 북한이 심각한 경제난을 다소나마 완화시켜 1990년대 초반 이후 마이너스 성장을 지속한 북한경제가 1999년부터 플러스 성장으로 전환되는데 결정적인 기여를 하였다.

2002년 말 북한 핵문제가 다시 불거져 서방세계의 대북지원이 크게 줄어든 상황에서 남북경협은 북한경제를 지탱시키는 가장 중요한 동력이 되고 있다. 2002년에 이미 남북교역 규모는 6억 4천만 달러로 북한 전체교역의 22.1%를 차지함으로써 남한은 중국에 이어 북한 제2의 교역국이 되었다. 2003년 남북교역은 전년보다 12.9% 증가한 7억 2천만 달러에 달하였다. 특히, 북한 수출시장에서 남한의 위치는 더욱 중요하다. 2002년의 경우 북한 전체 수출에서 남한이 차지하는 비중은 27.0%에 이르러 중국을 제치고 제1의 수출시장이 되었고 이러한 추세는 2003년에도 계속되고 있다.

또한 남한은 북한의 가장 중요한 무역흑자 대상국으로서 북한 외화수입의 주된 원천이 되고 있다. 1990년부터 1997년까지 남북교역에서 남한은 9억 달러 수준의 적자를 기록하였으며 이러한 추세는 그 후에도 계속되고 있다. 1998년 이후는 남한이 교역수지 흑자를 기록한 것으로 통계상 나타나고 있으나 이는 햇볕정책 추진 이후 비거래성 교역이 증가한데 기인한다. 북한 외화수입에 영향을 주는 거래성 교역의 수지는 2002년 2억 달러 수준의 적자를 기록하였고 2003년에도 1억 8천만 달러의 적자를 보였다.

남북교역 못지않게 중요한 것은 정부차원의 대북 경제지원이다. 햇볕정책 추진 이후 한국정부는 '퍼붓기 식'이라는 국내외의 비판을 받을 정도로 대 북한 경제지원을 확대하여 왔다. 통일연구원의 추계에 의하면[72] 대북 인도적 지원 금액은 1999년의 3천7백만 달러에서 남북 정상회담이 개최된 2000년에는 2억 2천만 달러로 증가했고 2002년에는 8억 1천만 달러로 급증했다. 2003년 대북 경제지원은 7월말 현재 2002년 수준을 상회하고 있는 것으로 집계되고 있다. 그 결과 북한에 대한 인도적 지원 총액에서 한국이 차지하는 비중은 1999년 11.5%에서 2000년 54.2%로 증가했고 2002년에는 75.8%로 급증했으며 2003년에도 2002년 수준을 넘을 것으로 추정되고 있다.

이외에도 한국정부는 남북경협 기금에서 각종 대북사업을 지원하고 있고 KEDO사업의 70%를 부담하고 있다. 이러한 사업규모는 2002년의 경우 1,600억 원에 이르고 있어 한국의 대 북한 경제지원 규모는 연간 10억 달러 수준에 달하는 것으로 통일연구원은 추정하고 있다. 이에 더해, 남북 정상회담 개최를 위해 5억 달러의 현금이 북한에 지원되었고 남북 간 각종 스포츠 및 문화행사를 위해 거액의

---

72) 통일연구원, 「핵문제 해결과정에서 남북관계 및 북한경제 지원 시나리오」, pp.155~176, 2003. 12

'뒷돈'이 북한당국에 주어지고 있다는 사실을 감안할 때 한국의 대북한 경제지원은 공식통계 수치보다 더 높은 수준인 것이다.

이러한 사실은 두 가지 측면에서 매우 중요한 의미를 갖고 있다고 생각한다. 그 첫 번째는 햇볕정책 이후 급증한 한국정부의 대북 경제지원이 북한경제를 마이너스 성장과 기아의 악순환으로부터 벗어나게 하였고 더 나아가 김정일 정권을 붕괴의 위험으로부터 벗어나게 해 주었다는 사실이다. '한국정부가 북한 김정일 정권의 최대 후원자'라는 국내외 비판이 객관적 사실로 충분히 입증되고 있는 것이다. 이러한 사실을 뒤집어 보면 이제 한국은 북한 김정일 정권에게 미국, 중국 못지않은 영향력을 행사할 수 있는 위치에 있음을 의미한다. 특히, 현재와 같이 북한 핵문제로 인해 서방세계로부터의 경제적 지원을 기대하기 어려운 상황에서 한국의 경제지원은 북한경제를 지탱시켜주는 핵심적인 버팀목이 되고 있는 것이다.

북한이 최근 한국과의 대화와 교류에 과거와는 다른 열성을 보이고 있는 것도 바로 이런 이유에 연유한다고 할 수 있다. 북한의 입장에서는 자신들에게 별 부담도 없는 한국과의 접촉을 통해 많은 경제적 실리를 챙길 수 있는데 굳이 남북교류를 마다할 이유가 없는 것이다. 이러한 상황에서 문제가 되는 것은 한국정부가 현안인 북한 핵문제의 해결은 물론이고 북한을 개혁·개방의 길로 유도하는데 있어 대북 경제지원을 압박카드로 활용하지 않는다는 점이다. 오히려 통일연구원에 의하면 한국정부는 햇볕정책 추진 이후 대북 경제지원 규모를 실제보다 적게 추계하고 그 이전의 경제지원은 실제보다 높게 산정하여 대북지원의 증가추세를 의도적으로 축소하려 하고 있다.

한국정부가 북한에 대한 강력한 '채찍' 카드가 있는데도 이를 사용하지 않기 때문에 햇볕정책은 강자의 포용정책이 아니라 약자의 유화정책이며 북한을 개혁과 개방으로 유도하려는 실용주의적 정책이 아니라 친북적(親北的) 진보사상에 입각한 '김정일 정권 도와주기' 정책이라는 비판을 받고 있는 것이다. 따라서 햇볕정책이 이러한 비판으로부터 자유스러워지기 위해서는 대북 경제협력과 지원을 단기적으로는 현안인 북한 핵문제 해결 그리고 중장기적으로는 북한의 개혁·개방과 연계하여 추진하는 새로운 대북전략이 마련되어야 할 것이다.

남북연합과 통일

6·15 남북 공동선언에서 남북정상들은 "나라의 통일을 위한 남측의 연합제 안과 북측의 낮은 단계의 연방제 안이 서로 공통성이 있다고 인정하고 앞으로 이 방향으로 통일을 지향시켜 나가기로 하였다"라고 합의한 바 있다. 노태우 정부와 김영삼 정부에서 마련된 '한민족 공동체 통일방안'에서도 남북연합은 남북한이 통일 단일국가라는 최종단계로 가기 전에 거치는 중요한 통일경로로 지적되고 있으며 김대중 대통령의 '3단계 통일론'에서도 남북연합 단계는 통일을 위해 가장 중요한 첫 번째 단계로 제시되고 있다. 6·15 공동선언에서 언급한대로 북한 역시 남북연합이 자신들이 주장해 온 낮은 단계의 연

방제와 유사하다는 것을 인정하고 있다.

남북연합은 기본적으로 1민족, 2체제의 현실을 인정하면서 공동의 초국가적 상설기구를 설치하여 공동의 문제를 해결하고 오랜 분단 기간 중 축적된 남북 간의 이질성을 극복해 나가자는 취지에서 제안된 통일의 방식이라고 할 수 있다. 국가연합의 외국사례로는 독립 후 1787년 연방헌법이 제정될 때까지의 미국, 1815년~1848년 기간의 독일연합, 1867년~1871년 기간의 북독일 연합, 현재의 유럽연합(EU) 그리고 소련 붕괴 후 결성된 독립국가연합 등이 있다. 이들 사례의 공통적 특징은 독립국가연합을 제외하고는 모두 국가연합이 통일로 가는 과정에서의 과도기적 정치체제였다는 사실이며 남북연합 구상도 이에 해당한다고 할 수 있다.

'한민족공동체 통일방안'은 남북 연합단계에서 필요한 제도적 장치로 정상회의, 각료회의, 평의회 그리고 공동사무처를 제안하고 있다. 연합 정상회의는 남북 정상회의의 정례화를 의미하여 연합 각료회의는 현재 진행되고 있는 장관급 회담의 안건에 따라 재경, 국방 등 관련 장관들이 추가로 참여함을 의미한다. EU의 경우에는 집행위원회를 구성하여 각료회의의 결정사항을 실제로 집행하는 임무를 수행했는데 남북한의 경우에는 공동사무국이 설치되면 EU의 집행위원회 기능을 수행할 수 있을 것이다. 평의회에 참가하는 의원은 남과 북에서 모두 직접선거에 의해 선출되어야 하는데 민주화가 되어 있지 않은 북한에서의 직접선거는 의미가 없기 때문에 북한체제가 민주화된 이후에야 그 구성이 가능할 것이다. 이에 더해, 남북연합이 효율적으로 운영되기 위해서는 각종 남북합의서의 해석과 그 적용에 대한 판결을 할 연합법원의 설치가 필요할 것이다.

북한은 1980년대 초 이후 지속적으로 1민족, 1국가, 2체제의 '고려연방제'를 제안해 왔으며 남한의 남북연합 안을 남북분단을 영구화시키려는 것이라고 비난하였다. 북한은 6·15 공동선언에서 처음으로 '낮은 단계의 연방제'라는 표현을 사용하였으며 이에 대해 북한은 '하나의 민족, 하나의 국가, 두 개의 제도, 두 개의 정부 원칙에 기초하되 북과 남에 존재하는 두 개의 정부가 정치·군사·외교권 등 현재의 권한을 그대로 갖게 하고 그 위에 민족통일 기구를 내오는 방법'으로 정의하고 있다. 이러한 북한의 '낮은 단계의 연방제'안이 어디까지나 '큰 틀의 연방제'라는 비판이 있는 것이 사실이나 남한이 제시한 남북연합 안과 유사점이 많은 것 또한 사실이다.

이미 앞에서 지적한대로 국가연합은 국가통합의 최종단계가 아니라 최종단계로 가는 중간형태였던 것이 이제까지의 역사적 사실이다. 그렇기 때문에 남한의 남북연합 안과 북한의 낮은 단계의 연방제안이 그 내용에 있어 다소 다르다는 것은 별 문제가 되지 않는다. 그러나 문제는 남북한이 생각하고 있는 최종 통일국가의 모습이 정반대라는 사실이다. 남한은 한반도에서의 통일국가는 당연히 자유민주주의와 시장자본주의 체제의 국가이어야 한다고 생각하고 있고 북한은 주체사상과 유일지배체제를 기반으로 하는 사회주의국가를 염두에 두고 있는 것이다. 남북한이 서로 생각하고 있는 통일국가의 내용이 전혀 다른 상황에서 남북한당국자들의 통일방안에 대해 논의가 앞으로 진전되기를 기대할 수는 없다. 그래서 남북한 간의 통일논의는 자칫 정치공방으로 번질 수 있기 때문에 공허한 통일방안에 대한 논의보다는 남북한이 경제분야에서 구체적 협력방안을 협의하는 것이 보다 바람직한 일이다.

최근 남북한 간 대화를 위한 제도적 틀은 나름대로 발전되고 있는 것이 사실이다. 비록 정상회담이 정례화 되지 않았지만 몇 차례의 특사교환이 이루어졌고 장관급 회담은 이제 정례적으로 개최되고 있다. 이에 더해, 외무장관 회담과 국방장관 회담도 비정례적으로 성사되고 있으며 남북경제협력추진위원회, 적십자회담 등도 주기적으로 이루어지고 있다. 또한 4개 경협제도, 전력 협력, 금강산 관광사업 등에 관한 실무자 회의도 수시로 개최되고 있다. 비록 남북연합 단계에 상응하는 제도적 틀이 짜져있다고 할 수는 없으나 실용주의적 입장에서 구체적 문제해결을 위한 제도적 틀은 마련되어가고 있다고 할 수 있다. 그렇기 때문에 굳이 남북연합을 성사시키기 위해 남북평의회 등 정치적인 기구의 설치를 제안할 필요는 없을 것으로 생각된다. 또한 비생산적인 '통일방안'에 대한 논의도 현 시점에서는 가급적 자제되는 것이 바람직할 것이다.

남북경협과 경제공동체 형성

남북한 간 체제 차이로 평화적인 방법에 의한 정치적 통일이 사실상 불가능하기 때문에 그 대안으로 남북한 간 경제공동체를 형성하는 방안을 생각해 볼 수 있을 것이다. 기능주의에 입각한 햇볕정책도 궁극적으로 남북경제공동체 형성을 목표로 하고 있다는 점에서 남북한 간 경제통합은 중요한 당면과제가 되고 있다.

경제통합은 국제경제학에서 오랫동안 다루어진 과제로 지리적으로 인접한 두 개 이상의 국가들이 무역, 재정, 금융, 통화 등의 분야에서 상호협력을 도모하여 공동의 경제적 이익을 취하는 것을 의미한다. 국제경제학은 경제통합을 통합의 범위에 따라 자유무역지대(Free Trade Area), 관세동맹(Customs Union), 공동시장(Common Market), 화폐 및 경제동맹(Monetary and Economic Union), 완전통합(Complete Integration) 등으로 구분하며 경제통합의 대표적 사례인 EU는 자유무역지대에서부터 시작하여 공동시장과 경제동맹 단계를 거쳐 이제는 완전통합 단계에 이르렀다고 할 수 있다.

남북한의 경우에는 남북한간 체제 차이가 너무 상반되고 북한이 현 체제 붕괴 가능성에 극도로 예민하다는 사실을 감안할 때 단계적 경제통합도 현실적으로 실현가능성이 높다고 할 수는 없다. 그럼에도 불구하고 경제통합의 가능성에 대한 검토는 지속적으로 이루어져야 할 것이다. 브래드포드와 필립스는[73] 통합의 범위와 정도에 따라 ① 북한이 대내 경제개혁을 어느 정도 이루는 단계, ② 북한경제가 해외시장에 개방되는 단계, ③ 남북한 군비 공동감축으로 군사적 긴장이 크게 완화되는 단계, ④ 남북한 자유무역협정이 체결되는 자유무역

---

73) Scott Bradford & Kerk Philips, "The Economic Reunification of Korea : A Dynamic General Equilibrium Model", 「한국과 세계경제 학술대회」, 성균관대, 2004. 7

단계, ⑤ 남북한간 노동, 자본 등 생산요소의 자유로운 이동이 가능한 공동시장 단계, ⑥ 남북간 금융, 재정 등의 분야에서 통일 경제정책을 채택하는 경제동맹 단계 등 6단계 경제통합 방안을 제안하고 있다.

여기에서 특징은 남북 경제통합이 EU와 같이 자유무역→공동시장→경제동맹으로 발전하기 이전 단계로 북한의 대내개혁, 북한의 대외개방과 한반도 군사적 긴장완화를 본격적인 남북 경제통합의 준비단계로 제시하고 있다는 점이다. 현재 북한의 현실을 감안할 때 매우 합당한 제안으로 평가된다. 본장에서 제시된 5단계 경제통합 전략 역시 2개의 준비단계와 3개의 본격적 통합단계로 구성되어 있다.

남북 경제통합의 조건

정치적 통합이 통합 대상국들의 정치체제가 유사해야 가능한 것과 같이 경제통합도 해당국들의 경제체제가 유사해야 이루어질 수 있다. EU의 경제통합이 EU 회원국들 모두 시장경제 체제를 유지하였기 때문에 가능하였다. 최근 동유럽 국가들이 EU 회원국이 될 수 있었던 것도 이들 국가에서 1990년 이후 사회주의 기획경제 체제가 붕괴되면서 지속적으로 시장경제 체제로의 전환이 이루어져왔기 때문에 가능하였던 것이다.

따라서 남북 경제통합이 이루어지기 위해서는 북한이 기존의 사회주의 통제경제 체제를 버리고 시장경제 체제로의 전환을 모색해야 한다. 그러나 북한은 2002년 7·1 경제관리 개선조치 등으로 부분적으로 시장원리를 도입하는 노력을 하고 있으나 아직 시장경제로의 체제 전환을 추진한다고 볼 수는 없다. 또한 자유무역과 노동 등 생산요소 시장에서의 자유로운 이동을 전제로 하는 경제통합이 오랫동안 폐쇄적 경제정책을 유지해왔고 주민의 이동을 국가가 실질적으로 통제하고 있는 북한에서 이루어지는 것은 매우 어려운 일이다. 결국 북한과의 경제통합은 북한경제의 개혁·개방 수준이 적어도 현재의 중국 수준은 되어야 가능하게 될 것이다. 그때까지는 경제통합이라기보다는 경제교류를 확대시켜 북한 경제체제의 변화를 유도해 나가야 할 것이다. 이는 남북 경제통합 역시 남북연합과 같이 매우 장기적인 시작에서 연구·검토되어야 함을 의미한다고 하겠다.

2. 북한경제의 개혁과제

심각한 경제난의 근본원인

제2장에서도 언급한 대로 북한경제는 에너지난, 식량난, 외화난의 '3대 난'으로 요약되는 심각한 위기 상황에 놓여 있다. 자급 에너지원이었던 석탄의 생산 감소와 외화부족으로 인한 석유수입 감소는 에너지난을 초래하였고 심각한 에너지난은 공장의 정상적인 가동을 어렵게 하여 경제적 비능률과 주요 물자의 공급부족 사태를 가져 왔다. 이에 더해, 비료공급의 부족과 홍수 등 자연재해는 곡물생산의 급

감을 초래하여 북한 경제는 1990년대 후반에 수많은 기아자가 발생하는 최악의 상황에까지 이르게 되었다. 기상여건의 호전과 한국 등 외부의 지원으로 북한경제는 1999년 이후 서서히 회복도고 있으나 아직도 에너지난은 지속되고 있으며 그로 인한 생필품을 포함한 주요 물자의 공급부족 사태는 개선되지 않고 있다.

북한 경제난의 핵심은 경제의 정상적 운용에 필요한 외화가 절대적으로 부족하다는 사실이다. 외화가 없기 때문에 국내에서 충족되지 못하는 에너지 자원과 식량을 수입으로 조달하지 못하게 되어 북한경제가 정상적으로 작동되지 못하게 된 것이다. 세계 어느 나라도 필요한 물자를 100% 자립자족하지는 못한다. 결국 각국은 자신이 비교우위가 있는 상품이나 서비스를 수출하고 이로 인해 얻은 외화로 부족한 상품이나 서비스를 수입하는 형태로 경제를 운영하고 있는 것이다. 이것이 국제 분업의 기본적 경제원리다.

그러나 북한은 주체사상을 국내정치는 물론 경제정책에도 적용하여 자립경제 기반구축을 경제정책의 기본 목표로 삼았고 식량, 에너지 등의 분야에서 자립자족을 위해 노력하여 왔다. 부족한 쌀 생산을 보완하기 위해 옥수수와 감자 생산에 박차를 가해왔으며 전력 생산에 있어서도 계절적 요인에 의해 생산 증감이 불가피한 수력발전을 기저부하용으로 개발하고 석탄중심의 화력발전소를 계절적 파동을 줄이는 보조용으로 사용하고 있다. 다시 말해 북한은 국제 분업의 원리를 완전히 무시한 생산체제를 유지함으로써 경제 각 부문에서 심각한 경제비효율 문제가 야기되고 있는 것이다.

이에 더해, 북한은 건국 이래 군사력 증강에 경제정책의 최우선 순위를 두어왔다. 산업구조면에서 북한이 상대적 비교우위가 있는 경공업의 발전은 등한시 하면서 군수산업의 육성을 위한 중공업 육성을 강조해 왔으며 이러한 정책은 자원배분의 왜곡과 비능률은 물론 생필품의 공급부족 상황을 초래하게 되었다. 또한, 공장의 지역적 배치에 있어서도 원자재 공급과 수요처와 가까운 서해안 해안지역보다는 군사전략적 고려에 의해 내륙산간 지방에 중공업 시설을 집중적으로 건설함으로써 경제적 비능률을 가중시키는 결과를 초래하였다.

뿐만 아니라, 북한경제는 다른 사회주의 국가들과 마찬가지로 중앙집권적 기획경제 체제를 기반으로 운영되어왔기 때문에 시장기능 작동 미비로 인한 자원배분 과정에서 발생하는 비능률과 인센티브 결여로 인한 근로의욕 감퇴와 기업경영의 비효율 문제를 안고 있다. 이러한 기획경제의 비능률을 개선하기 위해 북한당국은 간헐적으로 시장기능의 부분적 도입 등을 시도해 보았지만 이 역시 다른 사회주의 국가에서와 마찬가지로 큰 실효를 거두지 못하고 실패하였다.

1990년까지 북한경제는 이러한 내부적 모순과 비능률에도 불구하고 소련으로부터의 경제원조로 그런대로 현상유지를 할 수 있었으나 소련이 붕괴되고 북한에 대한 원조 중지를 선언함에 따라 북한은 심각한 경제난을 겪게 된 것이다. 그 이후에도 북한은 중국, 베트남 등과 같이 보다 근본적인 개혁·개방 조치로 경제의 외화획득 능력을 제고하려고 하지 않고 미사일 수출, 마약 밀매, 위조 달러 제조 등의 비정상적인 방법으로 외화를 벌어들이려고 하였으며 '벼랑 끝 외교'

를 구사하여 한국, 미국 등 서방세계로부터 경제적 지원을 얻어내는 전략을 구사하고 있다. 이러한 상황에서 추진된 한국의 햇볕정책은 북한에게 과거 소련 원조에 상응하는 경제적 효과를 발휘하였고 북한경제는 앞에서 지적된 내부적 모순에도 불구하고 최소한의 현상유지를 할 수 있게 되었다.

시장기능의 도입

북한경제의 첫 번째 개혁과제는 경제 각 부문에서 시장기능을 도입하는 것이다. 그러나 50여 년간 사회주의 기획경제 체제를 유지한 북한이 갑자기 시장경제로 전환하는 것은 매우 어려운 일이다. 시장경제로의 체제전환을 모색한 러시아와 동유럽 국가들 다수가 이 과정에서 많은 어려움을 겪고 있다는 사실이 이를 잘 입증해 주고 있다.

북한의 경우 국제적으로 성공사례로 평가되고 있는 중국식 개혁모델을 원형으로 하여 이를 북한 실정에 맞게 다소 수정하여 적용하는 것이 가장 현실적인 선택이라고 생각된다. 이는 한국이 1960년대 초 대외지향적 수출진흥전략을 채택하면서 일본의 모델을 한국 현실에 맞게 수정·적용한 것과 맥을 같이 하는 것이다. 중국식 개혁모델은 경제를 특구와 본토로 나누어 특구는 홍콩과 같이 완전 개방하여 외국인 기업중심으로 수출산업을 일으키고 본토는 시장기능의 단계적 도입으로 급격한 개혁으로 인한 사회적 혼란을 최소화 하면서 경제효율과 기존 기업의 경영개선을 모색하는 것으로 요약될 수 있다.

실제로 북한은 중국의 성공사례를 지켜보면서 나름대로 개혁을 시도하고 있다고 할 수 있다. 금강산과 신의주에 특구를 신설하고 개성공단을 건설하고 있으며 7·1경제관리 개선조치를 취한 것이 북한의 이러한 개혁의도를 보여주는 것이라고 할 수 있다. 그러나 지금까지의 결과는 중국과는 달리 매우 실망적인 것이 사실이다.

우선 경제특구 정책을 살펴보면 1990년 초기 추진한 나진·선봉 특구사업은 무엇보다도 지역선정이 잘못되어 실패한 경우라고 할 수 있다. 북한에서 가장 우수한 인적·물리적 인프라를 갖추고 있는 평양·남포 지역이 아닌 북한에서도 상대적으로 인프라 여건이 나쁜 함경북도 나진·선봉지역에 경제특구를 조성하기로 한 것은 대외개방의 파급효과를 최소화 하려는 정치적 고려 때문이었다. 따라서 향후 경제특구의 지역선정은 물론 운영에 있어서는 정치적 고려는 완전히 배제되고 오로지 경제적 고려와 판단이 최우선시 되어야 성공할 것이다.

우선 신의주 특구는 지리적 위치로 보아 중국기업의 진출을 목표로 중국과 긴밀한 협의하에서 추진되었어야 했다. 그러나 북한은 중국과의 관계를 소홀히 했고 이는 특구 초대 장관으로 임명된 양빈의 구속과 이로 인한 특구사업의 부진을 초래하게 되었다. 신의주 특구는 상대적으로 높은 건물임대료와 임금 등 중국 단동의 약점을 대체할 수 있는 장점을 활용하여야 한다. 그러나 중국의 입장에서는 신의주 특구는 단동과 경쟁상대가 되기 때문에 신의주 특구의 개발을 지원하는 것을 꺼리는 것이다. 따라서 신의주 특구는 중국의 단동과 연계되어 상호 보완적인 차원에서 중국과 공동으로 개발되지 않으면 성공할 수가 없을 것이다.

금강산 관광특구는 현대아산이 개발주체가 되어 추진하는 사업으로서 최근 금강산 육로관광의 길이 열렸기 때문에 성공 가능성이 높아졌다고 할 수 있다. 현대아산은 금강산에 호텔과 골프장 등을 건설하여 종합휴양지로서의 인프라 구축을 기획하고 있으며 이를 남한의 설악산 관광과 연계하는 패키지 관광상품도 개발하려고 한다. 금강산 관광특구의 성공여부는 금강산뿐만 아니라 주변지역의 해안과 산을 자유로이 즐길 수 있는 휴양촌을 건설하는데 달려 있다고 할 수 있으며 이 과정에서 현대아산의 투자자금 조달 능력과 북한 군부의 개방의지가 성패를 가름하게 될 것이다.

북한 경제특구 사업의 핵심은 개성공단 건설사업이라 할 수 있다. 현재 이 사업은 남한의 주도로 건설사업이 추진되고 있으며 공단에서 필요한 전력도 남한으로부터 공급될 예정이다. 개성공단은 지리적으로 남한과 매우 가깝고 원자재와 제품의 육로수송이 가능하기 때문에 성공 가능성이 상대적으로 높다고 할 수 있을 것이다. 우선 중국의 특구와 비교하여 평당 분양가가 높게 책정되었다는 문제가 있으나 북한당국과 타협된 임금수준은 일단 중국에 비해 경쟁력이 있는 것으로 판단된다. 개성공단의 최대 현안은 수출시장의 확보다. 임금과 생산성 측면에서 국제경쟁력이 있다고 하더라도 현재로서는 북한에서 생산된 제품의 대미 수출이 사실상 봉쇄되고 있기 때문이다. 이는 북·미 외교관계가 정상화되지 않는 한, 3단계에 걸쳐 총 800만평의 수출단지를 개발하겠다는 개성공단 계획은 성공하기 어렵다는 것을 의미한다.

북한에서 그나마 성공 가능성이 있는 금강산 관광특구와 개성공단 사업 모두 남한을 대상으로 하는 것이며 개발주체도 남한기업이다. 이는 북한 신의주 특구개발 과정에서 중국의 도움을 받지 못하는 것과 대조가 되는 것으로 개혁·개방의 초기과정에서 북한은 한국에 의존할 수밖에 없다는 사실을 확인시켜 주는 것이기도 하다.

경제특구 이외의 지역에서는 7·1경제관리 조치로 시작된 가격현실화와 기업경영 자율화의 폭을 점진적으로 확대해 나가는 것이 중요하다. 특히 7.1조치로 시행된 북한 원화의 평가절하를 수출가격에 반영하여 수출증대의 효과를 거둘 수 있도록 해야 한다. 이는 기존 수출상품의 가격을 인하하고 위탁가공료도 인하함을 의미한다. 그러나 7·1조치로 인해 북한 원화 환율이 달러 당 2.15원에서 150원으로 크게 평가 절하되었는데도 불구하고 2003년 북한과의 위탁교역이 전년대비 8.1% 밖에 증가하지 않았고 거래성 반입도 7.0%에 그쳤다는 것은 평가절하가 수출활동의 채산성에 미치는 효과가 별로 크지 않았음을 보여주고 있다.

북한은 농축우라늄 프로그램 문제로 북·미관계가 악화되자 2002년 11월 미국 달러화 사용을 금지하고 이를 유로화로 대체하는 조치를 취했다. 이는 북한의 경제정책이 정치적 고려에 의해 언제든지 뒤집어질 수 있다는 것을 보여주는 사례로 북한의 개혁작업을 어렵게 하고 대외신뢰도를 저하시키는 결과를 초래하고 있다. 북한 정부의 이러한 조치에도 불구하고 실제로 북한과의 거래가 여전히 달러화로 이루어지고 있다는 사실은 그나마 다행한 일이다. 또한 2003년 말 현재 평양 암시장에서의 환율은 1달러 당 900원 수준인 것으로 알려지고 있다. 이는 7·1경제조치로 변경된 환율도 실제 시세를 반영하지 못한다는 것과 환율의 현실화가 이루어지면 북한 상품의 가격경쟁력 또한 크게 향상될 소지가 많음을 의미한다고 할 수 있다. 북한 정책 당국이 이러한 사실을 북한기업의 수출활동에 적절히 연계시키려는 노력을 해야 할 것이다.

시장원리의 도입이 단기적으로 가장 큰 효과를 나타낼 수 있는 부문은 농업이라는 것이 중국과 베트남의 개혁경험을 통해 확인되고 있다. 중국과 베트남은 개혁정책 추진 초기에 농업부문에서 종래의 집단농장 체제를 대폭 수정하여 개인농가의 책임하에 농업생산이 이루어지게 함으로써 짧은 기간에 20% 이상의 농업생산 증가 효과를 거두었다. 그러나 북한은 아직도 협동농장 체제를 그대로 유지하고 있다. 북한은 1976년부터 협동농장 운영의 기본단위인 분조의 규모를 줄이고 생산 목표량을 초과한 생산에 대해 분조의 자유처분권을 허용하는 등의 개선조치를 취했으나 에너지난, 농약 및 비료 등의 부족으로 큰 성과를 거두지는 못한 것으로 알려지고 있다.

또한, 북한은 농가 임의로 생산하여 생산물을 처분하는 '텃밭'을 농가 당 30~50평에서 최근에는 400평 수준까지 확대하여 농업부문에서 부분적 시장도입 조치를 취한 것으로 알려지고 있다. 뿐만 아니라 2003년 초부터 신의주와 온성에서 3~4가구를 한 분조로 구성하여 목표를 초과한 생산량에 대해서는 자체 분배하는 '가족 분조제'가 시범적으로 운영되고 있다고 한다. 이는 최근의 전국적인 시장개설 조치와 맞물려 농민들의 생계향상에 큰 도움이 되고 있는 것으로 알려지고 있다. 그러나 북한이 협동농장 체제를 그대로 유지하는 한 생산성 향상에는 한계가 있을 수밖에 없다. 따라서 이에 대한 근본적인 수술이 이루어져야 농업부문에서 시장기능이 제대로 작동되고 농업 생산의 획기적인 증대가 이루어질 수 있을 것이다.

7·1경제조치는 기업관리 부문에서 분권화를 확대하고 있다. 기업의 평가방법도 종전의 생산량 위주에서 판매실적과 원가를 감안한 수익중심으로 개편하였고 기업이 생산목표량 초과분을 시장에서 처분할 수 있게 하는 등의 개선책을 시행하고 있다. 그러나 중국의 경험으로 미루어 볼 때 기존기업의 경영개선이 뚜렷한 성과를 나타나기까지는 오랜 시간이 걸릴 것이다. 그래서 중국도 개방 초기에는 국영기업보다는 외국인이 투자하여 설립한 신규기업들이 경제운용에 절실히 필요한 외화를 벌어들이는데 주도적인 역할을 하였으며 북한도 결국 같은 전략을 택할 수밖에 없을 것이다.

민생경제 우선원칙의 확립

경제특구를 건설하고 여타 지역에서 점진적으로 시장기능을 도입해 나가는 것은 중국의 성공사례가 있기 때문에 이를 북한 실정에 맞게 보완·발전시켜 나가면 될 것이다. 최근 북한의 7·1경제관리 개선조치, 금강산 관광특구 및 개성공단 사업 추진 등으로 미루어 볼 때 북한도 나름대로 중국식 개혁정책을 추진해 보려는 의사는 있는 것으로 보인다. 그러나 문제는 북한이 중국과 같이 실용주의 노선에 입각하여 국가 운영의 최우선 순위를 민생경제의 안정에 둘 것인가 하는 점이다.

민생경제의 발전을 위해서는 자원배분의 우선순위가 군수산업을 중심으로 한 중공업에서 북한이 상대적으로 비교우위가 있는 경공업으로 전환되어야 한다. 그러나 북한은 강성대국 건설과 선군정치를 강조하면서 군부에 의한 국가통치 체제를 오히려 강화하고 있다. 대외적으로도 외자유치를 위해 북한에 대한 국제사회의 신인도를 높이려는 노력은 전혀 하지 않고 핵무기로 위협해서 한국과 서방세계의 경제적 지원을 받아내는 위기외교 전술을 구사해 나가고 있다. 이러한 상황에서는 북한의 경제특구 정책이 성과를 올릴 수 없으며 가격과 환율 현실화 조치가 수출증대를 통한 외화수입의 증가로 연결될 수 없는 것이다.

북한은 이미 스스로 경제개발에 성공할 수 있는 능력을 상실하였다. 국영기업들이 경쟁력 있는 수출기업으로 변신하려면 오랜 시간이 걸릴 것이고 국제시장에서 경쟁할 수 있는 능력과 자본을 겸비한 북한기업인도 존재하지 않는다. 이러한 상황에서 북한에서 수출활동을 주도할 수 있는 인적자원과 자본은 북한 외부로부터 수혈되어야 할 것이며 북한의 열악한 상황을 감안할 때 한국 이외에는 이러한 역할을 담당할 나라는 지구상에 존재하지 않는다. 그러나 북한이 대량살상무기를 개발하고 전 군사력을 휴전선에 전진 배치한 상황에서 북한의 군사력을 증강시켜 줄 경제지원을 한국이 자진해서 한다는 것은 상식 밖의 일이라 하지 않을 수 없다.

그럼에도 불구하고 김대중 정권 출범 이후 한국정부는 정치지도자의 진보적 성향 때문에 적극적인 대북 경제지원을 해 왔으나 이러한 정책은 한국 내 보수세력과 미국으로부터 강력한 비판과 저항의 대상이 되어 왔다. 특히, 북한 핵문제가 다시 불거진 상황에서 한국정부의 햇볕정책은 진퇴양난의 기로에 처해 있다고 할 수 있다. 이 문제의 해결을 위해서는 북한의 김정일 정권이 분명한 선택을 해야 한다. 핵무기를 포기하고 군사적 긴장완화 조치에 협력하여 한국과 국제사회로부터 북한 경제발전에 필요한 도움을 받거나 그렇지 않으면 핵개발을 지속하여 국제적 고립과 경제난의 악화를 감수하는 것이다.

한국정부 역시 입장을 분명히 해야 하는 것은 마찬가지다. 북한 김정일 정권이 전자를 선택하면 북한 경제발전을 위해 최대한의 노력을 하고 만일 북한이 후자의 길로 가면 인도주의적 차원의 지원을 제외하고는 북한에 대한 지원을 중지하고 독일과 같이 흡수통일의 방안을 강구해 나가는 것이다.

에너지 공급능력의 개선

북한 경제난의 핵심은 에너지 부문이다. 이 부문의 정상화가 이루어지지 않으면 산업생산의 정상화가 불가능하기 때문이다. 북한에서는 석탄이 에너지 공급의 71%를 차지하고 있으며 에너지 공급의 국내 자급도는 90%를 상회하고 있다. 이는 북한경제의 자급자족 구조를 단적으로 보여주는 것이기도 하다.

북한의 에너지난은 탄광의 심부화(深部化)가 진행되어 석탄생산이 1985년 이후 계속 감소하면서 시작되었다. 석탄 생산량은 1985년 3,750만 톤에서 매년 감소하여 1999년 2,100만 톤을 기록하였다. 2000년부터는 중·소규모의 탄광을 개발하여 석탄 생산량이 다소 증가하고 있으나 1980년 수준에는 미치지 못하고 있다.

북한의 전력공급 구조는 발전용량 기준으로 62%가 수력시설이고 38%가 화력설비다. 발전량 기준으로는 수력발전소가 52% 정도의 비중을 차지하고 있으나 최대 수요밀집 지역인 평양과 수력발전소 간에 거리가 멀어 송전 손실률이 높은 실정이다. 북한의 발전실적은 1990년 277억 KWH에서 매년 계속 감소하여 1998년 170억 KWH까지 하락한 후 서서히 회복하여 2002년에는 190KWH를 기록하고 있다.

북한 전력부문의 가장 큰 문제점은 발전시설이 노후하였으며 송·배전 시스템도 자동화되어 있지 못해 고장이 잦고 전력공급 상태가 불안정한 것이다. 2002년 현재 북한 발전시설의 가동률은 25% 수준에 머물러 있고 송·배전 과정에서의 전력 손실률도 최소 16%에서 50%까지 이르고 있으며 전압과 주파수의 변동 폭도 10~20%에 달한다.

따라서 현시점에서 북한 에너지 부문의 최대 개혁과제는 기존의 전력시설을 개·보수하여 이용률을 제고하는 것이다. 그럼에도 불구하고, 북한은 1994년 제네바 합의과정에서 기존 전력시설에 대한 보·개수보다는 유사시 핵무기 제조에 활용할 수 있는 원자력발전소의 건설을 요구하였고 미국은 협상을 조기에 마무리하기 위해 이에 응하였다. 만일 북한이 기존의 노후한 발전설비를 개·보수하여 가동률을 높이고 송·배전 시설의 성능을 개선하는 투자를 한다면 신규 발전시설을 건설하지 않아도 전력공급을 두 배로 증가시켜 향후 5년간 북한의 전력수요를 충분히 충족시킬 수 있을 것이라는 것이 전문가들의 견해다.[74]

북한은 1990년대 중반부터 지방소재 소규모 공장과 가정용 전력수요를 충족시키기 위해 건설비용이 적게 들고 건설기간도 짧은 중소형 발전소를 건설하기 시작하여 2002년 말 현재 7,780여개를 완공하였다. 그러나 이러한 중소형 발전소는 용량이 매우 적고 계절적 변화에 민감하여 경제성은 크게 떨어지는 것으로 알려지고 있다. 결국 북한의 에너지 정책은 국내산 자원의 생산·소비를 우선하는 자급자족 기조에 바탕을 두어 왔기 때문에 경제성이 낮은 에너지 공급구조를 갖게 된 것이다.

현재 북한의 에너지 공급 규모는 남한의 1/12 수준이며 1인당 에너지 소비규모는 남한의 1/6 수준에 불과하다. 특히, 북한의 전력소비

---

74) 한국개발연구원, 「북한경제 발전전략의 모색」, p415~419, 2002

량은 남한의 7% 수준에 머물고 있기 때문에 송배전 문제만 해결될 수 있다면 남한의 여유전력으로 북한의 전력부족분을 모두 충당할 수도 있을 것이다. 예를 들어 개성공단의 경우 제3공단까지 완성되었을 때 전력수요는 50만 KW로서 이는 문산 발전소에서 송전선로만 건설되면 남한의 전력계통 수급여건에 큰 영향을 주지 않고 공급될 수 있을 것이라고 한다.

식량생산 능력의 개선

북한의 식량생산량은 1984년 467만 톤으로 최고수준을 기록하였으나 그 후 계속 감소하였고 자연재해가 심했던 1997년에는 266만 톤 수준으로 급격히 감소하였다. 그 후 기상여건이 좋아져 2002년에는 397만 톤에 이른 것으로 UN식량농업기구(FAO)는 추계하고 있다. 그럼에도 불구하고, 곡물 부족분은 100만 톤 수준이며 이는 주로 한국 등 외부로부터의 지원으로 충당하고 있다. 곡물 종류별 구성을 살펴보면 한국인의 선호곡물인 쌀은 36%에 불과한 반면 옥수수가 41%로 대종을 이루고 있고 최근 재배가 수월하여 북한 정부가 적극 권장하고 있는 감자도 14%를 차지하고 있다. 이는 소비자의 기호와는 관계없이 자급자족으로 식량문제를 해결해야 하는 북한의 경제현실을 그대로 반영해 주는 식량공급 구조라고 하겠다.

북한 농업의 가장 큰 문제는 앞에서도 지적한대로 협동농장 체제 자체의 비효율성이기 때문에 기존의 협동농장 체제를 가족농장 형태로 개편하는 것이 가장 시급한 과제라고 할 수 있다. 그 외에도 북한 농업은 수리시설의 비효율성, 농약과 비료의 부족, 토양의 산성화 등 다양한 문제점을 안고 있다.

북한은 수리시설이 건설 당시의 비용을 절감하는 양수기 중심의 다단계 관개(灌漑)체제로 이루어져 있어 경제성이 크게 떨어지기 때문에 이를 남한과 같이 저수지를 이용한 자연유하식(自然流下式) 관개 체제로 개편해 나가야 하는 과제를 안고 있다. 또한, 1990년대 이후 경제난과 에너지난이 심화되면서 농약과 비료의 공급이 제대로 이루어지지 않아 농업생산을 저해하는 요인이 되어 왔다. 예를 들어 1995~97년의 기간 중 북한의 화학비료 공급량은 17만 톤에 불과하여 연간 수요량의 34% 수준에 이르렀다. 그러나 2003년에는 북한의 비료사용량은 24만 톤이며 최근 수확량 증가는 비료사용 증가에 기인한다고 FAO는 추정하고 있다.

사회간접자본의 확충

북한의 사회간접자본은 무엇보다도 철도 중심으로 구성된 특징을 갖고 있다. 화물수송에서 철도가 담당하는 비율은 90%이고 도로 및 해운의 비율은 각각 7%와 3%에 불과하다. 여객수송 부문에서도 철도의 비율이 60%이고 도로 및 해운은 각각 37%와 1% 정도다. 이와 같이 철도 의존도가 높은 것은 저개발국가의 일반적 특징이라고도 할 수 있다.

북한 사회간접자본의 두 번째 특징은 대외개방형이 아니라 대내 폐쇄형 구조를 갖고 있다는 것이다. 이는 북한이 자급자족형 경제 전략을 추진해 온 결과라고 할 수 있다. 이러한 사실은 북한의 사회간접자본 구조를 대외개방형 경제구조를 갖고 있는 남한과 비교해 보면 잘 알 수 있다. 북한 철도의 길이는 총 5,214Km로 남한의 78%에 이르고 있으며 이 중 79%가 전철화 되어 있다. 반면, 북한 도로의 길이는 2만3천Km로서 남한의 34%수준이다. 특히 북한 항만의 하역능력은 3천5백만 톤 수준으로 남한의 8.4%에 불과하다. 또한 북한 유일의 민간항공인 고려항공은 총 20대의 항공기를 보유하고 있고 국제노선의 이용객도 얼마 안 되어 평양-북경, 평양-블라디보스토크 노선을 제외하고는 정기운행이 제대로 이루어지지 않고 있다.

북한의 사회간접자본 부문에 대한 투자전략은 경제성이 있는 분야부터 집중적으로 해 나가야 할 것이다. 북한에 대한 투자가 초기에는 주로 남한기업과 정부에 의해 이루어질 가능성이 높기 때문에 초기 사회간접자본 투자는 현재 진행 중인 개성공단과 금강산 관광특구 지역을 중심으로 이루어질 수밖에 없을 것이다. 이러한 특구 사업들이 성공적으로 추진되어 북한경제 전체가 개혁·개방의 길로 진입하게 되면 국제금융기관의 지원을 받아 북한 전체를 대상으로 한 사회간접자본 투자계획이 수립·집행될 수 있을 것이다.

정보통신 인프라 역시 북한이 매우 낙후된 부문이다. 북한에서 통신부문은 개인 간의 통신은 정책적으로 억제하면서 그 기능을 행정수요를 충족시키고 정부와 당의 정책을 주민들에게 전파하는데 국한

시키고 있다. 대내 전화망은 평양과 지방을 종적으로 연결시키는 중
앙집중제 형태로 되어 있으며 평양과 시·군을 연결하는 광섬유 통신
망 구축작업이 1995년 시작되어 2003년 완료되었다. 아직도 주민 대
다수는 공중전화를 이용하고 있으며 2002년 11월 평양과 나선에서
소수 엘리트 계층을 대상으로 휴대전화가 개통되었으나 그나마도 용
천폭파사건 이후 휴대전화를 회수한 것으로 보도되고 있다. 일반 주
민들은 인터넷 사용은 물론이고 라디오도 채널이 고정되어 남한방송
청취가 불가능하도록 되어 있다.

　　정보통신 분야에서 최대 개혁과제는 북한당국이 현재의 폐쇄적
인 정보통신체제를 기본적으로 개선하여 개인의 통신자유를 어느 정
도 허용하는 정치적 결단을 내리는 것이다. 이러한 변화가 이루어진
다면 일반주민이 이용할 수 있는 전화체계를 전국적으로 구축하는 일
이 우선적으로 추진되어야 할 것이다. 또한 현재의 기계식 전화교환
기를 전자식으로 교환하고 수동식 전화통신망을 자동식으로 교체하
는 사업의 추진이 필요하다. 이와 아울러 이동통신, 무선호출통신 등
새로운 통신조류에 동참할 수 있는 국제적이고 현대적인 통신센터 및
위성통신지국 등의 통신시설이 확충되어야 할 것이다.

인력개발 및 노동시장의 활성화

　　북한은 유치원 1년, 인민학교 4년, 고등중학교 6년 등 총 11년의
의무교육 제도를 시행하고 있다. 이에 대해 북한의 경제수준과 비교

해 볼 때 과다한 교육비를 지출하고 있다는 비판이 있을 수 있으나 다른 측면에서 보면 북한이 개혁·개방의 길을 선택했을 때 우수 노동인력의 공급이 풍부하다는 장점이 될 수 있을 것이다. 현 교육과정의 문제점은 1980년대 중반부터 '전 인민의 인텔리화'정책에 따라 실업계 교육이 고등중학교 과정에서 배제되어 있다. 그렇기 때문에 실질적 직업훈련은 졸업 후 직장의 직업훈련소에서 받게 된다. 그 중 가장 활발한 기능을 수행하는 기관은 공장대학이다.

북한에서 중학교와 고등학교 진학률은 거의 100% 수준에 이르고 있는데 이런 상황에서 중등교육과정에서 직업훈련이 이루어지지 않는다는 것은 매우 비효율적이라 하지 않을 수 없다. 반면, 북한의 대학진학률은 5% 정도로 매우 낮아 대학진학 과정에서 학생의 수학(修學)능력과 정치적 성분에 따라 대대적인 선별작업이 이루어지고 있다.

북한에서 노동인력 배치는 국가가 중앙집권적으로 수행하고 있기 때문에 사실상 노동시장이 형성되어 있지 않다. 이는 북한이 개혁·개방의 길로 감에 있어서 개선되어야 할 최대 과제가 되고 있다. 고등중학교 졸업자는 대학에 진학하지 않는 경우 군 또는 직장에 배정된다. 또한 북한에서는 직장을 옮기는 것도 개인의 의사브다는 계획당국의 지시에 의해 이루어지고 있다. 북한 인력개발 정책의 문제는 정치사상과 주체사상 교육에 지나치게 치중되어 있으며 산업화에 필요한 지식과 기술 교육이 상대적으로 소홀히 다루어지고 있다는 것이다.

외국기업과 관련한 북한의 인력정책 역시 많은 문제점이 있다. 우선 현재 북한이 적용하고 있는 150달러 수준의 비숙련공 월 급여는 중국, 베트남 등 경쟁국에 비해 너무 높은 수준이다. 또한 외국기업이 북한근로자를 직접 채용하여 임금을 지불하지 못할 뿐만 아니라 해고도 반드시 노력알선기관을 통해서만 할 수 있는 것은 기업환경의 국제비교에서 북한의 비교우위를 떨어뜨리는 결과를 초래하고 있다.

인력부문에서 개혁과제는 고등중학교 내에 실업교육을 설립하여 기능교육을 강화하고 현행 인력관리 시스템의 유연성을 제고해 나가는 것이다. 특히, 외국기업에게 근로자를 직접 채용하여 임금을 지급하는 자율성을 부여하는 등의 개혁조치들이 필요하다. 우선적으로 새로 신설되는 경제특구를 중심으로 시장기능이 작동하는 노동시장을 형성하고 이를 점차 여타 지역으로 확산시켜 나가는 노력이 필요할 것이다.

경제정책 수립 및 운영능력의 제고

북한이 개혁·개방의 길을 성공적으로 가기 위해서는 중국의 등소평 주석과 같이 일관적이고 명확한 정책방향을 제시하는 최고지도자가 있어야 한다. 김정일 위원장의 경우 여러 차례 중국을 방문하면서 개혁·개방의 필요성에 대해서는 인식을 같이 하면서도 체제 붕괴의 위험성을 염려해서인지 중국의 정치지도자와 같이 분명한 개혁·개방의 지침을 주지 못하고 있다. 이러한 시실은 북한이 과연 최고지도자의 교체 없이 중국과 같은 개혁·개방의 길을 갈 수 있겠는가에 대한 회의를 갖게 하는 근거가 되고 있다.

성공적인 개혁·개방을 위해서는 중간 관리층의 리더십과 행정 관리 능력 또한 중요하다. 북한에는 현재 시장경제를 공부하였거나 시장경제의 운용을 경험한 중간 관리층이 거의 없다고 할 수 있기 때문에 북한 경제관리에 대한 연수훈련이 보다 체계적으로 이루어질 필요가 있다. 북한 관리들을 대상으로 한 해외연수는 1990년 후반부터 산발적으로 이루어지고는 있으나 아직 체계적이지 못하고 그 규모 역시 매우 미흡한 것이 사실이다. 이 분야는 향후 남한의 대 북한 지원 사업에서 우선적으로 다루어져야 할 것이다.

KDI는 북한의 개혁·개방에 필요한 정책방안과 전략을 만드는 역할을 하는 가칭 「조선개발연구원」을 국가계획위원회 산하에 설립할 것을 건의하고 있다.[75] 실제로 2002년 10월 남한을 방문한 북한 경제사찰단은 KDI와 같은 기관을 북한에도 설립하고 KDI원장을 초청할 의사가 있다고 언급한 것으로 보도되었으나 그 후 아무런 후속조치가 이루어지지 않고 있다. 이 역시 북한당국의 개혁의지를 의심케 하는 대목이다. 북한 핵문제가 해결되고 남한의 대북 경제지원이 본격화 된다고 하면 북한의 개혁·개방과정 전략을 수립하는 기관의 설립과 이에 대한 지원은 필수적으로 이루어져야 할 것이다.

---

75) 한국개발연구원(KDI), 「북한경제 발전전략의 모색」, p356, 2002. 12

3. 5단계 경제통합 전략

기본전략

경제통합 이론의 선구자인 벨라 발라사[76]는 경제통합의 목표를 시장 확대를 통한 경제이익의 실현이라고 정의하면서, 이는 참가국 간의 경제장벽의 제거를 통해 단계적으로 이루어질 수 있다고 하였다. 일반적으로 경제통합이 이루어지기 위해서는 다음과 같은 기본적 조건이 충족되어야 한다. ① 참가국의 경제발전 단계가 비슷하여야 한다. ② 역내 교통여건이 잘 갖추어져야 한다. ③ 참가국 간의 경제 정책 운용에 있어 조화와 협조가 이루어져야 한다. ④ 경제통합에 따른 이익배분에 관한 제도적 장치가 마련되어야 한다. ⑤ 경제통합을 위한 정치적 여건이 성숙되어 있어야 한다.

그러나 현재 남북한의 현실은 이러한 조건이 하나도 제대로 갖추어져 있지 않는 것이 사실이다. 따라서 남북 경제통합을 위해서는 상당기간의 통합준비단계가 필요할 것이다. 또한 통합준비 과정은 다음의 두 단계로 세분화 할 수 있을 것이다. 첫 번째 단계는 지금부터 현안이 되고 있는 북한 핵문제가 완전히 해결되기까지의 기간이다. 북한 핵문제는 한반도 문제 차원을 넘어 미국의 세계 안보전략과 직결되고 있기 때문에 이 문제의 해결 없이는 남북 경제협력이 현재의

---

76) Bela Balassa, 「The Theory of Economic Integration」, Allen & Unwin, 1969

수준에서 더 발전되는 것이 사실상 불가능하기 때문이다. 두 번째 단계는 북핵문제가 해결된 이후부터 북한이 개혁·개방정책을 어느 정도 추진하여 국제금융기구인 IMF의 회원국이 될 수 있는 자격을 획득하고 미국의 대북 경제 제재조치가 해제될 때까지의 기간이다. 북·일 수교와 북·미 수교는 북핵문제가 해결되고 두 번째 단계가 진행되는 기간에 이루어질 수 있을 것으로 전망된다.

두 번째 단계가 완성되어 북한경제가 시장경제로의 기본적인 틀을 갖추게 된다면 남북한 간 경제통합이 본격적으로 이루어질 수 있을 것이다. 남북한간 경제통합이 활성화되는 단계에 들어가면 경제통합은 EU의 발전과정과 유사한 형태로 진전될 수 있을 것이다. 다시 말해, 그 첫 번째 단계로 남북 간 자유무역이 이루어지고, 두 번째 단계로 남북 간 자본, 노동 등 생산요소가 자유로운 이동을 하는 공동시장이 형성되며, 세 번째 단계에서는 남북 간 금융, 재정정책 등을 조정하고 공동으로 추진하는 경제동맹 관계를 형성하는 것이다.

결국, 남북간 경제통합은 위에서 지적한대로 5단계를 거쳐 완성될 수 있을 것이며 경제통합이 본격적으로 이루어지는 3단계부터는 남북연합이라는 정치적 통합도 진지하게 검토될 수 있을 것이다. EU와는 달리 남북 간 통합은 단일민족이라는 공통분모가 있기 때문에 1,2단계의 경제통합이 성공적으로 이루어지면 3단계부터의 경제통합은 남북연합 등의 정치적 통합과 동시에 이루어짐으로써 비교적 짧은 기간에 급진전 될 가능성이 높은 것으로 생각된다. 여기에서 중요한 것은 1,2 단계의 경제통합을 성공적으로 마무리 하는 것이기 때문에 현 시점에서는 이 문제의 해결에 노력을 집중시키는 것이 바람직하다고 하겠다.

경제통합은 기본적으로 자유로운 경제교류를 저해하는 요인들을 단계적으로 제거하는 것이기 때문에 경제통합의 최종 결과는 시장원리에 바탕을 둔 개방형 자본주의 경제체제다. 따라서 경제통합 과정에서 핵심적인 과제는 북한경제의 시장경제로의 개혁과 개방이다. 남북 경제공동체는 남북한 간 서로 다른 경제체제의 공존으로는 실현불가능하기 때문에 결국 북한경제가 시장자본주의 체제로 전환되어야 이루어질 수 있다는 사실을 분명히 알아야 한다. 즉, 중간과정에서는 남북한이 당분간 서로 다른 경제구조와 가치관을 가질 수 있겠으나 최종적으로는 하나로 동질화되어야 하며 그것은 공산주의와 자본주의 중간 형태의 '제3의 경제체제'가 아니라 시장자본주의 체제인 것이다. 이는 동독이 독일 통일과정을 통해, 그리고 다른 동유럽 국가들은 최근 EU가입을 통해 이미 시장자본주의 체제로 전환하였고 개혁·개방의 길을 걷고 있는 러시아, 중국, 베트남 모두 궁극적으로는 시장자본주의 체제로 탈바꿈할 것이라는 외국의 사례를 통해서도 잘 알 수 있다.

경제통합은 참가자 모두에게 경제적 이득이 있기 때문에 추진될 수 있는 것이다. 경제통합이 참가자 일부에게만 이득을 주고 나머지는 손해를 본다고 하면 EU와 같은 경제통합은 정치적으로 이루어질 수 없는 것이다. 경제통합 이론은 참가국들은 경제통합을 통해 경제 각 부문에서의 생산성이 증대되고 경제교류가 증가하는 포지티브·

섬(positive-sum) 상황을 초래하여 참가자 모두가 경제적 이득을 볼 수 있다는 것을 입증하고 있다. 이러한 사실은 EU, NAFTA 등 세계 각국의 경제통합 경험을 통해 사실로 확인된 바 있다.

따라서 남북 간 경제통합은 남북한 모두에게 경제적 이득을 줄 것이며 반드시 이러한 형태로 추진되어야 할 것이다. 이를 위해서는 경제적 논리에 의해 남북 간 경제통합이 이루어져야 한다. 예를 들어, 햇볕정책의 추진과정에서 나타난 것과 같이 남북 간 경제교류가 정치지도자나 특정 정치집단의 정치적 고려에 의해 북한에게는 혜택이 되나 남한에게는 손해가 되는 방식으로 이루어진다면 경협에 대한 반대의견이 강하게 제기될 것이고 그런 상황에서는 경협이 오래 지속되기 어려운 것이다.

남북경협이 남북한 모두에게 도움이 되는 방향으로 추진되기 위해서는 민간차원의 경협은 수익성 원칙에 의해 이루어지고 정부차원의 경협은 포괄적 상호주의 원칙을 지켜야 할 것이다. 시장에서의 경제적 거래는 거래자 모두에게 득이 될 때에만 발생하게 된다. 따라서 민간차원의 경협이 정부의 개입 없이 이루어지면 수익성 원칙은 저절로 지켜질 것이다. 수익이 발생하지 않는 사업을 민간기업이 추진할 이유가 없을 것이기 때문이다. 현대아산이 적자가 예상되는 금강산 관광사업을 추진한 것은 당시 대통령과 정권의 관심사항인 남북교류의 물꼬를 튼다고 하면 한국정부가 다른 형태로 남북교류 사업추진에 따른 적자를 보전해 줄 것이라고 기대했기 때문이다. 실제로 김대중 정부는 반도체 사업의 '빅 딜'과 금융구조조정자금 지원과정에서 현

대그룹에게 상당한 규모의 '특혜'를 주었기 때문에 현대아산의 기대
는 현실화 되었다고 할 수 있다. 앞으로는 이러한 사례가 다시는 발
생하지 않아야 민간경협 추진과정에서 수익성 우선원칙이 지켜질 수
있을 것이다.

정부차원의 포괄적 상호주의 원칙은 남한이 북한에게 경제적 지
원을 하면서 북한으로부터 개혁·개방정책을 추진하거나 현재 남북
교류 확대에 걸림돌이 되는 요인을 제거하는 약속을 받아내는 것을
의미한다. 햇볕정책이 지금까지 많은 논란의 대상이 되었던 것도 정
부의 대북지원이 북한으로부터 이에 상응하는 가시적인 조치가 이루
어지지 않은 상황에서 추진되었기 때문이다. 심지어는 북한이 서해교
전, 금강산관광객 억류 등의 비우호적인 행동을 저지르는데도 대북지
원은 지속되었다. 따라서 북한의 반응에 때라 정부차원의 대북지원
내용과 수준을 조절하는 보다 신축적인 자세를 한국정부가 보임으로
써 포괄적 상호주의가 지켜져야 한다는 분명한 메시지를 북한당국에
전해야 할 것이다.

한국개발연구원은 남북경협의 기본원칙으로 투명성, 일관성, 호
혜성, 지속성을 제시하고 있다.[77] 이는 매우 타당한 것으로 생각되나
문제는 이제까지 이러한 원칙들이 제대로 지켜지지 않았다는 사실이
다. 김영삼 정부의 대북정책은 일관성과 지속성에서 문제가 있었으며
김대중 정부의 햇볕정책은 추진과정에서 일관성과 지속성은 유지되

---

[77] 조동호 외, 「남북경협 추진전략 및 부문별 주요과제」, pp.86~110, 한국개발연구원,
    2001

었으나 이미 지적한대로 투명성과 호혜성 측면에서 심각한 문제가 있었다. 이는 남한 내 보수와 진보세력 간의 '남·남 갈등'의 원인이 되었고 그 결과 햇볕정책의 실효성도 크게 저하되었다고 할 수 있다. 남북경협 추진과정에서 투명성이 보장되고 국민적 합의를 바탕으로 남북경협이 진행되기 위해서는 정부차원의 대북지원에 대한 국회동의를 의무화 하는 방안이 검토되어야 할 것이다. 정부차원의 대북 지원사업이 국회 심의과정을 거친다면 앞에서 언급된 포괄적 상호주의 원칙 역시 지켜질 가능성이 높게 될 것이다. 노무현 정부는 햇볕정책의 기본정신을 계승하면서도 투명성과 호혜성 부문에서는 기존의 대북정책을 보완해 나가겠다고 천명한 바 있다. 이러한 약속이 지켜져 투명성, 일관성, 호혜성, 지속성의 원칙이 모두 지켜지는 가운데 남북경협이 이루어지기를 기대해 본다.

신뢰구축 단계(핵문제 해결 이전)

남북한 관계는 물론 북·미간 관계에서 최대 현안인 북한 핵문제가 해결될 때까지는 남북경협이 매우 제한된 수준에서 이루어질 수밖에 없을 것이다. 이 단계에서는 핵문제라는 정치·군사적 현안이 부각되면서 남북경협 등 경제적 문제는 상대적 중요성을 잃게 될 것이고 북한과의 대화채널도 남북 간 접촉보다는 6자회담이라는 다자간 제도적 틀이 활용되면서 북·미 간 막후 협상이 문제해결의 열쇠를 갖게 될 것이다.

한국정부는 이른바 '3단계 해법'을 제시하면서 북한에 대한 경제적 지원이라는 '당근'을 활용하여 북핵문제 해결과정에서 나름대로 역할을 하려는 전략을 구사하고 있다. 한국정부 제안의 정확한 내용이 공개되지는 않았지만 통일연구원의 보고서[78]로 그 내용을 짐작해 볼 수 있을 것이다. 통일연구원의 제안은 핵문제 해결과정을 협상진입, 의제설정 및 이행과 협상종결의 3단계로 구분하고 각 단계마다 북한에 대한 대대적인 경제지원이라는 당근을 준다는 것을 주 내용으로 하고 있다.

우선 북한이 핵 폐기라는 기본원칙에 합의하는 협상진입 단계에서는 인도주의적 차원의 대북지원을 현재 연간 2~3억 달러 수준에서 3~4억 달러 수준으로 늘리고 미국의 중유공급과 KEDO 경수로 건설사업을 재개한다는 것이다. 이에 더해, 개성공단 1단계 사업을 추진하고 신의주 특구, 나진·선봉 특구, 금강산 관광특구의 기반여건 조성을 위해 5~6억 달러 수준의 투자를 지원한다고 한다. 또한 중국은 북한에 대한 경제지원을 현재의 3~5억 달러 수준에서 10~15억 달러 수준으로 확대하고 일본도 식량 및 농업개선 지원 등을 위해 연간 2~3억 달러 수준의 대북지원을 전개할 것을 건의하고 있다.

북한의 핵 폐기에 관한 약속이 실제로 집행되기 시작하는 의제설정 및 이행 단계에서는 한국의 대북 경제지원의 규모는 다시 한 단계 높아지게 된다. 인도적 차원의 지원규모가 연간 5억 달러 수준이 되

---

78) 통일연구원, 「핵문제 해결과정에서 남북관계 및 북한경제 지원 시나리오」, 2003. 12

고 개성공단 2단계 사업을 지원하며 북한전력설비의 개·보수를 위해 8~9억 달러 상당의 투자사업을 개시한다. 또한 북한의 철도개량을 위해 5억 달러 규모의 사업을 추진하고 공업시설의 개·보수와 현대화를 위해 연간 10억 달러 수준의 사업을 전개한다는 것이다. 이 시점에서 북·일 수교가 이루어져 일본의 대북 지원규모도 연간 5~10억 달러 수준에 이를 것으로 통일연구원은 전망하고 있다.

끝으로, 북한의 핵 폐기가 종결되는 협상종결 단계에는 35억 달러 규모의 사할린 가스관 북한 통과사업을 추진하고 북한의 통신 현대화와 남북 통신망 구축을 위한 17억 달러 규모의 사업을 전개하며 51억 달러 규모의 북한 철도 개선사업도 추진한다는 것이다. 이 시점에서는 북한의 국제금융기구 가입이 실현되어 국제금융기구로부터 27~45억 달러 규모의 양허성 자금도입이 가능할 것으로 전망하고 있다.

통일연구원이 통일부문에서의 대표적인 국책연구기관이고 노무현 대통령도 그간 여러 차례 북한 핵문제가 해결되면 북한에 대해 과감한 경제지원을 해 줄 용의가 있다고 공언한 것으로 미루어 통일연구원의 제안은 보다 면밀한 경제적 그리고 정치적 검증을 받아야 한다고 생각된다. 통일연구원의 3단계 대북지원 제안은 현 시점에서 한국이 북한에 지원할 수 있는 경제사업들을 총 정리하여 이를 우선순위에 따라 3단계로 구분해 보았다는 점에서는 의미가 있으나 이를 실제로 6자회담에서 대북협상 카드로 활용하기에는 몇 가지 측면에서 심각한 문제가 있다고 판단된다.

　무엇보다도 통일연구원의 제안은 한국과 일본, 미국 등 서방진영이 북한에 제시할 수 있는 경제지원 카드를 핵문제 해결에 모두 소진시키려 한다는 문제점을 갖고 있다. 한국의 대북정책 목표는 핵 폐기를 시작으로 해서 북한을 개혁·개방의 길로 유도하는 것이다. 북한이 설령 핵 폐기를 완료한다고 해도 시장경제로의 전환을 위해서는 많은 개혁과제를 안고 있기 때문에 통일연구원이 제시한 경제 지원책의 상당부분은 북한 핵문제가 해결된 이후 북한이 적어도 IMF 회원국이 되어 국제금융기관의 지원을 받을 수 있는 2단계 사업으로 추진되어야 할 것이다.

　예를 들어, 에너지와 사회간접자본 부문에 대한 경제지원은 해당 분야의 정책과 관리체계의 개선이 동시에 이루어져야 성공할 수 있기 때문에 이를 핵문제 해결과 연계하기보다는 그 다음 단계에서 북한의 개혁·개방정책과 함께 추진되어야 할 것이다. 또한, 북한 경제정책의 변화를 필요로 하는 사업은 한국이 주도하기보다는 IMF와 세계은행 등 국제금융기관이 그 역할을 하여야 실효성을 높일 수 있을 것이다.

　따라서 핵 폐기와 연계하여 추진되는 사업은 그동안 잠시 중단되었던 중유공급과 경수로발전소 건설을 재개하고 이미 한국이 주도적으로 추진하고 있는 개성공단 건설과 금강산 관광특구 사업을 본격적으로 추진하는 것이 주축을 이루어야 할 것이다. 미국 일각에서 핵문제가 해결되어도 경수로 건설은 중단시키고 원자력이 아닌 다른 형태의 에너지를 북한에 제공해야 한다는 주장이 일고 있으나 이는 북한

과의 신뢰를 유지한다는 차원에서 바람직하지 않다고 생각된다. 신의
주 특구는 어차피 중국과 공동으로 추진해야 성공할 수 있기 때문에
이 사업에 한국이 관여할 필요가 없으며 나진·선봉 특구사업 역시
지리적 단점으로 성공 가능성이 희박하기 때문에 한국이 추가적 투자
를 하는 일은 삼가야 할 것이다.

개혁·개방 유도단계 (IMF, WTO 가입 이전)

북한이 핵 폐기 원칙에 합의하고 이를 실제로 실천한다고 하면
이는 북한이 개혁·개방의 길을 선택한 증거라고 해석될 수 있을 것
이다. 따라서 다음단계에서 남북경협의 목표는 북한이 실제로 개혁·
개방을 성공적으로 마무리 할 수 있도록 도와주는 것이다. 이 과정에
서 핵심과제는 북한이 일본 및 미국과 외교관계를 수립하고 IMF,
WTO 등 국제금융 및 무역기구에 회원국이 되며 북한에 대한 미국의
경제 제재조치가 해제되어 북한이 국제사회의 일원으로 정상적인 경
제활동을 하는 것이다.

일본은 이미 두 차례의 정상회담을 통해 북한과의 외교관계 수립
에 걸림돌이었던 피납자 문제를 해결하였기 때문에 북핵문제가 해결
되면 비교적 빠른 시일 내에 북한과 외교관계의 정상화를 도모할 것
이다. 고이즈미 총리도 앞으로 1년 내에 북한과 외교관계를 정상화시
킬 수 있을 것이라고 최근 언급한 바 있다. 북·일 외교관계 정상화
는 북한이 일본으로부터 100억 달러 규모의 보상금을 받게 된다는 것

을 의미하며 이는 북한경제의 개혁·개방 과정에서 큰 역할을 할 것
으로 전망된다.

 일본은 보상금을 현금보다는 현물 또는 인적지원 형태로 북한에
게 제공할 것이고 그 과정에서 일본산 자본재 구입, 일본 상사의 대
북 진출 등의 부대조건을 덧붙일 가능성이 높다. 일본의 지원은 주로
열악한 사회간접자본 시설에 투자되고 기간산업의 개발에 활용될 것
이다. 이 과정에서 한국은 일본정부와 긴밀한 협의를 통해 대북 지원
의 중복을 피하고 지원의 경제개발 효과를 극대화시키는 노력을 경주
해야 할 것이다.

 북한 경제의 개혁·개방 단계에서의 핵심은 북한이 미국과 외교
관계를 정상화시키고 미국의 각종 경제제재로부터 벗어나는 것이다.
북한의 IMF, WTO 등 국제경제기구 가입도 실제로 미국의 동의가 있
어야 가능하다. 미국은 이제까지 핵, 미사일, 재래식 군사력, 인권문
제 등 모든 대북 우려사항이 해결되어야 북한 관계를 개선할 수 있다
는 입장을 견지해 왔으나 최근 핵 폐기 조치를 취하면 안보보장과 관
계정상화 등을 폭넓게 검토해 볼 수 있다는 다소 유연한 입장을 보이
고 있다.

 북한 경제의 입장에서 미국의 대 북한 경제제재를 완전히 해제시
키는 것은 매우 중요한 일이다. 미국은 현재 여러 형태의 대북 제재
조치를 취하고 있다. 1950년 한국전쟁 이후 북한은 수출통제령에 의
해 전면적 수출봉쇄 대상국에 포함되어 있다. 1987년 KAL기 폭파 사
건이후 북한은 국제적 테러지원 국가로 지정되어 북한의 테러지원 능

력을 향상시킬 수 있다고 판단되는 기술이나 물품을 수출할 수 없도록 되어 있다. 미국기업은 북한과 방위관련 물품 및 용역의 상업적 수출입 거래를 할 수 없으며 대 북한 수출과 관련하여 미국 수출입은행의 지급보증 및 수출신용 공여를 받을 수 없다.

수입과 관련해서도, 북한은 대미 수출품에 다른 나라에 비해 높은 관세를 지불해야 하며 개발도상국가에 대해 적용하는 일반특혜관세제도(GSP)도 북한이 테러지원국은 물론 근로자의 권리를 인정하지 않는 국가라는 이유로 이를 적용하지 않고 있다. 북한상품의 미국시장 진출은 물론 미국기업의 북한과의 거래가 사실상 불가능 한 것이 현재의 상황인 것이다.

1994년의 제네바 합의에 따라 미국은 대북 경제제재 조치를 부분적으로 완화하였으나 지금도 기본골격은 그대로 유지되고 있다. 이러한 미국의 대북제재조치가 해제되기 위해서는 핵문제 해결이 필수 요건이나 이것이 해결된다 하더라도 모든 제재조치가 제거되기까지는 상당한 시간이 걸릴 것이다. 그 이유는 이러한 조치들이 제거되려면 정치적 결정뿐만 아니라 법적 요건이 충족되어야 하기 때문이다. 기본적으로 북한경제의 개혁·개방 과정이 어느 정도 마무리되고 인권문제도 상당한 개선이 이루어져야 북한이 미국의 각종 제재조치로부터 자유로워질 수 있을 것이다. 이 과정에서 한국의 역할은 제한적일 수밖에 없으며 북한 정권의 개혁의지가 그 결과를 가름할 것이다.

북한이 IMF 등 국제금융기구에 가입하는 문제 역시 간단치 않다. 북한은 1997년 아시아개발은행(ADB)에 공식적으로 가입신청서를 제출하고 IMF 조사단의 입국을 허용하는 등 회원가입 준비를 하였으나 아직까지 IMF, World Bank, ADB 등 국제금융기구의 회원국이 되지 못하고 있다. 그 이유는 우선 북한이 IMF 가입국의 의무조항을 준수할 의사가 없기 때문이다. 예를 들어, IMF 가맹국이 되려면 경제통계를 의무적으로 공개하고 조사단의 조사에 협조해야 하는데 북한은 경제통계를 국가기밀로 간주하고 IMF 조사단에게 북한 경제의 실상이 알려지는 것을 꺼리고 있다. 따라서 북핵문제가 해결되어 국제금융기구 가입에 걸림돌이 되었던 정치적 문제가 해소된다고 하더라도 북한이 IMF 가맹국으로서의 의무를 수행할 의사가 없다면 국제금융기구의 가입은 불가능하며 이들로부터의 양허성 자금지원도 이루어질 수 없다.

그러나 북한 핵문제가 해결되고 북한이 가맹국의 의무를 이행하기로 하여 국제금융기구의 회원국이 되면 북한이 이들 기관으로부터 지원받을 수 있는 원조규모는 총 38억~52억 달러에 이를 것으로 통일연구원은 추계하고 있다. 국제금융기구에 가입하게 되면 북한은 자금지원과 함께 부문별 개혁·개방을 추진하는데 필요한 정책자문을 받을 수 있을 것이며 이러한 정책들은 국제금융기구의 자금지원 조건으로 제시될 것이기 때문에 실천가능성 또한 높아진다고 할 수 있다.

북한이 수출산업을 육성하고 대외지향적인 경제운용을 하기 위해서는 국제무역기구(WTO)에 가입하여야 할 것이다. 그럴 경우 북한은 국내시장을 개방하는 조치를 취해야 할 것이며 이는 남북한 자유무역을 추진하는 다음단계를 준비하는데 있어 긍정적인 효과가 있을 것이다. 북한이 WTO에 가입하는 경우 남북교역을 민족내부 간 거래로 인정받는 '특별의정서'를 채택하도록 하는 방안을 동시에 강구하여야 할 것이다.

개혁·개방 유도단계에서 한국이 북한에게 제공할 에너지, 사회간접자본, 농업 등 분야에서의 생산성 증가와 시설의 현대화 사업들은 일본, 미국은 물론 국제금융기구를 포함한 다자간 관계의 틀 속에서 추진되어야 할 것이다. 그 이유는 첫째, 남한 혼자만의 힘으로 북한당국의 정책 변화를 유도하기에는 역부족이기 때문이다. 그 동안의 남북경협과 남북관계의 역사를 살펴볼 때 북한은 남한으로부터 일방적 시혜를 받으려고 했으나 남한이 북한의 정책에 영향을 주는 것을 원치 않으며 남한과의 약속은 언제든지 쉽게 파기해 버렸다. 따라서 남한의 경제지원이 다자간의 틀 속에서 이루어지지 않는 한 경협을 통한 북한의 개혁·개방 유도는 이루어지기 어려울 것이다.

재원조달 측면에서도 대규모 투자를 필요로 하는 사업은 국제적 공동사업으로 추진되어야 한다. 북한경제를 정상화시키고 이를 발전의 선순환 궤도로 진입시키기 위해서는 막대한 규모의 재원이 소요되며 이를 한국 혼자 부담하는 것은 불가능하다. 국제적 공조가 이루어지지 않으면 북한을 도우려는 한국의 노력은 한국경제마저 북한과 같은 침체의 늪에 빠지게 할 수 있다는 인식을 바탕으로 남북경협 초기단계부터 일본, 미국 등과 공조체제를 구축해 나가는 것이 절대적으로 필요한 것이다.

남북한 간 자유무역 추진 단계

북한이 일본 및 미국과 외교관계를 정상화하고 IMF 등 국제금융기구의 회원국이 될 정도의 개혁·개방을 추진한다면 남북한은 EU와 같은 단계적 경제통합을 추진해 나갈 수 있을 것이다. 이 과정에서 첫 번째 목표는 남북한 간 자유무역을 추진하는 것이다.

남북한 간 자유무역의 추진은 북한경제에 획기적인 변화를 초래할 것이다. 농업과 서비스 분야를 제외한 제조업 등의 분야에서 전 세계와의 개방된 교역을 하고 있는 남한과 자유무역을 한다는 것은 북한경제가 세계시장에서의 비교우위 상황에 따라 재편되어야 함을 의미하기 때문이다. 북한은 오랫동안 폐쇄된 경제구조를 유지하여 왔고 중앙집권적인 사회주의 체제를 지켜왔기 때문에 경제의 거의 모든 분야에서 국제경쟁력을 상실하고 있다. 따라서 남북한 간 자유무역은 북한 기존 생산시설의 폐쇄를 의미할 것이기 때문에 그 충격은 실로 대단할 것으로 예상된다.

결국 남북한 간 자유무역이 이루어지기 위해서는 그 이전에 상당 기간의 준비과정이 필요할 것이다. 그러나 개방의 충격을 실제로 느끼기 전에는 비교우위 원칙에 입각한 경제구조조정이 일어나기 어렵다는 것이 지금까지 한국을 포함한 많은 개발도상국들의 경험이기도 하다. 그렇기 때문에 남북 간의 자유무역은 주요부분에서 상당한 수준의 유예기간을 허용하는 방식으로 추진되어야 할 것이고 북한경제의 개방단계에서 발생하는 실업 등의 사회적 충격에 대한 대비책 마련이 동시에 이루어져야 할 것이다.

지금도 남북한 간 교역에는 민족내부 간 거래로 인정하여 아무런 관세가 부가되지 않고 있다. 그렇기 때문에 북한에서 생산된 물품이 남한시장에 진출하는 데에는 자유무역협정(FTA)과 같은 효력이 적용되고 있다고 할 수 있다. 반면, 남한에서 생산된 제품은 북한의 외환 지급 능력 결여로 인해 북한시장에 진출할 수가 없기 때문에 현재 진행되고 있는 남북교역은 한 방향의 FTA라고도 할 수 있을 것이다.

세 번째 단계에서 남북한 간 자유무역이 실시되면 북한이 비교우위가 있는 노동집약 산업에서는 신규투자가 활발히 이루어지는 반면 비교우위가 없는 중공업 등의 분야는 사양산업이 되어 생산능력이 축소되는 산업 간 구조조정이 불가피할 것이다. 이러한 과정이 실업과 근로자의 직장이동 등의 부작용을 최소화 하면서 성공적으로 관리될 수 있다면 자유무역은 남북한 경제 모두에게 경제적 이득을 가져다 줄 수 있을 것이다. 남북한 간 자유무역 단계가 완성되는 시점에서 북한의 1인당 국민소득이 남한의 40% 수준이 되도록 하는 정책목표를 설정하고 이의 달성을 위해 다양한 노력이 경주되어야 할 것이다. 또한 남북한 간 자유무역이 이루어지는 단계가 완성된다면 정치적으로도 남북 연합 정도의 통합이 실현될 가능성이 높다고 할 수 있다.

남북한 간 공동시장 형성 단계

공동시장의 형성단계는 남북한 간 노동과 자본이 자유롭게 이동하는 것이기 때문에 경제부문에서 남북 간 경계선이 무너지는 것을 의미한다. 특히 노동인력이 자신이 원하는 직장을 찾아 남북한을 자유롭게 넘나든다는 것은 정치·사회적으로도 매우 큰 의미를 갖게 될 것이다. 또한 남북한 경제통합과 정치통합이 완성되기 이전에 북한의 1인당 국민소득이 남한의 60%에 달하도록 하는 정책목표를 설정하고 이를 실현시키기 위한 다각적인 노력이 필요할 것이다.

남북 간 경제통합이 완성되는 단계

경제통합의 마지막 단계는 현재의 EU와 같이 공동의 화폐를 사용하고 경제정책 분야에서도 남북한이 공동전선을 형성하는 것을 의미한다. 이 단계에서는 국토의 공동개발이 이루어지고 철도, 도로, 항만 등 사회간접자본에 대한 투자도 공동으로 추진하게 될 것이다. 남북한이 단일민족으로 역사적으로도 단일국가를 형성해 왔다는 사실을 감안할 때 경제통합이 완성되는 단계에 이르게 되면 정치적 통합도 완성되어 남북한이 단일국가가 될 가능성이 높다고 할 수 있다.

통합의 경제적 효과

남북한 경제의 단계적 통합은 이미 개방이 되어 있고 상대적으로 규모가 큰 남한경제에는 충격이 크지 않은 반면, 매우 폐쇄적이며 규모가 상대적으로 작은 북한경제에는 큰 충격이 될 것이다. 남북한 간 경제통합이 이루어지면 북한에서 비교우위가 없는 대부분의 중공업 분야는 존립기반을 상실하는 반면 노동집약적 경공업 분야와 농업 및 광업 등 1차 산업분야는 새로운 투자의 대상이 되어 성장산업으로 부상하게 될 것이다. 이 과정에서 많은 근로자들이 실직을 하거나 직업을 옮기는 상황이 발생할 것이다.

마커스 노랜드[79]는 북한경제가 완전히 개방되는 경우 경공업 부문의 수출은 40배 증가하고 광산물의 수출도 3배 증가하는 반면 자본재의 수입은 15배 증가할 것으로 추정하고 있다. 그 결과 국내총생산(GDP)에서 무역이 차지하는 비중은 현재의 12% 수준에서 71%로 증가하게 된다. 북한의 대내지향형 폐쇄경제가 대외지향형 개방경제로 탈바꿈하는 것이다. 또한 북한경제는 개방과정이 성공적으로 이루어지면 경제 전체의 생산성이 18%나 높아져 40~60%의 성장 효과가 발생할 것이나 기존 생산시설의 50~70%가 국제경쟁력을 상실하여 가치가 소멸될 것으로 추정되고 있다.

개방과 더불어 현재 GDP의 25% 수준인 국방비를 남한과 같은 GDP의 3% 수준으로 하향 조정하는 경우 북한경제는 8~10%의 추가적인 성장 동력을 확보할 수 있는 것으로 추계되고 있다. 결국 개방과 군비감축은 북한에서 민간소비 수준을 세 배 정도 높여주고 투자가 두 배 이상 증가하며 무역은 수십 배 증가하는 결과를 초래한다는 것이다. 또한, 250만 명 정도의 인력이 농업을 떠나고 35단 명이

---

79) Marcus Noland, 「Avoiding the Apocalypse : The Future of the Two Koreas」, pp.251~284, Institute for International Economics, 2000

국방 분야에서 이탈하여 새로운 성장산업인 경공업 수출산업으로 자리를 옮기게 될 것이다.

북한의 개방은 북한경제의 남한경제 의존도를 심화시킬 것이다. 남북한 간 자유무역이 추진되는 경우 남한은 북한 교역의 절반 이상을 차지하는 최대 교역국이 될 것이고 북한의 신규 성장산업에 대한 투자도 대부분 남한기업에 의해 이루어지게 되어 북한경제는 명실 공히 남한경제의 일부가 될 것이다. 북한의 개방과 더불어 북·일 수교가 이루어지면 일본은 남한 다음으로 중요한 북한의 경제파트너로 부상할 것이다. 이 과정에서 100억 달러 규모로 예상되는 일본의 배상금 역시 북·일 경제관계를 심화시키는데 크게 기여할 것이다.

경제규모에서 북한보다 33배나 크고 이미 개방된 경제구조를 갖추고 있는 남한은 남북한 경제통합으로부터 상대적으로 적은 충격을 겪게 될 것이다. 북한은 개방과 남북한 경제통합에 따른 충격이 크지만 이로 인한 경제적 이득도 상당한 수준인 반면, 남한은 남북한 경제통합 과정에서 얻는 경제적 이득 역시 상대적으로 크지 않을 것으로 예상된다. 북한으로부터의 수입은 중국 등 여타 지역에서의 수입을 대체하는 효과가 클 것이고 북한에 대한 투자 역시 해외투자 지역을 기존의 중국, 인도 등에서 북한으로 전환하는 경우가 많을 것이다.

그러나 남북한 간 노동인력의 이동이 자유로워지면 200~400만 명 규모의 인력이 북한에서 남한으로 이동할 것으로 예상되며 남한의 임금수준이 하락하는 상황이 발생할 것이다. 이는 북한 인력과 경쟁 관계에 있는 남한의 저기술 단순노동 계층에게는 실질 소득의 감소를

의미하게 된다. 그러나 남북한 경제통합은 남한 내 자본가 계층과 고
기술 전문근로 계층에서는 상대적으로 유리한 상황이 되기 때문에 남
한에서 계층 간 분배구조는 더욱 악화될 것이다.

제9장

흡수통일의 길

"

통일을 천천히 하자는 사람은 통일을 하지 말자는 것과 같다.

즉, 물건을 구입할 때 맘에 들지 않으면 머뭇거리면서,

너무 비싸다고 생각되면 집어치우고 사지 않는다.

통일도 마찬가지라고 생각한다.

적절한 순간을 포착하지 못했을 때

또 다시 그 순간은 오지 않을 것이다.

통일이 갖는 역사적·인도적 중요성에 비추어 볼 때

통일비용의 계산은 하찮은 일에 불과하다.

중요한 것은 통일의 기회를 포착하는 것이다.

"

드메지에르 전 동독 수상, '통일대비 정책연수단'과 인터뷰

1. 왜 흡수통일인가?

실현되지 않은 조기 붕괴론

1990년 동독이 무너지면서 독일통일이 이루어지고 이어 한국이 소련, 중국 등 사회주의 진영 국가들과 외교관계를 수립하면서 한반도에서도 한국 주도의 흡수통일에 대한 기대감이 높아졌다. 특히, 1994년 김일성 주석이 사망하면서 국내외 북한 전문가 대다수가 5년 이내 북한 김정일 정권이 붕괴될 것이라고 예측하였다. 니콜라스 에버스탯[80]은 "북한의 김정일 정권이 안정적이거나 오랜 기간 지속될 것을 기대하기 어렵다"고 주장했고 김경원[81]도 "김정일이 향후 몇 년 이내에 북한 내 개혁세력이나 강경군부에 의해 밀려나게 될 것이다"면서 그 이유는 김정일이 무능한 것으로 판단하기 때문일 것이라고 예측했다.

김정일 정권의 조기붕괴를 주장한 근거는 북한이 경제적으로 심각한 어려움을 겪고 있으며 김일성의 사망으로 북한 권력 내부에 분열이 일어날 가능성이 높으나 김정일이 이를 수습할 능력이 없을 것이라는 판단에 근거를 두었다. 1995년 황장엽 당 서기의 망명은 이러한 주장을 뒷받침해주는 근거가 되었다. 한국정부는 이러한 조기붕괴

80) Nicholas Eberstadt, 「Korea Approaches Reunification」, M. E. Sharpe, 1995
81) Kyong-Won Kim, "No Way Out : North Korea's Impending Collapse", Harvard International Review, 1996

론을 기초로 독일통일 경험을 분석하기 위한 '통일대비 정책연수단'을 독일에 여러 차례 파견하였고 통일연구원, 한국개발연구원 등 국책연구소를 중심으로 통일 후 통합전략을 분야별로 마련하게 하였다.

그러나 이러한 북한 김정일 정권의 조기붕괴론은 실현되지 않았다. 북한 김정일 정권은 1990년대 중반의 극심한 식량난에도 무너지지 않았고 2000년부터는 한국과 서방국가들의 도움으로 북한의 경제상황도 점차 개선되고 있다. 또한, 북한은 중국과 러시아와 여러 차례의 정상회담을 통해 과거의 동맹관계를 회복해 나가고 있고 일본과의 외교관계 수립에도 적극적으로 대처해 나가고 있다. 아직도 미국 부시 행정부와는 관계를 개선하지 못하고 있으나 중국과 러시아의 정치적 비호를 받으면서 한국마저도 우호 세력화 하는데 성공한 북한은 시종 여유 있는 자세로 현재 6자회담을 주도하고 있다.

이와 같이 북한이 조기 붕괴론을 극복하고 세계화시대 초강대국인 미국의 집중적 비난 속에서도 정권을 유지하면서 핵무기를 담보로 '벼랑 끝 외교'까지 전개하고 있는 것은, 1973년부터 후계자로 지명되어 '통치수업'을 받아 온 김정일의 정치능력이, 조기 붕괴론을 주장한 전문가들의 예측과는 달리, 나름대로 상당한 수준임을 보여준다고 할 수 있다.

우선 김정일은 '유훈 통치'를 통해 정권의 정당성을 확보하는데 성공하였다. 김일성이 사망한 후 3년이 넘는 기간 김정일은 아무런 직책도 승계 받지 않으면서 김일성의 우상화 작업에만 박차를 가했다. 김일성이 보유하던 수령의 직책도 받지 않고 오히려 김일성을

'영원한 주석'으로 떠받들고 새 헌법도 '김일성 헌법'으로 명명하였다. 또한 김정일은 '충효'를 매우 중요한 덕목으로 강조하면서 김일성의 정치 카리스마가 자신에게로 자연스럽게 이입되도록 선전활동에 주력하였다. 그 결과 김정일은 사회주의 사상 최초의 권력의 세습을 성공적으로 마무리하게 되었다.

김정일은 수많은 기아자가 발생하는 경제난 속에서 사회 안정을 유지하기 위해 군사력에 의해 통치하는 '선군정치'를 전개하였다. 북한의 권력구조에서 군인들의 서열이 급상승하고 사회 모든 분야에서 군의 영향력이 증가하도록 허용하면서 김정일 자신은 국방위원장의 직책을 맡아 군을 직접 통제하고 있다. 김정일은 1998년 헌법개정에서 국방위원회를 국가의 최고기관으로 격상시키면서 군사력에 의한 통치를 제도화하였다. 김정일 국방위원장은 공식 활동의 대부분을 군 관련 활동에 할애하고 있다. 2003년의 경우 김정일 위원장의 군 관련 활동은 63회로써 총 공개 활동의 68%를 차지하였다. 김정일은 2000년 8월 평양을 방문한 남한 언론사장단과의 대화에서 "외국과 잘되려고 해도 군력(軍力)이 있어야 하고 외국과의 관계에서 힘도 군력에서 나오고 내 힘도 군력에서 나오고 있습니다"[82]라고 북한 통치에서 군사력의 중요성을 솔직히 이야기한 바 있다.

김정일 정권은 한국의 햇볕정책을 활용하여 당면한 경제난을 해결하고 있다. 북한경제 전문가들은 북한이 경제난에서 벗어나 정상적

---

82) 조선일보, 2000. 8. 14

인 경제운용을 하는데 필요한 외화유입 규모를 연간 20억 달러 수준으로 추정하고 있다.[83] 이중 절반은 식량 등 부족한 소비수요를 충족하는데 쓰이고 나머지는 산업과 사회간접자본 부문의 투자에 필요하다는 것이다. 앞에서도 지적한대로 현재 한국이 북한에 주는 경제지원 총액은 연간 10억 달러 수준에 달하고 있다. 결국, 북한이 경제난 극복에 필요한 소비적 재원 전액을 한국이 부담하고 있는 셈이다. 그 결과 북한경제는 1999년 이후 연간 2~3% 수준의 성장세를 보이고 있으며 기아자도 발생하지 않고 있다.

이에 더해 김정일은 실리위주의 적극적인 외교정책으로 미국 부시 행정부의 대 북한 강경 압박전략을 무산시키는데 성공하고 있다. 김정일 위원장은 최근 중국을 두 번이나 방문하여 중국 새 정치지도자들의 신뢰를 얻으려는 노력을 하였고 러시아 푸틴 대통령과의 정상외교를 통해 러시아를 북한의 정치후원자로 만드는데 성공하였다. 일본의 납북자 문제도 적극적으로 해결하여 고이즈미 총리와의 신뢰 구축에 역점을 두고 있고 남북 정상회담과 남북교류를 통해 남한 정부와 진보세력을 자신의 우호세력으로 만드는데 성공하였다. 이러한 김정일 위원장의 외교 행보는 현재 진행되고 있는 6자회담에서도 미국이 종래의 강경입장을 선회하여 북한 핵 폐기의 대가로 북한체제 보장과 경제제재 해제 등 포괄적 보상을 제안하는 성과를 올리고 있다.

10년 전 국내외 북한전문가들의 비관적 전망을 완전히 뒤엎고 북

---

83) Anthony Mitchell, "The Current North Korean Economy", 「Economic Integration of the Korean Peninsula」, IIE, 1998

한 김정일 정권은 현재 한반도 상황을 실제로 주도하는 위치에 까지 이르게 된 것이다. 이러한 상황의 역전은 기본적으로 김정일 위원장 자신의 '뛰어난' 위기관리 능력에 기인한다고 할 수 있지만 한국 정부의 햇볕정책 역시 '기여'한 바 크다고 하지 않을 수 없다.

유화될 수 없는 불량국가

앞에서도 지적한대로 '채찍' 없이 '당근'으로만 구성된 햇볕정책은 전형적 유화정책(appeasement policy)이라고 할 수 있다. 유화정책이라는 용어는 1930년대 영국의 쳄버린 정부가 독일의 히틀러 정권에 대해 취한 온건정책을 비판하는 부정적 의미를 갖고 있다. 쳄버린 정부의 유화정책이 히틀러 정권의 폭력적이고 비인륜적 행위를 방치하였고 국제정세는 결국 파국으로 가게 되었다는 것이다.

유화정책의 비판론자들은 나치독일과 같은 불량국가의 지도자들은 유화될 수 없다고 주장한다. 불량국가의 지도자는 상대방의 유화정책을 오히려 역이용하여 더 많은 양보를 상대방으로부터 요구한다는 것이다. 그렇게 되면 유화정책을 편 상대방은 더 많은 양보를 하든지 그렇지 않으면 전쟁을 해야 하는 상황에 처하게 되기 때문에 유화정책은 오히려 상황의 악화를 초래한다는 것이다.

최근의 한반도 상황이 바로 이런 경우라고 할 수 있다. 긴대중 정부 출범 이후 한국은 지속적으로 대 북한 유화정책을 추진하여 왔다. 북한이 서해교전 등의 무력도발을 일으키는 상황에서도 한국정부는 북한에 대한 각종 지원을 지속해 왔으며 그 규모는 현재 연간 10억 달러에 달하고 있다. 그럼에도 불구하고 한반도에서 군사적 긴장상태는 개선되지 않고 있으며 최근 북한의 농축우라늄 프로그램의 노출을 계기로 오히려 악화되고 있다. 1994년 제네바 북·미 합의를 위반한 것은 북한인데도 불구하고 북한은 핵 폐기의 대가로 제네바 합의에서 미국으로부터 약속 받은 것보다 훨씬 많은 것을 요구하고 있다. 이에 대해 한국은 북한의 요구를 들어주어야 한다고 미국을 꾸준히 설득하고 있으며 이러한 노력은 최근 그 결실을 보려고 하고 있다. 쳄버린 수상 유화정책의 수혜자가 히틀러였던 것과 마찬가지로 김대중 대통령 햇볕정책의 수혜자는 북한의 김정일 위원장인 것이다.

1970년대 이후 미국의 대외정책은 불량국가(rogue state)에 대해서는 강경책으로 대응한다는 기본 원칙하에 전개되어 왔다. 1970년대 말까지는 불량국가를 이디 아민의 우간다, 폴 포트의 캄보디아 등 주로 국내적으로 혐오스러운 행위를 하는 정권에 적용하였다. 그러나 1970년대 말부터 미국은 불량국가의 기준을 내부 행위로부터 외부행위로 전환하였다. 1980년대에는 국제 테러리즘에 대한 지원여부가 불량국가로 간주하는 핵심기준이 되었고 1987년 KAL기 폭파사건을 계기로 미국은 북한을 국제테러지원국으로 지목하면서 각종 제재조치를 취했다.

1989년 국제 냉전체제가 종식되면서 대량살상무기 추구 여부가 불량국가를 규정하는 기준에 추가되었다. 1990년대 초 비밀 핵무기 개발이 미국의 첩보위성에 포착되면서 북한의 불량국가 위치는 더욱 확실해졌다고 할 수 있다. 부시 행정부가 출범하면서 미국은 불량국가 개념을 혐오스러운 내부행위와 국제테러 활동을 지원하고 대량살상무기를 보유하는 외부행위를 모두 포함하는 것으로 발전시켰다.

2002년 9월 발표된 미국의 '국가안보전략'[84]은 불량국가를 다음과 같이 규정하고 있다. ① 자국의 국민들에 대해 잔혹하며, 국가적 자원을 통치자 개인의 이익을 위해 낭비한다. ② 국제법을 무시하며, 주변 국가를 위협하며, 그 자신도 서명한 바 있는 국제조약을 냉담하게 침해한다. ③ 선진 군사기술과 함께 대량살상무기를 기필코 획득하고자 하며, 이를 위협적 또는 공격적으로 사용하여 공세적 목적을 달성하고자 한다. ④ 전 세계적으로 테러리즘을 후원한다. ⑤ 인간의 기본가치를 거부하며 미국과 미국이 옹호하는 모든 것을 증오한다.

이러한 기준으로 볼 때 북한은 거의 완벽한 불량국가에 해당한다고 할 수 있으며 부시 행정부가 북한을 '악의 축' 국가로 지목한 것도 바로 그런 이유 때문이다. 북한은 20만 명이 넘는 정치범을 격리 수용하고 이들의 인권을 침해하고 있으며 수많은 기아자가 발생하는 상황에서도 김정일과 정치수뇌부는 호화로운 생활을 즐기고 있다. 북한은 외채상환을 거부하고 1994년 제네바 합의와 한반도 비핵화 선언을 무시하고 핵무기 개발을 계속하고 있고 아웅산 폭파사건, KLA기 폭파사건 등의 테러행위를 자행하였으며 미사일, 마약 등의 해외수출을 지속하고 있다.

---

84) National Security Strategy of the United States, 2002. 9. 30

김정일 정권의 붕괴가능성

김정일 정권이 조기에 붕괴할 것이라는 10년 전 예측이 빗나갔다고 해서 김정일 정권이 영구히 지속될 것이라고 생각하는 것은 잘못이다. 김정일 정권이 현재 표면적으로는 안정을 유지하고 있지만 내면적으로는 많은 체제 불안요인을 안고 있기 때문이다. 우선 북한이 현재 군사력에 의해 통치되고 있다는 사실 자체가 북한 체제의 불안을 입증해 주는 것이다. 이는 북한이 정상적인 방법으로는 통치가 불가능한 상황에 놓여 있다는 것을 의미하며 최근 용천 폭발사건이 단순한 사고가 아니라 중국으로부터 귀환 길에 있었던 김정일 위원장에 대한 위해(危害) 시도였다는 풍문 등도 김정일의 통치기반이 난공불락의 상태는 아니라는 것을 보여주고 있다. 최근 북한 내부 동향에 이상 징후가 나타나고 있는데 대해 미국의 대북전문가들이 예의 주시하고 있는 것으로 보도되고 있다.[85]

북한 체제변화에 대한 연구는 1990년대 초부터 지속적으로 이루어져 왔다. 통일연구원은 최근 연구보고서[86]에서 북한체제 변화에 영향을 주는 변수들을 선정하고 이를 계량화하여 북한체제 변화를 예측하고 있다. 북한체제 유지 기능변수로는 김정일의 체제 장악력 및 통제력, 경제의 정상화, 체제응집력 등을 그리고 북한체제 변화 기능변

---

85) 동아일보, "美 대북 전문가들이 분석한 北 내부동향", 2004. 9. 20
86) 박영호 외, 「통일예측 모형 연구 : 지표개발과 북한체제 변화 추세 분석」, 통일연구원, 2003. 12

수로는 경제 자율화, 남한체제 동경, 사회갈등, 주민이동의 자유, 지도자와 주민의 변화의지 등을 선정하였다. 그리고 북한 이탈주민들을 상대로 설문조사를 실시하여 이들 변수의 변화정도를 정량화하고 있다. 정량화의 범위는 10점 만점으로 하여 10점에 가까울수록 현 체제가 유지될 가능성이 높은 반면 1점 미만이 되면 현 체제의 유지가 어려울 것으로 상정하고 있다.

통일연구원의 분석결과는 다음과 같다. 우선 체제유지 기능지수는 2003년 현재 2.658로 집계되었다. 이는 1990년의 6.849에서 지속적으로 하락한 것이며 이러한 추세는 앞으로도 계속되어 2008년에는 체제유지가 어려운 0.983을 나타내고 있다. 또한 체제변화 기능지수는 1990년의 6.036에서 지속적으로 하락하여 2003년에는 2.447이며 2022년이 되어야 체제붕괴를 의미하는 0.98을 보여주고 있다. 이 두 가지 지수를 종합한 '통일지수'는 1990년에 6.347에서 2003년에는 3.457로 하락하였고 2014년에 가서는 통일의 가능성이 열리는 0.861을 나타내고 있다.

이러한 연구결과의 의미는 다음과 같다. 우선, 비록 북한의 김정일 정권이 붕괴되지는 않았지만 정권의 안정을 나타내는 객관적 여건은 지난 10년간 계속 악화되어 왔으며 이러한 상황은 앞으로도 계속될 가능성이 높다는 것이다. 또한 현재와 같은 상황이 지속된다고 하면 미래의 어느 시점에 이르면 북한 김정일 정권의 붕괴가 불가피해질 것이라는 사실이다. 물론 통일연구원의 조사가 북한 이탈주민을 대상으로 실시되었기 때문에 북한의 현실을 실제보다 더 나쁘게 볼 수 있는 가능성을 배제할 수 없으나 적어도 북한의 김정일 체제가 결코 안정적이라고 볼 수 없다는 사실은 이러한 연구를 통해 분명히 확인할 수 있다고 생각된다.

통일연구원 연구결과를 지수별로 살펴보면, 북한체제의 붕괴를 초래할 가능성이 높은 지수는 경제의 정상화, 체제 응집력, 남한체제 동경 등인 것으로 나타나고 있다. 이들 지수 모두 2005년 또는 2006년에 붕괴 가능성인 1미만의 수치를 보여주고 있다. 반면 주민 이동의 자유화와 김정일의 체제 장악력 및 통제력 지수는 각각 2016년과 2018년에 붕괴수준을 나타내고 있고 지도자와 주민의 변화의지와 경제의 자유화는 각각 2026년과 2052년에 붕괴 수준을 보여주고 있다.

이는 북한의 김정일 정권이 현재와 같은 군사력에 의한 지배를 지속하면서 주민의 자유로운 이동을 억제하고 경제의 개혁·개방을 최대한 지연시킬 것이라는 북한 이탈주민들의 인식을 반영한 것이라고 하겠다. 반면, 북한 정권이 직접 통제를 할 수 없는 경제의 정상화, 체제 응집력, 남한체제 동경 등의 지수는 모두 북한체제의 조기 붕괴를 예측하고 있다는 사실에 유의할 필요가 있다. 이는 북한 정권의 체제유지 노력과는 상관없이 북한체제 내에서 불안요인은 생성되고 있고 시간이 갈수록 상황은 악화된다는 것을 의미한다. 또한 제8장에서 제시된 방향으로 북한당국이 경제의 개혁·개방을 가속화하면 할수록 북한 김정일 체제의 붕괴 가능성은 높아진다는 것을 통일연구원 연구는 보여주고 있는 것이다. 북한의 김정일 정권이 개혁·개방을 최소화 하려는 이유가 바로 여기에 있다고 하겠다. 결국 김정일 체제는 개혁을 안 해도 망하고 개혁을 해도 붕괴될 수밖에 없다는 결론을 얻을 수 있는 것이다.

1990년대 이후 지속된 경제난으로 북한의 기획경제 체제는 사실상 붕괴되었다. 사회주의 경제의 기본이라 할 수 있는 생필품의 배급이 이루어지지 않은지 오래되었다. 7·1 경제관리 개선조치로 요약되는 시장기능의 부분적 도입은 배급체계가 무너지고 암시장이 성행한데 대한 불가피한 대응이었다. 이러한 과정에서 식량과 생필품을 구하려는 주민의 지역 간 이동이 불가피하게 되었고 가격의 현실화는 북한 내 분배구조를 악화시키는 결과를 초래하고 있다. 심지어는 한국과 서방국가로부터 지원되는 쌀, 비료 등의 물자들이 북한의 '특권계층'에 의해 시장에서 판매되는 사례가 빈번하게 발생하여 분배의 악화는 물론 많은 주민들의 불평불만을 야기하고 있는 것으로 알려지고 있다. 최근 급증하고 있는 탈북자의 규모가 북한 사회에서 불만세력이 증가하고 있다는 사실을 입증해 주는 것이다.

따라서 한국의 대북정책도 북한 김정일 체제의 붕괴가 언제든 가능하다는 전제하에 수립되고 집행되어야 할 것이다. 그런데도 한국에서는 햇볕정책이 추진된 이후 김정일 정권의 붕괴가능성에 관한 언급과 토론을 정부차원에서 금기시하고 있다. 그 이유는 이러한 행동이 북한당국을 자극하여 햇볕정책 추진을 어렵게 할 가능성이 있다는 것이다. 그러나 엄연히 존재하는 현실을 외면하는 것은 현명한 정부의 자세가 아니라고 생각한다. 단계적 남북한 경제통합보다 실현 가능성이 높다고 할 수 있는 북한체제 붕괴에 대비한 연구 활동을 강화하고 이러한 사태발생시 즉각적으로 대처할 수 있는 국내 및 국제적 공조 체제 구축작업에 착수하여야 할 것이다.

흡수통일 외에는 대안이 없다

햇볕정책이 궁극적으로 지향하고 있는 단계적 경제통합도 결국은 흡수통일이라고 할 수 있다. 경제통합의 최종 목표가 현재 남한경제의 기본을 이루는 시장자본주의 체제이기 때문이다. 김대중 대통령의 3단계 통일방안도 3단계에서의 연방정부는 시장경제와 민주주의를 바탕으로 구성될 것이라는 점을 분명히 하고 있다. 따라서 단계적 통일방안은 흡수통일이 단계적으로 이루어짐을 의미한다고 할 수 있다.

제4장에서 살펴본 바와 같이 정치체제가 다른 형태로 분단된 국가들의 경우 통일은 예외 없이 한 쪽이 다른 쪽의 체제를 흡수하는 형태로 이루어졌다. 독일과 예멘은 공산주의체제가 무너지고 민주주의 시장경제 체제로 통일이 이루어진 경우이며, 베트남은 시장경제 체제의 월남이 무너지고 사회주의 경제체제로 통일된 경우였다. 한국도 북한의 사회주의 체제가 갑자기 붕괴되거나 상당기간에 걸쳐 시장경제로 전환되어 남북한이 시장경제 체제로 통합되든지 그렇지 않으면 남한의 시장경제 체제가 무너지고 북한의 사회주의 체제로 통일이 이루어지는 양자 중 하나가 될 것이다. 그러나 사회주의 체제가 무너지는 전 세계적 추세와 남북한의 경제력 차이를 감안할 때 후자의 가

능성은 매우 희박하기 때문에 한반도에서의 통일은 남한의 민주주의 시장경제 체제로 북한이 흡수되는 형태로 이루어 질 수밖에 없는 것이다. 다만, 통일 시나리오에 따라 북한이 흡수통일 되는 시기와 방법이 다를 뿐이다.

2. 통일 시나리오 별 장단점 분석

통일의 정치경제학

경제학 측면에서 통일에 대한 분석은 통일비용과 편익을 계량화하여 이를 비교하는 데에서 시작된다. 독일통일이 이루어진 후 동독의 재건과 동독 주민의 복지 증진을 위해 서독 주민에 대한 세금부담이 늘어나면서 통일비용에 대한 한국 국민들의 관심이 높아졌으며 사회일각에서 '개인의 희생이 수반된다고 하면 굳이 통일을 할 필요가 있는가'는 의구심마저 일어나고 있다.

한반도 통일이 이루어지는 경우 현실적으로 북한이 통일비용을 부담할 능력이 없기 때문에 통일비용은 '통일로 인해 남한이 부담해야 하는 경제적 비용'으로 인식될 수 있을 것이다. 독일의 경험으로 미루어 볼 때 통일비용은 ① 북한경제 재건을 위해 필요한 투자소요액, ② 북한의 체제 전환과정에서 발생하는 실업해소 비용 등을 포함한 사회복지 지출비용, ③ 통일과정에서 발생하는 금융, 토지제도, 군

사 등 제 분야에서의 제도통합 비용, ④ 통일 직후 북한지역의 혼란
을 방지하기 위해 사용되는 위기관리 비용 등으로 구성된다.

이중 위기관리 비용과 제도통합 비용은 상대적으로 그 규모가 적
으며 통일연구원[87]은 1993년 가격으로 이를 각각 14.5억 달러와
775.9억 달러 수준으로 추정하고 있다. 이와 같은 추계는 북한이 붕
괴하여 갑자기 통일이 이루어지는 경우를 가정한 것이다. 이러한 일
이 1997년에 발생할 경우 북한 주민의 소득을 통일 후 10년 내 남한
의 60%를 달성하기 위해 필요한 투자 소요액과 복지지출 비용 총액
은 4,930억 달러로 추정되었다. 이는 통일 후 10년 간 남한이 국민소
득의 9% 정도를 통일비용으로 지출해야 함을 의미한다.

통일비용에 대한 추계는 그 방법에 따라 큰 차이를 보이는 것이
사실이다. 예를 들어, 이영선[88]은 통일비용을 3,880억~8,418억 달러
로 추정하고 있다. 또한, 박태규[89]는 통일비용을 통일 후 첫 5년간은
남한 GDP의 8.7~11.3%, 그 후 5년간은 GDP의 7.5%로 추계하고 있
으며, 마커스 노랜드[90]는 통일비용 총액이 6천억 달러를 넘어 통일
후 10년 간 남한 GDP의 11% 수준에 달할 것으로 예측하고 있다.

이러한 통일비용에 대한 추계는 독일통일의 경우보다 높은 수준

---

87) 통일연구원, 「통일비용연구 Ⅰ,Ⅱ」, 1993, 1994
88) 이영선, "한반도에서의 경제적 통합 효과", 「북한의 현실과 통일과제」, 동서문제연
   구원, 1993
89) 박태규, "한반도 통일에 따른 소요비용의 추계와 재원조달 방안", 「한반도 통일시의
   경제통합 전략」, 한국개발연구원, 1997
90) Marcus Noland, 「Avoiding Apocalypse」, p314, IIE, 2000

으로 그 이유는 남북한 소득 격차가 동서독의 경우보다 훨씬 크기 때문이다. 현재 남북한 간 소득격차는 15배수에 이르고 있으나 통일 당시 서독의 소득 수준은 동독보다 2~3배 높은 수준에 불과하였다. 경제적 비용 측면에서 한반도 통일이 독일통일보다 더 어려운 것은 바로 이런 이유에 기인하는 것이다.

이러한 통일비용 추계는 통일 후 10년 내에 현재 남한의 1/15수준인 북한의 1인당 국민소득을 남한의 60% 수준까지 높인다는 매우 비현실적인 가정에서 도출된 것이기 때문에 북한경제의 통합기간을 10년 이상의 장기간으로 설정한다고 하면 연도별 통일비용 역시 크게 감소할 수 있을 것이다. 예를 들어, 통일 후 경제통합의 기간을 10년이 아니라 20년으로 잡을 경우 연도별 통일비용의 GDP 비중은 절반 이하로 감소할 것이다. 현실적인 차원에서도 현재 남한의 1/15 수준인 북한의 소득 수준을 통일 후 10년 이내에 남한의 60%수준까지 끌어 올린다는 것은 무리라고 하지 않을 수 없다. 예를 들어, 통일 후 경제성장률을 남한 연 5% 그리고 북한을 연 20%로 가정할 경우 북한의 소득수준이 남한의 60%가 되려면 17년이 소요된다.

이러한 연구결과들을 종합해 볼 때 북한의 붕괴로 통일이 급속히 진행될 경우 통일 후 상당기간 동안 남한 GDP의 최소 5% 이상을 통일비용으로 지출해야 한다는 것을 알 수 있다. 그러나 한반도 통일이 제8장에서 제시된 대로 단계적 경제통합 과정을 통해 점진적으로 이루어진다고 하면 통일비용은 크게 감소할 수 있을 것이다. 북한 자체의 개혁·개방 노력으로 통일 이전에 남북한 소득 격차가 크게 줄어들 수 있을 것이기 때문이다. 통일연구원은 5년 기간의 화해·협력기, 15년 기간의 남북 연합기 그리고 2년간의 통일국가 형성기라는 3단계 과정을 거쳐 통일이 이루어졌을 때 통일비용은 화해·협력기에는 남한 국민소득의 0.2~0.25%, 남북 연합기에는 0.83~1.63% 그리고 통일국가 형성기에는 4.47~4.70%가 될 것으로 추정하고 있다. 이 경우 통일비용의 총 규모는 2,804억 달러로 급속한 흡수통일이 이루어질 때 통일비용 5,721~6,653억 달러의 절반수준이 된다.

이와 같이 통일비용에 관한 연구는 비교적 활발히 전개된 반면, 통일로 인해 발생하는 경제적 그리고 비경제적 편익에 대해서는 실증적 연구가 매우 미흡한 실정이다. 이는 통일편익을 정량화하는 것이 상대적으로 어렵기 때문이다. 그러나 통일편익을 무시하고 통일비용만 추계하는 것은 자칫 통일에 대해 부정적인 인식을 심어 줄 가능성이 높다. 실제로 많은 국민들은 통일비용이 남한이 감당하기에 어려운 수준이 될 것이기 때문에 현재와 같은 분단 상태가 장기간 계속되는 것도 괜찮다는 잘못된 인식을 갖고 있으며 이러한 사실은 정부의 대북정책 수립에도 큰 영향을 미치고 있다고 할 수 있다. 북한 김정일 정권의 수명연장에 기여하는 햇볕정책이 현 시점에서 불가피한 정책선택이라는 정부 당국과 일반국민의 편견 역시 갑자기 통일이 이루어지는 경우 통일비용을 감내하기 어려울 것이라는 인식에 기초하고 있다고 할 수 있다.

경제적 측면에서 통일로 인한 편익은 ① 방위비, 외교비 등 분단비용의 절감, ② 통일로 시장 확대와 규모의 경제효과에 따른 이익, ③

남북한 경제의 유기적 결합과 생산성 증대에 따른 이익 등으로 구성된다. 또한 앞에서 제시된 통일비용의 지출에 따른 투자 확대와 소비증가 효과 역시 남북한 경제를 활성화시키는 요인으로 작용할 것이다.

조동호[91]는 통일이 이루어지는 경우 국방비 경감에 따른 경제적 효과만 해도 GDP의 2.4%에 이를 것으로 추정하고 있다. 마커스 노랜드는 경제통합에 따른 생산성 증가 효과가 북한의 경우에는 GDP의 40~80%에 이르며 남북한 전체의 경우에도 GDP의 12% 수준이 될 것으로 추계하고 있다. 또한 이영선은 통일에 따른 편익규모가 통일비용의 세 배 정도가 될 것으로 예측하고 있다.

통일 비용과 편익의 발생과정에서 중요한 것은 통일비용은 통일 후 10~15년의 일정기간 중에만 발생하나 통일편익은 통일 후 계속해서 발생하게 된다는 사실이다. 통일의 시기와 방법에 따라 통일비용이 달라지는 것은 사실이나 대체로 통일에 따른 경제적 이득이 경제적 비용을 상회할 것이라는 결론을 도출할 수 있을 것이다. 또한, 통일방법에 있어서도 북한이 점진적 개방을 하여 남북한 간 소득격차가 상당히 축소된 시점에서 통일이 이루어지는 것이 북한의 붕괴로 갑작스럽게 통일이 되는 경우보다 통일비용을 절약할 수 있다는 사실을 알 수 있다. 그러나 북한이 개혁·개방에 실패하여 남북한 간의 소득격차가 계속 확대되는 경우에는 통일시기가 늦춰질수록 통일비용이 증가하게 될 것이다.

---

91) 조동호, "통일에 따른 경제적 편익", 「한반도 통일시의 경제통합 전략」, 한국개발연구원, 1997

통일은 앞에서 지적된 경제적 이득 외에도 많은 비경제적 편익을 초래하게 될 것이다. 우선 통일은 한반도에서 전쟁 또는 무력 충돌의 위협을 해소시키고 통일된 한국의 국제적 위상 역시 크게 제고될 것이다. 또한, 북한지역에서 민주화가 이루어지면 북한주민의 인권이 크게 신장될 수 있을 것이고 이산가족들의 문제 역시 원천적으로 해결될 것이다. 이러한 비경제적 편익을 감안할 때 한반도 통일은 반드시 성취되어야 할 민족적 과제임에 틀림없다. 따라서 통일비용이 과다하기 때문에 분단 상태가 계속되는 것이 나을 것이라는 소극적이고 잘못된 시각은 시정되어야 할 것이다.

개혁·개방 시나리오

남북한이 단계적 경제통합을 추진하는 것은 통일비용을 최소화하고 통일에 따른 정치·사회적 갈등을 완화할 수 있다는 측면에서 최상의 통일 시나리오라고 하겠다. 그런데 문제는 통일이 이러한 방법으로 이루어질 가능성이 매우 낮다는 사실이다.

무엇보다도 김정일과 북한 군부지도자들이 궁극적으로 남한의 민주주의 시장경제 체제로 북한이 흡수되는 통일방안을 받아들일 이유가 없다. 경제난 극복을 위해서는 이 방법 밖에 없다는 논리를 전개할 수도 있겠으나 북한 인민들의 복지향상보다는 자신들의 신변안전을 우선시하는 김정일과 북한 권력자들의 성향으로 미루어 북한이 현 정권의 붕괴를 초래하게 할 가능성이 높은 개혁·개방의 길을 선택할 가능성은 매우 낮다고 할 수 있다.

따라서 북한이 개혁·개방의 길로 가기 위해서는 북한 정치 리더십의 교체가 불가피할 것으로 생각된다. 그러나 북한에서는 시민사회가 전혀 발달되어 있지 않고 노동자들의 조직도 자율성이 결여되어 있다. 따라서 북한에서 정치 리더십의 교체는 동독이나 다른 동유럽 국가에서와 같이 시민들이나 노동자들의 집단적 행동보다는 정치엘리트 계층 일부의 반란에 의해서만 이루어 질 수 있을 것이다.

그 첫 번째 대상으로 김일성 사망 이후 북한의 김정일 체제를 실제로 유지하고 있는 군부를 생각해 볼 수 있다. 그러나 북한에서 군부 쿠데타가 발생할 가능성은 그리 높지 않다는 것이 전문가들의 공통된 견해이다. 이대근[92]은 선군정치로 북한에서 군의 상징적 역할은 크게 증가한 것이 사실이나 정치적 영향력이 함께 증가하지는 않았으며 북한에서 주요 정책과 노선은 김정일과 당의 권한에 속한다고 주장하고 있다. 다시 말해 북한 군부는 민중소요 사태가 발생했을 때 이를 진압하는 역할은 담당할 것이나 김정일 체제에 도전하지는 못할 것이라는 이야기다. 그러나 당이 개혁과 개방의 노선을 선택하면 군부는 그 노선을 충실히 따를 것이며 체제 전환기에서 당이 지도력을 상실하고 분열이 되면 위기 수습과정에서 군이 일정한 역할을 담당할 수 있을 것이라면서 다음과 같이 기술하고 있다.

"군대는 자율적 행위자로 성장하기보다 당 노선의 추종자로 계속

---

92) 이대근, 「북한 군부는 왜 쿠데타를 하지 않나」, 한울, 2003

남아 있을 것이며, 체제 위기나 사회적 불안요인이 있을 경우 당으로부터 동원명령을 받아 불안요인을 제거하는데 적극 나설 것으로 보인다. 그러나 체제전환기 당의 독점적 지도력이 상실되고 파벌이 형성된다면 체제전환은 급격하게 이루어질 가능성이 높다. 이런 상태에서 억압되었던 시민사회의 욕구변화까지 일시 폭발할 경우 군대는 정치적으로 개입하면서, 체제전환 과정의 결정적 행위자가 될 가능성이 크다. 소련처럼 변화를 거부하는 쿠데타를 시도할 수도 있고, 루마니아처럼 향후 개혁의 주도권을 쥐기 위해 구체제를 공격할 수도 있을 것이다."

북한이 개혁·개방의 길로 가기 위해서는 산업화와 함께 북한 사회 내에서 비중이 높아지고 있는 근로인텔리 계층이 북한의 의사결정 과정에서 주도권을 행사하게 되어야 할 것이다. 북한의 직업별 구성에서 근로인텔리라 할 수 있는 사무원의 비중은 17% 수준이다. 이들은 대체로 교육수준이 높고 국내외 사정에 대해서도 상대적으로 많은 정보를 갖고 있는 계층이라 할 수 있다. 고상두[93]는 정무원과 노동당의 30~40%, 정치국 정위원의 50%, 후보위원의 70%가 이러한 근로인텔리 또는 전문엘리트 출신인 것으로 추정하고 있다.

김정일은 집권 후 지난 10년 간 군사주의와 경제적 실용주의를 동시에 추구하는 이중전략을 구사하여 왔다. 군사주의로 북한 내부 안정을 추구하면서 경제적 실용주의로 당면한 경제난을 극복해 보려

---

93) 고상두, "분단구조와 북한 내부의 정치갈등", 「남북한 정치갈등과 통일」, 오름, 2002

는 것이다. 이 과정에서 군부는 전자를 그리고 근로인텔리와 전문엘
리트는 후자를 대표한다고 할 수 있다. 김정일은 1998년 7월의 최고
인민회의에서 대대적인 세대교체를 단행하여 50~60대의 신진인사들
을 대거 내각에 등용하였고, 대의원의 60% 이상을 혁명 2세대를 상
징하는 새 인물로 교체하였다. 이와 동시에 김정일은 군 인사들의 당
내 서열을 높여주고 선군정치를 강조하고 있다. 실용주의와 군사주의
의 균형이 철저히 유지되고 있는 것이다.

이러한 사실은 김정일이 정권을 쥐고 있는 한 북한 내부요인이
아니라 외부요인에 의해서만 북한체제가 무너질 수 있음을 시사해 주
고 있다. 현재 현안이 되고 있는 북한 핵문제가 북한 내부의 균형을
깨고 김정일 정권의 정책노선을 경제적 실용주의 방향으로 전환시킬
수 있는 전기가 될 수 있을 것이다. 6자회담을 계기로 북한이 핵 폐기
를 진정으로 결정한다면 이는 북한 군사주의의 후퇴로 보아야 할 것
이기 때문이다. 결국 6자회담의 결과가 북한이 개혁·개방의 길로 갈
수 있느냐의 여부를 결정하게 될 것으로 생각된다.

현상유지 시나리오

이 시나리오는 북한이 본격적인 개혁·개방을 하지 않으면서 현
체제를 유지하는 것을 의미하며 이는 현재의 김정일 정권이 가장 바
라는 시나리오이기도 하다. 또한 북한이 본격적인 개혁·개방을 할
가능성이 낮으며 북한체제가 내부도전이나 외부의 무력사용으로 붕

괴되기도 쉽지 않다는 측면에서 앞으로 상당기간 실현 가능성이 가
장 높은 시나리오라고 할 수도 있다. 특히, 한국정부가 북한의 정책
변화를 요구하지 않으면서 대규모 경제지원을 해주고 있고 미국에
의한 대 북한 경제제재나 무력사용을 강력히 반대하고 있기 때문에
북한이 현재의 폐쇄적 체제를 유지하는 상황은 장기간 지속될 가능
성이 높다.

이 시나리오는 통일비용 측면에서 가장 비효율적인 것이기도 하
다. 북한이 개혁·개방을 지연시킴으로써 남북한간 경제력 격차는 더
욱 확대될 것이기 때문이다. 또한 북한의 군사주의가 지속되어 한반
도에서 군사적 긴장이 고조되는 것이 바로 이 시나리오이기도 하다.
그렇기 때문에 한국은 긴밀한 한·미·일 공조체제를 바탕으로 현상
유지 시나리오(Muddle Through Strategy)가 점진적 개혁·개방 시나
리오가 되도록 최선의 노력을 다해야 할 것이다.

이를 위해서는 무엇보다도 현재 한국이 북한에 제공하는 각종 경
제지원을 북한의 개혁·개방 노력과 연계하여 추진하는 것이 필요하
다. 개발도상국에 대한 경제원조에 대한 연구결과[94]는 아무 조건 없
이 제공된 경제원조는 원조 수혜국에서 기존 정권의 수명을 유지시켜
주는 데에는 기여하였으나 경제정책의 개선을 통해 경제발전을 이루
는 데에는 아무런 도움이 되지 않았다는 결론을 도출하고 있다. 오히
려 경제원조가 경제운용의 투명성을 저해하고 부패를 조장하는 등의

---

94) David Dollar & Jakob Svensson, "What Explains the Success or Failure of Structural
Adjustment Programmes?", Economic Journal, October, 2000

부작용을 초래했다는 것이 이들의 지적이다.

햇볕정책하에서 추진된 '퍼붓기 식' 대북지원이 바로 이런 경우에 해당한다. 금강산 관광사업은 북한으로 하여금 개혁·개방을 위해 아무런 노력도 하지 않고 막대한 규모의 외화를 벌 수 있게 하였고 대규모의 식량 및 비료지원 역시 북한당국이 농업분야에서 필요한 개혁조치를 하지 않고도 심각한 식량난을 해소할 수 있게 해 주고 있다. 제네바 합의의 일환으로 추진되는 중유공급과 경수로 발전소 건설사업 역시 에너지 부문에서 개혁조치 없이 북한의 에너지난을 해결해 주려는 시도라고 할 수 있다. 앞에서도 지적한대로 북한은 '현상유지'에 필요한 연간 10억 달러 수준의 지원을 한국으로부터 아무런 조건 없이 지원 받고 있기 때문에 체제붕괴의 위험이 있는 개혁·개방의 길을 선택할 필요가 없는 것이다. 이에 더해, 외국에서 지원된 구호물자 배급과정에서의 비투명성은 북한에서 부패와 계층 간 갈등의 원인이 되고 있다는 것이 북한 실정을 잘 아는 UN과 서방국가의 원조사업 담당자들의 공통된 의견이기도 하다.

이러한 북한의 상황을 지켜보면서 사회주의 경제전문가들은 북한이 동유럽의 루마니아의 길을 가고 있다는 지적을 하고 있다. 북한과 루마니아는 공통점이 많다. 우선 두 나라 모두 정치지도자의 카리스마에 의해 철권정치를 했으며 가족중심의 권력행사를 했다는 것이다. 북한에서는 김일성을 우상화하면서 권력이 김일성에게서 김정일로 세습되었고, 루마니아에서도 차우세스쿠에 대한 개인숭배 운동이 있었고 그의 부인 에레나도 공산당 집행위원으로 권력행사를 했다.

북한과 루마니아 모두 대외적으로 독자적인 외교노선을 유지하였다. 루마니아는 사회주의권 내에서는 뚜렷한 독자노선을 견지하면서 서독, 이스라엘과 외교관계를 수립하고 IMF에 가입하기도 하였다. 북한은 중국과 소련사이에서 '등거리 외교'를 전개하면서 주체사상을 국내 통치철학으로 정립했다.

경제정책에서는 북한과 루마니아 모두 중공업을 집중 육성했으며 중앙집권적 기획경제 체제를 견지했다. 두 나라 모두 중공업 투자 확대를 위해 외자 유치를 했고 경제난으로 외채상환이 어려운 상황에 봉착하게 되었다. 그러나 이에 대한 대응과정에서 루마니아는 외채상환을 위해 국내 소비를 억제하는 긴축정책을 추진한 반면, 북한은 외채상환 포기를 선언해 버렸다.

1981년부터 시작된 루마니아의 경제난은 계속 악화되었고 1985년에는 에너지난으로 난방시설 가동이 어렵고 공장생산이 중단되는 최악의 상황에 달하였다. 1987년 11월 경제상황에 불만을 품은 노동자들이 파업을 일으키는 사태가 발생하였으며 상황은 계속 악화되어 갔다. 차우세스쿠 정권은 반정부 시위를 무력으로 진압하려 하였으나 실패하였고 결국 1989년 12월 차우세스쿠가 군중에 의해 체포되어 사형에 처해지게 되었다.

1990년 5월 실시된 선거로 새로운 대통령이 선출되고 신정부가 출범하면서 루마니아는 임금인상 등으로 근로자의 처우를 개선하고 시장경제로의 점진적인 개혁조치를 취했으나 성공하지 못하고 경제난과 사회혼란은 지속되었다. 1996년 말 루마니아 최초로 우파성향의 정권이 들어서면서 보다 강도 높은 시장경제로의 체제 전환을 모색하게 되었다. 그러나 새로운 개혁 노력 역시 국내정치 불안과 금융위기의 발생 등으로 성공하지 못하고 루마니아는 심각한 경제침체를 아직도 경험하고 있다.

루마니아의 첫 번째 교훈은 심각한 경제난은 차우세스쿠 같은 독재정권도 결국은 붕괴시키고 만다는 것이다. 이는 1990년대 최고조에 달했던 북한의 경제난이 한국 등 외부의 지원 없이 장기화되었다고 하면 북한의 김정일 정권도 붕괴되었을 가능성을 배제할 수 없음을 보여주고 있다. 루마니아의 두 번째 교훈은 경제구조의 왜곡이 심한 경우 시장경제로의 체제 전환이 매우 어렵다는 것이며 특히 이 과정에서 정치적 안정이 이루어지지 않으면 경제개혁의 성공 역시 기대할 수 없다. 이는 북한에서 김정일 정권이 붕괴되어 좀 더 개혁적인 사고를 지닌 정치세력이 정권을 장악한다고 해도 정치안정이 이루어지지 않으면 개혁조치들이 성공을 거두기 어려울 것이라는 전망을 가능하게 한다.

북한체제 붕괴 시나리오

이 시나리오는 동독과 같이 북한 공산주의 체제가 붕괴되어 남한으로 흡수 통일되는 것을 의미한다. 북한의 김정일 정권이 지난 10년간 심각한 경제난에도 불구하고 정권을 유지했다고 해서 앞으로도 무너지지 않고 생존을 계속할 것이라는 보장은 없다. 북한체제가 결국은 붕괴할 것이라는 주장은 다음과 같은 이유에 근거하고 있다.

우선 한국 등 외부의 지원에도 불구하고 북한의 경제난은 지속될 것이라는 사실을 지적할 수 있다. 이제까지 자기 스스로 발전하려는 노력 없이 외부의 인도주의적 지원만으로 경제발전에 성공한 나라는 없다. 세계화시대에 북한이 경제발전에 성공할 수 있는 유일한 방법은 시장경제로의 체제전환과 개방을 북한 스스로 과감히 추진하는 것이다. 그러나 북한은 이러한 조치들은 체제붕괴의 위험이 있기 때문에 채택을 꺼리고 있으며 이러한 상황에서 북한경제 상황이 크게 호전되리라는 것을 기대하는 것은 불가능한 일이다. 결국, 북한은 경제난에서 벗어날 수 없을 것이며 이는 사회불안을 야기하여 궁극적으로 체제붕괴로 이어질 가능성이 높은 것이다.

설령 북한이 개혁·개방의 길을 선택한다고 해도 북한체제가 붕괴될 가능성이 높다. 루마니아 등 동유럽 국가들의 경험은 시장경제로의 체제전환이 얼마나 어려운 과제인가를 잘 보여주고 있으며 그 과정에서 정치·사회적 혼란이 야기될 수 있음을 알 수 있다. 체제경쟁 상대가 없는 경우에는 체제전환 과정에서 발생하는 어려움이 정권의 붕괴로 연결되지 않을 수도 있으나 북한과 같이 남한이라는 체제경쟁 상대가 존재하는 경우 정치·사회적 혼란은 독일에서와 같이 북한 체제붕괴와 흡수통일로 이어질 가능성이 높은 것이다.

결국 북한은 개혁·개방을 안 하면 경제난으로 무너지고 개혁·개방을 하면 정치·사회 불안정으로 붕괴되는 '이길 수 없는 상황'(no-win situation)에 처해 있다고 할 수 있다. 햇볕정책이 추진되면

서 한국사회에는 북한이 붕괴하지 않을 것이며 붕괴하는 것이 바람직
하지 않다는 인식이 만연하고 있다. 그러나 이는 분명히 잘못된 상황
인식이라고 할 수 있다. 이미 지적한대로 북한의 공산주의 체제는 붕
괴될 수밖에 없는 것이 작금의 국내외 여건이며 체제의 성격이 변하
지 않는 한 현재의 북한 정권은 한반도에서 군사적 긴장 상태를 조장
하고 한국의 안위를 위태롭게 하며 한국 내부의 사회갈등을 심화시키
고 있다. 또한 통일비용 측면에서도 어차피 치러야 할 일이라면 현재
의 분단 상태가 지속되어 남북한 간 소득격차가 더욱 벌어지고 사
회·문화 등의 부문에서 동질성 훼손이 심화되는 것을 조기에 막는
것이 바람직하다고 할 수 있을 것이다.

독일의 통일경험은 우리에게 많은 것을 시사해 주고 있다. 독일
통일의 첫 번째 교훈은 통일의 기회가 왔을 때 이를 놓치지 않고 잡
아야 한다는 것이다. 역사의 우연적 사건이었던 한반도 분단과는 달
리 독일의 분단은 통일독일을 두려워한 2차 대전 승전국들의 정치적
계산에 의해 이루어졌기 때문에 베를린 장벽이 무너지고 호네커가 실
각을 했어도 통일이 쉽게 이루어 질 것으로 생각한 사람은 별로 없었
다. 세계의 전문가들은 독일 통일 직전에도 독일은 근세기 안에 통일
되기 어렵다고 했고 고르바초프도 "독일 통일은 100년은 더 걸릴 것
이다"라고 단언하였다. 1987년에 실시된 여론조사에서 서독주민의
98%가 통일 가능성에 대해 회의적인 태도를 보였다고 한다.[95] 1987

---

95) 통일대비정책연수단, "동서독 통일과정과 통합실태", 1993

년 9월 서독을 방문한 호네커는 "동서독은 마치 불과 물처럼 통일되지 않을 것"이라고 장담하기도 했다.

당시 서독 정치권에서도 통일시기와 방법에 대해 의견이 분분했다. 기독교 민주주의자들과 자유 민주주의자들로 구성된 우파정치 세력은 조기통일론을 그리고 사회민주주의자들과 진보적 재야 민주인사들은 점진적 통일론을 주장했다. 조기통일론은 동독의 서독 및 서방체제로의 조속한 편입을 의미한 반면, 점진적 통일론은 동독체계를 서독과 같은 시장경제 체제로 개혁한 후 동서독 경제·문화 공동체를 형성한 후 자연스럽게 정치적 통합을 하자는 것이었다. 후자는 전형적 기능주의적 접근방법으로 김대중 정부의 햇볕정책 논리와도 맥을 같이 한다고 할 수 있다.

그러나 서독의 콜 수상은 조기통일론을 강하게 밀어붙였다. "독일 통일은 근대 독일민족사에 있어 극적인 사건 중에 하나가 될 것이다. 우리가 통일열차에 지금 당장 뛰어올라 타지 않는다면 다음 통일열차가 역에 도착할 때까지 매우 오랫동안 기다려야 할 것이다." 이러한 콜 수상의 판단은 후일 독일국민들로 하여금 "콜의 정치적 선견지명이 뛰어났다"라는 평가를 받게 하였다. 한국정부와 국민들도 한반도 통일에 대해 보다 적극적인 태도를 취해야 할 것이다.

독일 통일의 두 번째 교훈은 공산주의 체제가 한번 붕괴되기 시작하면 그 속도는 걷잡을 수 없이 빨리 진전되며 주민들 스스로가 점진적 통일보다는 조기통일을 강력히 희망한다는 사실이다. 다른 동유럽 국가에 비해 시민사회 발전이 뒤져있다는 평가를 받았던 동독에서도 소련의 동독에 대한 장악력이 떨어지자 대탈출과 집단시위가 발생하였고 이는 호네커 정권의 붕괴를 초래하였다. 그 후에도 동독의 정치지도자들은 개혁으로 분단 상태를 유지해 보려 했으나 동독주민들은 서독으로의 흡수통일을 강력히 요구하여 이를 관철시켰다.

동독의 붕괴는 동독주민의 대탈출로부터 시작되었다. 1989년 여름에만 12만 명의 동독주민이 서독으로의 출국을 신청했고 그 해 9월까지 32,500명이 실제로 동독을 탈출하였다. 동독 곳곳에서의 대규모 군중시위로 호네커 정권이 물러나고 모드로브가 수상으로 취임했으나 동독주민의 대탈출은 지속되었다. 그 해 11월 첫 주에 서독으로 탈출한 동독 주민은 무려 22만 5천명에 달하였다고 한다.

현재 한반도에서도 비슷한 상황이 발생하고 있다. 북한이 최악의 식량난을 극복하고 거시경제 상황이 다소 개선되고 있는 상황에서도 탈북자의 규모는 오히려 증가하고 있다. 남한에 입국한 탈북자의 수는 1998년 72명에서 2000년 312명 그리고 2003년 1,281명으로 증가하였다. 그리고 이보다 훨씬 많은 수의 북한주민들이 북한을 탈출하여 중국에서 은신처를 찾고 있다. 탈북자 규모가 10만 명에 이를 것이라는 전문가들의 추계는 북한에서 이미 주민들의 대탈출이 시작되었다는 것을 의미한다. 이는 북한 정권이 표면적으로 안정상태를 보이는 것과는 달리 내면적으로는 많은 붕괴요인을 안고 있음을 보여주는 것이라고 할 수 있다.

독일 통일의 세 번째 특징은 브란트 수상의 '접촉을 통한 변화'를 지향하는 '신동방정책'이 독일 통일에 견인차 역할을 했다는 일반적

인식과는 달리 동독의 붕괴는 소련의 변화에 기인하는 바가 컸다는 점이다. 브란트의 대 동독 포용정책이 동서독 간 교류를 촉진하여 동독의 두꺼운 장벽에 작은 구멍이 생겨 동독이 붕괴될 수 있었다는 주장에도 일리가 있는 것은 사실이다. 그러나 브란트의 동방정책이 동독뿐만 아니라 동구권 전체를 안정시켜 동독의 붕괴를 오히려 지연시켰다는 비판 역시 만만치 않다. 이러한 주장은 서독 내 보수진영의 의견일 뿐만 아니라 독일 통일 당시 동독 수상을 역임한 드메지에르의 의견이기도 하다. 콜 수상의 보좌관을 역임한 호르스트 텔칙은 "독일의 통일은 현상유지를 항구화 하려했던 사민당 동방정책의 패배를 의미 한다"고 주장하고 있다.

통일 이후 발견된 동독 비밀경찰(Stasi)의 기록문서에 의해 사민당을 중심으로 한 중도좌파 지식인들이 동독의 비밀공작에 넘어가 동독정권과 은밀한 내통을 해 왔던 사실이 밝혀지면서 동방정책에 대한 많은 비판이 제기되기도 하였다. 동방정책의 주역인 브란트 수상도 비서의 간첩활동 연루사건으로 사임하였다. 이러한 독일의 경험은 햇볕정책을 추진하고 있는 진보성향의 한국정부 당국에도 좋은 귀감이 될 수 있을 것이다.

독일 통일과정에서 독보적 정치 리더십을 발휘했던 서독의 콜 정부는 동방정책의 연장선상에서 대 동독 교류협력 정책을 추진하였으나 몇 가지 측면에서 정책적 차별화를 분명히 하였다. 우선 대 동독 협력과정에서 '체제의 자유화 없이는 협력 없다'는 원칙을 분명히 하면서 '자유의 박테리아' 유입을 통한 동독체제의 침식을 겨냥하였다.

또한 대 동독관계 설정에 있어 분단고통의 해소와 함께 통일이라는 목표를 분명히 설정하고 이러한 방향에서 교류협력 사업을 추진하였다. 서독이 일정 수준 이상의 경제협력을 추진하는 조건으로 동독으로부터 여행자유화, 인권개선, TV개방 등의 요구사항을 제시하고 이를 관철시킨 것이 통일을 지향하는 서독 정부의 분명한 의사표시였다고 할 수 있다.

독일 통일의 네 번째 교훈은 통일비용이 만만치 않은 것이 사실이나 통일에 따른 각종 편익이 통일비용을 훨씬 상회한다는 사실이다. 통일이 이루어진 후 콜 수상은 "통일로 손해 보는 사람은 없을 것이며 통일세는 절대 신설하지 않겠다"고 약속하였으나 통일비용은 당초 예상을 넘는 수준이 되었다. 그 이유는 동독의 경제실상이 예상보다 훨씬 나빴기 때문이다. 통일이 되자 동독 생산시설의 상당수가 경쟁력을 상실해 무형지물이 되어 버렸고 그 결과 동독의 GDP는 30%나 감소했고 산업생산도 70% 축소되어 실업률이 30%에 이르게 되었다. 통일 전에는 동독의 국부총액을 1조 4천억 DM으로 예상했으나 통일 후 동독경제가 서독경제에 통합되면서 실제로 가동이 가능한 동독의 국부는 4천억 DM에 불과한 것으로 다시 추정되었다.

또한, 독일정부는 경제통합 과정에서 동독 근로자의 임금수준을 너무 높게 책정하였고, 반환원칙에 입각한 재산권 처리 과정이 지연되고 동독기업의 민영화가 늦어지는 등의 시행착오를 일으킴으로써 통일비용의 증가를 초래하기도 하였다. 결국 통일 후 5년 간 통일비용으로 축적된 1,150억 DM의 통일기금으로 통일비용을 충당한다는 당초의 계획은 불가능하게 되었고 독일정부는 통일비용 충당을 위해 사회보장 혜택의 축소, 국가보조금 및 세금감면혜택 축소 등의 추가적인 조치를 강구하게 되었다. 통일 후 지금까지 사용된 통일비용은 2조 DM 수준인 것으로 추정되고 있다.

이러한 상황에 대해 독일 내에서 통일이 서독 국민들의 경제적 희생을 초래했다는 비판적 시각이 제기되기도 했으나 통일 후 10여 년이 지난 현 시점에서 독일 통일에 대한 국내외적 평가는 대체로 긍정적인 견해가 지배적인 것이 사실이다. 그 이유는 우선 통일비용은 언제든지 한번은 치러야 하는 것이기 때문에 문제될 것이 없으며 시간이 지날수록 통일에 따른 문제는 점차 해소되는 반면 통일로 인한 편익은 점차 확대되고 있기 때문이다.

우선 동독지역의 경제는 초기의 어려움에도 불구하고 시장경제체제로의 전환이 완료됨에 따라 활력을 회복하여 동유럽 어느 국가보다도 양호한 상태를 나타내고 있다. 서독지역 역시 초기의 과다한 통일비용에도 불구하고 성장, 물가, 실업, 재정수지 측면에서 영국, 프랑스 등 여타 서유럽 국가보다 나은 상태를 보이고 있다. 독일정부가 발간하는 '독일통일백서'[96]는 동독지역 주민 1인당 생산성이 1991년에는 서독지역 수준의 33.4%에 불과했으나 2002년에는 62.7%로 개선되었다고 보고하고 있다. 제조업 부문도 2002년 중 4.4% 성장했으며 해외수출 비율 역시 28.8%에 이르고 있다. 동독지역의 생산액은

---

96) 통일부, 「독일통일백서 2003」, 2004. 4

1991년 서독지역의 34.9%에서 2002년에는 71.1%로 증가했고 임금 단위비용도 같은 기간 중 서독 수준의 141.1%에서 108.5%로 개선된 것으로 나타났다. 그러나 동독지역의 실업률은 2002년 현재 18.5%로 서독지역보다 두 배 이상 높은 것으로 추계되고 있다.

독일 통일은 국제적으로 독일의 위상을 크게 제고하는 역할을 하였다. 통일 후 독일은 경제적으로는 물론 정치적으로도 유럽 전체를 이끌어 가는 핵심적 역할을 담당하고 있다. EU통합이 가속화 되고 동유럽 국가들도 EU회원국이 되는 작금의 상황에서 독일은 서유럽과 동유럽을 연결하는 가교역할을 담당하고 있고 경제적으로도 EU경제의 심장부로 부상하고 있다. 통일의 편익이 시간이 갈수록 가속화 되고 있음을 실감케 하고 있다.

독일 통일의 다섯 번째 교훈은 통일에 대비한 준비를 철저히 하고 통일 후 통합과정에서 시행착오를 최소화 하면 통일비용을 상당히 절감할 수 있다는 것이다. 통일에 대한 준비나 통일 후 통합과정을 비교적 성공리에 마무리 했다는 평가를 받고 있는 독일도 많은 시행착오를 하여 통일비용을 확대시키고 통합과정의 효율성을 저하시키는 결과를 초래하였다. 우선 서독정부는 통일 전 동독 경제상황을 정확히 진단하지 못했고 통일 후 경제통합 전망에 대해서도 지나친 낙관론으로 일관하였다.

통일 후 경제통합 과정에서도 정치적 이유로 동독 근로자의 임금수준을 너무 높게 책정하여 동독경제의 국제경쟁력을 상실케 했으며 과다한 사회복지비 지출을 불가피하게 하였다. 이는 높은 임금을 요

구하는 동독 근로자들의 요구를 들어주면서 통일로 인한 일자리의 감
소를 걱정하는 서독근로자들의 희망도 받아주는 정치적 선택이었으
나 경제적으로는 동독경제의 침체와 이로 인한 사회복지비 증가를 초
래한 것이다.

독일에서 통일비용이 많이 들어간 또 하나의 이유는 통일 전 서
독이 상당한 수준의 사회보장체계를 갖추고 있었으며 통일 후에도 이
러한 제도가 동독주민에게 그대로 적용되었기 때문이다. 그 결과 통
일비용의 60% 정도가 동독의 경제개발을 위한 투자가 아니라 사회복
지비 형태로 사용되었다. 이러한 독일의 경험은 한반도에서 통일이
이루어지는 경우에 좋은 교훈이 될 수 있을 것이다.

3. 통일 후 통합전략

경제 통합

경제통합은 통일 후 통합전략의 핵심이 되고 있다. 그 이유는 경
제통합이 성공적으로 이루어져야 통일비용을 줄이고 통일편익을 극
대화할 수 있으며 성공적 경제통합은 통일 후 정치·사회 안정을 이
루는 데 필수조건이 되기 때문이다. 경제통합을 위한 구체적인 대책
마련에 독일통일의 경험은 매우 소중한 자료가 되고 있다. 우리는 독
일의 경험을 통해 시행착오를 최소화할 수 있는 경제통합 방안을 수

립할 수 있을 것이다.

경제통합의 핵심적인 정책과제는 북한경제의 사유화, 통화 및 금융제도의 통합 그리고 북한 주민의 인구이동 문제로 요약될 수 있다. 한반도 통일시 경제통합에 관해 많은 연구가 있으나 여기서는 한국개발연구원의 연구결과[97]와 독일통일의 경험을 중심으로 핵심과제에 대한 입장을 정리해 보기로 한다.

북한경제를 사유화하는 데 있어 기본적인 고려사항은 통합 후 북한주민의 기초생계와 경제활동이 보장되어야 한다는 형평논리와 시장기능이 작동되어 효율적 자원배분이 이루어져야한다는 경제효율 논리가 적절한 조화를 이루는 것이다. 이런 차원에서 폴란드, 체코, 헝거리 등 동유럽 국가들이 사유화 과정에 사용한 바우처 분배방식을 사용하는 것이 타당할 것이다. 한국개발연구원은 가족별 점수제에 의한 무상분배 원칙에 의해 바우처를 분배할 것을 제안하고 있다. 사유화 대상 자산의 총 가치를 인구수로 나누어 1인당 바우처 배분의 금액을 산출하여 이를 가구별로 무상으로 나누어 주는 것이다. 주택이나 농지의 경우 현재 거주자와 경작자에게 경매과정에서 우선권을 주는 것은 당연한 시행지침이 되어야 할 것이다.

사유화 과정에서 쟁점이 되는 사항은 원소유자에 대한 보상 문제다. 독일의 경우 원소유자의 권리를 인정하였고 이는 사유화 과정을 지연시키고 통일 비용을 높이는 결과를 초래하였다. 독일에서는 150

97) 한국개발연구원, 「한반도 통일시의 경제통합전략」, 1997.7

만 건의 반환요구 신청이 있었고 이 문제의 해결을 위해 너무 많은 행정력이 소비되었다. 이는 동독기업의 민영화를 지연시키는 결정적인 요인으로 작용하였다. 따라서 한국에서는 원소유자의 권리를 인정해 주지 말자는 것이 전문가들의 공통된 견해다. 이에 대해 사유화 절차를 복잡하게 하는 실물반환은 허용하지 않더라도 금전적 보상은 해 주어야 한다는 반론이 있으나 그럴 경우 해방 이전의 봉건적 재산의 분배구조를 그대로 인정한다는 모순을 안게 된다. 해방 후 남한에서도 일정 규모 이상의 토지를 사실상 정부가 몰수하여 경작자들에게 저가로 나눠주는 토지개혁을 실시했다는 사실을 감안할 때 원소유자의 권리를 인정하지 않는 것이 타당하다고 생각된다. 이를 위해서는 통일이 이루어지는 시점에서 특별법 제정 또는 대통령 긴급명령권 발동을 통해 이러한 사실을 보다 분명히 해 두어야 할 것이다.

통일이 되면 북한기업들의 기존 부채를 모두 탕감해 주어 사회주의 체제에서 누적된 경영적자가 통일 후 새로운 시장환경에서 북한기업들이 경쟁하는데 있어 제약요인이 되지 않도록 해 주어야 할 것이다. 이들 기업에 대해 민영화가 추진되는 경우 자본은 넉넉지 않으나 북한 사정을 잘 아는 북한 출신 기업인의 기업 인수를 지원하는 제도적 장치들도 마련되어야 할 것이다. 그렇지 않은 경우 민영화된 북한기업은 모두 자금조달 능력이 있는 남한 투자자의 소유가 될 가능성이 높다. 독일의 경우에도 민영화 기업 인수자의 출신지별 분포는 동독 주민이 6%, 외국인이 2%에 그쳤고 나머지는 서독 주민이 차지했다.

　　북한경제 사유화 못지않게 중요한 과제는 남북한 간 통화와 금융
제도를 통합하는 것이 될 것이다. 통화통합이 조속히 이루어지면 남
북한 간 경제거래 비용을 줄이고 교역을 촉진시키는 효과가 있는 반
면 북한경제의 체제개혁에 따른 충격을 흡수시킬 수 있는 대외환율을
상실하는 문제가 있다. 그래서 경제전문가들은 북한경제의 안정화와
구조전환이 어느 정도 진전된 후에 통화통합을 추진하는 것이 바람직
하다는 견해를 피력하고 있으나 독일통일의 사례를 보면 통일이 된
후 동독주민 모두 서독DM을 갖기 원했기 때문에 통화통합을 지연시
키는 것은 정치적으로 불가능하였다. 독일의 통화통합은 동독이 통화
동맹을 제안한 지 5개월 만에 완료되었으며 한반도 통일 시에도 이러
한 전철을 밟을 수밖에 없을 것이다.

　　통화통합이 이루어지는 경우 핵심 결정사항은 전환비율을 결정
하는 것이다. 남북한 통합의 경우 기준 화폐는 당연히 남한의 원화가
될 것이며 북한 원화의 교환비율은 공정 환율보다는 북한의 적정통화
량을 추정하여 이러한 통화수요를 충족시켜 줄 수 있는 수준에서 결
정되어야 할 것이다. 한국개발연구원은 1995년을 기준으로 남한 원
과 북한 원의 교환비율을 250:1로 계산하였으나 7·1 경제개선 조치
로 인해 북한 환율이 달러 당 2.15원에서 150원으로 평가절하되어 암
시장에서의 환율이 달러 당 900원이라는 점을 감안할 때 이는 너무
높은 수준이라고 생각된다. 현재 상황에서 적정교환비율은 5:1 정도
가 적합할 것으로 판단되나 이 문제는 통합시점에서 객관적 분석결과
에 의해 결정되어야 할 것이다.

독일의 경우 동독 마르크와 서독 마르크의 교환비율은 1:1을 기본으로 하고 일정 한도를 초과하는 경우에는 2:1 또는 3:1로 교환해 주었다. 당시 서독 중앙은행은 적정 통화량 추정을 근거로 하여 2:1의 교환비율을 건의하였으나 이에 대해 동독 주민들이 시위 등의 방법으로 거세게 항의함에 따라 콜 정부는 1:1을 기본 교환비율로 결정하였던 것이다. 콜 정부의 이러한 결정은 통일 후 동독지역에서 실시된 총선거에서 콜 수상이 이끄는 독일연맹이 48.1%의 득표율로 압승하는 데 큰 기여를 하였다. 한반도 통일시에도 비슷한 상황이 벌어질 가능성이 높다. 다시 말해 북한 주민에 주어지는 일시적 '통일 보너스'의 형태로 북한 원의 교환비율을 실제 가치보다 높은 수준에서 결정하는 것이다. 서독의 경우 통화량의 공급과다로 인플레를 우려하기도 하였으나 통일 후 동독경제의 침체로 화폐 유통속도 역시 크게 하락하였기 때문에 인플레 문제는 발생하지 않았다.

그러나 1:1 교환비율은 동독 근로자의 임금수준을 높이는 결과를 초래하였다. 생산성이 뒷받침되지 않는 높은 임금은 동독지역의 국제 경쟁력을 떨어뜨리는 결과를 초래했고 동독지역 경제의 침체와 고실업 상태는 장기화되었다. 이러한 독일의 경험으로 미루어 한반도 통일시에는 비록 정치적 이유로 북한 원의 교환비율은 실제가치보다 높게 책정하더라도 북한지역에서의 임금수준은 북한 근로자의 생산성을 초과하지 않는 수준에서 결정하여야 할 것이다. 다시 말해 북한의 임금수준은 공식적인 화폐 교환비율이 아닌 북한 원의 실질가치를 반영하는 수준에서 결정되어야 한다는 것이다.

금융제도의 통합은 대체로 한국은행을 포함한 남한의 금융기관들이 업무영역을 북한으로 확대하는 방법으로 이루어져야 할 것이다. 이는 남한의 금융제도와 관행이 북한경제에 그대로 적용되는 것을 의미한다. 한국은행과 남한의 국책은행과 농협 등 신용기관들은 활동대상을 북한지역까지 확대하고 은행과 보험, 증권 등 민간 금융기관들도 북한에 진출하여 활동을 하는 것이다. 한국개발연구원은 북한지역 사회간접자본 투자를 담당할 '북한개발은행'과 북한 주민의 자영업 활동을 지원할 중소기업 금융 전담은행의 설립을 건의하고 있다.

한반도 통일시 또 하나의 중요한 정책과제는 북한주민의 인구이동에 대한 대책을 세우는 것이다. 남북한 간의 현격한 소득 및 생활수준 격차를 감안할 때 통일이 급격히 이루어지는 경우 북한 주민의 대규모 남한 이주가 이루어질 가능성이 높다. 한국개발연구원은 북한 주민의 남한 유입 규모를 140만 명으로 추정하면서 이는 1997년 현재 남한의 부족인력 67만 명의 약 두 배에 이르는 것으로 지적하고 있다. 그러나 통일시 이동규모는 이보다 훨씬 클 가능성이 높다.

인구이동 문제에 대한 근본적인 대책은 북한지역 근로자의 생산성을 향상시키고 북한지역에 투자를 확대하여 북한 근로자의 임금수준이 저절로 남한지역과 비슷한 수준까지 높아지도록 하는 것이나 이의 실현을 위해서는 상당한 시간이 필요하다는 것이 문제다. 경제통합이 단계적으로 이루어지면 인구이동 문제가 발생하기 전에 북한경제의 발전수준을 높일 수도 있겠으나 갑자기 통일이 이루어지는 경우 인구이동 문제의 발생은 불가피하다.

이에 대한 대책으로 통일이 되더라도 당분간 휴전선을 유지하여 남북한 간 인구이동을 억제해야 한다는 주장이 있으나 통일이 북한지역에서 선거를 통한 정치통합으로 연결되는 경우 휴전선의 유지는 정치적으로 불가능할 것이다. 인구이동 문제에 대해 또 하나의 대안으로 제시되는 것은 임금보조금을 지급하는 것이다. 이는 한국개발연구원이 제시한 안으로 기업에게 임금부담을 덜어주어 북한지역에서 기업활동이 활발히 전개되게 하면서 근로자에게는 어느 수준의 고임금을 보장하여 남한으로의 이동을 최소화하자는 제안이다. 나름대로 일리가 있는 정책건의라고 생각되지만 임금보조금이 그 실효를 거두기 위해서는 막대한 재정지출을 야기할 것이며 이의 집행과정에서 많은 부작용이 발생할 것이기 때문에 바람직한 대안이라고 생각되지 않는다.

결국 통일이 되면 임금 결정은 시장기능에 일임하고 이에 따른 북한주민의 이동문제도 정부 차원의 인위적인 개입을 최소화하는 것이 최상의 정책선택이라고 생각한다. 독일과 같이 인위적인 고임금 정책은 북한지역 경제의 장기침체와 통일비용의 급상승을 초래할 것이다. 독일의 경우 통일 후 2년 동안 동독의 임금은 600%나 상승하였고 시간당 노동비용도 통일 전 서독의 7%에서 1995년에는 서독의 85%에 도달하여 동독경제는 국제경쟁력을 완전히 상실하게 되었다. 한반도 통일시 독일의 전철을 밟아서는 안 되며 그러기 위해서는 북한지역의 임금이 북한 근로자의 생산성에 의해 시장에서 결정되도록 해야 한다. 또한, 그 과정에서 정부의 개입은 가급적 자제되어야 할 것이다.

　　북한지역에서 임금수준이 낮게 결정되어 대규모 인구이동이 일어난다고 하면 이를 있는 그대로 받아들여야 하며 그 결과로 발생할 남한지역에서의 임금 하락 현상도 당연히 수용해야 할 것이다. 이는 단기적으로 남한주민에게 고통이 될 것이다. 그러나 임금의 하락은 한국경제의 국제경쟁력을 높여주는 계기가 되어 시간이 경과하면서 통일로 인한 경제적 편익을 국민 모두가 느낄 수 있는 계기가 될 것이다. 이를 참지 못하고 정부가 임금보조금의 형태로 개입하게 된다면 통일비용은 증가하고 통일편익은 감소하는 결과를 초래할 것이다. 시장기능에 맡기는 것이 최상의 대책임을 강조하고자 한다.

　　한반도 통일시 대두되는 문제는 사회보장제도의 통합이다. 이에 대해 한국개발연구원은 전체적인 일괄통합보다 부분적이고 단계적인 통합을 건의하고 있다. 이는 우선적으로 남한의 공적부조제도를 북한에 적용하여 북한 주민의 최저생활을 보장하고 의료보험이나 연금제도를 점차적으로 통합하자는 제안이다. 그러나 통일로 정치적 통합이 실현되어 남북한 총선거가 실시되는 경우 사회보장제도의 이원적 운영이 정치적으로 받아들여지기는 매우 어려울 것으로 판단된다. 독일 통일 후 서독의 복지제도를 동독주민에게 그대로 적용한 것도 바로 이런 정치적 이유에 기인하였다고 생각된다. 또한 한국의 사회보장제도는 서독에 비해서는 아직도 매우 미흡한 수준인데 이 마저도 북한 주민에게 혜택을 주지 않는 것은 북한 주민의 입장에서는 정치적으로 용납될 수 없는 일이 될 것이다. 사회보장제도의 이원화는 정치적으로 북한 주민들을 '2등 국민'으로 취급하는 것이 되기 때문에 바람직하지 않은 정책선택이라고 생각한다. 따라서 통일비용의 상승을 초래하더라도 북한 주민들에게 의료보험, 실업보험 등의 혜택을 남한 주민과 똑같이 주어야 할 것이다. 사회보장제도를 통한 북한 주민에 대한 지원이 임금보조금보다는 훨씬 나은 방법이라고 생각한다.

정치 · 행정 통합

동독 인민의회는 동독 주민들의 자유화 열망을 반영하여 1990년 3월 조기총선을 실시하였다. 그 결과 서독 콜 수상이 이끄는 독일연맹이 48.1%의 득표율을 얻어 승리하였고 서독의 야당인 사민당은 21.8%를 획득했으며 독일공산당인 민사당은 16.3%, 자유민주연합 5.2%, 녹색당 2.9%의 순으로 득표하였다. 98%의 투표율을 기록한 총선에서 사민당이 승리할 것이라는 예상을 뒤엎고 보수정당인 독일연맹이 과반의석을 차지했으며 공산당 후신인 민사당 역시 저조한 성적을 올린 것이다. 그 해 12월에 실시된 전독 선거에서는 보수정당인 기민당과 기사당은 43.8%를 얻은 반면 민사당은 2.4%를 득표하여 구 동독의 공산당 세력은 군소정당으로 전락하게 되었다.

한반도 통일시 정치통합은 남북한 총선거 실시로 이루어지게 될 것이다. 그 결과를 예측할 수는 없으나 독일의 경우와 같이 북한체제 붕괴로 흡수통일이 이루어진다고 하면 남한의 주요정당들이 북한에서 후보를 공천할 것이고 그 과정에서 북한의 공산당은 군소정당으로 전락할 가능성이 높다.

　　정치통합 과정에서 어려운 문제는 북한 내에서 반대파에 대해 인권유린 행위를 자행하고 한국전쟁은 물론, 아웅산 폭파사건, KAL기 폭파사건 등의 대남 무력행동을 주도한 인사들에 대한 처벌이 될 것이다. 독일의 경우 연방하원은 1992년 3월 '구 동독 공산당 독재체제 잔재청산 특별위원회'를 설치하여 구 동독 공산 독재체제를 정치적·역사적으로 규명하고 정치·도덕적으로 평가하려 했다. 또한, 1992년 12월 '정권범죄 특별수사본부'를 설치하여 구 동독체제의 반 법치국가적 범죄행위에 대한 수사에 착수하였다. 이 과정에서 호네커가 1991년 3월 모스크바로 도주하였으나 1992년 7월 강제 소환되어 재판까지 받았다. 그 후 병보석으로 풀려나 모스크바 주재 칠레 대사관으로 옮겨지기도 했다. 수사과정에서 전 동독 비밀경찰 STASI 요원들의 처벌문제가 부각되기도 했다. 전직 STASI 요원들은 전원 해직되었고 여타 공식이나 공공기관에서의 근무가 금지되었다.

　　한반도 통일시에도 독일에서와 같은 조치들이 취해져야 할 것이다. 특히, 지난 50년 간 북한 정권의 비인륜적 행위의 규모와 정도가 구 동독정권을 훨씬 능가한 것으로 판단되기 때문에 이 문제는 어떤 형태로든 정리되고 넘어가야 할 것이다. 통일 후 국민통합을 이룬다는 측면에서 관련자의 처벌은 책임자 수준으로 가급적 최소화되고 단순 가담자에 대해서는 당시의 '불가피성'을 감안하여 관용이 베풀어져야 할 것이다. 통일 과정에서의 무력충돌을 막기 위해 상황에 따라 김정일 등 북한 통치 수뇌부의 중국 망명 등을 허용하는 방안도 고려될 수 있을 것이다.

한반도 통일시 북한의 중앙정부 조직은 해체되고 남한의 행정부가 그 업무영역을 북한까지 확대해야 할 것이다. 지방행정은 가급적 기존의 북한 행정관리 인력을 유지하되 남한 행정조직과의 유기적 연대 제고를 위해 고위직에는 행정경험이 풍부한 남한인력의 배치가 불가피할 것이다. 총선거가 성공적으로 치러진 후 북한에서도 지방자치 선거를 실시하여 지방자치 단체장과 지방의회 의원을 선출하여야 할 것이다. 또한 북한의 법조인력은 통일 후에는 거의 대부분 남한의 전문인력으로 교체되어야 할 것이다. 따라서 향후 사법인력 공급계획을 수립할 때 통일 후 수요가 충분히 감안되어야 한다.

사회통합

사회통합의 핵심은 교육부문이다. 한반도 통일이 이루어지면 공산주의 사상과 주체사상을 강조하는 북한의 교육과정은 전면 수정이 불가피할 것이다. 독일의 경우에도 통일로 인해 그간 체제 유지 수단으로 활용되었던 동독의 교육은 존재가치를 상실하게 되었다. 교원의 경우 일단 모든 교원을 임용한 뒤 자격심사를 실시하여 정치성이 강한 일부 교원을 해고시켰고 학교제도의 변경은 각 주의 독자적인 판단에 일임하였다. 또한 동독 주민을 대상으로 민주주의와 시장경제에 대한 대대적인 사회교육이 추진되었다.

북한의 교육 역시 철저히 체제 유지 수단으로 활용되어 왔기 때문에 대수술이 불가피할 것이다. 개편방향은 남한의 교육체계와 학습 내용을 북한교육 시스템에 반영하는 것이 될 것이다. 따라서 북한의 현행 11년간의 초·중등 교과과정은 남한과 같이 초등 6년, 중등 6년으로 개편되어야 할 것이다. 교원의 경우도 독일의 사례대로 일단 북한 교원을 재임용하되 이들에 대한 대대적인 재교육 훈련이 이루어져야 할 것이다. 북한주민을 대상으로 한 민주주의와 시장경제에 관한 사회교육 프로그램도 적극적으로 전개되어야 함은 물론이다.

통일 후 10여 년이 지난 현재 시점에서 볼 때 동독 주민들의 사회통합 과정은 비교적 원만하게 진행되었다고 평가 받고 있다. 북한의 경우 연령구조가 상대적으로 젊기 때문에 사회통합을 이루는 데 동독보다 유리한 입장에 있다고 할 수 있다. 학교 교육과정의 재편과 새로운 사회교육을 통해 상대적으로 젊은 북한주민의 의식구조가 바뀌어 질 수 있을 것이기 때문이다. 통일이 조기에 이루어져야 한다는 주장도 바로 이런 이유에 근거를 두고 있는 것이다.

제10장

통일 후 한반도 구상

"

동북아시아 각국이 공존공생하며 협력해가기 위해서는
매개체와 중심이 필요하다.
나는 그 중심이 한반도이며 한국과 북한의 블록,
더 나아가서는 통일한국이라고 생각한다.
(…)
한반도는 동북아시아 전체의 운명을 좌우하는 긴장과 대결의 장이다.
따라서 한반도에 평화와 화해가 확립된다면
동북아시아 전체의 평화와 협력이 가능해진다.

또 한국과 북한 사이에 화해와 공존의 블록이 탄생한다면,
이는 동북아시아 공동의 집을 이끌어가는 원동력이 될 것이다.

더 나아가 한국과 북한의 통일이 실현된다면,
그 견인력은 더욱 강해질 것이다.

"

와다 하루키, 「동북아시아 공동의 집」

1. 통일한국의 의의

냉전체제의 종식

1990년을 전후하여 전 세계적으로 냉전체제가 종식되었으나 한반도에는 아직도 냉전체제가 존속되고 있다. 그 결과 한반도에서 군사적 긴장상태는 계속되고 있으며 최근의 북한 핵문제를 통해서도 잘 알 수 있듯이 한반도의 분단 상황은 동북아시아 지역에서 평화를 위협하는 근본적인 원인이 되고 있다.

한반도는 전 세계에서 군사력이 가장 밀집된 지역이다. 휴전선을 경계로 남쪽에는 70만 명의 남한 군대가 주둔해 있고, 북쪽에는 117만 명의 북한 군대가 전진 배치되어 있다. 남한 국군은 2,400여 대의 탱크, 130여 척의 전투함, 550여 대의 전투기로 무장되어 있고, 북한 인민군은 3,700여 대의 탱크, 430여 척의 전투함 그리고 830여 대의 전투기를 보유하고 있다. 북한은 이에 더해 각종 중장거리 미사일을 개발하여 보유하고 있고 생화학무기는 물론 핵무기까지도 개발해 놓고 있다. 이와 같은 북한의 재래식 군사력 우세를 견제하기 위해 270여 대의 전차·장갑차, 90여 대의 전투기와 각종 첨단 첩보수집 장비 등을 갖추고 있는 3만 7천 명의 미군이 남한에 주둔하고 있는 것이 현재 한반도에서의 군사적 대치현황이다.

따라서, 통일한국의 가장 큰 의의는 한반도에서 군사적 대치상황이 종식되고 대규모의 군비감축이 가능해진다는 것이다. 그 결과 통일한국은 상당규모의 '평화 배당금'(Peace Dividend)을 챙길 수 있을 것이다. 남한의 경우 국방비 부담이 GDP의 3% 수준이기 때문에 평화배당금의 규모도 GDP의 1% 정도일 것으로 추정되나 GDP의 1/3 이상을 국방비에 사용하고 있는 북한은 GDP가 8~10% 추가 상승하는 이득을 얻을 것으로 추정되고 있다.[98] 또한, 한반도 통일은 남북한 주민 모두를 전쟁의 공포로부터 해방시켜 줄 것이며 이는 최상의 평화배당금이 되는 것이다.

통일한국은 한반도 주변국들에게도 평화와 협력의 기회를 안겨 다 줄 것이다. 세계 냉전체제가 종식되고 러시아와 중국이 개혁·개방의 길을 선택하면서 동북아지역에서 미·러 또는 미·중간의 적대관계가 협력의 관계로 전환되었다. 특히, 중국경제의 발전 속도가 가속화되면서 중국은 미국의 주요 교역국은 물론 미국기업의 최대 투자 지역으로 부상하고 있다. 중국과 러시아 모두 미국의 국제적 테러 억제 노력에 적극 협력하고 있으며 미국의 아프가니스탄 및 이라크 공격도 적극적으로 반대하지 않았다. 또한, 현재 진행되고 있는 6자회담에서도 중국과 러시아는 한반도 비핵화라는 미국의 정책목표에 동조하고 있다. 따라서, 지금까지 동북아 평화유지에 가장 큰 걸림돌이 되어 온 북한이 체제전환을 이루어 점진적 또는 급속한 방식으로 한반도 통일이 완성된다면 동북아 지역에서의 평화는 상당기간 지속될 가능성이 높아지는 것이다.

---

98) Marcus Noland & Tao Wang, "Rigorous Speculation : The Collapse and Revival of the North Korea Economy", World Development, September, 2000

민주주의와 자본주의 체제의 정착

통일한국은 통일 진행과정에서의 속도와 관계없이 민주주의와 자본주의 체제의 형태를 갖게 될 것이다. 이는 한반도에서 체제경쟁이 종식됨을 의미하기 때문에 이념 차이에 따른 대립과 갈등 문제가 근원적으로 해소될 수 있을 것이다. 현재 한반도에는 남북한간에 치열한 체제경쟁이 진행되고 있음은 물론이고 남한 내에서도 보수와 진보진영 간에 심각한 대립과 갈등 양상을 보이고 있다. 전 세계적으로 사회주의 이념이 몰락하고 민주주의와 자본주의가 지배적 가치관으로 굳어지고 있는데 반해 한국에서는 뒤늦은 이념 논쟁이 경제·사회 발전에 저해요인으로 작용하고 있는 것이다.

남북 분단과 한국전쟁의 고통은 한국에서 진보세력의 정치참여를 제한하는 원인이 되었고 그 과정에서 진보적 사상과 가치관 역시 금기시되어 왔었다. 이승만 정권, 박정희 정권 그리고 전두환 정권하에서 민주화의 진전이 억제되면서 반공(反共)은 정치적 반대세력을 제압하고 독재정치를 정당화하는 수단으로도 활용되었다. 이 기간 중 한국의 진보세력은 민주화세력과 손잡고 반독재 투쟁을 하였으며 6·29 민주화선언 이후 진행된 민주화 과정에서 진보진영은 한국정치의 한 축을 이루는 세력으로 자리 잡게 되었다.

1997년 대선에서 진보성향의 김대중 대통령이 집권하면서 당시 외환위기 상황에서 경제정책에서는 IMF의 개입으로 신자유주의적 구조조정 대책을 채택하였으나 교육과 의료보험 등의 사회정책과 대북정책에서는 진보성향의 정책을 추진하였다. 효율보다는 형평을 강조하는 사회정책과 대 북한 유화정책이 그 내용인 것이다. 2002년 대선에서 또다시 진보성향의 노무현 대통령이 당선되고 2004년 총선에서 열린우리당이 과반의석을 차지하게 됨에 따라 한국정치의 주도권은 명실 공히 진보진영이 쥐게 되었다. 대 북한 유화정책이 지속됨은 물론이고 '자주 외교'라는 명분으로 기존의 미국 중심 외교전략도 큰 변화를 겪고 있다. 이 과정에서 반미감정이 고조되고 있으며 미국은 이를 주한 미군의 조기철수를 정당화하는 근거로 활용하고 있다.

이에 더해, KAL기 폭파사건에 대한 재조사 요구가 제기되고 과거 간첩활동을 한 자들이 민주화 인사로 재분류되고 있으며 국회는 친일파조사위원회를 구성하여 한국 보수세력의 뿌리는 친일파라는 인식을 국민들에게 심어주려하고 있다. 이러한 상황에서 과연 한반도에서 통일이 이루어지더라도 그 형태가 민주주의 시장경제체제가 될 수 있겠는가에 대한 회의가 있을 수 있을 것이다. 현재와 같은 상황이 지속되면 통일한국은 베트남과 같이 사회주의 체제의 형태를 갖게 될 가능성이 높다는 생각을 할 수도 있을 것이기 때문이다.

그러나 실제로 이러한 상황이 발생할 가능성은 희박하다고 생각한다. 그 이유는 오랫동안 투쟁을 통해 민주화를 실현시킨 경력을 갖고 있는 한국국민이 사회주의 독재체제를 용납할 수 없을 것이며 사회주의적 경제정책은 경제침체와 빈곤의 악순환을 초래할 것이기 때문이다. 1997년과 2002년 대선에서 각각 진보성향의 후보가 집권에 성공한 것은 국민이 좌파성향의 정책을 선호해서가 아니라 이들이 선거전략 측면에서 보수진영의 대표주자인 이회창 후보를 능가했기 때문이다. 우선 1997년 대선에서 김대중 후보는 보수성향이 분명한 김종필 후보와 연대를 이루어 자신의 진보성향을 중화시키고 충청권의 표심을 얻는데 성공한 반면, 이회창 후보는 이인제 후보의 독자출마로 인해 보수성향의 영남지역 표마저 결집시키지 못하였다.

2002년 대선에서도 노무현 후보는 자신의 낮은 지지도를 만회하기 위해 당시 월드컵 4강 진출로 인기가 상승한 정몽준 의원과의 후보 단일화를 이루는데 성공한 반면, 이회창 후보는 자민련과 자신의 고향인 충청도 유권자의 지지를 얻는데 실패하였다. 오히려 노무현 후보가 행정수도 이전이라는 '선심성' 공약을 제시하여 아무런 지역 연고가 없는 충청도 표심을 얻는데 성공하였다.

2004년 총선에서 열린우리당의 승리로 한국 유권자들이 진보정당을 선택한 결과라고 해석하는 것은 무리이다. 노무현 대통령은 취임 후 거듭된 실정으로 취임 1년이 된 시점에서 지지도가 30% 미만으로 추락하는 상황에 처해 있었다. 따라서 정상적인 상태에서 총선이 실시되었으면 열린우리당은 참패했을 것이다. 그러나 검찰의 2002년 대선자금 수사가 시작되었고 이 과정에서 한나라당은 치명적인 상처를 입게 되었다. 이러한 상황에서 노무현 대통령에 대한 탄핵안이 국회에서 통과되었고 이는 유권자들로 하여금 다가오는 총선에서 탄핵 추진세력을 규탄해야 한다는 생각을 하게 했고 이는 총선결과에 그대로 반영되었다.

2004년 총선 결과가 국민이 진보정당을 지지한 것이 아니라는 사실은 총선 불과 한 달 반 후 실시된 각급 지방자치단체장에 대한 보궐선거에서 열린우리당이 참패한 것으로도 분명히 확인되고 있다. 한국정치에서 진보세력의 약진이 앞으로 얼마나 지속될 것인가 하는 문제는 여러 가지 국내외 변수에 의해 결정될 것이다. 우선 노무현 정권의 경제성적표가 큰 변수가 될 것이다. 현재 고전을 면치 못하고 있는 경제상황의 개선을 위해서는 집권 후 지속되어 온 친노(親勞)성향의 경제정책 기조를 시장경제를 활성화하는 방향으로 전환시켜야 할 것이다.

또한 현재 진행되고 있는 6자회담에서 북한 핵문제가 평화적으로 해결되는가 여부도 향후 한국정치 향방에 큰 결정요인이 될 것이다. 북한 핵문제의 평화적 해결은 그간 햇볕정책을 지지해 온 진보세력에게는 대 북한 유화정책의 유효성을 입증하는 기회가 될 수 있을 것이기 때문이다. 그러나 경제가 정권의 진보성향적 정책으로 현재의 어려움에서 벗어나지 못하고 북한의 김정일 정권이 핵문제의 평화적 해결에 협조하지 않는다면 국민들의 현 정권에 대한 지지는 급락할 것이고 이는 다음 총선과 대선 결과에 그래도 반영될 가능성이 높다.

노무현 정부가 경제난 극복에 성공하고 북한 핵문제가 평화적으로 해결되기 위해서는 노무현 정부가 진보진영의 고정관념을 버리고 실용주의적 입장에서 시장경제주의적 정책을 추진하고 한·미동맹 체제를 유지해야 하기 때문에 한국사회 전체가 진보성향으로 전환되는 것은 아닐 것이다. 또한, 북한의 김정일 정권이 핵 폐기 조건을 받아들이고 한국과 서방세계의 지원으로 개혁·개방의 길을 걷게 된다면 이는 한반도 전체가 민주주의와 시장자본주의 체제로 전진하고 있다는 것을 의미하는 것이다. 이런 과정을 통해 한반도에서 통일이 점진적으로 이루어진다면 세계화의 지배이념인 민주주의와 자본주의가 한국에서 뿌리를 내리는 계기가 될 것이다. 결국, 냉전구조의 마지막 보루였던 한반도가 세계적 대세에 순응하게 되는 것이다.

동북아 협력의 매개체

통일이 이루어지면 한국은 자연스럽게 동북아지역에서 평화와 협력을 추구하는 중심국가로 부상할 수 있을 것이다. 우선 지리적으로 한국은 동북아의 중심에 위치하여 일본, 미국 등 이른바 '해양 세력'과 중국, 러시아 등 '대륙 세력'이 만나는 통로가 되고 있다. 이러한 지정학적 위상으로 인해 한반도는 19세기 말 주변 강대국들의 패권다툼의 장이 되었고 또한 그 결과의 희생물이 되기도 하였다. 그러나 남북한이 세계 냉전체제의 부산물인 분단의 아픔을 극복하고 통일을 이룩하는데 성공한다면 통일한국은 인구 7천만의 중간 규모 국가로 동북아지역에서 평화를 추구하고 경제번영을 촉진하는 매개체 역할을 담당할 수 있는 자격요건을 구비하게 될 것이다.

이러한 동북아시아에서의 새로운 역할은 저절로 주어지는 것이 아니라 통일한국이 개방형 시장경제를 기반으로 자신의 경제력을 지속적으로 키우고 실용주의에 입각한 대외정책을 현명하게 구사한다는 전제하에서만 가능한 것이다. 한반도 주변국들의 정세를 살펴보면 중국과 일본은 서로 경쟁하고 견제하는 입장이기 때문에 그 중 어느 나라도 동북아시아에서 중심적 역할을 수행하기가 어려울 것이다. 러시아는 당면한 경제난으로 인해 당분간 동북아 지역에서 주도적 역할을 수행하는 것이 불가능하다. 미국은 세계화시대의 유일 초강대국이라는 힘을 바탕으로 동북아지역 국가들 모두에게 큰 영향력을 행사하고 있으나 지리적 여건으로 동북아지역 세력은 아니다.

동북아지역에서 상대적으로 가장 힘이 약한 한국은 주변 강대국들의 견제대상이 아니기 때문에 지역협력의 매개체 역할을 담당하기에는 아주 적임이라고 생각할 수 있다. 문제는 한국이 이러한 역할을 수행할 능력과 의지가 있는가 하는 점이다. 현대 사회에서 국가의 힘은 기본적으로 경제력에서 나온다는 사실을 감안할 때 한국이 동북아지역 협력과정에서 매개체 역할을 하려면 경제적으로 한국이 주변 강대국들의 경제협력 대상으로 손색이 없어야 할 것이다. 이는 한국경제가 21세기 세계화의 원동력인 IT 분야에서 최상의 경쟁력을 유지하고 홍콩, 싱가포르 수준의 대외개방을 이루어야 함을 의미한다. 이는 또한 한국이 대외관계에 있어서 역외세력으로 세계유일의 초강대국인 미국과 긴밀한 동맹관계를 통일 이후에도 유지해야 함을 의미한다. 그렇지 않은 경우 한국은 중국, 일본 등 동북아 지역의 강대국들의 세력다툼 과정에서 승자의 전유물로 전락하게 될 것이라는 게 역사의 교훈이다.

2. 통일한국과 동북아 중심국가

정부의 동북아 중심국가 구상

동북아 중심국가 개념은 인천시가 인천국제공항 건설계획을 홍보하는 과정에서 비롯되었다. 인천국제공항을 동북아 허브(hub)공항으로 개발하면서 인천시를 그 배후도시로 육성해 보자는 것이었다. 이 계획은 1986년 마련되어 전두환 대통령에게 보고 되었으나 재정긴축을 강조하는 당시의 경제팀에 의해 거절되었다. 그 후 인천국제공항 건설계획은 노태우 정부에 의해 채택되었고 1992년에 착공되어 2002년에 완공되었다. 인천시의 이러한 노력과는 별도로 학계에서는 한국을 유럽의 암스테르담과 동남아시아의 싱가포르와 같이 동북아의 물류중심으로 육성해야 한다는 연구가 진행되었고 이러한 연구결과는 2001년 9월 김대중 대통령에게 보고 되었다. 김대중 정부는 동북아 물류중심 아이디어를 한 단계 승화시켜 2002년 1월 대통령 연두기자회견을 통해 '동북아 비즈니스 중심국가 육성을 위한 기본구상'을 발표하게 되었다. 그 해 4월 정부는 이를 위한 기본계획을 확정하여 발표하였다.

2002년 대선과정에서 노무현 후보는 '동북아 비즈니스 중심국가 건설'을 선거공약으로 내세웠고 12월 선거에서 당선되었다. 노무현 대통령은 취임사에서 다음과 같은 구상을 발표하였다. "우리 한반도는 동북아 중심에 자리 잡고 있습니다. 한반도는 중국과 일본, 그리고 대륙과 해양을 연결하는 다리입니다. 이런 지정학적 위치가 지난날에는 우리에게 숱한 고통을 안겨주었습니다. 그러나 오늘날에는 오히려 기회를 주고 있습니다. 21세기 동북아시대의 중심적 역할을 우리에게 요구하고 있습니다. (…) 동북아시대는 경제에서 먼저 출발합니다. 동북아에 '번영의 공동체'를 이룩하고 이를 통해 세계 번영에 기여해야 할 것입니다. 그리고 머지않아 '평화의 공동체'로 발전해 갈 것입니다. 지금의 유럽연합과 같은 평화와 공생의 질서가 동북아에도 구축되게 하는 것이 저의 오랜 꿈입니다. (…) 진정한 동북아시대를 열자면 먼저 한반도에 평화가 제도적으로 정착되어야 합니다. 한반도가 지구상의 마지막 냉전지대로 남아 있는 것은 20세기의 불행한 유산입니다. 그런 한반도가 21세기에는 세계를 향해 평화의 신호를 발신하는 평화의 지대로 바뀌어야 합니다."

정부의 기본구상은 한국을 동북아 비즈니스 거점으로 만들기 위해 물류중심과 기업·금융 중심으로 발전시키기 위한 사업을 전개하는 것이다. 물류중심의 건설을 위해 인천공항을 동북아 허브공항(hub airport)으로 개발하고 부산항과 광양항을 동북아 초대형 허브항만(mega hub port)으로 발전시켜 나간다는 것이 정부의 계획이다. 또한 기업·금융의 동북아 거점 구축을 위해 인천, 부산, 광양을 경제특구로 지정하여 지원하고 IT 인프라 확장을 통해 IT의 중심지가 되도록 한다는 것이다. 장기적으로는 남북철도와 시베리아 횡단철도(TSR), 중국횡단철도(TCR)와의 연결을 통해 범아시아를 관통하는 효율적인 물류 네트워크를 구축한다는 것이다.

정부는 2002년 11월 '경제자유구역 지정 및 운영에 관한 법률'을 제정하였고 경제부총리를 위원장으로 하는 '경제자유구역위원회'를 정부 내에 구성하고 그 산하에 실무추진기획단을 운영하고 있다. 경제특구는 해당 광역자치단체가 신청하여 경제자유구역위원회의 심의·의결 절차를 거쳐 확정된다. 경제자유구역에 유치된 외국인 투자기업에 대해서는 세제지원을 포함한 각종 인센티브가 부여되며 이 지역의 생활여건 개선을 위해 교육기관 및 의료시설 설치에 있어 대외개방을 허용하고 있다.

현 시점에서의 애로사항

정부의 이러한 야심 찬 계획에도 불구하고 동북아 비즈니스 중심국가 구상은 현재 잘 진행되지 못하고 있다. 그 이유는 무엇보다도 한국이 비즈니스 허브 역할을 하기에는 제반 여건이 좋지 않기 때문이다. 한국의 기업환경 여건은 경쟁국에 비해 상대적으로 열악한 것으로 평가되고 있다. 스위스 국제경영연구원(IMD)은 「기업하기 좋은 아시아 국가」라는 보고서에서 한국을 평가 대상 12개국 중 최하위권인 9위로 분류하였고, 주한 미상공회의소 역시 「한국 기업환경 보고서」를 통해 서울의 기업환경을 홍콩, 싱가포르, 상하이, 도쿄 중 최하위라고 평가하고 있다. 그 결과 포천(Fortune)지가 선정한 100대 글로벌기업들 중 아시아에 지역본부를 두고 있는 50개 기업의 경우 홍콩이 25개로 가장 많고 다음은 싱가포르 16개이며 한국은 1개로 나타나고 있다.

외국이 한국의 기업환경이 나쁘다고 평가하는 첫 번째 이유로 불안한 노사관계를 지적하고 있다. 최근 조선일보가 125명의 외국기업 CEO들을 대상으로 조사한 결과 지난 1~2년 간 한국경제에서 가장 악화된 분야가 노사관계라는 것이 응답자의 79%였다. 실제로 1998~2000년 기간 중 근로자 천 명 당 파업으로 인한 연평균 근로손실 일수는 우리나라가 124일로 독일의 1.1일, 일본의 1.4일보다 100배 이상이고 영국의 14.1일, 미국의 70.4일보다도 훨씬 많다.

노사문제 다음으로 한국의 기업환경을 어렵게 하는 것은 정부의 과다한 규제와 간섭이다. IMD의 국가경쟁력 평가에서 한국은 정부규제 부문에서 세계 최하위권으로 분류되고 있다. 정부의 규제와 간섭이 과다한 이유는 한국이 일본으로부터 민간부문에 대한 불신을 기반으로 하는 식민지 행정체제를 물려받았고 오랜 기간 정부주도의 경제운용을 해왔기 때문이다. 그간 여러 차례의 행정규제 완화 조치들이 취해지기는 했지만 이러한 조치들이 제로 베이스에서 시작한 것이 아니라 기존의 과다한 규제의 일부를 제거하는 차원에서 추진되었으며 추진 주체도 정부규제의 수혜자라고 할 수 있는 공무원이었기 때문에 큰 성과를 거두지 못했다.

한국의 기업환경과 관련하여 다음으로 지적되는 문제는 한국경제와 사회의 대외개방 정도가 미흡하다는 것이다. 이 부문 역시 1980년대 이후 여러 차례의 개방화 조치가 있었으나 경제 전체가 완전히 개방된 홍콩, 싱가포르에 비하면 한국은 아직도 개방화의 수준이 매우 낮은 것이 사실이다. 한·칠레 FTA 비준안 처리과정에서도 잘 나타났듯이 개방에 대한 국민과 정치권의 의식에 여전히 많은 문제가 있는 것이 사실이다.

중장기적 시각에서 한국의 기업환경을 불안하게 하는 요인은 남북분단에 따른 군사적 위협이다. 특히, 최근의 북한 핵문제는 한반도에서의 무력충돌 가능성을 높이는 변수로 작용하여 외국인투자가들의 한국 진출을 꺼리게 하는 요인이 되고 있으며 심지어는 한국 자본이 외국으로 빠져나가는 원인으로 작용하고 있다.

노무현 정권은 출범 이후 지속적으로 동북아 비즈니스 중심국가라는 구호를 외쳤으나 실제 정책을 살펴보면 오히려 이와 반대되는 일들을 더 많이 하였다. 친노(親勞)성향의 정책으로 가뜩이나 어려운 노사환경을 더욱 악화시켰고 부동산정책도 강남지역의 투기를 억제한다는 이유로 각종 규제정책을 남발하여 왔다. 이에 더해, 정권 핵심인사들의 반(反)기업적 언행은 한국의 기업환경을 더욱 어렵게 하는 원인이 되고 있다. 결국, 정부의 동북아 비즈니스 중심국가 목표는 행동이 뒤따르지 않는 정치성 구호에 그친 셈이다.

새로운 전략의 모색

동북아 중심국가는 통일한국이 지향해야 하는 주요 목표가 되어야 할 것이다. 이제까지 한국은 우리의 국가적 운명을 우리 스스로 개척해 나가지 못하고 주변 강대국에 의해 좌지우지되어 왔다고 할 수 있다. 한국의 과거 역사는 대부분의 기간을 중국의 변방국으로 중국이 설정한 행동반경의 범위 내에서 국가를 운영하여 왔으며 20세기 초 35년간은 일본은 식민지 지배를 받아왔다. 8·15 해방 이후 남북이 분단되면서 북한은 소련이 지배하는 공산진영의 일원으로 그리고 남한은 미국이 주도하는 자유진영의 일원으로 대치하여 동족상잔의 전쟁도 치렀고 서로 대립과 충돌을 거듭해 왔다.

한반도 통일은 한국이 스스로 국가의 운명을 개척해 나갈 수 있는 계기가 될 것이고 이는 한국이 동북아에서 지역협력의 매개체 역할을 담당함으로써 이루어 질 수 있을 것이다. 따라서 우리는 지금부터 이의 실현을 위한 구체적인 전략을 마련해야 할 것이다. 한국이 동북아 중심이 되는 전략은 기존의 비즈니스 허브 개념만으로는 충분치 않으며 경제 분야는 물론 안보와 문화 부문을 포함하는 종합적인 것이 되어야 그 실효를 발휘할 수 있을 것이다.

3. 새로운 전략의 구성 요인

동북아 다자안보협력 체제

한반도 문제는 동북아 지역안보에 핵심이 되고 있다. 2차 세계대전이 종식된 후 동북아 지역에서 대규모 무력충돌이 발생한 곳이 한반도였으며 현재도 북한 핵문제로 한반도에서의 무력충돌 가능성은 상존해 있는 상황이다. 냉전시대 동북아 지역의 안보협력은 양자동맹 형태로 진행되어 왔으며 한·미동맹, 미·일동맹 그리고 북한과 중국, 북한과 소련간의 군사협력 등이 그 대표적인 사례였다고 하겠다.

그러나 냉전체제가 서서히 붕괴되면서 동북아 지역에도 다자안보협력 체제의 필요성이 제기되고 있다. 북한을 제외한 동북아 국가들은 국가운영의 최우선 순위를 경제발전에 두고 이를 위해 많은 노력을 하고 있다. 특히, 중국이 개혁·개방의 길을 선택하였고 그 과정에서 큰 성과를 올리게 됨으로써 동북아지역 국가간의 경제협력은 급속도로 증가하고 있다. 이러한 상황에서 북한 핵문제 등으로 인해 동북아지역에서 무력충돌 사태가 발생하면 지역경제 발전에 큰 걸림돌이 될 것이기 때문에 이를 사전에 예방하기 위한 다자안보협력 체제의 구축이 요구되고 있는 것이다.

1980년대 후반 이후 동북아 안보협력체제에 관한 논의는 활발히 진행되어 왔다고 할 수 있다. 1986년 소련의 고르바초프가 '태평양 안보회의'를 제안했으며 1987년에는 호주 에반스 외무장관이 '아시아 안보협력회의'를 제안했고 한국도 1988년 유엔총회에서 '동북아 평화협의회'의 구성을 제안한 바 있다. 그러나 이러한 제안들은 구체적으로 실행되지는 못하였다.

1990년대에 들어서면서 정부와 민간 차원에서 동북아 다자안보협력에 관한 논의가 보다 구체적인 행동으로 발전되어 왔다. 그 대표적인 사례가 아세안지역포럼(ARF : ASEAN Regional Forum)이다. ARF는 1994년 역내 국가들 간의 군사적 신뢰구축을 위해 최초로 설립된 정부차원의 다자간 안보협력체제이다. 구성원은 아세안 6개국

과 한국, 미국, 일본, 캐나다, 오스트레일리아, 뉴질랜드, 유럽연합 등
아세안의 7개 대화상대국 그리고 중국, 러시아, 베트남, 라오스, 파푸
아뉴기니, 북한 등 동아시아·태평양 지역 18개국이다. ARF의 중심
은 아세안 국가들이며 그 동안 주로 안보 분야에서 신뢰구축 조치들
에 관해 논의하여 왔으나 군비통제나 북한 핵문제 같은 당면 현안의
해결에는 큰 역할을 하지 못하고 있다.

　　민간 차원의 안보협의기구로 대표적인 것은 아·태안보협력이사
회(CSCAP: Council for Security Cooperation in Asia-Pacific)이다.
CSCAP는 1993년에 전문가, 전현직 외교관 및 국방관료들로 구성되
었으며 현재 한국과 북한을 포함한 21개국이 가입하고 있다. 이 기구
는 신뢰구축, 포괄적 협력, 해양안보 협력, 초국가적 범죄, 북태평양
그룹 등 5개 부문으로 나누어 분야별로 현황을 파악하고 다양한 대책
방안에 대해 논의하고 있으나 민간차원의 대화기구이기 때문에 구속
력이 있는 대책에 합의할 수 없다는 단점을 갖고 있다.

　　동북아 다자안보협력을 논의하는 준정부기구로는 동북아협력회
의(NEACD: Northeast Asia Cooperation Dialogue)가 있다. NEACD는
미국 국무부 후원으로 UC San Diego 대학의 '세계 갈등 및 협력연구
소' 주도로 조직되었으며 한국과 북한을 포함한 동북아 6개국으로 구
성되어 있다. NEACD에는 민간전문가와 정부대표가 참여하여 해상
재난구조, 방위정보교환, 군비통제, 긴급통신망 구축 등의 상호안전
조치에 대해 협의하고 있으나 북한 핵문제 등의 현안과제는 다루지
않고 있다.

한반도 평화체제 전환문제와 관련하여 1997년 12월부터 1999년 8월까지 남북한과 미국, 중국이 참여하는 '4자회담'이 여섯 차례나 개최된 바 있다. 4자회담은 다자적 접근으로 한반도 평화문제를 해결해 보려했다는 점에서 의의를 찾을 수 있으나 여러 차례의 회담에도 불구하고 구체적 해결방안에 합의하지 못했다. 4자회담에서 남한과 미국은 군 당국자 간 핫라인 설치, 군 인사 상호 방문, 군사훈련 참관 등 신뢰구축 조치의 실시를 강조한 반면, 북한은 주한 미군철수와 북·미 평화협정 체결을 주장함으로써 참가국들의 입장 차이를 확인하기만 했다.

현재 진행되고 있는 6자회담이 핵문제의 평화적 해결에 성공한다면 보다 영구적인 동북아 다자안보 협력체계로 발전할 가능성이 높다고 할 수 있다. 6자회담은 이제까지 세 차례의 본 회의를 통해 북핵문제에 관한 참가국들의 입장을 확인하였고 이제는 본격적인 해결방안을 모색하는 단계에 진입하고 있다. 무엇보다도 6자회담은 반드시 해결해야 하는 북한 핵이라는 현안문제를 안고 있고 이 문제의 완전한 해결을 위해서는 상당한 시간이 필요할 것이다. 핵문제가 해결이 된다 해도 재래식 군사력, 북 미사일 문제 등 한반도의 군사적 긴장완화와 관련하여 다루어야 할 과제들이 산적해 있기 때문에 6자회담은 앞으로 상당기간 계속되면서 그 존재가치를 대내외적으로 입증할 수 있을 것이다.

박종철[99]은 동북아지역에서 다자안보협력을 촉진시키는 요인으로 ① 북한 핵 등 해결해야 할 과제가 존재하고, ② 동북아 국가들이

다자안보 대화에 수용하는 태세를 보이고 있으며, ③ 동북아지역에서 경제적 상호의존성이 증가하고 있다는 점을 지적하고 있다. 이와 동시에, 동북아 다자안보협력에 장애요인으로는 ① 아직 동북아지역에는 냉전의 잔재가 존재하기 때문에 역내 국가간 신뢰가 결여되어 있고, ② 동북아 국가들의 규모가 크고 국력이 강해 양자관계가 우위를 차지하고 있으며, ③ 동북아지역에서 핵심적 안보위협 역할을 하는 북한이 다자안보협의 참여를 꺼리고 있는 점들을 지적하고 있다.

동북아지역 힘의 균형에서 큰 축을 차지하는 미국의 경우 이제까지는 한·미동맹과 미·일동맹 등 양자주의를 선호하는 입장을 취해 왔으나 최근 북한 핵문제 해결과 관련하여 다자안보협의의 필요성을 강조하면서 6자회담에 역점을 두고 있다. 특히, 중국이 개방정책을 적극 추진하고 미·중 간 경제협력이 심화되면서 미국은 자신이 주도하는 다자협력의 틀 속에 중국을 끌어들이려는 전략을 추진하고 있는 것이다. 중국 역시 냉전시기에는 양자주의에 의존하였으나 1990년대로 접어들면서 다자안보협력에 대해 긍정적인 입장을 표명하여 왔다. 중국은 세계화시대 최강대국인 미국과 충돌하여 갈등관계를 유지하는 것보다는 다자주의의 제도적 틀 속에서 미국과 협조적 관계를 유지하면서 동북아지역에서 실질적 영향력을 확대해 나가는 전략을 구사하고 있다. 이런 관점에서 현재 진행되고 있는 6자회담은 미국과 중국의 새로운 안보협력 전략이 반영된 결과라고 할 수 있다.

---

99) 박종철, "동북아 다자안보 협력방안", 「동북아 안보·경제협력체제 형성방안」, 통일연구원, 2003. 12

일본과 러시아는 다자안보협력 구도를 통해 동북아지역에서 자신들의 이익을 지키고 영향력을 제고하려고 노력하고 있다. 한국은 1980년대 후반부터 지속적으로 동북아 다자안보협력에 큰 관심을 보여 왔고 이의 실현을 위한 구체적인 제안도 해 왔었다. 한국의 입장은 기존의 한·미 안보동맹 체제를 유지하면서 다자안보협력 체제의 구축을 통해 북한의 안보 위협을 다자주의의 틀 속으로 융화시켜 보려는 것이라고 할 수 있다. 반면, 북한은 지금까지 다자안보협력 구상에 대해 부정적인 반응을 보여 왔다. 북한은 동북아 다자안보협력 체제는 필연적으로 미국이 주도하게 될 것이고 그럴 경우 '벼랑 끝 외교'와 군사모험주의를 구사하고 있는 북한에게 주변국들의 압력이 집중될 것을 우려하고 있는 것이다.

이러한 상황을 종합해 볼 때 동북아 다자안보협력 체제가 구축될 가능성이 매우 높으나 그 추진과정은 북한이라는 제약요인을 감안할 때 점진적일 수밖에 없을 것이라는 결론을 도출할 수 있을 것이다. 우선 1단계에서는 북한 핵문제의 해결과 한반도의 군사적 긴장완화가 주요 과제로 부각되면서 현재 진행되고 있는 6자회담이 기본적 추진모체가 될 것이다.

북한 핵문제가 해결되면 북·일 및 북·미관계의 정상화가 가능해질 것이며 이로써 동북아 역내 국가관계가 모두 정상화되는 계기가 될 수 있을 것이다. 이 경우 한 가지 우려되는 점은 북·일 및 북·미관계의 정상화는 한·미동맹 체제의 약화를 초래하고 남북한 관계에서 남한의 우월적 지위가 소멸될 가능성이 높아진다는 것이다. 특히,

지금과 같이 보수와 진보세력 간의 남·남(南南)갈등이 심화되는 상황에서 북한의 대외적 위상 제고는 한반도에서의 주도권이 남한에서 북한으로 이동할 가능성 또한 배제할 수 없다. 북·일 및 북·미 관계의 정상화에 대해 한국이 무작정 찬사만 보낼 일인지에 대해 진지한 재검토가 있어야 할 것이다.

　북한 핵문제 등 한반도 안보 현안들이 어느 정도 해결되고 나면 6자회담은 한반도에서 평화체제를 구축하고 이를 영구적으로 보장하는 다자안보협력 체제로 발전될 수 있을 것이다. 이러한 안보협력체를 통해 한반도 주변 강대국들은 자신들의 이해를 조정하고 한국은 한반도의 안보가 특정 강대국의 이해득실에 의해 무너지는 상황을 예방하는 효과를 얻을 수 있을 것이다. 동북아 다자안보협력 체제는 한반도 문제 이외에도 비핵지대 창설, 군비 축소, 테러 방지, 난민 구호 등의 문제에 역내 국가들이 공동 대처하는 제도적 틀이 될 것이다. 한국은 이러한 과정에서 적극적인 역할을 수행해 나감으로써 동북아 중심국가로서의 기본적 소임을 다할 수 있을 것이다.

동북아 경제공동체

　동북아 다자안보협력 체제 구축의 열쇠를 북한이 쥐고 있다고 한다면 동북아 경제공동체 형성의 열쇠는 한국이 갖고 있다고 할 수 있다. 한국은 1960년대 초 이후 고도성장 과정에서 미국과 일본의 주요 교역상대국이 되었으며 최근에는 중국이 한국의 최대 교역국으로 급부상하고 있다. 한국이 현재 목표로 하고 있는 동북아 중심국가 건설도 경제부문에서 물류, 금융 및 비즈니스 허브 기능을 수행하는 것을 그 내용으로 하고 있다.

앞에서 지적한대로 동북아 비즈니스 허브라는 정책목표는 소리 높은 구호와는 달리 실제 추진에 있어서는 매우 미흡했다는 것이 국내외 전문가들의 공통된 견해이며 현재 상황이 지속되는 한 한국이 동북아 비즈니스 허브가 되기는 어려울 것이다. 따라서 이제는 발상을 전환하여 이 문제를 접근할 필요가 있다. 이런 관점에서 한국이 중심이 되어 동북아 FTA를 추진하는 것이 동북아 경제공동체 추진의 첫 걸음이 된다는 것을 강조하고자 한다.

세계 주요 국가들은 현재 경쟁적으로 FTA 추진에 나서고 있다. EU는 오랜 기간에 걸쳐 단계적인 경제통합을 이루어 이제 거대한 유럽경제공동체를 형성하였고 세계화시대의 거인으로 부상하였다. 또한, 미국도 캐나다, 멕시코와 북미자유무역협정(NAFTA)을 체결하여 EU의 경제통합 성과에 맞대응하고 있다. 이 외에도 동남아 국가들이 중심이 된 아시아자유무역협정(AFTA), 브라질 등 남미국가들로 구성된 남미공동시장(MERCOSUR) 등이 지역경제공동체 구상을 실현시킨 사례로 지적될 수 있다. 또한, 싱가포르와 칠레는 지역적 경계를 뛰어넘는 FTA 전략을 구사하여 비즈니스 허브로의 위상을 확고하게 굳히려하고 있다. 칠레는 MERCOSUR의 회원국임은 물론이고 NAFTA, EU와 FTA를 추진 중이고 최근에는 한국과도 FTA를 체결하였다. 싱가포르도 AFTA 회원국 차원을 넘어 뉴질랜드, 일본, 호주, 미국 등과

FTA를 체결하였고 현재 한국과도 FTA 추진을 협의하고 있다.

반면, 한국은 최근 칠레와 FTA를 체결한 것 이 외에는 아직 어느 나라와도 추진하지 못했으며 특히 한국의 최대 교역국인 미국, 일본, 중국과도 FTA를 맺지 못하고 있다. 한국은 현재 싱가포르, 일본과 FTA 추진을 협의하고 있으나 이 과정에서도 한국정부는 계속 수동적 입장을 취해 왔다.

동북아는 지역적으로 NAFTA와 EU 다음으로 경제규모가 크며 경제성장 속도 면에서도 매우 역동적이다. 동북아지역은 세계경제 총 규모의 19.5%를 차지하고 있으며 세계 총 교역량의 13.6%를 점하고 있다. 그럼에도 불구하고, 동북아지역에는 이제까지 냉전체제의 존속과 일본의 식민지 통치로 인한 국민감정으로 인해 FTA를 통한 경제 공동체가 형성되지 못하고 있다. 그러나 이제 중국이 개혁·개방의 길을 선택함으로써 자유무역을 바탕으로 한 동북아 경제공동체의 형성이 현실적으로 가능한 상황에 이르렀다고 할 수 있다.

이 과정에서 한국이 주도적인 역할을 할 수 있을 것이다. 그 이유는 중국이나 일본은 동북아지역에서 주도권을 잡으려한다는 인식 때문에 FTA 추진에 적극적으로 나서기 어려운 입장이기 때문이다. 이런 맥락에서 현재 진행되고 있는 한·일 FTA 협상은 동북아지역에서 경제공동체를 형성하는 기폭제 역할을 할 수 있을 것이다. 한·일 FTA는 중국의 입장에서는 정치적으로 매우 우려되는 사항이기 때문에 한·일 FTA를 한·중·일 FTA로 발전시키는 데 중국이 적극적으로 나설 가능성이 높다. 중국은 이미 한·중·일 FTA를 제안한 적이 있지만 중국정부 내 우선순위는 ASEAN과의 FTA에 있었던 것이 사실이다. 그러나 한·일 FTA가 성사될 단계에 이르면 중국의 우선순위가 바뀔 가능성을 배제할 수 없을 것이다. 따라서 한국은 한·일 FTA협상을 신속히 진행시키면서 한·중·일 FTA를 중국측에 적극 제안해 나가야 할 것이다.

한·일 FTA가 추진되면 정치적으로는 중국이 큰 손해를 보지만 경제적으로는 미국의 손해가 클 것으로 전망되고 있다. 그 이유는 한·일 FTA로 인해 한국이 IT, 기계 등의 분야에서 수입원을 미국으로부터 일본으로 전환할 가능성이 높기 때문이다. 그동안 한·미 FTA에 대해 미온적 반응을 보여 왔던 미국정부가 최근 한·미 FTA에 관심을 표명한 것도 바로 이런 이유에 기인한다고 할 수 있다. 결국, 한·일 FTA는 한·미 FTA로 발전될 가능성이 높은 것이다. 한·미 FTA 추진에 대해서도 한국정부가 보다 적극적인 입장을 취할 필요가 있다.

FTA 효과에 대한 실증적 연구 분석 결과에 의하면 한국은 일본과의 FTA보다는 중국 및 미국과의 FTA를 통해 더 큰 경제적 이득을 얻을 수 있는 것으로 나타나고 있다. 사실 한국이 최대 교역국인 일본, 중국, 미국과 FTA를 추진한다는 것은 한국경제에 있어 새로운 도약의 기회가 될 것이다. 이는 한국경제가 세계에서 가장 경쟁력이 있고 성장잠재력이 높은 경제와 통합됨을 의미하기 때문에 자원배분의 효율성이 크게 증가함은 물론이고 세계시장에서 상대적 비교우위에 충실한 방향으로 한국경제가 재편성됨을 의미하게 된다. 또한, 이는 한국에게 큰 시장을 바탕으로 성장속도를 가속화할 수 있는 가능성과 기회를 제공하는 반면, 농업 등 국제경쟁력이 취약한 부문에서 대내적 구조조정을 해야 하는 정치·사회적 어려움을 동시에 안겨줄 것이다.

이것이 바로 동북아 비즈니스 허브를 꿈꾸고 있는 한국이 현 시점에서 결정해야 하는 선택인 것이다. 동북아 비즈니스 허브는 정치적 구호로 이루어지는 것이 아니라 한국경제를 개방하고 기업환경을 개선하려는 강한 의지가 있어야 가능한 것이다. 강대국의 이해가 엇갈리는 한반도에 위치해 있으면서 통일이라는 과업까지 이루어야 하는 한국의 입장에서 경제력을 키우는 것만큼 중요한 일이 없으며 이는 한국이 과감한 개방을 통해 동북아 비즈니스 허브가 됨으로써 이루어질 수 있을 것이다. 그 과정에서 한·중·일 FTA와 한·미 FTA는 가장 핵심적인 정책선택이 되는 것이다.

동북아 경제공동체 추진에 있어 FTA 못지않게 중요한 것이 동북아 IT 네트워크를 구축하고 그 과정에서 한국이 주도적인 역할을 하는 것이다. 한국은 이미 IT 강국으로 부상하고 있다. 2001년 현재 100명 당 초고속 인터넷 가입자 수는 한국이 13.9명으로 미국의 3.2명을 훨씬 앞서고 있고, 인터넷 월 이용시간도 한국이 16.2시간으로 캐나다 10.5시간, 미국 9.6시간을 능가하고 있다. 한국의 온라인 주식거래 비중은 56.9%로 일본의 1.8%와는 비교가 되지 않고 미국의 40% 수준도 초과하고 있다. 서울시는 세계 주요 도시와의 전자정부 평가비교에서 1위를 차지한 바 있고, IT산업은 한국수출의 25%를 상회하고 GDP비중도 15%를 넘어 명실공히 한국경제 성장의 견인차 역할을 하고 있다.

이와 같이 한국의 IT분야 국제경쟁력은 동북아지역에서 단연 최고 수준에 이르고 있으며 이는 디지털 시대에 동북아 경제공동체를 형성하는 데 있어 한국이 주도적인 역할을 할 수 있는 또 하나의 자격요건이 된다고 할 수 있다. 따라서 향후 과제는 한국이 지금까지 키워 온 IT분야 경쟁력을 기업경영과 정부운용에 적용하여 이를 경영혁신과 정부혁신으로 연결시켜 나가는 것이다. 이와 아울러 IT 네트워크를 중국, 일본 등지로 확산시켜 동북아 IT 네트워크 구축에 선도적인 역할을 담당하는 것이다.

이를 위해서는 무엇보다도 동북아 역내 국가 간의 통합통화(通話) 체제를 구축하고 이를 위한 이동통신 산업의 표준을 통일하는 사업을 한국이 주도적으로 추진해 나가야 한다. 한국의 지리적 이점과 기술적 우위를 활용하여 동북아지역에서 휴대전화 통합통화 지역을 구축하고 단일표준의 CDMA 벨트를 구축해 나가는 것이다. 이외에도 IT 응용분야에서 한국의 우위를 활용하여 동북아 통합관광 사이트를 개발하고 전자상거래망을 구축하는 등의 활동을 전개하여 역내 국가 간의 무역 및 투자를 촉진시키는 데 필요한 IT 인프라 구축사업에 역점을 두어야 할 것이다. 특히, 한·중·일 FTA가 추진되면 이를 뒷받침하는데 필요한 IT 인프라 구축이 필수적인 과제로 대두될 것이고 이 과정에서 한국이 주도적인 역할을 담당할 수 있을 것이다.

이에 더해, 소프트웨어 분야에서 한·중·일 간 지적재산권협의

체를 구성하여 지적재산권 보호, 컴퓨터 운영체계, 해킹 등 컴퓨터 범
죄에 대한 공동대응책 마련에 나서야 할 것이다. 이러한 IT 분야의
제반 협력사업을 협의하고 공동으로 추진할 한·중·일 협력기구의
설립이 필요하며 이 역시 한국이 주도적인 역할을 담당할 수 있는 분
야가 되고 있다.

동북아 경제공동체 구성과 관련하여 또 하나의 중요한 과제는 동
북아 각 지역에 흩어져 있는 해외동포의 네트워크를 구성하고 이를
동북아 경제공동체 및 문화공동체 형성과정에서 적극 활용하는 것이
다. 중국이 짧은 기간에 개방화에 성공한 것은 세계 각지에 흩어져
있으면서 기업활동 분야에서 맹활약을 하는 중국인 네트워크를 잘 활
용하였기 때문이다. 1990년대 중국 외국인투자의 2/3가 해외중국인
에 의해 이루어졌고 현재 중국에 진출한 외국기업의 67%가 이들 해
외중국인 기업으로 알려지고 있다. 중국인 네트워크는 중국이 생산한
상품을 전 세계시장을 상대로 마케팅 하는 데에도 중요한 역할을 담
당하였다.[100)

개방정책 추진 이후 중국은 해외교포에 대해 매우 적극적인 비즈
니스 네트워크 구축 노력을 전개하였다. 중국의 등소평과 싱가포르
의 리콴유는 1991년 '해외중국인세계대회'(WCEC)를 싱가포르에서
개최하였고 이 모임의 주제는 '범(凡) 중국경제지역'(Greater Chinese
Economic Zone)을 건설하는 것이었다. WCEC에 즈음하여 성공적인

---

100) Fred Bergsten & Inbom Choi, 「The Korean Diaspora in the World Economy」,
　　 IIE, January, 2003

해외중국인들로 '100인 위원회'가 구성되었고 이들은 중국경제지역 건설에 선도적인 역할을 수행하고 있다. 대만정부 역시 전 세계적 중국인 비즈니스 네트워크 구축을 위해 적극 노력하고 있으며 중국, 대만, 싱가포르 정부의 이러한 노력이 오늘날 강력한 중국인 비즈니스 네트워크가 전 세계에 구축되는 결과를 초래하게 된 것이다.

한국의 경우 해외동포 수는 현재 6백만 명에 이르고 있고 이는 한반도 인구의 9.8%에 해당하는 수치다. 해외중국인이 비록 절대 수에서는 3천 6백만 명으로 우리보다 많으나 인구비율은 한국보다 적은 2.6%에 불과하다. 한국인 해외동포는 지역적으로 미국이 220만 명으로 가장 많고 그 다음은 중국 190만 명, 일본 64만 명, 구 소련지역 52만 명, 캐나다 14만 명 등의 순으로 집계되고 있다. 한국인 해외동포가 동북아지역에 골고루 분포되어 있으며 역외 국가로 한국과 긴밀한 동맹관계를 유지하고 있는 미국에 가장 큰 규모의 동포가 존재하고 있는 것이다.

이제까지 한국정부의 해외동포정책은 한마디로 무관심이었다고 할 수 있다. 그나마 상대적으로 적극적인 동포정책을 전개한 지역이 일본이었으나 이는 북한의 활동을 견제하기 위한 정치적 목적에서 이루어진 것으로 중국, 대만, 싱가포르 정부와 같이 비즈니스 네트워크 구축을 위한 노력은 아니었다. 동북아 비즈니스 허브라는 정책목표를 달성하기 위해서는 이제 한국도 보다 적극적인 해외동포정책을 펼쳐야 할 것이며 그 내용은 동북아지역 전체와 미국지역을 한반도와 연결하는 '한국인 비즈니스 네트워크' 구축이 되어야 할 것이다. 해외동포들이 보유하고 있는 자본, 기술, 유통망 등의 현지 기반활동을 한국 기업인들의 활동과 연계하여 동북아경제공동체 구현의 원동력으로 활용할 수 있을 것이다.

최근 한국경제의 국제적 위상이 제고되고 해외동포들의 경제적 역량도 크게 성장함에 따라 세계한인무역협회, 세계한인상공인총연합회, 한인정보기술네트워크 등의 조직이 활성화되고 있는 것은 매우 다행한 일이다. 이제는 이러한 민간차원의 노력을 한국정부가 좀 더 체계적으로 지원하는 정책을 전개해야 한다. 남북한과 해외동포경제인 네트워크 형성을 통해 '한민족경제공동체'를 구현하고 이를 기반으로 '동북아경제공동체' 실현에 한민족이 주도적인 역할을 담당해야할 것이다.

동북아 문화공동체

문화는 지역단위의 공동체 형성에 핵심요소가 되고 있다. EU가 성공적으로 공동체 형성을 이룩한 것도 회원국들이 유럽문화의 전통을 공유하고 있기 때문이다. 동북아지역의 핵심국가인 중국, 한국, 일본 모두 유교전통의 고유문화를 공유하고 있다. 그럼에도 불구하고, 동북아지역에서 경제공동체가 형성되지 못한 것은 정치부문에서의 이견 때문이었다고 할 수 있다. 이제 사회주의 이념의 몰락과 중국의 개혁·개방으로 한·중·일을 하나로 묶는 공동체 건설은 충분히 실현가능한 목표로 부상하고 있다.

동북아 문화공동체 형성 부문에서도 한국은 주도적인 역할을 수행할 수 있을 것으로 판단된다. 최근 영화, 드라마, 대중가요 등의 분야에서 한류(韓流) 열풍이 일본, 중국, 홍콩 등의 동북아시아 전 지역을 뒤덮고 있다는 사실이 이를 잘 입증해 준다고 할 수 있다. 역사적으로 한국은 중국문화의 영향을 가장 많이 받아왔기 때문에 한국과 중국 간에는 문화적 공통점이 많으며 한국문화는 다시 일본에 큰 영향을 미쳤기 때문에 한국과 일본 역시 문화적으로 호흡을 같이 한다고 할 수 있다. 이런 관점에서 볼 때, 한국을 연결고리로 하여 한·중·일이 문화공동체를 형성하는 것은 역사의 필연적 귀결이라고도 할 수 있는 것이다.

흔히 정보혁명의 꽃은 문화컨텐츠라고 한다. 지식을 논리적으로 연결하는 것은 컴퓨터의 몫이 되고 인간은 무형의 지식을 창조하고 느끼는 일을 맡게 됨에 따라 이성보다는 감성이 중요한 자질로 부각되는 '감성지수'(EQ)시대가 도래 하고 있는 것이다. 또한, 디지털 시대 사람들은 생활의 모든 면에서 끊임없이 재미와 감동을 추구함에 따라 이전의 '잘 먹고 잘 살기 위해서'라는 삶의 목표가 '즐겁게 살기 위해서'로 변화되고 문화산업의 중요성이 더욱 증가하고 있다. 그 결과 문화산업은 디지털 시대의 국부(國富)를 창조할 산업으로 급부상하고 있으며 세계 유수기업들은 문화시장의 선점을 위해 치열한 경쟁을 하고 있다.

디지털혁명의 본산지로 실리콘밸리를 만들어 낸 미국 캘리포니아가 디지털 기술을 영화제작에 접목시켜 디지털 시대 문화산업을 선

도하고 있다. 디지털혁명의 산실인 실리콘밸리와 전통영화제작의 근
거지인 할리우드를 합성한 '실리우드'(Siliwood)라는 단어가 바로 이
를 상징하고 있다. 실리우드 현상은 영화제작에 컴퓨터 그래픽스와
같은 특수효과를 도입하는 것을 의미한다. 최근 흥행에 대성공한 '쥬
라기 공원', '매트릭스' 등의 영화가 모두 이러한 IT 특수효과를 성공
적으로 활용한 사례라고 할 수 있다.

한국이 동북아 문화공동체 형성 과정에서 주도적인 역할을 할 수
있는 것은 IT분야에서의 경쟁력을 영화제작 등에 접목시켜 새로운
한류열풍을 일으킬 수 있는 능력을 한국이 갖고 있기 때문이다. 한국
은 오랫동안 외국문화의 무분별한 국내유입을 우려하여 일본 대중문
화의 수입을 억제하고 스크린 쿼터제를 실시하는 등 문화 분야에서
대내지향적인 정책을 견지하여 왔다. 그러나 앞으로 한국이 '문화강
국'이 되기 위해서는 문화 분야에서도 과감한 대외개방 정책을 추진
해야 할 것이다.

현재 한국정부는 향후 5년 이내에 '세계 5대 문화산업 강국'을
실현시킨다는 목표로 '문화 컨텐츠 산업발전을 위한 기반구축', '창의
적인 전문인력 양성과 기술개발 확대', '문화산업 유통합리화 및 시장
구조 개선' 등을 주요 정책과제로 제시하고 있다.[101] 최근 국내 영화
산업의 급신장, 한류의 성공 그리고 온라인 게임산업의 발전 등이 한
국정부로 하여금 문화산업 부문에서 새로운 자신감을 갖게 한 동기가

---

101) 김상배, "문화산업과 정보문화", 『21세기 한반도 백년대계』, 풀빛, 2004

되었다고 생각된다.

　미국 '실리우드'의 성공은 관련기업과 전문가들 간의 긴밀한 네트워크 구축을 통해 이루어졌다고 할 수 있다. 따라서 한국이 문화산업 강국이 되고 동북아 문화공동체 형성 과정에서 리더가 되겠다는 정책목표 역시 이 분야에서 안팎의 네트워크를 구축하고 이를 잘 활용하는 데에서부터 시작되어야 할 것이다. 이를 위해서는 국내 관련 기업 간의 네트워크 형성은 물론이고 일본, 중국, 홍콩 등 동북아 국가들과 연계하여 문화산업 분야에서 '동북아시아 스탠더드'를 구축하는 노력을 전개하여야 할 것이다.

　그러나 이러한 동북아 스탠더드는 역내 국가들만의 닫힌 구상이 아니라 세계와 함께하는 열린 구상이 되어야 할 것이다. 그러기 위해서는 문화부문에서 문호를 과감히 개방하고 외국문화를 흡수하고 소화시킬 수 있는 능력을 키워야 한다. 이러한 개방된 자세를 바탕으로 우리 스스로 새로운 문화를 만들어 냈을 때 그것이 동북아 스탠더드가 되고 더 나아가 세계적 스탠더드가 될 수 있는 것이다. 이제 우리 모두 열린 자세와 자신감을 갖고 문화산업을 일으킬 때 한국이 동북아 문화공동체 형성을 주도하게 될 것이다.

■ 맺음말

국민적 합의를 이루자

"

저는 한반도 평화증진과 공동번영을 목표로 하는 '평화번영 정책'을

몇 가지 원칙을 가지고 추진해 나가겠습니다.

(…)

대내외적 투명성을 높이고 국민 참여를 확대하며 초당적 협력을 얻겠습니다.

국민과 함께하는 '평화번영 정책'이 되도록 하겠습니다.

"

노무현 대통령 취임사 중

김대중 대통령의 햇볕정책은 경제 등 여러 분야에서 남북교류의 물꼬를 트는 계기를 마련해 준 것이 사실이나 한국 내 보수와 진보진영 간의 대립과 갈등 그리고 한·미동맹 관계의 균열이라는 값비싼 대가를 치르게 되었다. 한반도에서 평화정착의 분위기를 조성하고 북한을 개혁·개방의 길로 유도하겠다는 햇볕정책의 기본목표는 이루

어지지 않은 채 북핵문제로 인해 한반도에서 군사적 긴장은 오히려 고조되고 있는 것이 오늘의 현실이다.

노무현 대통령은 햇볕정책의 기본정신은 계승하면서도 추진과정에서 발생한 문제점은 보완한다는 원칙을 천명하면서 대북정책의 투명성을 높이고 국민참여를 확대하며 초당적 협력을 얻겠다는 점을 취임사를 통해 분명히 밝히고 있다. 그 후 정부차원에서 제시된 「참여정부의 평화번영 정책」에서도 '정책추진의 대내외적 투명성 제고', '초당적 협력 추진', '국민참여 확대' 등을 강조하고 있다.

지난 4·15 총선에서 국회 과반의석을 차지한 열린우리당은 총선 직후 개최된 당선자 모임에서 '실용주의'를 당의 기본노선으로 채택한 바 있고 그 동안 김대중 정부의 햇볕정책을 비판해 온 한나라당 역시 총선 이후 당선자 모임에서 보다 포용적인 대북정책 노선을 시사하기도 했다. 또한, 한나라당 박근혜 대표는 정부와 북한이 원하면 자신이 북한을 방문하여 남북현안 문제 해결에 역할을 할 용의가 있다는 발언을 하기도 했다.

대북정책에 대한 국민적 합의와 초당적 협력을 이룰 수 있는 여건이 조성되고 있는 것이다. 김대중 정부의 햇볕정책이 국론분열을 초래한 것은 근본적으로 그 구체적 내용에 대해 진보와 보수진영 간 이견의 차이가 컸기 때문이다. 따라서 노무현 정부의 '평화번영 정책'이 국민적 합의와 초당적 협력을 얻기 위해 대북정책을 다음과 같은 기조로 추진할 것을 건의한다.

실용주의적 접근

김대중 정부의 햇볕정책이 국민적 합의를 도출하는 데 실패한 근본적인 이유는 '북한을 무조건 도와야 한다'는 진보세력의 이념적 한계를 벗어나지 못했기 때문이다. 한국과 같이 아직도 보수와 진보세력이 이념논쟁을 하고 있는 상황에서 정부가 대북정책과 같은 국가대사를 특정 이념적 시각에서 접근하면 국민적 합의를 도출하는 것은 불가능할 수밖에 없을 것이다.

어느 나라나 대외정책은 실용주의적 접근을 기본으로 하고 있다. 북한 주민이 우리와 같은 한민족임에는 틀림없으나 북한의 김정일 정권은 남한과 체제경쟁을 하는 경쟁자라는 사실을 잊어서는 안 된다. 특히, 국제적 약속은 물론 이제까지 여러 차례의 남북한 간 합의사항을 하루아침에 뒤집은 경력이 있는 북한 정권을 무조건 도와주어야 한다는 시각에서 '퍼붓기 식' 지원만 하는 것은 문제가 아닐 수 없다. 국내외 여건 변화와 북한의 반응에 따라 대북지원의 내용과 속도를 조정하는 실용주의적 접근이 필요한 것이다.

강 · 온 병행전략

북한은 지난 50여 년간 국내 통치는 물론 대외관계에 있어서도 철저한 힘의 정치를 추진해 왔다. 이러한 북한을 상대로 유화정책을 통해 핵문제와 같은 현안을 해결할 수 있다고 생각하는 것은 비현실적이라고 하지 않을 수 없다. 채찍 없이 당근만으로 포장된 햇볕정책이 한반도 평화 정착에 큰 효과를 거두지 못한 것은 바로 이런 이유 때문이다.

특히, 당면 현안인 북한 핵문제 해결을 위해서는 당근과 채찍을 적절히 혼합하는 강·온 병행전략을 구사해야 할 것이다. 대북정책에 있어 흔히 채찍은 북한에 대한 무력사용이라고 생각하는 경향이 있으나 이는 잘못된 시각이다. 심각한 경제난을 겪고 있는 북한에게는 경제지원의 중단 또는 경제제재는 매우 강력한 채찍이 될 수 있을 것이다. 또한, 팀스피리트 훈련의 재개, 전술 핵의 재배치 등의 군사적 조치들도 대북협상 과정에서 효과적인 채찍이 되는 것이다.

경협을 통한 개혁·개방 유도

북한이 현재의 심각한 경제난을 극복하기 위해서는 개혁·개방의 길을 선택하는 방법 밖에 없다. 북한 자신의 힘만으로는 경제발전이 불가능한 상황에서 북한은 외국기업이 투자할 수 있는 환경을 조성해야 한다. 아무런 조건 없이 주어진 경제원조는 개발도상국에서 집권세력의 정권유지에는 도움을 주지만 정책의 개선을 통한 경제개발 능력을 제고하는 데에는 오히려 저해요인이 되었다는 역사적 사실에 한국정부 당국은 유념해야 할 것이다.

한국의 대 북한 경제지원이 현재와 같이 북한 김정일 정권의 환심만 사는 차원에서 이루어진다면 북한은 체제붕괴의 가능성이 있는 개혁·개방의 길을 선택하지 않으려 할 것이다. 따라서 앞으로는 현재 연간 10억 달러 수준이 되는 대북 경제지원을 북한의 개혁·개방 정책과 연계하여 추진하는 새로운 전략을 한국정부가 구사해 나가야 할 것이다.

이를 위해서는 최소한의 인도주의적 차원의 지원을 제외한 모든 정부차원의 지원은 상호주의 원칙을 적용하고 민간차원의 경제협력은 반드시 수익성 우선원칙을 따르는 관행이 정착되어야 한다. 수익성 우선원칙은 현재 진행되고 있는 개성공단사업에 적용되어 북한당국으로 하여금 북한의 경제여건을 개선해야 외국인투자를 유치할 수 있다는 사실을 깨닫게 해야 하는 것이다. 또한, 단순히 북한과의 교류를 열고 이를 지속시키기 위해 현금 또는 현물을 지원하는 잘못된 관행은 반드시 시정되어야 한다. 이러한 원칙은 현재 추진 중인 것으로 보도되는 2차 남북 정상회담에도 적용되어 6·15 정상회담의 실책이 반복되지 않게 하여야 할 것이다.

한·미·일 공조체제의 공고화

대북관계에 있어 한·미·일 공조체제를 확고히 하는 것은 매우 중요하다. 그렇지 않고서는 북한의 협조와 양보를 얻어 낼 수가 없기 때문이다. 북한은 현재 한·미간 공조체제가 흔들리는 것을 지켜보면서 이를 적극 이용하는 전략을 구사하고 있다. 미국이 강경자세를 취하면 남한과의 교류를 확대하여 미국의 압력을 무력화시키려 하고,

미국과 직접 대화가 가능해지면 한국과의 약속을 저버리고 교류마저도 등한시하려 한다. 또한, 일본과 정상회담을 개최하여 미·일 공조체제를 무너뜨려보려 하고 있고 한국과 일본으로 하여금 북한에게 경쟁적으로 경제지원을 하도록 유도하고 있다.

이런 상황에서는 북핵문제와 같은 현안이 해결될 수 없고 북한이 개혁·개방의 길을 선택할 것 역시 기대하기 어려운 것이다. 대북정책에서 한·미·일 공조체제를 공고히 하기 위해서는 무엇보다도 대북인식에 있어 한·미 정부간의 의견 차이를 좁혀나가야 할 것이다. 만일 앞에서 제시된 실용주의적 접근, 강·온 병행전략 구사, 정부지원의 상호주의 원칙 고수, 민간교류의 수익성 우선원칙 적용 등을 한국정부가 수용한다고 하면 한·미간 의견차이는 충분히 조정될 수 있을 것이다. 또한, 북·일 외교정상화가 성사되는 경우 경제지원 분야에서 한·일간 긴밀한 공조체제를 유지하여 대북 경제지원의 중복을 피하고 경제발전 효과를 극대화시켜 나가야 한다.

초당적 협력의 제도화

대북정책에 있어서 국민적 합의를 도출하고 초당적 협력을 이끌어 내기 위해서는 대북지원 과정을 투명화하고 추진과정에서 다양한 의견을 수렴하는 관행을 정착시켜야 할 것이다. 남북협력기금법을 개정하여 일정 규모 이상의 협력기금 사업의 국회 사전 승인을 의무화하고 여타 사업도 자세한 내용을 국회에 사후 보고하게 한다면 대북

사업의 투명화와 국민적 합의 도출이라는 두 가지 목표를 동시에 달성할 수 있을 것이다.

이제까지 대북정책이 초당적 협조를 얻지 못한 이유 중 하나는 대북정책이 정권의 정치적 목표달성의 수단으로 활용되었기 때문이다. 6·15 남북 정상회담 개최 계획이 총선 불과 며칠 전에 발표되어 총선전략의 일환으로 활용되었던 경우에서 볼 수 있듯이 대통령과 집권세력이 정상회담과 남북교류를 국내정치에 활용하려는 생각을 버려야 대북정책에 대한 초당적 협조가 가능해질 것이다. 최근 제주도에서 개최된 한·일 정상회담에서 노무현 대통령이 한·미·일동맹 강화로 북핵문제를 해결하고 남북 정상회담에 대해서도 신중한 태도를 취한 것은 매우 고무적인 일이 아닐 수 없다.

앞에서 제시된 대북정책 추진상의 기본적 원칙들이 지켜져 노무현 대통령이 약속한 국민적 합의와 초당적 협조하에서 대북정책이 효율적으로 추진되기를 기대해 본다.